Mathias Pangerl

Die beiden Ältesten Totenbücher des Benedictinerstiftes St. Lambrecht in Obersteier

Salzwasser

Mathias Pangerl

Die beiden Ältesten Totenbücher des Benedictinerstiftes St. Lambrecht in Obersteier

1. Auflage | ISBN: 978-3-84605-114-6

Erscheinungsort: Frankfurt, Deutschland

Erscheinungsjahr: 2020

Salzwasser Verlag GmbH

FONTES RERUM AUSTRIACARUM.

ŒSTERREICHISCHE GESCHICHTS-QUELLEN.

HERAUSGEGEBEN

VON DER

HISTORISCHEN COMMISSION

DER

KAISERLICHEN AKADEMIE DER WISSENSCHAFTEN IN WIEN.

ZWEITE ABTHEILUNG.

DIPLOMATARIA ET ACTA.

XXIX. BAND.

DIE BEIDEN ÄLTESTEN TODTENBÜCHER DES BENEDICTINERSTIFTES
ST. LAMBRECHT IN OBERSTEIER.

WIEN.

AUS DER KAISERLICH-KÖNIGLICHEN HOF- UND STAATSDRUCKEREI.

1869.

DIE BEIDEN

ÄLTESTEN TODTENBÜCHER

DES

BENEDICTINERSTIFTES ST. LAMBRECHT

IN

OBERSTEIER.

———

MITGETHEILT VON

MATHIAS PANGERL.

WIEN.

AUS DER KAISERLICH-KÖNIGLICHEN HOF- UND STAATSDRUCKEREI.

1869.

Einleitung.

Die Handschriften mit diesen Todtenbüchern werden in der k. k. Universitätsbibliothek zu Graz aufbewahrt, wohin sie nach Aufhebung des Stiftes durch Kaiser Josef II. gekommen waren. Der erste Codex (42/57, 2°) enthält auf Fol. 106ᵃ — 137ᵇ den älteren Theil. Es ist aber wohl zu merken, dass solcher nur bis zum 6. September reicht, und also leider fast der vierte Theil der Aufzeichnungen [1] verloren gegangen ist. Im zweiten Codex (40/44, 2°) dagegen ist uns das zweitälteste Todtenbuch des Stiftes St. Lambrecht, vom ersten Jänner bis zum letzten December reichend, also unverstümmelt erhalten.

Der Zweck, welchen die Klöster und die Kapitel der Kathedralkirchen durch Anlegung von Todtenbüchern (Nekrologien) zu erreichen suchten, war wenigstens ursprünglich ein rein kirchlicher [2]. Sie sollten nämlich die Namen derjenigen Verstorbenen vor dem Vergessenwerden bewahren, welche sich im Leben, sei es nun unter diesem oder jenem Titel, ein Anrecht erworben hatten, dass

---

[1] Wenigstens im Original; denn, wie man weiter unten erfahren wird, so ist ein kleiner Theil hievon durch Herübernahme in das zweitälteste Todtenbuch uns erhalten worden.

[2] Ausführlicheres über Entstehung, äussere Form, Zweck und Literatur der Todtenbücher findet man ausser dem, was G. Zappert im J. 1853 in den Sitzungsberichten der kais. Akademie veröffentlicht hat, in der Abhandlung: „Über Diptychen, Nekrologien, Martyrologien und Verbrüderungsbücher im Mittelalter, mit besonderer Rücksicht auf die Kronländer Österreichs“, des Karl Hirsch, abgedruckt im Programme des k. k. Gymnasiums in Graz, 1865. Der Verfasser hat aber die Literatur der „wichtigsten“ Nekrologien wohl nicht vollständig angegeben und gedenkt z. B. eben der in Rede stehenden nicht. Vergl. übrigens auch das 3. Heft der Beitr· f. K. steierm. GQ.

ihrer von den Klosterbrüdern bei dem gemeinsamen Gebete ganz besonders gedacht würde. Nach und nach erweiterte sich aber der Zweck dahin, dass auch Namen solcher verstorbener Personen, welche man überhaupt in der Erinnerung besser behalten wollte, ja sogar Ereignisse, welche ihrer Beschaffenheit nach in einen Kalender oder in ein Jahrbuch oder eine Chronik gehörten, darin eine Aufnahme fanden [3]).

Jedes Kloster legte nun sofort nach seinem Entstehen ein solches Todtenbuch an. War dann dasselbe im Laufe der Jahre mit Aufzeichnungen angefüllt und kein Raum mehr für fernere Eintragungen übrig, so schritt man zur Anlage eines neuen Nekrologs, in welches man mindestens den grössten Theil der Notizen aus jenem herüber genommen hat. Dass solches bei den St. Lambrechter Todtenbüchern der Fall ist, werden wir weiter unten sehen, und kann auch bei den von mir eingesehenen Todtenbüchern der Stifte Sekau und Reun leicht nachgewiesen werden [4]). Bei den Todtenbüchern von St. Lambrecht kommt aber noch ein eigenthümlicher Umstand in Betracht, der nämlich, dass der ältere Theil seiner Anlage nach in die Zeit um das Jahr 1164 fällt, dass demnach, da die Gründung des Stiftes im Jänner 1103 erfolgte, ein noch älteres Todtenbuch vorhanden gewesen sein muss. Dieses noch ältere, nicht mehr vorhandene Todtenbuch gründete sich wahrscheinlich wieder auf vorherge-

---

[3]) Aufzeichnungen, welche in einen Kalender (Festkalender) gehören, sind beim 22. April (Eodem die etc.), beim 22. Mai (Processio etc.) und beim 17. Nov. (Proximo die etc.). Dagegen in eine Chronik gehörig gewisse leicht erkennbare Notizen bei dem 15. Oct., dem 18. Juni, dem 23. April, dem 3. Juli, dem 29. Sept., dem 28. Mai, dem 21. Oct., endlich bei dem 9. Dec.

[4]) Das Sekauer Todtenbuch, wovon das Original in der Grazer Universitätsbibliothek 39/29, 2°) aufbewahrt wird, ist im J. 1305 oder doch kurz zuvor angelegt worden. Die aus der älteren Vorlage herübergenommenen Notizen in demselben kennzeichnen sich nun durch dieselbe Handschrift und sind, irre ich nicht, durchaus zu Häupten der einzelnen Tage gesetzt. (Beiläufig sei hier bemerkt, dass die Hs. Nr. 511 der kais. Hofbibliothek nicht das ältere Todtenbuch, sondern das älteste Verzeichniss der „confratres" des Stiftes Sekau enthält.) Im Reuner Todtenbuch, welches im Ausgange des 14. Jhdts. (1390) angelegt worden ist, sehen wir die herübergenommenen Nachrichten gleichfalls von einer und derselben Hand gefertigt. Wenn übrigens weiter unten in den Anmerkungen zu dem Texte diese beiden Todtenbücher citirt werden, so sind eben immer die Originale derselben gemeint.

gangene Aufzeichnungen. Denn da der Beginn der Stiftung das Jahr 1103 ist, so hätte die erste Anlage des Todtenbuches nur Notizen aus der Zeit vom Jahre 1103—1164 enthalten können. Es ist jedoch Thatsache, dass wir in den St. Lambrechter Nekrologien Notizen finden, welche ihrem Inhalte nach der Zeit vor dem Jahre 1103 angehören [5]).

Wie bei allen anderen Todtenbüchern, ist auch bei denen des Stiftes St. Lambrecht der römische Kalender zu Grunde gelegt. In dem ersten derselben wurde nun für je vier Tage eine Blattseite bestimmt, während in dem zweiten für je sechs Tage. Dadurch entstanden auf jeder Blattseite vier oder sechs Felder, in welche dann die Namen der Verstorbenen eingezeichnet oder andere Anmerkungen gemacht worden sind. Zu Häupten jedes Feldes aber setzte man den Wochenbuchstaben, die römische Benennung des Tages und den Namen des christlichen Festes, wofern überhaupt für den betreffenden Tag eines anzugeben war, und das natürlich nur ein unbewegliches sein konnte.

Die Felder zeigen sich aber nicht neben, sondern unter einander und es wurden die Namen der Verstorbenen wenigstens anfänglich nach einer gewissen Rangordnung in dieselben eingeschrieben. So nehmen den obersten Theil eines jeden Feldes ein die papae, patriarchae, archiepiscopi, episcopi, abbates, praepositi, archipresbyteri und die archidiaconi, oder weltliche Machthaber, wie die imperatores, reges, duces und die marchiones. Unter diesen folgen dann die presbyteri et monachi, die presbyteri et canonici, die decani und plebani, die diaconi und subdiaconi, ferner die einfachen monachi. Hierauf folgen die conversi und die Namen weltlicher Personen männlichen Geschlechtes in ihren verschiedenen Rangabstufungen. Der unterste Theil des Feldes endlich ward für die Personen weiblichen Geschlechtes bestimmt. Aber auch hier gehen die abbatissae, moniales und die conversae den weltlichen Frauen voraus. Die angegebene Ordnung ist natürlich nicht überall und durchaus festgehalten worden, weil ja späterhin schon der Mangel an Raum ein solches Festhalten nicht zuliess. Ebensowenig

---

[5]) Solche sind z. B. beim 7. Juni Saec. XII. Isengrim, Abt zu St. Blasien in Admont († 1090), beim 25. Mai P. Gregor VII. († 1085), beim 15. Juni Erzb. Gebhart von Salzburg († 1088), beim 29. Juli P. Urban II. († 1099) u. s. w.

ist später fest beobachtet worden, was ebenfalls anfänglich fast als
Regel gegolten hat, dass nämlich die den Rang oder die Herkunft
oder den Familiennamen der verstorbenen Personen bezeichnenden
Worte immer über den Vor- oder Taufnamen derselben gesetzt
werden.

Das eben Gesagte mag folgendes aus dem ersten Todtenbuche
genommene Beispiel besser veranschaulichen:

E X. Kal. Julii. Transl. sancti Lamberti.
anno ab inc. D. M.C.LX.IIII.
EBERHARDUS archieps.   Andreas pbr. et mon.
Rex Romanor. Occisus Tegenhardus }
 PHILIPPUS   Lewthenbekch   } pbri. et moni.
                                   }   Arnoldus diac. et mon.
et mon.   Gurk
Otto pbr. Pertholdus pbr. et ca. Berchta uxor Ruplini Leo puer istius loci
  mon.   mon.   conv.   Vitrin.   ante siluam
Otkerus   Frowinus   Chonradus   O. fr. Martinus pbr. et m.
                          pater Hainrici   De sancta Maria de Chotwico
Waltherus   Rainboto l.   Hellenwicus miles
  soror   dictus Ceherl
Chunegund dni. Petri abbatis   Petrus   Suno
  con.   conv. de Sekowe mater Hilarii plebani Vlricus Schawchenstain
  Rilint   Gerdrudis   Beatrix   Katerina l.

Bezüglich des Umfanges der einzelnen Aufzeichnun-
gen lässt sich sagen, dass die ältesten derselben zugleich die einfach-
sten sind, und dass sie dann im Laufe der Zeit immer mehr an Aus-
dehnung gewinnen. Während so in der Zeit vor dem 12. Jahrhunderte
die Verstorbenen nur mit dem Vornamen und Charakter eingetragen
worden zu sein scheinen, war es im 12. Jahrhunderte Regel,
ausser dem Namen und Charakter auch den Ort anzugeben, an
welchem der Verstorbene gelebt und gewirkt oder von welchem er
sich zubenannt hatte. Zusätze wie: occisus oder submersus, welche
also auf eine gewaltsame Todesart hinweisen, oder piae memoriae,
dedit praedium u. s. w. kommen gleichfalls vor. Der Zusatz „istius
loci“ bedeutet den Ort oder besser, meist das Kloster St. Lambrecht.
Das Todesjahr eines Verstorbenen wird im 11. und im 12. Jahrhunderte, wie sich bestimmt nachweisen lässt, nur je einmal angegeben [6]).

---

[6]) Bei den Erzbischöfen Gebhart und Eberhart von Salzburg, 15. und 22. Junii,
Saec. XII.

Im 13. Jahrhunderte mehren sich die Zusätze, so dass z. B. hie und da die Jahrzahl beigegeben und auch das Wort „obiit“ als Sigle (o.) hinzugefügt wird. Auch kommt es schon in diesem Zeitraume vor, dass geistliche Personen mit ihren Familiennamen oder dem Orte ihrer Herkunft benannt erscheinen [7]). Alle eben angeführten Zusätze finden aber im Laufe des 14. Jahrhunderts immer häufigere Anwendung und ist z. B. die Angabe des Geschlechts- oder Familiennamens bei geistlichen Personen nun nichts mehr seltenes. Indem dadurch der Werth der überlieferten Notizen zunimmt, wird es dann im 15. Jahrhunderte allmälig fast Regel, ausser dem Vor- und Familiennamen, verschiedenen ehrenden Prädikaten, den Ämtern, welche die Verstorbenen im Leben bekleidet u. s. w., immer das Todesjahr anzugeben. So gewähren die einzelnen Notizen mannigfache biografische Ausbeute, was hierauf bei den Aufzeichnungen des 16. und 17. Jahrhunderts im erhöhten Grade der Fall wird. Denn es wird da üblich, von den Verstorbenen insbesondere auch hervorragende Momente aus ihrem Leben oder hervorstechende gute Eigenschaften u. dgl. anzumerken.

Auf die Frage, ob der Tag, bei welchem der Name einer Person eingeschrieben ist, auch wirklich der Todestag derselben wäre, lässt sich antworten, dass dieses in der Regel der Fall ist. Diese Regel erleidet aber mannigfache Ausnahmen. So mochte schon bei der Anlage des ersten Theiles unseres Todtenbuches, als die Aufzeichnungen noch älterer Vorlagen in dasselbe übertragen worden sind, der eine und andere Name zu einem anderen als dem wirklichen Todestage gesetzt worden sein [8]), oder es mochte derselbe Name zweimal herübergenommen worden sein, oder es wurden überhaupt manche Namen mehrmal eingetragen [9]),

---

[7]) Vergl. z. B. 3. Februar, 4. und 6. Juni, 20. Juli u. s. w.

[8]) Z. B. Der Name des Abtes Hartmann, welcher Abt nach Angabe des älteren Todtenbuches am 2. Jän. (1114) verstorben ist, während Götweiger Überlieferungen (Font. rer. Austr. 2. VIII. 101) den 1. Jänner als Todestag bezeichnen. Oder sollte diese Verschiedenheit nur auf einem Irrthum der Abschrift des ältesten St. Lambrechter Nekrologs, welche sich zu Götweig befindet (v. Hormayr, Arch. f. Geographie, Historie etc. 10. Jahrg. 1819, Nr. 47, S. 186), beruhen?

[9]) Eine „Helika abbatissa“ z. B. erscheint bei dem 2. und 3. Februar, eine „Livtkart“ beim 9. und heim 10. desselben Monates. Beim 10. Jänner heisst es: „Otto Chumbro dedit praedium“ etc., beim 30. August aber: „Otto laicus dictus Chumer“ etc.

Da ferner der Zweck des Todtenbuches ja nicht der war, den Sterbetag genau zu fixiren, sondern vielmehr um die Erinnerung an die verstorbenen Personen, derer beim gemeinsamen Gebete besonders gedacht werden sollte, leichter bewahren zu können, so war es gleichgiltig, zu welchem Tage der Name eingetragen, wenn er nur überhaupt aufgezeichnet wurde [10]). Weiters entstanden Abweichungen von der allgemeinen Regel durch die Beschaffenheit der Mittheilungen in den Roteln (rotulae). Durch diese wurden bekanntlich die konföderirten Klöster von dem Ableben ihrer Mitglieder in wechselseitige Kenntniss gesetzt. Nun waren in den Umlaufschreiben wohl häufig die Sterbetage der einzelnen Individuen angegeben, häufiger aber auch nicht. In beiden Fällen wurden dann die mitgetheilten Namen an eine beliebige Stelle des Todtenbuches gesetzt und zwar zumeist an eine solche, welche hinreichenden Platz für die Aufschreibung bot [11]). Es geschah auch, und dies ist wieder eine andere Abweichung, dass man die in einer Rotel eingetheilten Namen, bei denen die Sterbetage gleichfalls nicht bekannt gegeben waren, in dem Todtenbuche zu mehreren, natürlich beliebig gewählten Tagen, vertheilte [12]). Um endlich noch eine Abweichung von der allgemeinen Regel zu erwähnen, womit jedoch alle Ausnahmen keinesfalls erschöpft sind, so muss man auch wissen, dass man die Namen der Mitglieder einer ganzen Familie entweder zu einem Tage gesetzt hat, bei welchem ein bereits verstorbenes Mitglied schon eingetragen war, oder vielleicht zu dem Tage, für welchen die Familie einen Jahrtag gestiftet hatte [13]) u. s. w.

---

[10]) Daher jene Masseneintragungen, wie z. B. beim 1. Jän. Saec. XV., betreffend Gleink, 6. Febr. XVI. Klosterneuburg, 23. Febr. XV. Kremsmünster, 13. März XV. Ettal, 30. März XV. Niederaltaich, 4. April XV. Reinhersborn, 4. Mai XV. Schotten, 5. Juni XVI. Laien, 12. Juli XVI. Lambrecht selbst, 19. Nov. XVI. Admont, 15. August XIII. Seitenstetten, 7. Oct. XVI. Garsten, oder wie jene Haufeneintragung zum 11.—18. August, welche beginnt: „Haec sunt nomina eorum" etc. (Fulda).

[11]) Ein Beispiel, dass die durch die Rotel mitgetheilten Namen, bei denen aber die Sterbetage angegeben, zu einem beliebigen Tage gesetzt worden sind, haben wir beim 23. Jän. (Herzogenburg), und ein Beispiel, wo die Sterbetage nicht angegeben sind, haben wir beim 4. Mai (Schotten in Wien).

[12]) So z. B. den 20., 21. und 22. März, zu welchen drei Tagen eine Mittheilung der Namen von acht verstorbenen Mitgliedern des Klosters Ensdorf vertheilt ist.

[13]) Beim 17. Februar z. B. heisst es: „Hermannus dictus Schalauner" etc. Beim

Hinsichtlich einer anderen Frage, ob nämlich die Eintragungen auch gleichzeitig sind oder nicht, d. h. ob der überlieferte Name des Verstorbenen von einer zu derselben Zeit lebenden Person eingeschrieben worden ist, lässt sich antworten, dass solches wohl auch in der Regel von einer gleichzeitigen Person gethan worden ist. In den Konfraternitätsstatuten, welche der Propst Christian von Sekau am 14. August des Jahres 1305 erlassen hat[14]), wird ausser anderen auch vorgeschrieben, dass nach dem Bekanntwerden des Todes eines Konföderirten die Kapitularen zusammenberufen werden, die „leibliche Disziplin" (disciplina corporalis) empfangen und während dess die für die verstorbenen Brüder und Wohlthäter bestimmten Psalmen beten sollen, worauf der Dechant den Namen des Verstorbenen sofort in das Todtenbuch schreiben lassen sollte. Und so mag man es auch anderwärts gehalten haben. Aber diese Regel wurde nicht fort beobachtet, war auch nicht immer festzuhalten, und so geschah es, dass der Name manches Verstorbenen erst spät nach dem erfolgten Tode in das Todtenbuch eingetragen worden ist[15]).

Die erwähnte Regel konnte ja nicht durchaus festgehalten werden, denn das älteste Todtenbuch enthält Namen von Personen, welche nachweisbar im 11. Jahrhunderte gelebt haben und verstorben sind, während dasselbe, wie ich jetzt zeigen werde, erst im 12. Jahrhunderte entstanden ist. Zu Anfang dieses Jahrhunderts war das Kloster St. Lambrecht, nachdem es schon vor etwa dreissig Jahren projektirt worden war, endlich in das Leben gerufen worden

---

21. Juli: „Hermannus Lubgaster" etc. Und beim 29. Juli: „Caspar, Melchior, Fridreicus (!) et pro omnibus connatis suis" (soll nämlich gebetet werden).

[14]) Abschrift derselben aus dem 15. Jhdrt. in der Handschrift 39/29, 2°, der Grazer Universitätsbibliothek, auf Fol. 177. Das Original dürfte ebenfalls noch vorhanden sein und zwar im Joanneums-Archive zu Graz.

[15]) Z. B. der Name desjenigen, welcher die Stiftung des Klosters St. Lambrecht angeregt hatte, Markwarts des Sohnes des Herzogs Adalbero, der im J. 1076 gestorben sein soll, dessen Name aber erst um 1164 (beim 16. Juni) eingezeichnet worden ist, oder des im J. 1114 verstorbenen Abtes Hartmann, ebenfalls c. 1164 aufgeschrieben. Beispiele liefern auch die oben erwähnten Collectiveintragungen, welche in einem Zuge von derselben Hand gemacht wurden, während die genannten Personen doch an verschiedenen Tagen und in oft grossen Zwischenräumen gestorben sind.

8

(1102/3) [16]). Der Überlieferung oder Tradition zufolge, die in St. Lambrecht freilich nicht viel gelten kann, kamen die ersten Mönche aus dem Kloster St. Blasien im Schwarzwalde. Durch ein positives Zeugniss wird diese Überlieferung allerdings nicht bestätigt. Wenn man aber erwägt, wie der erste Abt des Klosters aus St. Blasien war und dass die nachfolgenden Todtenbücher Notizen enthalten, welche sich nicht bloss auf das fern gelegene St. Blasien, sondern auch auf St. Georgen im Schwarzwalde, St. Salvator etc. beziehen, während viel näher gelegene Klöster nicht erwähnt werden, so wird der Überlieferung damit nicht allein nicht widersprochen, sondern dieselbe hiedurch einigermassen bestätigt [17]). Die nach St. Lambrecht gekommenen Mönche brachten nun entweder schon aus ihrer früheren Heimat, welche erst noch bestimmt nachgewiesen werden muss, ein Verzeichniss verstorbener Mitbrüder mit, das jetzt dem Todtenbuche der neuen Stiftung zur Grundlage dienen und hier gleichsam fortgesetzt werden sollte, oder behalfen sich einstweilen damit, die Namen der in St. Lambrecht verstorbenen Brüder oder der mit demselben Konföderirten in einen Kalender zu setzen. Mochte nun aber das eine oder das andere der Fall sein, es stellte sich endlich, da das vorhandene Buch oder Kalender überfüllt war und zu neuen Aufzeichnungen keinen Platz mehr bot, das Bedürfniss der Anlage eines grösseren Todtenbuches heraus. Da entstand dann das vorhandene älteste Todtenbuch, in welches sein unbekannter Schöpfer sofort auch die Namen älterer Verzeichnisse herüber genommen hat. So rühren in obigem Beispiele die Notizen: „EBERHARDVS, archieps. ann. ab

---

[16]) S. meine Abhandlung über die Zeit der Gründung und über die Ausstattung des Klosters S. Lambrecht in den Beitr. z. K. steierm. GQ. III. 50 u. ff.

[17]) Gerbert, Hist. Nigrae Silvae, behauptet weder, noch bestätigt er auch, soviel mir wenigstens bekannt ist, dass die ersten Benedictiner in St. Lambrecht von S. Blasien gekommen wären. Dass Hartmann der erste Abt gewesen, weiss er eben auch nur aus der Vita Altmanni (I. 255). Nach ihm wäre dieser am 1. Jänner (1114) gestorben (p. 256). Wenn übrigens richtig sein sollte, dass St. Lambrecht eine Kolonie von St. Blasien ist, so muss die Verbindung beider, eigentlich die Wechselbeziehungen derselben zu einander, sehr früh aufgehört haben. Denn in dem alten Katalog der mit St. Blasien konföderirten Klöster, welchen Gerbert (I. 259) abdruckt, erscheint wohl von den Kolonien in unseren Ländern Götweig, nicht aber auch St. Lambrecht.

inc. d. M. C.LX.IIII. Otto pbr. et mon. Otkerus mon. Frowinus mon. Waltherus. Rilint conv". von seiner Hand her, und scheinen auch, nur etwa mit Ausnahme der ersten, in einem Zuge geschrieben worden zu sein. Die erste dieser Aufzeichnungen beweist zugleich, dass die Person, welche das. älteste Todtenbuch angelegt hat, um das Jahr 1164 gelebt, und dass somit die Entstehung desselben in diese Zeit gesetzt werden müsse. Aber die bestimmte Zeit gilt nicht für das ganze älteste Todtenbuch. Denn wir finden darin vom 28. März bis zum 27. April excl., also auf einer Quaternion, dass auf diesen vier Blättern eine viel jüngere Hand die ersten Aufzeichnungen und Eintragungen gemacht hat. Ich unterlasse es, Vermuthungen auszusprechen·, wie es denn nothwendig geworden ist, hier abermal eine neue Anlage zu machen, sondern verweise vielmehr gleich auf die Thatsache, dass die Hand, welche auf diesen Blättern als die erste angesehen werden muss, beim 23. April die Notiz: „EKKEHARDVS eps. Gurcensis" geschrieben hat. Daher ist es aber gewiss, dass der Theil des ältesten Todtenbuches vom 28. März bis zum 27. April um das Jahr 1200 entstanden ist[18]). Nachdem der vorhandene älteste Theil der St. Lambrechter Todtenbücher mit Namen überfüllt schien[19]), schritt man zur Anlage eines zweiten Buches für eben denselben Zweck. Der die Anlegung desselben besorgte, war ein Angehöriger der Familie Apfaltern, wie aus einer Notiz beim 22. April hervorgeht: „Fridericus de Apholter, pater scriptoris hujus libri, laicus". Es dürfte aber dieser Schreiber um das Jahr 1358 gelebt haben, weil diesem Jahre die nachweisbar älteste Aufzeichnung des zweiten Todtenbuches angehört, welche also lautet: „Johannes abbas istius loci obiit anno domini MᵒCCCᵒLviijᵒ", und beim 10. Jänner zu finden ist. Sie rührt aber nicht von der Hand des fraglichen Schreibers her, sondern von einer anderen und gewiss gleichzeitigen Hand. Ebenso gewiss aber ist, und zwar geht solches aus eben angeführter Notiz hervor, dass die Anlage

---

[18]) Denn Bischof Ekhart starb im J. 1200. Mooyer, Verzeichnisse deutscher Bischöfe, S. 43.

[19]) Er „schien" überfüllt, aber man hat bis zum J. 1355 Einzeichnungen gemacht, z. B. Beim 13. Juli: „Wolfgangus laici (!) 1355", freilich auch dabei, um Platz zu gewinnen, früher oft genug die älteren und ältesten Notizen ausgelöscht.

des zweitältesten Todtenbuches um das Jahr 1358 erfolgt ist. Dasselbe wurde jedoch anfänglich nur im geringen Masse
zu Aufzeichnungen benützt, und erst im 15. Jahrhunderte, nachdem
der erste Theil durchaus überfüllt war, häufiger hiezu verwendet.
Jedoch auch bei diesem zweiten Buche gilt, dass einzelne Theile in
viel späterer Zeit, etwa um das. Jahr 1579, angelegt worden sind [20]).
Es sind das folgende Theile: vom 11.—25. (incl.) August — ein
Blatt, vom 4.—27. (incl.) September—zwei Blätter, vom 22. October — 14. (incl.) November — ebenfalls zwei Blätter, und vom
27. November bis Ende Dezember—drei Blätter. Auch hier wäre
den Muthmassungen, um diese Unterbrechungen zu erklären, ein wei-
tes Feld geöffnet. Ich unterlasse aber solche auszusprechen, da ja
möglicher Weise eine ganz andere Ursache zu Grunde liegen könnte.

Im Allgemeinen kann das zweitälteste Todtenbuch
(II.) als eine Fortsetzung des ersten (I.) angesehen
werden. Aber es enthält auch noch etwas mehr. Es hat nämlich
schon eine Hand des 14. Jahrhundertes viele Notizen in das zweite
Todtenbuch aus dem ersten übertragen und zwar mit ziemlich
diplomatischer Treue [21]). Hierauf hat ein anderer unbekannter
Schreiber, welcher in der ersten Hälfte des 15. Jahrhundertes gelebt haben muss, eine sehr grosse Anzahl von Notizen, welche in
dem ältesten Todtenbuche überliefert waren, in das zweite Buch
herübergenommen. So im obigen Beispiele folgende Notizen: „Otto
pbr. et mon. Waltherus laicus. Beatrix layca". Man sieht da zugleich,
dass er hiebei nicht ganz gewissenhaft oder vielmehr nicht diplo-
matisch getreu zu Werke ging, und er hat es in der That bei der
Wiederholung weder mit den Vornamen, noch mit den Familiennamen,
weder mit den Charakterangaben, noch mit den Angaben der Zeit
u. s. w. genau genommen, weggelassen, was ihm beliebte und hin-
zugethan, was in dem ältesten Todtenbuche nicht stand oder steht [22]).

---

[20]) Wie aus dem im folgenden Absatz Gesagten hervorgeht.

[21]) Z. B. beim 1. Jänner: „Syboto pbr. et mon. istius loci", beim 2. d. M.: Hartmannus abbas istius loci", beim 6. wieder d. M.: „Hainricus pbr. et mon. istius
loci", u. s. w.

[22]) So hat z. B. I. die Notiz: „Wilhalmus pbr. et mon. Agmvt" beim 27. Juni, welche
dann in II. in: „Wilhalmus pbr. et mon. istius loci" verfälscht ist. In I. beim
26. Juni: „Starchandus pbr. et mon. istius loci", was II. mit dem Zusatz „de
Theodosia" vermehrt überliefert. Beim 5. Juli finden wir in I. die Aufschreibung:

Eine noch ansehnlichere Übertragung von Aufzeichnungen aus dem ersten in das zweite Todtenbuch, wie die eben erwähnte im 15. Jahrhunderte gewesen ist, fand in der zweiten Hälfte des 16. Jahrhunderts statt und zwar vielleicht durch einen beim Erzherzog Karl Bediensteten, Namens Thomas Rheyer (s. 7. Februar). Wurden aber schon bei jener Übertragung im 15. Jahrhunderte viele Fehler begangen, so war bei dieser, des 16. Jahrhundertes, dasselbe noch in einem erhöhten Grade der Fall. Der jüngere Schreiber liess sich eine Menge Verstösse und zwar in jeder Hinsicht zu Schulden kommen[23]). Und gleichwohl sind wir ihm einigen Dank schuldig. Denn ihm scheinen wenigstens Reste jener Blätter des ältesten Todtenbuches vorgelegen zu haben, welche die Aufzeichnungen vom 6. September bis zum letzten Tage des Jahres trugen und die nun bald nach ihm gänzlich verloren gegangen sein mögen[24]). Was er aber auf jenen jetzt verlorenen Blättern gefunden hat, hat er durch Abschreiben, wenn auch nur mangelhaft gerettet; hätte er solches nicht gethan, so wäre uns ja vom 6. September aufwärts keine Kunde von den Notizen geblieben, welche die letzten Blätter des Todtenbuches angefüllt haben mögen. — Diesen Dank theilt er übrigens vom 11.—16. (incl.) August mit einem etwas älteren Schreiber, welcher jedoch auch noch demselben Jahrhundert angehört[25]). Gewiss ist auch, dass dem Thomas Rheyer, welcher, wie gesagt, vielleicht der Übertrager und Erhalter so vieler Notizen gewesen, noch andere Quellen, etwa Todtenbücher anderer Kirchen, vorgelegen haben, womit er dann den Inhalt des

---

„Hainricus Grecer (Gräzer) pbr. et mon. istius loci", dagegen in II.: „Hnr. pbr. et mon. Grecus istius loci" u. s. w.

23) Es ist z. B. in I. geschrieben: „Marchwardus miles de Puks frater noster" (27. Augusti), was in II. lautet: „Markwardus miles de Prag frater noster". In I. beim 24. Juli: „Rycherus Albus dictus pbr. et mon. istius loci anno domini M.CCC.XII."; dagegen in II.: „Richerus abbas istius loci". Im ersten Todtenbuche beim 6. August: „Chunradus pbr. et mon. istius loci dictus Sauraber anno etc. LXXXXII°." (d. i. 1392), wogegen in II.: „Conradus . . . . anno etc. 1492". Dann heisst es in I. beim 6. Juli: „Alhadis de Techawe soror Vlsalci", woraus in II.: „Adelhaidis de Chabe" wird.

24) Die Worte „Caetera desiderantur" auf der letzten Blattseite in I. rühren nämlich von einer Hand im Ausgange des 16. Jhdts. her.

25) Derselbe schrieb z. B. zum 16. August: „Piliegrimus abbas Salczpurgensis, Erhardus eps. Lauentinus, Nycolaus laycus, Gerdrudis conuérsa."

zweiten Todtenbuches bereichert hat [26]). Von demselben rühren auch einige der oben erwähnten chronikalischen Aufzeichnungen her', wie z. B. jene über die Hinrichtung Paumkirchers [27]). — Soviel über das Verhältniss des zweitältesten Todtenbuches zu dem ersten. Es wäre von demselben allenfalls noch anzumerken, dass wir darin noch einer anderen Hand begegnen, welche ebenfalls dem Ausgange des 16. Jahrhunderts angehört und mitunter offenbar uralte Notizen eingetragen hat [28]); ferners, dass der schreibselige P. Peter Weixler, ein Chronist des Stiftes St. Lambrecht im 17. Jahrhunderte und auch dessen Mitglied, nicht verfehlt hat, auch in diesem Denkmale einer vergangenen Zeit Proben seiner schwülstigen Schreibweise zu hinterlassen [29]); endlich, dass vom 6. September aufwärts die zahlreichen unbeschriebenen Stellen lebhaft an den verloren gegangenen Theil des ersten Todtenbuches erinnern.

Der letzte Name, welcher in das zweite Todtenbuch eingetragen worden ist, scheint der des St. Lambrechter Professen Gallus Angerer zu sein, welcher am zweiten Jänner des Jahres 1670 verstorben ist. Da ich nun schon oben nachgewiesen habe, dass die Anlage des ältesten Todtenbuches um das Jahr 1164 gesetzt werden muss, dass dasselbe aber hinsichtlich des Inhaltes seiner Aufzeichnungen in das 11. Jahrhundert zurückreicht, so haben wir in diesen zwei Todtenbüchern eine Quelle vor uns, welche uns fast durch fünfhundert Jahre meist gleichzeitige Nachrichten von etwa sechshundert Jahren überliefert hat. Freilich ist eine grosse Anzahl derselben, besonders aus älterer Zeit, durch die Art ihrer Überlieferung wenig werthvoll und kaum anders wie als statistisches Materiale zu betrachten [30]). Aber mit fortlaufender Zeit, da man sich nicht mehr bloss auf die Angabe des Namens und des Charakters beschränkte, sondern die Notiz über den Verstorbenen mit allerlei Zusätzen ausstattete, welche

---

[26]) Z. B. mit der Notiz über Paumkircher's Tod. Beim 10. Aug. auch: „Waltherus claviger, Perchta uxor ejus, Katherina, Wendel filiae ejus". Oder beim 10. März: „Obiit Elisabeth Prewndlin" etc. Beim 7. d. M. aber: „Margaretha mater domini Joannis Schachner abbatis" († 1478) u. s. w.

[27]) S. Anmerkung 3.

[28]) Z. B. beim 6. Juli: „Sigismundus pbr. et mon." u. s. w.

[29]) So auf Fol. 46ᵃ (13. Jänner. Anmerkung 70), dann beim 23. December u. s. w.

[30]) Wie z. B. die Notizen, welche aus nichts als dem einfachen Namen und bloss aus diesem und der Charakterangabe bestehen.

uns mannigfache Aufschlüsse über Leben und Wirken desselben geben, steigert sich auch der Werth unserer Quelle. Sie gibt uns jedoch über nichts so trefflichen Aufschluss, wie über die Anzahl und das stille Wirken jener Männer, welche im Laufe von sechsthalb Jahrhunderten dem Stifte St. Lambrecht angehörten, und das Band, das unter dem Namen der Konföderation diese Männer mit einer grossen Menge ihrer eigenen Ordensgenossen und den Angehörigen anderer Orden, sowie mit einer sehr bedeutenden Anzahl anderer geistlichen Personen und von Laien in der Steiermark und den benachbarten Ländern durch Jahrhunderte hindurch vereinigt hat. Unter den Klöstern, deren verstorbene Angehörige in den nachstehenden Todtenbüchern verzeichnet sind, ragen durch eine grössere Anzahl von Namen hervor: Admont, St. Blasien, Beligne, Garsten, St. Georgen am Längsee, Gleink, Götweig, Gurk, Kremsmünster, Milstat, Melk, Nonnberg (Salzburg), Obernburg, Öberndorf, Ossiach, St. Peter (Salzburg), Seitenstetten, Sekau, Seon und Vorau. Ausserdem werden viele Ordenspersonen genannt, deren Ortszuständigkeit jedoch nicht angegeben ist. Es sind darin ferners die Sterbetage von mehr als fünfzig hohen Würdenträgern der Kirche verzeichnet und von mehr als siebenzig Kaisern, Königen, Herzogen, Markgrafen und von Gemalinnen fürstlicher Personen. Von Familiennamen begegnen wir darin häufiger als anderen den Grasslab, Gressing, Kräl, La, Lichtenstein, Lobming, Pisweg, Pux, Rattensdorfer, Saurau, Teufenbach und Winkel. Unter den Kunstbeflissenen finden wir die Werkmeister (magistri operis) an den Kirchen zu St. Lambrecht und Mariazell, die Namen von vier Malern, welche im 13. Jahrhunderte gelebt haben, und von zwei Bildhauern, deren einer ebenfalls dem genannten Jahrhundert angehört. Die Pfarrgeistlichkeit ist merkwürdiger Weise durch eine geringere Anzahl von Namen vertreten, als man füglich erwarten möchte und könnte, doch sind von derselben immerhin 120 Personen genannt. Diese Andeutungen genügen wohl, um zu erkennen, dass wir in den St. Lambrechter Todtenbüchern und zwar in den zwei ältesten Theilen eine beachtenswerthe Quelle besitzen, welche dem verständigen Forscher so manchen Gewinn bieten dürfte. Jetzt, nachdem bei dem letzten Brande des Stiftes Admont auch dessen Todtenbücher, deren Anlage vielleicht um einige Jahr weiter zurückreichte als die der St. Lambrechter, ein Raub der Flammen geworden sind, bilden die St. Lambrechter Todtenbücher das älteste Denkmal dieser Art in Steiermark, und flössen auch schon hiedurch einiges Interesse ein [31]).

Ich gebe im Nachfolgenden die Originale fast vollständig wieder, denn es sind nur wenige Namen, welche in keiner Hinsicht ein Interesse erwecken konnten, weggelassen worden. Wohl hätte aus den unten folgenden auch noch manch' anderer Name weggelassen werden können, allein Gründe, deren Erörterung nicht hieher gehört, hatten mich gleichwohl zur Aufnahme solcher Namen bestimmt, und zwar bevor an die Veröffentlichung der vorliegenden Arbeit in diesen Schriften gedacht worden ist. Und die Kopirung der Originale war überdies so mühevoll — eine Einsichtnahme in dieselben würde das hinlänglich bestätigen—, dass nicht leicht an eine abermalige Wiederholung derselben Arbeit gedacht werden konnte.

Die einzelnen Notizen sind beim Kopiren zu dem Jahrhunderte gesetzt worden, wohin sie dem Charakter der Schriftzüge gemäss gehörten. Die Aufzeichnungen aber, welche aus dem ersten Original (I.) in das zweite (II.) herübergenommen oder in beiden zugleich gemacht worden sind, werden hier mit liegender Schrift gegeben. Da wo die Notizen des zweiten Todtenbuches beginnen, wird dies zuvor durch drei Sternchen angezeigt. Aufzeichnungen aber, welche aus dem zweiten Todtenbuche genommen wurden und der Zeit wegen vor die Sternchen gesetzt werden mussten, sind durch „ “ kenntlich gemacht, und ebenso Notizen, welche eigentlich in die Zeit des zweiten Todtenbuches fallen, aber noch in dem ersten Aufname gefunden haben. Vom 6. September an sind dann die aus den verloren gegangenen Blättern des ersten Theiles in den zweiten Theil von Händen des 15. und 16. Jahrhunderts herüber geretteten Notizen unter „15.“ und „16.“ gegeben. Erst wie gleichzeitige Aufzeichnungen wieder beginnen, bilden sich auch wieder die Abtheilungen Saec. XV. XVI. und XVII.

Schliesslich noch einige Worte über das Register. Dasselbe enthält folgende Abtheilungen:

---

[31]) Beitr. z. K. steierm. GQ. IV. 151. Theilweise erhalten bei Pez, SS. II. 198 bis 209. Ein Admonter Todtenbuch aus dem 13. Jhdrt. auszüglich von Meiller im Arch. f. K. österr. GQ. XIX. 407—410.

A.
Geistliche Personen.

I.
Päpste, Kardinäle, Patriarchen, Erzbischöfe und Bischöfe.

II.
Pfarrgeistlichkeit.

III.
Weltgeistliche ohne Ortszuweisung.

IV.
Religiosen verschiedener Orden mit Ortszuweisung.

V.
Religiosen aus dem Augustinerorden ohne Ortszuweisung [32]).

VI.
Religiosen aus dem Benediktinerorden ohne Ortszuweisung [33]).

VII.
Religiosen nicht zu bestimmender Orden.

B.
Weltliche Personen.

I.
Kaiser, Könige, Erzherzoge, Herzoge, Markgrafen, Grafen und Gemalinnen von solchen.

II.
Weltliche Personen mit Familiennamen oder Ortszuweisung.

NB. In dieser Abtheilung erscheinen geistliche Personen mit Familiennamen oder mit der Benennung des Ortes ihrer Herkunft noch einmal.

---

[32]) Durch Vergleichung mit den Todtenbüchern von St. Peter in Salzburg (Arch. f. K. österr. GQ. 19. Bd.) können ausgemittelt werden Pröbste der Klöster Burberch, Kiemsee, Ranshofen, Reichenhall und Salzburg (Domstift).

[33]) Durch Vergleichung mit eben denselben Todtenbüchern ergeben sich hier Äbte und Äbtissinen der Klöster Aetl, Elsenbach, St. Emmeram in Regensburg, Ensdorf, Garsten, Göss, Lambach, Metten, Michelbeuern, Milstat, Nonnberg in Salzburg, St. Paul in Kärnten, St. Peter in Salzburg, Prüfening und Scheiren.

III.

Künstler, Handwerker etc.

IV.

Güterschenker bei dem Kloster St. Lambrecht.

V.

Blutsverwandte, meist von Mitgliedern des Stiftes St. Lambrecht.

VI.

Personen, die auf gewaltsame Weise um das Leben gekommen.

VII.

Personen mit einfachen Namen, meist des 12. Jahrhunderts.

C.

Orte und Sachen.

Hiedurch glaube ich am besten den Wünschen der Geschichtsforscher entsprochen zu haben. Vielleicht weniger den Forschern auf dem Gebiete der Personennamen. Übrigens dürften die St. Lambrechter Todtenbücher eben in dieser Hinsicht kaum etwas Nennenswerthes enthalten. Bemerkenswerth ist, dass in denselben auch manch' slavischer Name sich findet, was beweist, dass in der ersten Hälfte des 12. Jahrhunderts in der St. Lambrechter Gegend, wo einstmals alles slavisch war, wie die Namen der Berge, Bäche etc. ebenfalls deutlich anzeigen, keineswegs noch alles slavische Leben erstorben war.

Januarius.

[1.]

A Kal. Jan. Circumcisio domini.

Saec. XII.: Bebo mon. — Purchardus mon. — Engizo conv. istius loci — Livdwicus pbr. — Magnus — Hermannus — Gŏtscalchus, Hartliep, Haeilwich mon. — Engila mon. — *Syboto pbr. et mon. istius loci* — Adelherus mon. Rv̊na [1]) — Beatrix mon. — Gisila mon.

Saec. XIII.: Eberhardus abbas — Wluingus diac. et mon. S. Pauli — Gebehardus de hospit. [2]) — Leutoldus pbr. de Tobel (?) — Thimo de Frisaco laic. — Hermannus de Goss [3]) — Aelleis laica.

Saec. XIV.: Katherina laica — Englbret Vedirstan laic. — Johannes pbr. et mon. ecclesiae sancti Andreae in Glun. [4]) — Vlricus Centner laic. — Margareta mater Pauli (?) — Andreas laic. frater ejůs.

Saec. XV.: *Obiit frater Thomas canoncus* (sic, canonicus) *Newburgensis* [5]) — *Obiit Anna monial.* — *Fridricus abbas de Gleinnk* [6]); Conradus, Wolfagus (sic), Johannes, Georius (?), Martinus, Johannes, Johannes (sic), Stephanus, Leonhardus,

---

[1]) Jetzt Reun, Zisterzienserstift ob Graz und gegenwärtig das älteste Kloster dieses Ordens in unserem Kaiserstaate.

[2]) D. i. aus dem Spitale, das es, wie bei jedem Kloster, auch in St. Lambrecht gegeben hat, noch gibt und das hauptsächlich zur Unterbringung armer, bresthafter Leute dient.

[3]) Göss in Obersteier, wo früher ein Frauenkloster des Benedictinerordens bestand welches Kloster überhaupt das älteste in der Steiermark war.

[4]) Glunich, jetzt Gleink in Oberösterreich, ehemals ein Benedictinerkloster und nun den Bischöfen von Linz gehörig.

[5]) Aus dem Chorherrenstifte Klosterneuburg bei Wien.

[6]) Erscheint als Abt schon am 8. Jänner 1403 und starb am 12. Juni 1436. Pritz, Gesch. v. Gleink, S. 180.

Wolfgangus, Martinus, Petrus pbri. et monachi monasterii in
Gleink — Mathias scolar. — Vlricus conversus.

*
* *

Salomee laic. — Obiit Cristofforus Herriser[7]) pbr. et monachus
istius loci 1456.

Saec. XVI.: Joannes, Wolfgangus, Cristannus, Apolonia, Dorothea,
Ka(thari)na, Barbara laici et familiares Seccoviensis ecclesiae —
Anno domini 1572. obiit dominus Wolfgangus Sader in mona-
sterio Novacella[8]), cujus anima deo vivit.

Saec. XVII.: Hieronymus canonicus Claustroneoburgi . 6 . .

[2.]

B IIII. Non. — Oct. Stephani.

Saec. XII.: *Hartmannus abbas istius loci*[9]) — Hermannus mon. —
Werinherus mon. — Witilo mon. — Meinradus mon. — *Adalfridus subdiaconus* et mon. *istius loci* — Geroldus conv. —
Heinricus conv. — Wolvoldus — Swikerus — Leo — Livtoldus — *Gerdrudis mon.* — Livkart mon.

Saec. XIII.: Dietricus pbr. et mon. — Rŏdbertus conv. — Rudolfus
de Motniz[10]) obiit.

Saec. XIV.: *Petrus pbr. et mon. Chotwicensis*[11]) — *Nicolaus pbr.
et mon. Chotwicensis* — Nicolaus pbr. et monachus Altenbur-
gensis[12]).

Saec. XV.: *Vlricus pbr. et mon. S. Pauli* — Johannes puer Gras-
lober[13]).

---

[7]) „Christoferus Härriser" etc. zum 17. April im Sekauer Todtenbuche.

[8]) Neustift oder Neuzell, ein Kloster der Chorherren bei Brixen in Tirol.

[9]) In II. mit dem unrichtigen Zusatz „frater Henrici fundatoris, obiit anno domini
1109", von einer Hand des 16. Jhdrts. In Wirklichkeit ist jedoch das Todesjahr
das Jahr 1114; s. Beitr. z. K. steierm. GQ. II. 118, wo auch anderweitige Nachrichten über diesen bedeutenden Mann von mir zusammengestellt worden sind.
Hartmann war keinesfalls ein Bruder des Stifters, des Herzogs Heinrich von Kärnten, und es fällt sein Wirken zu St. Lambrecht in den Zeitraum ungefähr von
1102—1108.

[10]) Mötnitz in Kärnten, nicht gar weit von der steir. Grenze und dem Stifte St. L.

[11]) Götweig, Benedictinerkloster in Niederösterreich.

[12]) Demselben Orden gehört auch das Kloster Altenburg in demselben Lande an.

[13]) Schon im 9. Jhdt. hiess die ganze Gegend zwischen der Weitalpe, der Krebenze
und jener Bergreihe, deren eines Ende die Ruinen des Schlosses Stein trägt.

* *

Saec. XVI.: Erhardus pbr. et monachus monasterii sancti Hemmerani Rat(isbonae) [14]).

Saec. XVII.: Obiit frater Gallus Angerer professus S. Lamberti logices studiosus Graecii anno 1670, sepultus est ad S. Gotthardum [15]).

[3.]

C III. Non. — Oct. Johannis Ew.

Saec. XII.: Altmannus pbr. et mon. — Rabanus pbr. et mon. Agmundi [16]) — Gerhardus mon. — Engilherus mon. — Pero mon. — Azmannus conv. Uitringe (?) [17]) — Eberhardus laic. — Richerus — Berinhardus — Burchardus — *Gothscalchus conv.* — Chunr(adus) conv. — Uvolframmus — Adelheit mon. — Diemŏd mon. — Berchta mon. — Ermlint — Chunigunt mon. — Chunigunt mater Engilsalci laic. — Odalricus laic.

Saec. XIII.: Fridericus pbr. et mon. Ozycensis [18]) — *Chunradus pbr. et mon. Admŭnt* Weizenpek (?) — Richerus laic. — Chŭnr. sacerdos [19]) — Gerdrvt laic.

Saec. XIV.: *Rudolfus pbr. et mon. prior Salczpurg* [20]) — Helwicus pbr. et mon. Chôtbicensis.

Saec. XV.: *Johannes abbas in Formbach dictus Poppenperger* [21]) — Wolfgang pbr. et canonicus — Georgius pbr. et canonicus.

Grasslup. Späterhin ward daraus ein Grasslab und die Bedeutung des Namens allmälig so beschränkt, dass nunmehr nur ein Bauerngut (zum Grasslaber) denselben führt. Seit dem 13. Jhdrt. begegnen wir nun in beschriebener Gegend einer ritterlichen Familie, die sich „von Grasslab" oder Grasslaber zubenannte und welcher auch obiger Johannes angehörte.

[14]) St. Emmeram zu Regensburg war ein Kloster des Benedictinerordens.

[15]) Das Gut St. Gotthart liegt oberhalb Graz und gehörte früher dem Stifte St. L.

[16]) Admont; obige Namensform zählt zu den älteren und besseren.

[17]) Viktring in Kärnten, wo ehemals ein Kloster der Zisterzienser bestand.

[18]) Jetzt Ossiach, ebenfalls in Kärnten und daselbst das älteste Kloster des Benedictinerordens.

[19]) Mit noch einigen darüber gesetzten, jedoch nicht mehr lesbaren Bestimmungen.

[20]) Nämlich des Benedictinerklosters St. Peter in Salzburg. Der folgende Priester gehörte dem Kloster Götweig an.

[21]) Formbach in Baiern in der Passauer Diöcese.

Saec. XVI.: Dominus Leopoldus pbr. et canonicus.

* *

Anno virginei partus 1 . 5 . (sic) [22]) ultimum clausit diem frater Sigismundus Khoboltsperger, pbr. et monachus hui (sic, hujus) loci.

Saec. XVII.: A partu virginis 1659. reverendissimus d. dns. Vrbanus abbas Admontensis effl(av)it animam Gr(ae)cii, Sac. Caes. M. ac illustrissimorum principum Salzburgensis ac Bambergensis consiliarius [23]).

[4.]

D II. Non. — Oct. Innoc.

Saec. XII.: Franco pbr. et mon. — Hermamus (sic) pbr. et mon. — Otto mon. — Heinricus mon. — Hartwicus conv. (?) — Reinherius — Durinc — Ortwinus — Hermannus — Dobren — Hirzmannus pistor — Richilt — Adelheit — Ŏta — Judita — *Gerdrudis* mater Gotfridi Vez. [24]) — Hademv̊t laic.

Saec. XIII.: Mainhardus laic. — Hiltegrimus — Rvdolfus villicus.

Saec. XIV.: *Henricus, pbr. et mon. istius loci, dictus (de) Saurab* [25]) *piae me(moriae)* — Nicolaus dictus Grecus (?).

Saec. XV.: *Leonhardus abbas in Rotenhaslach ordinis Cisterciensis* [26]).

Saec. XVI.: 1550. die 4ᵗᵃ Januarii obiit frater Sigismundus Steger oeconomus pbr. et mon. istius loci, videlicet circa septimam et octavam horam post meridiem, cujus animae benignus deus largiri dignetur, quo perennibus in illa aeterna patria gaudiis perfruatur.

---

[22]) Wohl 1515.

[23]) Erwählt am 10. März 1628, war sein Wirken so segensreich, dass er als der dritte Gründer seines Klosters angesehen wird. Fuchs, Gesch. von Admont. S. 62, 63.

[24]) Veznach, Fessnach in der Gegend von Scheufling.

[25]) Saurau im Murthale unweit von Murau und St. L. Das Geschlecht, welches sich nach diesem Orte zubenannte und dem auch obiger Priester angehörte, gelangte nachmals zu grossem Ansehen. Es wurde in den Grafenstand erhoben und ist erst in neuester Zeit ganz erloschen. In den Urkunden des Stiftes erscheinen die Saurauer häufig als Zeugen etc.

[26]) Starb nach Mezger, Hist. Salisb. p. 1219, im Jahre 1445. Heute Reutenhaslach.

[5.]

E Nonae Jan. Vigilia.

Saec. XII.: Baldricus abbas [26'] — *Magnus mon. istius loci* — Purchardus mon. — Swikerus conv. istius loci — Hartwicus laic. — Woltkerus laic. — Marwardus — Gotpertus — Dietleip laic. — Hazicha conv. — Hadewich abbatissa — Alheit conv. — Irmgart — Herburch — *Sophia laica.*

Saec. XIII.: Siboto pbr. et mon. S. Blasi (?) — Gôtfridus laic. — Wilbirgis laic.

Saec. XIV.: *Johannes pbr. et mon. istius loci dictus Pisweich* ab (?) anno d. M⁰ . . . . . . — Dietmarus pbr. et mon. de Chotw(ico) — *Johannes abbas Lambacensis* [26''].

* * *

Saec. XV.: Albertus conversus monasterii sancti Emmerammi Rat(isb.).

[6.]

F VIII. Idus Jan. Epiphania domini.

Saec. XII.: Irmbertus mon. — Livtwinus mon. — Pernoldus mon. — Mahtolfus mon. — Fridericus mon. — Wirint mon. — Perhtoldus — Meginhardus — Waltfridus — Perhtoldus — *Gerdrudis mon.* — Chunigunt mat. Mazel. — Germundus conv. Rosac. [27] — Perhta mater Will.

Saec. XIII.: Chŷnradus pbr. et mon. Saltzpvrch [28] — Otto murator laic. — Isingrimus laic. — Perhta de foro [29] — Obiit Hainricus marchravius de Monte.

Saec. XIV.: *Hainricus* Dens *pbr. et mon. istius loci.* — Hainr. dictus Scheuhendienst — *Nicolaus pbr. mon. de Glunich* — *Welczlinus civis de Muraw dictus Poezz* obiit a(nno) do(mini) M⁰ CCC⁰ XL⁰ IX⁰ (?).

[26'] Bei demselben Tage „Baldericus abbas S. Petri" (1147) im Todtenbuche des Stiftes St. Peter in Salzburg. Arch. f. K. österr. GQ. XIX. 210.

[26''] Im Jahre 1367. Hoheneck, I. 558.

[27] Rosaz in der Aquilejer Diöcese, im Friaul'schen.

[28] Zu St. Peter.

[29] Mit der Ortsbezeichnung „de foro" erscheinen mehrere Namen eingetragen. Es ist damit wohl der Ort St. Lambrecht gemeint, wenngleich derselbe erst in dem folgenden Jahrhunderte zu einem Markte erhoben worden ist,

*　*　*

Saec. XV.: Anna monualis (sic, monialis) — Cancianus pbr. et mon.
— Andreas pbr. et mon. monasterii S. Petri Salzpurg.

Saec. XVI.: Obiit venerabilis pater Franciscus abbas in Sewn [30]).

Saec. XVII.: 1616. obiit reverendissimus dominus ac pater Vincen-
tinus Lechner abbas ad S. Paulum professus hujus loci [31]).

[7.]

G VII. Idus Jan.

Saec. XII.: Perinhárdus [32]) — *Gerhardvs pbr. et mon. istius loci* —
Rôdbertus mon. — Wolframmus mon. — *Ansfridus pbr. et mon.
S. Pauli Lauend* [33]). — Gotscalcus pbr. — *Hermannus conv.
istius loci.* — Adalbero conv. — Adalbertus conv. — Ŏtwinus
comes [33']) — Duringus conv. istius loci — Perhta — Wirat —
Adalheit.

Saec. XIII.: Gostev mon. sancti Georii [34]) — Benedicta conv.

Saec. XIV.: *Otto de Palten miles* obiit *judex hic* [35]) — *Otto conversus hujus monasterii dictus Toczel.*

*　*　*

Saec. XV.: Frater Johannes Speiser pbr. et canonicus Seco(viensis)
1481.

Saec. XVI.: *„Obiit frater Blasius Venediger pbr. et monachus
monasterii S. Petri in Salisburga“.*

---

[30]) Seon; starb im Jahre 1521. Mezger, Hist. Salisb., pag. 1178.

[31]) Diese Postulation wird auch bestätigt von Mezger l. c., p. 1209.

[32]) Steht auf dem Platze der kirchlichen Würdenträger. Auch war die Würde angegeben, das bezeichnende Wort jedoch weggeschabt worden.

[33]) St. Paul im Lavantthale, wo die letzten Mönche des Klosters St. Blasien im
Schwarzwalde nach der Säcularisation ihres Stiftes Aufnahme gefunden hatten.

[33']) Wohl ein Graf von Heunburg, der zwischen 1110 — 1140 gelebt hat. Arch. f. K.
österr. GQ. XIX. 67.

[34]) Ein Frauenkloster O. S. B. am Längsee in Kärnten.

[35]) Eine und dieselbe Hand schrieb „Otto de Sauraw“, strich aber dann die letzten
zwei Worte durch und setzte darüber „de Palten miles“, wozu noch von einer
Hand desselben Jahrhunderts „obiit judex hic“ (nämlich in St. L.) kam. In II.
finden wir diese Notiz gleichfalls von einer Hand des 14. Jhdts. und also lautend:
„Otto miles de Palten Saurawer“. Daraus geht demnach hervor, dass sich ein
Zweig der Saurauer auch „de Palten“ zubenannt hat.

[8.]

A VI. Idus Jan.

Saec. XII.: *Johannes pbr. et mon. istius loci* — Benedictus mon. — Perinhardus pbr. et mon. — Adalbertus pbr. — Perinhardus mon. — Wlvingus dedit praedium — Ŏdalgerus conv. — Wigandus — Livpoldus — Martinus — Hiltibrant — Sifridus pistor — Imma mon. — Gepa d. p. [36]) — Judita — Azala — Adlbertus conv. — Dietmarus pater Gotfridi.

Saec. XIII.: Chunradus subdiaconus — Stephanus Goder laic.

Saec. XIV.: *Otto de Novoforo pbr. et mon. istius loci — Hainricus pbr. et* can. *de Secovia — Chŭnigundis uxor Vlrici judicis* de Chirp(ach) [37]) *piae memoriae.*

Saec. XV.: Dominus *Lucas pbr. et* canonicus *Secoviensis* — Gotfridus Krueg.

* * *

Johannes praepositus in Herczoburg [38]); Hainricus decanus ibidem anno domini MCCCCᵒXLVIIᵒ.

Saec. XVII.: F. Wolphgangus Andreas Wäschl subdiaconus hujus loci 1606.

[9.]

B V. Idus Jan.

Saec. XII.: Johannes abbas — Ortwinus (?) abbas Beleng (?) [39]) — *Magnus mon. istius loci* — Hermannus mon. — Fridbertus

---

[36]) Zu lesen „dedit praedium", welchem Zusatze wir in diesen Todtenbüchern mehrmal begegnen. Ich habe im Register die Verweisungen auf sämmtliche ähnliche Stellen zusammengetragen. Die Lage der Schenkung (traditio) wird jedoch nie namhaft gemacht. Es bilden diese kurz gefassten Nachrichten die letzte Erinnerung an die sogenannten Traditionen, welche, wie bei allen anderen Klöstern älteren Datums, so auch bei St. L. stattgefunden haben. Während man aber anderwärts diese Güterwidmungen und Vergabungen in Büchern gesammelt hat (codices traditionum), scheint man dies in St. L. nie gethan zu haben. Denn von codices traditionum hat sich dort bisher auch nicht die allergeringste Spur, nicht die mindeste Hindeutung auf solche gefunden.

[37]) Kirchbach, Bach und Gegend in nächster Nähe des Stiftes.

[38]) Herzogenburg in Niederösterreich. Derselbe war Probst vom J. 1432 — 1457. Hist. Can. Ducumbg. P. I. Sect. II. p. 9—11.

[39]) Diese Notiz erscheint im Original stark verwischt, der Charakter der Schrift nicht recht erkennbar und daher ist es möglich, dass dieselbe dem 13. Jhdt. angehört. Heute Beligne im Gebiete des ehemaligen Fürstenthums Aquileja.

mon. — Waltherus pbr. — Gemmunt conv. istius loci — Rŏdolfus conv. — Lŏdolfus conv. — Odalricus conv. — Dietmarus — Otto — Walchŏn — Wolfkerus de hos. [40]) — Engilinlingus conv. — Pilgrimus de hospi. [41]) — Razo — Ermlint
— Hiltrudis — Hemma — Richiza de Cruce [42]) vill.

Saec. XIII.: *Ditmarus Piberstainer* laic. — *Agnes mon. in Goss* —
Wolframus de Angulo [43]).

Saec. XIV.: Hertbicus pbr. et mon. de Seydenst. [44]), Johannes subdiaconus et mon., Pernhardus conversus.

* * *

Saec. XVI.: Georgius Gayspacher pbr. — Obiit dominus Casparus
Strobel ex coenobio Novacella 1585, cujus anima deo vivit.

Saec. XVII.: Obiit reverendissimus d. d. abbas Gottwicensis David
Gregorius Cornerus 9. die Januarii anno 1648. — Obiit in Pyber [45]) Gregorius Perchdolt, insignis arcularius, optime de
monasterio meritus.

[10.]

C IIII. Idus Jan. Pauli primi her.

Saec. XII.: Adalbertus abbas — Richardus mon. — Rŏdolfus mon. —
Hezelinus mon. — Wecil mon. — *Eberhardus pbr. et mon.* —
Dietpertus pbr. — *Reginhalmus conv. istius loci* — Rŏdolfus
conv. — Waltherus comes — Eigil — Rŏdolfus — Wezilinus —
Egelolfus — Odalricus conv. — Uvlvingus laic. pater Heid. —
Tŏta mon. — Helica — Tŏta — Perhta — Helica — Rihcza.

Saec. XIII.: Swikerus laic. — Chunradus laic. de Swent [46]) — Alber-

---

[40]) D. i. aus dem Spitale zu St. L.

[41]) Schon eine etwas ältere Hand schrieb unweit davon: „Pilgrimus I. de hospitio“,
welche Notiz später auszulöschen versucht ward.

[42]) Bezeichnung einer Gegend in der Nähe des Stiftes.

[43]) Aus dem Winkel, wie eine Gegend in nächster Nähe des Stiftes benannt wird.

[44]) Seitenstetten, Benedictinerkloster in Niederösterreich.

[45]) Piber im Kainachthale, ehemals der Hauptort für die im Süden von der Stubalpe
gelegenen Besitzungen des Stiftes.

[46]) Der Ortsbezeichnung „de Swent“ begegnen wir in unseren Todtenbüchern mehrmals. Offenbar ist hiebei an eine neugereutete Gegend (geschwend) zu denken.
Dieselbe liess sich jedoch nicht mehr ermitteln.

tus laic. de Silwich [47]) — Haertnidus laic. — Leo laic. vindarius — Pabo de Pvks occisus [48]).

Saec. XIV.: *Obiit dominus Johannes abbas istius loci piae memoriae* videlicet *anno domini M° CCC^mo LVIIJ°* [49]) — *Ernestus* dictus *Welczer* [50]) — Nicolaus filius coscalcii de Chaltenhoff [51]).

Saec. XV.: Obiit dominus Andreas ... mon. de erch ... [52]).

* * *

Saec. XVI.: Anno domini 1519. Maximilianus Romanorum imperator strenuissimus in oppido Wels superioris Austriae e vita hac felici fine exessit (sic, excessit) [53]).

---

[47]) Silweg unweit von Judenburg.

[48]) In den Stiftsurkunden erscheint der Name Pux häufig. Das Stammhaus aber derer von Pux liegt unweit von St. L. im Murthale und ist gegenwärtig nur mehr Ruine.

[49]) Es scheint, dass diese Notiz in I. nicht von einer gleichzeitigen Hand eingetragen worden ist; in II. dagegen ist sie von einem Gleichzeitigen und lautet da auch einfacher: „Johannes abbas istius loci obiit anno domini M°CCC°LVIII°“. Abt ist derselbe vor dem 13. Juli 1342 geworden. Dass er Friedperger zugenannt und Doctor der Theologie war, gilt mir unerwiesen. „Fürst“ hat er sich selbst nie genannt, doch ward er von verschiedenen Personen in devoter Weise mit diesem Prädicate beehrt. Hiebei ist nicht zu übersehen, dass der Fürstentitel meines Erinnerns nur in deutsch ausgefertigten Urkunden gebraucht wurde. Von demselben kann, wie leicht nachzuweisen wäre, bei den Äbten von St. L. nie die Rede sein. Mit der Angabe, dass Abt Johann aus dem Thajagraben gestammt, stimmt eine Aufzeichnung beim 13. Mai, wornach der Ort seiner Herkunft die Heiligenstadt bei St. L. war. Die Originalbulle, womit er neben anderen von dem Papste Innocenz VI. bevollmächtigt wurde, die Ehe zwischen dem Markgrafen Ludwig von Brandenburg und der Herzogin Margaretha (Maultasch) zu trennen, habe ich im Kloster Vorau aufgefunden. S. Beitr. z. K. steier. GQ. IV. 113, und vergl. Huber, Gesch. d. Verein. Tirols mit Österr., S. 66 u. ff. und S. 188, Nr. 209. Die Mutter des Abtes Johann ist wahrscheinlich jene Agnes gewesen, als deren Todestag der 21. Jänner bezeichnet wird. — Derselbe Todestag im Necrol. Admunt. bei Pez, SS. II. 199. Dagegen hat das Necrol. Run. bei Frölich, Dipl. sacra duc. Styr. II. 350, den 12. Nov., wenn ja dieser Abt Johann damit gemeint ist.

[50]) Aus der ritterlichen, in Obersteier sesshaft gewesenen Familie der Welzer.

[51]) Der Kaltenhof ist ein Maierhof in nächster Nähe des Stiftes und diesem selbst gehörig.

[52]) Wohl Berchtesgaden.

[53]) Der Todestag wird hier unrichtig angegeben; es ist solcher der 12. Jänner.

[11.]

D III. Idus Jan.

Saec. XII.: Adalbertus mon. — Ceizolf dedit prae(dium) — *Berhtoldus conv.* istius loci — Manno laic. — Hiltipurgis mon. — Chònza — Juditha laic. de Avelenze [54]) — Walchvn pater Wigandi — *Hainricus conv.* istius loci.

Saec. XIII.: *Ôdalricvs pbr. et mon. istius loci* plebanus in Hov [55]) — Hainricus pbr. et cano. — Vdalricus conv. istius loci — *Gisila laic.* — Vdalricus puer.

Saec. XIV.: *Otto pbr. et mon.* hujus *loci* obiit plebanus in Cella [56]) *dictus Checzer* — Vlr. pbr. et mon. de Gesten [57]) — Wilhalmus pbr. plebanus de Chreich [58]).

* * *

Saec. XVII.: 1615. obiit r. pater Isaac professus apud S. Paulum — Obiit pater Ludovicus Indobler professus hujus monasterii anno 1651.

[12.]

E II. Idus Jan.

Saec. XII.: Hartfridus mon. — Adalbertus mon. — Chunradus subdiac. et mon. — Hainricus pbr. et mon. — *Adalbertus conv.* — Ellis — Friderun — Hadwic — Hilca conversus m. [59]).

Saec. XIII.: *Berngervs abbas hujus loci* piae memoriae [60]) — *Hartlibus pbr. et mon. S. Pauli* — Fridericus de Sŏrowe [61]) occisus —

---

54) Aflenz in Obersteier. Mitglieder eines Edelgeschlechtes, das sich nach diesem uralten Orte benannte, werden in den Urkunden des Stiftes häufig genannt.

55) D. i. Mariahof bei Neumarkt im alten Bezirke Grasslab. Urkundlich erscheint dieser Pfarrer z. B. im J. 1254.

56) Mariazell, dem berühmten Wallfahrtsorte in Obersteier.

57) Garsten bei Stadt Steier in Oberösterreich.

58) Kreig in Kärnten.

59) Gehört vielleicht in das 13. Jhdrt. und möglich, dass das „conversus" ein Schreibfehler ist.

60) Bereits im J. 1181 Abt, dürfte Peringer (spätestens) im J. 1216 gestorben sein. Beitr. zur K. steier. GQ. II. 126, 127.

61) Saurau, s. Anmerk. 25.

Chvnigundis judicissa de Monte [62]) — Herrandus de Veitse [63]) laic. — *Chŭnigundis laic.* — Alheidis laic.

Saec. XIV.: *Fridericus pbr. et mon. in Seydestete* [64]) — Leutoldus pbr. et canonicus de Varaẘ [65]).

Saec. XV.: Anno domini MᵒCCCᵒXXIIIIᵒ obiit fr. Johannes dictus Schŏnaẘr pbr. et mon. hujus loci — *Andreas pbr. et mon. S. Petri in Salczburga.*

* * *

Fr. Caspar Schürff [66]) prior hujus loci anno domini MᵒCCCCᵒXLIIIᵒ.

[13.]

F Idus Jan. — Oct. epiph.

Saec. XII.: Rŏdbertus pbr. — *Hermannvs mon. istius loci* celer. [67]) — Meginwardus mon. — Adalhalmus mon. — Heinricvs dux Austriae [68]) — Sigiboto — Heinricus — Odalricus pbr. et mon. — Ortolfus pater Ilsungi laic. — Benedicta mater Ŏdalrici — Dietimarus pater Gotsalci — Gepa — Tŏta — Chunegundis — Herrat.

Saec. XIII.: *Geroldvs pbr. et mon. hujus loci* prior — Reinbertus laic. — Macelinus pater Macel(ini).

Saec. XIV.: *Hainr. episcopus Gurcensis anno domini M.CCC.XXVᵒ* [69]) — *Rudolfus pbr. et mon. Chotwic.* — *Diemudis Gressing* [70]).

---

62) Ist zwar im Original stark verwischt, aber doch noch lesbar. Da in II. dieselbe Aufzeichnung schon von einer Hand des 14. Jhdrts. gemacht worden ist, so ist solche richtiger in das 14. Jhdrt. zu setzen. „De Monte" soviel wie „am Perg", ein Bauerngut in Kirchbach und unweit vom Stifte.

63) Aus der Veitsch in Obersteier.

64) Seitenstetten.

65) Vorau.

66) Im Sekauer Todtenbuche derselbe Name zum 17. April eingetragen.

47) Wohl cellerarius, der Kellermeister.

68) Heinrich II., Stifter der Schotten in Wien, starb im J. 1177. v. Meiller, Regg. Babenberg.

69) Hohenauer, Kirchengeschichte von Kärnten, S. 87, und auch Mooyer geben das J. 1326 an, was wohl irrig sein dürfte.

70) Es steht in I. Gressingn'ig oder Gressing'uig. Ausser anderen Lesungen ist wohl auch die Lesung „Gressing uirg(o)" möglich. II. hat von einer Hand des 15. Jhdts. „Gressingerinn", von einer Hand des 14. Jhdts. dagegen und zwar beim 14. Jän. „Grezzinginna", sowie auch auf fol. 46ª (unten) eine schwülstige, auf die Familie der Gressinge Bezug habende Anmerkung von Petrus Weixler (17. Jhdt.): „Ex

Saec. XV.: Johannes Glåczel fidelis servitor conventus laic. anno
domini 14. .

Saec. XVI.: Mathias abbas Gotuicen. [71]) — Thomas Gibler pbr. et
mon. de Tegernsee obiit in Admont an. salut. 1582.

Saec. XVII.: Pie obiit r(everendus) in Christo pater Bernardus Plej
professus hujus loci 13. Jan. anno 1655. in Afflenz omnibus
charus.

[14.]

G XVIIII. Kal. Febr. Felicis in pincis.

Saec. XII.: Adalhardus mon. — Petrus pbr. et mon. — Gundaker
laic. — Chŏno conv. istius loci — *Ambrosius conv. istius
loci* — Dietricus laic. — Otto de Swente [72]) — Alheit — *Perhta
abbatissa* [72']) — Gisila laic. — Livkardis mon.

Saec. XIII.: Vdalricus pbr. et mon. S. Petri in Rosacio [73]) — Erchingerus diac. et canon. Secŏve.

---

vetusto pronuntiandi scribendique modo satis apparet hujus cognominis Gressingiu
et Gressing antiquitas. Atque Gressinger ac Gressingeras ab anno Christi M.CC.
plus minus ac in seculo CCC. post millesimum adhuc in statu tum religioso tum
seculari melius in vicinia de communitate praesertim de monasterio S. L(amberti)
bene merere studuisse. Quapropter hoc mense bis Diemudis Gressingerin hic in-
scriptum fuit antiquis characteribus idem XIII. die et XIV. Nomen autem proprium
Diemudis in sexu faemineo praecipue duobus illis fuit in usu seculis. Insuper in
hoc S. L. notatur hic in necrol. IX. Febr. „Fridericus hic pbr. et mon. hicque plebanus a cognomine Gressing. Ita dictus Gressing in eodem necrol. die XXV. Aprilis
Henricus pbr. et mon. S. L." (Über P. Weixler s. den 23. Dec.) Der Familienname
Gressing, welcher noch gegenwärtig zu den bekannteren Familiennamen in der
Nachbarschaft des Stiftes zählt, gehört allerdings zu den ältesten Namen im Lande.
Er taucht überhaupt bald auf in der Zeit, in welcher Familiennamen gebräuchlich
zu werden anfangen, nämlich im 12. Jhdrt. Die Gressing (heute Grössing), welche
sonst zu den edlen Geschlechtern des Landes gehörten, während man in neuester
Zeit ihren Adel nicht mehr gelten lassen wollte, führten ein redendes Wappen,
nämlich einen Gressing (kleinen Baum), wie an dem Siegel des im 14.—15. Jhdrt.
lebenden Propstes in Aflenz, Georg Gressing (vergl. 10. Oct.), ersichtlich ist.

[71]) Götweig. Mathias dictus Schathner (Schachner?) ex Kremsa, erwählt 1489, starb
1507 „in profesto S. Margaretae". Font. rer. Austr. 2. VIII. 103.

[72]) S. Anmerkung 46.

[72']) Wahrscheinlich eine Äbtissin des Klosters Nonnberg in Salzburg. Vergl. aber
von Meiller, Todtenbuch des Stiftes St. Peter, Arch. f. K. österr. GQ. XIX. 384.
Anmerk. 18.

[73]) Rosaz, Benedictinerkloster im Fürstenthume Aquileja.

Saec. XIV.: Gerdrudis mon. nostrae congregationis — *Otto pbr. et mon. Salczpurg — Fridericus de Pruke pbr. et mon. istius loci* — Otto conversus hujus loci dictus Töczel [74] — *Nycolaus abbas de Gersten* [75]).

Saec. XV.: Walthasar praepositus in Berthersgaden.

Saec. XVI.: Fridericus Greysing pbr. et mon. S. Lamberti [76]).

[15.]

A XVIII. Kal. Febr. Mauri abbatis.

Saec. XII.: Hiltebrandus mon. — *Chŏnradus pbr. et mon.* — Rŏdgerus conv. — Mahthilt mon. — Gerdrudis laic. [77]) — *Agnes laic.*

Saec. XIII.: Gerungus conv. — Maingoz conv. Secŏve — Herradis de Judenburch.

Saec. XIV.: Albertus puer de Straczpurga [78]) piae memoriae.

Saec. XV.: *Obiit Thobias abbas de Obernburga* [79]) — Henrĭcus Waltenstafer pbr. et mon.

* * *

Saec. XVI.: Anno ab orbe redempto 1555. 18. Cal. Februarii in nocte circiter 11. et 12. horam obiit diem suum fr. Bartholomaeus Reytrer monachus, qui istius coenobii oeconomiae reive domesticae annos 4, menses duos et septimanas 2 praefuit, cujus deo anima vivat.

[16.]

B XVII. Kal. Febr. Marcelli papae.

Saec. XII.: *Hartwicus episcopus* — Chŏnradus abbas occisus — *Odalscalchus mon. istius loci — Johannes pbr. et mon.* —

---

[74]) Diese Notiz ist nur in II. zu finden.

[75]) Ward Abt im J. 1356 und starb als solcher im J. 1399. Pritz, Gesch. von Garsten, S. 31, 32.

[76]) Nach ihrer Fassung gehört diese Aufzeichnung wohl in das 14. Jhdrt., der Schrift nach aber gewiss in den Ausgang des 16. Jhdrts. Gressing!

[77]) Der darüber gesetzte Geschlechtsname oder Aufenthaltsort ist ausgeschabt worden.

[78]) Strassburg in Kärnten, eine Besitzung der Bischöfe von Gurk.

[79]) Obernburg, ehemaliges Benedictinerkloster in Untersteier unweit von der krainerischen Grenze. In den bekannten Verzeichnissen (z. B. Schmutz, Lexikon) wird der Name dieses Abtes nicht angeführt.

Adalbertus, Ricilinus, Herbertus conversi istius loci — Engel-
bertus comes de Aquileg(ia) [80]) — Otto de Pvx laic. — Hartwicus faber laic. — Arbo de Diernst(ein) laic. [81]). — Willibirch
de. [82]) — Elisabeth laic. — Pero laic.

Saec. XIII.: *Heinricus germanus domini Burchardi abbatis* [83]) —
Engelsch. miles de Gurk — Otto pbr. et mon. Chotwicen. —
V̊dalricus pbr. et mon. — Chunradus de Scheiben laic. fr. Otto-
nis [84]) — *Dimudis mon. s. Blasii* [85]).

Saec. XIV.: Nicolaus Gemanisguet — Rudbertus pbr. et mon. —
Otto Chumbro dedit praedium anno domini M°CCC°XVI°.

* * *

Saec. XVII.: Fr. Gualbertus Fuchs conversus apud S. Petrum Salisb.
1633.

[17.]

C XVI. Kal. Febr. Antonii.

Saec. XII.: Heinricus abbas [85']) — Perhtoldus mon. — Dietricus
dedit praedium — Chŏno miles de Weruen [86]) — Hartmannus
pater Engilsalci — Uverinherus laic. pater m. Geroldi — Justina conv. — Alheit de Tivfenbach laic. [87]) — Irmgart — Gerdrudis laic. — Reichza laic.

---

[80]) Oder von Görz, da die Grafen dieses Namens Vögte der Aquilejer Kirche waren.
Graf Engelbert lebte um die Mitte des 12. Jhdts.

[81]) Dirnstein, zwischen Neumarkt und Friesach, hart an der kärntnerischen Grenze,
ein jetzt in Ruinen liegendes Schloss.

[82]) Den Namen des Ortes hat der Schreiber beizufügen unterlassen.

[83]) Nämlich des Abtes Burkart zu St. L. S. 14. April.

[84]) „Fr. Ottonis" hat eine andere gleichzeitige Hand hinzugesetzt. Scheiben liegt im
oberen Murthale in der Nähe von Unzmarkt. Die dortige Pfarre St. Johann ist dem
Stifte incorporirt.

[85]) Wohl zu Admont, wo früher auch ein Nonnenkloster bestand.

[85']) War Abt zu Puren (Michaelbeuern) und starb im J. 1161. Todtenbuch des Stiftes
St. Peter in Salzburg; Arch. f. K. österr. GQ. XIX. 213.

[86]) Werfen im Herzogthume Salzburg.

[87]) Teufenbach im oberen Murthale unweit von St. L. und an der Mündung der Thaya
in die Mur. Die Familie Teufenbach zählte zu den ältesten Familien im Lande
und nicht bloss zu den ältesten, sondern auch zu den angesehensten. Sie ist auch
gegenwärtig noch nicht erloschen und führt den freiherrlichen Titel. Ein Zweig
derselben gelangte in Mähren zu Ansehen und ist erst neulich ein Urkundenbuch
dieses Zweiges durch den mährischen Landesarchivar Brandl veröffentlicht worden.

Saec. XIII.: Wernherus pbr. et mon. Osciah — Vdalricus istius loci
puer.

Saec. XIV.: *Fridericus abbas istius loci* [88]) — *Hainricus Chreiger
pbr. et mon. istius loci* [89]) — *Jacobus pbr. et mon. in Lambach — Nycolaus pbr. et mon. in Lambach.*

Saec. XV.: Rupertus pbr. et mon.

Saec. XVI.: *Georgius pbr. et mon.*

* * *

Saec. XVII.: Anno 1607. obiit reverendus dominus Georgius Prucker
parochus in Lassnitz apud s. Jacobum [90]) — Obiit Ferdinandus
Ettenharter scriba hujus loci 1631. — Obiit anno 1647. reverendus et religiosus pater Franciscus Dietel, professus monasterii
S. Petri Salisburg.

[18.]

D XV. Kal. Febr.

Saec. XII.: *Willehalmus pbr. et mon. istius loci* — Hecilinus mon. —
Lampreht pbr. — *Anshalmus conv. istius loci* — Perhtoldus —
Richolfus laic. — Aua mon. — Richza laic.

Saec. XIII.: *Waltherus episcopus Gurcensis* [91]) — *Wernhardus
episcopus Secoviensis* [92]) — Hainricus Pazawer subdiaconus —
Regimbertus de Morege dedit praedium [93]) — Duringus
miles.

---

88) In II. bemerkte eine Hand des 16. Jhdrts. noch „obiit anno 1307“, welche Angabe
desshalb schon unrichtig ist, weil der nachfolgende Abt Heinrich bereits im Juli
1306 urkundlich (Orig. im Stiftsarch. Nr. 136) auftritt. Ob aber dieses letztere
Jahr das Todesjahr ist, lässt sich einstweilen nicht fest behaupten. Beitr. z. K.
steierm. GQ. II. 135, 136. Seine Erwählung erfolgte noch im J. 1288.

89) Aus der berühmten kärntnerischen Familie derer von Kreig.

90) St. Jacob in der Lassniz ist eine unweit von dem Stifte gelegene und demselben
incorporirte Pfarre.

91) 1200—1214, Mooyer. Nach Hohenauer, Kirchengeschichte von Kärnten, S. 87,
bis 1213.

92) 20. Jän. hat das Sekauer Todtenbuch, den 19. aber das Reuner. In der Cont. Wei-
chardi de Polheim bei Pertz IX, 813, wird als Sterbejahr das J. 1291 bezeichnet,
was irrig ist (1283), und es muss dort für Wernherus gelesen werden Leopoldus.

93) Reimbert von Murek, aus einer Familie, die sich durch mehrfache Vergabungen
an die steirischen Klöster auszeichnete. Die Schenkung, deren hier gedacht wird,
ist wohl dieselbe, welche am 28. Oct. 1183 beurkundet worden ist und aus Gütern,
gelegen im kärntnerischen Ingolsthal, bestand.

Saec. XIV.: *Chunr. pbr. et mon. hujus loci prior* [94]) — *Otto pbr. et mon. istius loci plebanus in Hof* [95]) — *Wolfhardus pbr. et mon. istius loci — Vlricus pictor istius loci — Trautta monialis de Gözz.*

Saec. XV.: *Obiit Petrus pbr. et mon. de Admunt* — Johannes pbr. et can.

Saec. XVI.: Agapitus pbr. et mon.

[19.]

E XIIII. Kal. Febr.

Saec. XII.: Rŏdolfus mon. — Michahel mon. — Wolframmus pbr. — Wolfkervs laic. — Gerhohus — Otaker laic. — Liutoldus laic. — Erinbertus conv. — *Sigifridvs conv. istius loci* — Otto laic. — Waltherus laic. — *Benedicta* — Judita mon. — Uvilbirch mater Wigandi laic. — Chv̂nigunt soror Wigandi laic. — Arnoldus conv.

Saec. XIII.: Margareta soror Ilsungi.

Saec. XIV.: *Nycolaus pbr. et mon. istius loci* dictus Lysereker.

Saec. XV.: *Obiit Stephanus pbr. et mon. professus* — Obit (sic, obiit) dominus Rudolfus Gäws decanus et canonicus de Berthtersgardmen.

[20.]

F XIII. Kal. Febr. Fabiani et Seb.

Saec. XII.: *Purchardus abbas* — Eberhardus mon. — Wichardus mon. — Pabo pbr. — Rudolfus laic. — Uvolfradus laic. — Hainricus laic. — Elysabeth laic. — Adalpurch — Adelheit — *Margareta laic.* — Chunigunt laic. — Gisila laic. — Herlint laic.

Saec. XIII.: *Hainricus pbr. et mon. hujus loci* — *Philippus miles* laic. — Ortolfus de Strevvich [96]) — Hainricus Hofmarerr [97]) laic.

---

[94]) Dieselbe Notiz in II., einmal von einer Hand des 14. Jhdrts, und dann von einer Hand im Ausgange des 16. Jhdrts. mit dem Zusatze „dictus Vinder".

[95]) „Anno domini 1354. in die Priscae (18. Jän.) obiit dominus Otto de Aflentz plebanus in Hof" (Mariahof) in der Hs. 42/6, 4°, saec. 14., der Grazer Universitätsbibliothek. Mittheilung des Prof. J. Zahn.

[96]) Stretwig in der Nähe von Judenburg. Die Stretwiger, deren „Haus" jetzt ein Bauerngut ist, gehörten zu den ältesten Familien des Landes. Sie erscheinen häufig als Zeugen in den Urkunden der Stifte St. L. und Sekau und nannten sich wohl auch „de Geula", Gail, unweit von dem ehemaligen Stifte Sekau.

[97]) Hofmaier.

Saec. XIV.: *Nicolaus pbr. et mon. de Chotwi(co).*

* *

Saec. XV.: Iheronimus pbr. et mon. de Krembsmünster — Benedictus
pbr. et canonicus de Herczoburg.

Saec. XVII.: Obiit reverendus dominus Joannes Geiger, professus
et presbiter hujus loci, von Dinkelspil gebirtig, 1617.

[21.]

G XII. Kal. Febr. Agne. virg.

Saec. XII.: *Gvnthervs abbas sancti Blasii* [98]) — Rŏdbertus mon. —
Rŏdolfus mon. — Dietricus laic. — Paulus clericus l. — Choni-
gunt mon. — Richkart mon. — Ita laic. — *Elisabet laic.* —
Hadeburch laic. mater Gotfridi Haslar.

Saec. XIII.: *Otto de Tiumphenbach* laic. [99]) — *Ortolfus abbas Vor-
imbach* — *Fridericus puer* laic.

Saec. XIV.: Agnes mater domini Joh(annis) — Obiit Dietricus dictus Hŏhenwerger de Monte pater domini Johannis.

Saec. XV.: Andreas Angrär pbr. de Secca — *Vlricus pbr. et mon.
Althae inferioris.*

* *

Saec. XVII.: R. p. Placidus Gotschmon professus Gärstensis 1650.

[22.]

A XI. Kal. Febr. Vincentii.

Saec. XII.: Otto diaconus et mon. S. Blasii — Livtoldus mon. —
Chŏnradus mon. — Werinhardus pbr. — Fridericus comes —
Otto laic. w. (sic). — Juditha mater Ottonis — Livkart laic.
mater Vlr(ici). — Ekkericus pbr. et mon. Admvitt [100]) — Irimgardis.

Saec. XIII.: *Raffoldus pbr. et mon. in Seitansteten* — Martinus
sacerdos S. Petri in Rosacio — Liephardus frater Hirzm. —

---

[98]) Womit keineswegs Admont gemeint ist. Der Überlieferung nach kamen die ersten
Mönche des Klosters St. L. von St. Blasien im Schwarzwalde. Somit wäre obiger
Abt dorthin zu versetzen. Gerbert, Histor. Silvae nigrae, I. 387, hat einen Abt
Günther von St. Blasien, welcher am 20. Jänner (XIII. Kal. Febr.) 1170 gestor-
ben ist.

[99]) Teufenbach; s. Anmerk. 87.

[100]) Admont.

Margareta uxor Chunr. — Herburgis mater Hainr. de Temswich [101]).

Saec. XIV.: *Obiit Johannes pbr. et mon. istius loci de Aflencz.*

Saec. XV.: *Johannes pbr. et mon.* — Johannes conversus.

* * *

Wolfgangus mon. et pbr.

Saec. XVI.: Jeremias clericus.

[23.]

B X. Kal. Febr.

Saec. XII.: Pa(scha)lis papa [102]) — Grimo mon. sancti Blasii — *Werinherus mon.* — Heinricus pbr. et mon. — Hagano — *Perhta conv.* Gurk — Gisila conv. — Herrat.

Saec. XIII.: *Jacob laic.* Smech.

Saec. XIV.: *Chunr. pbr. et mon. hujus loci dictus Holtzman* — Chunr. pbr. et mon. — Tunda de Grazlaub [103]) — *Katherina Hochenbergerin de foro* [104]).

Saec. XV.: *Obierunt de collegio Herczogenburgensium* etc. [105]).

* * *

Erhardus, Wolfg. pbri et canonici in Vorau.

Saec. XVI.: Vita functus est reverendus admodum in Christo dominus Georgius, abbas in Campo-liliorum [106]), 23. Januarii anno 1587.

[24.]

C VIIII. Kal. Febr. Timothei.

Saec. XII.: *Hylarius pbr. et mon.* istius *loci* — Livpoldus mon. — Perinhardus mon. — Wolfkerus fr. Dieponis — Diemŏt mon. — Mahthildis.

---

101) Tamsweg, Marktflecken im Herzogthume Salzburg, an der Mur.

102) Vier Buchstaben sind weggeschabt worden. Es ist dieser der Papst Paschalis II., dessen Sterbetag jedoch der 21. Jänner des J. 1118. Jaffé, Regg. pont. Rom. Die älteste päpstliche Urkunde, welche das Stift besitzt, rührt von Paschal II. her und ist datirt: 1109, 25. März, Lateran.

103) Grasslab.

104) Aus dem Orte St. Lambrecht.

105) Folgen die Namen von 6 Chorherren mit Angabe ihrer Sterbetage, von welchen jedoch keiner ein 23. Jänner ist. Ich habe die Namen zu den angegebenen Tagen gesetzt, z. B. Bilibaldus zum 24. April.

106) Lilienfeld, ein Zisterzienserstift in Niederösterreich.

Saec. XIII.: *Udalricus pbr. et mon. istius loci* hospit. [107] —
  Liupoldus conv. istius loci — Pernhardus pbr. et mon. —
  Werinherus miles Auelenz [108] — Willibirch de Laniz [109] —
  Alhedis mater Gotsalci abbatis — Hainr. laic. miles — Ditm.
  laic. miles — Gerdrudis conversa.
Saec. XIV.: „Vlricus de La, Hyliana uxor ejus o(bierunt)“ [110].
Saec. XV.: Hermannus conv.
Saec. XVI.: *Vrbanus Khärgl pbr. — Obiit frater Johannes Mer-
  ter, pbr. et mon. istius loci* [111]), *anno domini m⁰ quingen⁰ sexto.*

[25.]

D VIII. Kal. Febr. Conversio Pauli.
Saec. XII.: Stephanus pbr. et mon. — Perhardus pbr. et mon. —
  Dietricus — Gerhardus conv. — *Reinhalmus conversus istius
  loci — Dietmarus conv. istius loci — Willibirch comitissa*
  — Tûta mon. — Hilpurch.
Saec. XIII.: *Mainhardus pbr. et mon. istius loci — Heinricus subdiaconus* et mon. *Salzburc* [112]) — Palduinus mon. — Pernoldus pbr. et mon. — Vlricus Scheuuligarius [113]) de Judenburch occisus — Gerdrudis uxor Libmanni — *Wlfingus pbr.
  et mon. hujus loci* — Otto conv. de Curia [114]).
Saec. XIV.: *Jacobus pbr. et mon. Chotvicen. — Soror Elizabet* ejusdem *loci* — Judita de foro laic.
Saec. XV.: Ffridericus, Hainricus pbri. et mon. — Hartungus, Hartungus (sic) pbri. et monachi.

*   *   *

Augustinus pbr. et can. in Vorau.
Saec. XVII.: Obiit Cornelius Scherer pbr. et mon. in Krembsmünster
  25. Januarii anno 1637. — P. Herculanus Dietler ex coenobio
  Reicherspergensi 1651.

---

107) Wohl hospitalarius, der Spitaler, d. i. der Vorsteher des Spitales.

108) Aflenz.

109) Lassniz? in der Nähe des Stiftes.

110) Nur II. allein hat diese Notiz.

111) „Johannes Märter“ etc. im Sekauer Todtenbuche zum 12. Mai.

112) Zu St. Peter.

113) Ulrich Scheuflinger, benannt nach dem Orte Scheufling ob Unzmarkt.

114) Mariahof.

[26.]

E VII. Kal. Febr. Policarpi.

Saec. XII.: Trŏtwinus mon. S. Blasii — Wihnant pbr. et mon. — *Hermannus conv.* — Engilbertus — Adam — Hartlibus conv. — Humburch conv. — Benedicta laic. — Azila — *Gerdrut abbatissa.*

Saec. XlII.: *Otto pbr. et mon. istius loci senior* — Jacobus de Prato obiit 115).

Saec. XIV.: *Wilhalmus dictus Steierberger.*

Saec. XV.: Georius pbr. et mon. — „Erhardus, Hainricus, Martinus canonici et prbri. in Berchtersgaden“ 116).

Saec. XVI.: Wernhardus abbas 117) — Fr. Stephanus senior mon. — *Fr. Maurus pbr. et mon.*

                * * *

Saec. XVII.: Obiit P. Sebastianus Praun praesbyter et mon. Chremiphanii 118) 26. Jan. 1644.

[27.]

F VI. Kal. Febr.

Saec. XII.: *Chadelhoch abbas* — Wirnto abbas — Reginbertus mon. — *Magnus mon.* — Marchwardus mon. — Chŏno mon. — Livtoldus clericus — Odalricus conv. — *Pertholdus conv. istius loci* — Adalbertus conv. — Friderun — Perhta laic. — Guntherus conv. — Percholdus faber.

Saec. XIII.: Herradis conv. — Megenwardus laic. miles (?) — Pertha laic. soror Vlsalci — Ortolfus de Miterdorf.

Saec. XIV.: Otto laic. de Sauraw frater Friderici de Leubgast 119).

Saec. XV.: Petrus pbr. et mon.

---

115) D. i. wohl Jacob von der Tratten, womit eine kleine ob dem Stifte gelegene Ebene, aus Wiesengrund bestehend, gemeint ist.

116) Bloss II. hat diese drei Namen.

117) Diese und die zwei folgenden Notizen, unzweifelhaft von einer Hand des 16. Jhdts. herrührend, könnten hinsichtlich ihrer einfachen Fassung dem 12. Jhdrt. angehören.

118) Kremsmünster, Benedictinerkloster in Oberösterreich.

119) Jetzt Ligist im Kainachthale und damit erwiesen, dass die Ligister nur ein Zweig der Saurauer sind.

* * *

Saec. XVII.: Reverendus pr. Daniel Faber presbyter et mon. hujus
loci 1627 — Obiit Petrus Khun pbr. et mon. in Krembsmünster 27. Januarii a. 1640 [120]) — Anno Christi 1660, dominus
Ferdinandus Gressing [121]), in civitate Muraviensi senator patri-
cius, in regione propinqua mercator utilissimus.

[28.]

G V. Kal. Febr. Oct. Agnetis.

Saec. XII.: *Sighardus mon. istius loci — Engildei mon. istius
loci* — Bruno clericus — Wezil pbr. — Eberhardus mon. —
Gerochus pbr. et mon. — Heinrcus (sic) willicus — Gepa mon.
— Richilt mon.

Saec. XIII.: Pernhardus diac. et mon. — *Hainricus pbr. et mon.*
de Oberburch — *Vlricus laic. de Lihtenstein* senior [122]) —
Leo laic. villicus de Wel [123]).

Saec. XIV.: *Michahel abbas de Gersten* [124]) — *Hainricus abbas de
Milstat* o(biit) — Henr. pbr. et mon. de Chottwico — Elisabet
Planchenbarterin [125]) piae memoriae — *Gerdrudis laic.* uxor co-
quinarii Rich. o(biit) — Obiit Chnr. pbr. et mon. Glunicen. [126])

Saec. XV.: *Nicolaus Marsallcus miles* [127]) — Theodoricus, Stephanus pbri. et mon. — *Johannes pbr. et mon.*

[29.]

A IIII. Kal. Febr.

Saec. XII.: Dietmarus mon. — Hermannus arcipbr. — *Ŏdalricus
conv. istius loci* — Uvaltherus pbr. et canonicus — Helika

---

[120]) Eine verlässlichere Quelle (Pachmayr, Series abb. et rel. Cremifan. P. III. 457,
458) bezeichnet das J. 1639.

[121]) S. Anmerk. 70.

[122]) Womit wohl der berühmte Sänger gemeint ist. Im Sek. Todtb. zum 26. Jänner.:
„Dominus Vlricus senior de Liechtenstaine, ob cujus remedium dantur II marcae
denariorum". Das Sterbejahr ist das J. 1275 oder 1276. Falke, Gesch. des f. H.
Liechtenstein, I, 122, 123. Die Stammburg der steirischen Lichtensteine, jetzt in
Ruinen, liegt in der Nähe von Judenburg.

[123]) Heute Wöll, zwischen Unzmarkt und Judenburg, an der Mur.

[124]) Vom J. 1335—1352. Pritz, Gesch. v. Garsten, S. 31.

[125]) Das Schloss Plankenwart, der Stammsitz der gleichnamigen Familie, liegt nordwestlich von Graz.

[126]) Gleink in Oberösterreich.

[127]) Im Orig. unweit davon noch einmal von derselben Hand: „Nicolaus marsalkch symplex".

abbatissa — Mahtildis conv. Gurc. — *Sophia laic.* — Richardis laic.

Saec. XIII.: Richildis mon. — Hartnidus pbr. et mon. — Hainricus conversus de Gurch — *Karolus pbr. et mon. istius loci.*

Saéc. XIV.: „Jacobus pbr. et mon. istius loci" [128]).

Saec. XV.: *Sighardus pbr. et mon. de Admund — Ambrosius Moykerr amicus domini Haynricii* (!) *abbatis hujus loci 1432* — Johannes pbr. et mon. [129]) — Gerdrudis monialis Admundia.

*   *
*

Saec. XVI.: Casparus Mertl cantor istius loci 97 — Barilus pbr. et mon. S. La. [130]).

Saec. XVII.: P. Joannes Gromelius monachus Mellicensis 1645 (?).

[30.]

B III. Kal. Febr.

Saec. XII.: *Hartwicus episcopus — Heinricus episcopus — Swithardus pbr. et mon. istius loci* — Alwardus pbr. et mon. — *Gotfridus mon. istius loci* — Dietho mon. — 'Odalricus mon. — Heinricus pbr. — Swanehilt mon. — Trŏta — Uvecela laic.

Saec. XIII.: Gotfridus pbr. et mon. Admût — Chunradus pbr. et mon. S. M. in Oziacv [131]).

Saec. XIV.: *Andreas pbr. et mon.* de Chŏtwico — *Jacobus pbr.* et mon. *de Seydensteten* — Chunegundis mater David — Vlricus Lucifigulus — Götfridus sutor istius loci.

Saec. XV.: *Johannes pbr. et mon.*

*   *
*

Saec. XVI.: Anno domini 1.5.87. animam edidit reverendus admodum in Christo dominus Vrbanus Perntaz, Mellicensis coenobii abbas [132]).

---

[128]) Nur in II. zu finden.

[129]) Welche Notiz bei diesem Tage zweimal erscheint.

[130]) Wahrscheinlich „S. Lamberti". Zweifellos von einer Hand des 16. Jhdrts. herrührend, gehört diese Aufzeichnung nach ihrem Inhalte wohl einer viel früheren Zeit an.

[131]) S. Mariae in Ossiaco, Ossiach, während mit dem vorhergehenden Admont gemeint ist.

[132]) Ausführliches über denselben bei Keiblinger, Gesch. v. Melk, I. 769—807. Abt vom J. 1564—1587, sein Todestag jedoch der 10. Feber.

Saec. XVII.: Adm. rev. dns. Maurus quondam abbas Dechingensis professus Gottwicensis anno 1648. — Obiit pr. Edmundus Pichler professus hujus monasterii 1656. — Anno nostrae salutis millesimo sexcentesimo quinquagesimo septimo die.... pie migravit ex hac vita Salisburgi SS. Theologiae doctor abbas Albertus ibi S. Petri cognomine Keuslin; in festo SS. apostolorum Petri et Pauli anno Christi M.DC.XXVI. decoratus ab ipsomet archiepiscopo L., vel ornamentis abbatis investitus in ipso vetustissimi monasterii summo templo pontificaliter [133]).

[31.]

C II. Kal. Febr.

Saec. XII.: Hartnidvs praepositus Gurcensis [134]) — Sigiboto mon. — Bonus pbr. et mon. — Ŏdalricus pater Wer. — Ildoldus — *Gerdrut* de Laz. (?) [135]).

Saec. XIII.: *Gebhardus praepositus Gurc.* [136]) — Herm. *abbas sancti Pauli* [137]). — Richsa laic. uxor Walch.

Saec. XIV.: „Liebhardus pbr. et mon. istius loci" [138]) — Vlricus pbr. et mon. de Pauern (?) [139]).

Saec. XV.: Hainricus cocus in Swarczenbach [140]) 1433. — Johannes pbr. et mon.

*   *   *

Leonhardus pbr. et mon.

Saec. XVI.: Obiit frater Martinus pbr. et mon. hujus loci 1524. [141]) — Martinus Schweinbeckh pbr. et mon. istius loci 1524. — Obiit venerabilis dominus Sebastianus Grueber prior pbr. et mon. hujus monasterii an. 1572, cujus anima deo vivat.

---

[133]) Nämlich von dem Erzbischofe Paris Lodron. Nach dem Noviss. Chron. St. Petri Salisbg. (p. 530—562, et synop.) ist jedoch der Sterbetag der 3. Jänner.

[134]) Starb im J. 1197. Hohenauer, Kirchengesch. v. Kärnten, S. 76.

[135]) Wohl Lassniz, ein Thal in der Nähe des Stiftes.

[136]) Nach Hohenauer, Kirchengesch. v. Kärnten, S. 76, im J. 1243.

[137]) Abt Hermann starb im J. 1284. Mezger, Hist. Salisbg p. 1205.

[138]) Steht nur in II.

[139]) Michelbeuern, Benedictinerstift im Herzogthume Salzburg?

[140]) Der Schwarzenbach ist ein Bach und Gegend in der Nähe des Stiftes.

[141]) Im Sekauer Todtenbuche zu demselben Tage: „Martinus Neupegkh phr. et mon. divi Lamberti frater noster", u.: „Martinus Neupekh" etc. im Reuner Nekrol, zum 28. Feber,

Februarius.

[1.]

D Kal. Febr. Brigidae virg.

Saec. XII.: Heinricus abbas [1]) — *Ezil mon. istius loci* — Poppo
pbr. et mon. — Siboto pbr. et mon. — Eberwinus mon. Oscia [1'])
— *Zwenzelav* [2]) *conv. istius loci* — Geroldus sacerdos de
Murze [3]) — Adalhardus mon. — Rahwinus conv. — Dietricus
de Puxxe — Hiltiburch — *Christina.*

Saec. XIII.: *Burchardus pbr. mon. de Seidensteten* — *Otto Zinko
pbr. et mon. istius loci* — Rudigerus pbr. et mon. Chetwi-
censis [4]) — *Hermannus* de Camera [5]) *conversus istius loci.*

Saec. XIV.: O. dominus *Georius pbr. et mon. istius loci* et cantor —
Johannes pbr. et mon. de Medlico [6]) — Chunradus pbr. et mon.
de Seydeinsteten — Gundakerus Phuntan miles — Gerdrudys
laic. filia Christani de Theodosya obiit [7]) — *Vlricus de La pbr.
et mon. hujus loci.*

Saec. XV.: Wenceslaus pbr. mon. de S. Paulo — *Wolfangus pbr.
et mon.* — Cristannus pbr.

* * *

Saec. XVII.: Obiit fr. Michael Drächsel mon. et pbr. de Seidenstettn
in Afflenz. . . . . .

---

1) Im Todtb. des Stiftes St. Peter zu demselben Tage: „Heinricus abbas de Milstat",
den v. Meiller c. 1185 setzt. Er dürfte aber richtiger c. 1164 oder vor das J. 1164
überhaupt zu setzen sein.

1') Ossiach in Kärnten.

2) Wenceslaus. Slavische Namen kommen in der St. Lambrechter Gegend, welche,
nach den Namen der Berge, Bäche u. s. w. zu schliessen, einst ganz slavisch war,
im 11. Jhdt. noch mehrfach vor, im 12. Jhdt. schon seltener.

3) Vielleicht zu St. Marein im Mürzthale, einer alten, dem Stifte incorporirten
Pfarre.

4) Götweig.

5) Kammern in Obersteier.

6) Melk.

7) So nennen die ersten päpstl. Bullen den Bach oder „Graben", an oder in dem das
Stift St. Lambrecht liegt. Der eigentliche Name lautet Thaja.

[2.]

E IIII. Non. Febr. Purificatio beatae virg.

Saec. XII.: *Pontius abbas — Fridericus mon. istius loci* — *Okerus mon. S. Blasii* — Constantinus pbr. — Dietricus laic. — Chadelhŏch mon. S. Geo. [8]) — Agilbertus laic. Linte [9]) — Helika abbatissa — Willibirch mon.

Saec. XIII.: *Peringerus subdyaconus mon. istius loci* — Ortolfus laic. de Sretwik miles [10]) — *Johannes conv. istius loci.*

Saec. XIV: Heinricus pbr. et mon.

Saec. XV.: *Johannes prior in Rotenhaslach* [11]).

* * *

Erhardus professus mon. de Zwettel.

Saec. XVII.: Apud B. V. [12]) in Hoff Adalbertus Förtig pbr. et mon. istius loci an. 1659.

[3.]

F III. Non. Febr. Blasii.

Saec. XII.: Rŏdolfus pbr. — Werinherus mon. – Adelbertus sacerdos de Petawe [13]) — Helica abbatissa — Gundli laic. — Hadmut conv.

Saec. XIII.: *Ditmarus pbr. et mon. istius loci* Anphora [14]) — *Liphardus pbr. et mon. istius loci*, juvenis — Wlscalcus pbr. et mon. Milstat — Imma de platea [15]) — *Margareta* amita Hain.

Saec. XIV.: *Jacobus pbr. et mon.* hujus *loci* — Johannes pbr. et mon. — *Fridricus pbr. et mon. de Medlico* — *Reinpertus*

---

8) St. Georgii; St. Georgen im Schwarzwald. Über dieses Kloster Einiges bei Gerbert, Hist. Nigrae Silvae I, 283, 450.

9) Orte mit dem Namen Lind gibt es in der Nähe von St. Lambrecht zwei: Lind bei Neumarkt und Lind bei Scheufling, welch' letzteres hier gemeint sein dürfte.

10) S. Jänner, Anmerk. 96.

11) Reutenhaslach.

12) Beatam virginem (Mariam), Mariahof, eine dem Stifte incorporirte Pfarre, vielleicht die älteste in jener Gegend. Im Mittelalter bestand bei dieser Kirche auch ein Convent mit einem Prior, jedoch nur als Filiale von St. Lambrecht.

13) Pettau in Untersteier.

14) Wohl Krug, welchen Namen auch ein unweit von dem Stifte gelegenes Bauerngut führt.

15) Ich vermag diese Ortsbezeichnung, welche mehrmals vorkommt, nicht zu erklären. Sie bezieht sich jedoch wohl auf den Ort St. Lambrecht.

pbr. et mon. de Gesten [16]) — Herwordus miles dictus de Erenhaus [17]) — Johannes puer.

Saec. XV.: *Obiit fr. Clemens senior, de Vbelpach, prior pbr. et
mon. hujus loci. 1470* [18]).

Saec. XVI.: *Obiit fr. Gregorius Pawngartner accolitus.*

[4.]

G II. Non. Febr.

Saec. XII.: Wolfkerus mon. — Adalbertus mon. — *Nendingus pbr.
et mon. istius loci* — Wolframmus laic. occisus — Hartwicvs
conv. — Willibirch mon. — Hiltegundis mater Livpoldi —
Gnaenewip laic.

Saec. XIII.: *Otto pbr. et mon. istius loci, Planch (?)* — Rudolfus
laic. de Hohenburch [19]) — Fridericus conv. Gurk — Hartnidus
laic. de hospita. [20]) — Dimvdis laic. de Pukse — Dimvdis mon. —
Perinhardus de hospitale.

Saec. XIV.: *Vlricus conversus hujus loci* Valchenst(einer) [21]).

Saec. XV.: *Nicolaw conversus hujus loci — Hainricus conv. Admont.*

Saec. XVI.: *Benedictus pbr. et mon.*

* * *

Saec. XVII.: Augustinus diaconus de Gärsten 1602.

[5.]

A Nonae Febr. Agathae virg.

Saec. XII.: Nanzo abbas — *Ortolfus abbas* — Hagno mon. —
Heinricus mon. --- *Waldmannus conv. istius loci* — Helica —
Herrat laic.

---

[16]) Garsten, während der vorhergehende Ort Melk ist.

[17]) Ehrenhausen, südlich von Leibniz an der Mur.

[18]) Im Sekauer Todtb.: „Clemens Hewrrauss pbr. et mon. de S. Lamperto 14 .." zum
11. Feber von einer Hand c. 1475 dürfte derselbe sein. Übelbach mit einer dem
Stifte Reun incorporirten Pfarre.

[19]) Hohenburg, ein niederösterreichisches Geschlecht und begütert in der Mariazeller
Gegend.

[20]) Aus dem Spitale zu St. L.

[21]) Die Falkensteiner gehören Kärnten an.

Saec. XIII.: Waltherus mon. — Otto pbr. frater magistri Hainrici de
Gossa [22]) — Herradis sanctimonialis S. Geori.

Saec. XIV.: *Liebhardus pbr. et mon. istius loci,* de Grazlub [23]) —
Obiit *Ortolfus* Tentschacher et Matza soror ejus — „Lienhardus
conv. istius loci turnator" [24]).

Saec. XV.: *Obiit Paulus Tenczacher pbr. et mon. istius loci anno
etc. CCCC°XVIIII°* — *Hainricus pbr. et mon.*

Saec. XVI.: Jacobus pbr. et monahus (sic) istius loci.

[6.]

B VIII. Idus Febr. Dorotheae virg. et mart. [25]).

Saec. XII.: Helmbertus abbas — *Haimo pbr. et mon. istius loci* —
Walchŏn pbr. et mon. — Uvlvingus a. o. (sic) — Hiltigart.

Saec. XIII.: Heinricus pbr. et mon. S. Blasii — Rainoldus pbr. et
mon. — Wendelburg justitrix.

Saec. XIV.: Gerdrudis uxor Perchtoldi — Elyzabeth filia Christani
obiit [26]) — Judita de Waltenstorf laic. obiit — *Lienhardus
conv. istius loci* [27]).

Saec. XV.: Margareta mon. de S. Georii (sic).

Saec. XVI.: *Ex monasterio Neuburgensi* [28]) *dns. Ludouicus Weinstockh, dns. Andreas Mosshaimer, dns. Sebastianus Lindhofer,
qui omnes presbyteri ac praefati monasterii professi fuere —
Martinus Eytzinger laicus.*

Obiit venerabilis et devotus fr. Johel Rieser pbr. et mon. hujus
monast. aetatis suae 90, cujus animam Christi benignitas pascat,
anno 1563.

Saec. XVII.: Obiit pr. Clemens Faber professus in Seon 1621.,
eodem ibidem officialis Joannes Lip.

---

[22]) Göss, während der nächstgenannte Ort St. Georgen am Längsee.

[23]) Grasslab.

[24]) Nur in II. zu lesen.

[25]) Der Heiligenname von einer Hand des 14. Jhdts.

[26]) Vielleicht gehört das darunterstehende, jedoch von einer anderen Hand geschrie-
bene „Hawnspergarii" dazu.

[27]) Wohl eine und dieselbe Person mit jenem „Lienhardus" zum 5. Feber.

[28]) Klosterneuburg.

[7.]

C VII. Idus Febr.

Saec. XII.: *Isinbertus praepositus S. Floriani* [29]) — *Peringerus mon. istius loci* — Richkerus pbr. — *Chunradus conv. istius loci* — *Manegoldus mon. S. Blasii* — Heinricus pbr. et mon. — Hiltigart abbatissa — Iremgart.

Saec. XIII.: Pabo laic. de Stevncz [30]).

Saec. XIV.: *Hertwicus pbr. et mon. de Chremsmünster* — *Ernestus pbr. et mon. istius loci* de Afflencz — *Ótacher miles de Sauraw* — Wlfingus miles Welzer — *Katherina* mater Wolflini *laic.*

Saec. XV.: Walchunus pbr. et mon. — *Rudpertus pbr. et mon.*

* * *

Saec. XVI.: Thomas Rheyer serenissimi Caroli archiducis Austriae notista, qui magnam hujus mortologii partem scripsit [31]), obiit Graezii 1579.

Saec. XVII.: Fr. Paulus Heiss praesbiter et mon. hujus loci obiit apud divam virginem in Hoff [32]) 1610.

[8.]

D VI. Idus Febr.

Saec. XII.: Chazelinus mon. — Sefrit mon. — *Wolfoldus conv. S. Blasii* — Engilbertus — Eglolfus conv. — Helwicus laic. fr. Wigandi — Fromût de Swent.

Saec. XIII.: Hainricus miles de Mos (?) — Leo laic. villicus de Peren (?) — Ditmarus laic., Vlricus laic. fratres Gotfridi pbri. (?) — Otto miles dictus Piswich senior [33]).

---

[29]) Vom J. 1099—1116. Stülz, Gesch. von St. Florian.

[30]) Heute wohl jenes Stainz, südw. von Graz, wo Leutold von Wildon in den vierziger Jahren des 13. Jhdts. ein Kloster der Chorherren gestiftet hat.

[31]) S. Einleitung, S. 11.

[32]) Mariahof.

[33]) Diese Aufzeichnung ist im Original sehr verwischt und daher der Charakter der Schrift schwer zu erkennen. Engelschalk und Otto Pisewich verzichteten im J. 1263 auf ihre Rechte an einem Grunde, welchen die Gebrüder Offo, Heinrich der Kleriker und Hartwig von Teufenbach dem Kloster St. L. zur Anlegung eines Fahrweges abgetreten hatten. Sie hatten diesen Grund und Boden von den Teufenbachern zu Lehen.

Saec. XIV.: *Petrus prior hujus loci o. anno* dni. *M°CCC°LX°IX°*, de Phafsteten — Chunegundis Trvllerinna laic.

Saec. XV.: *Johannes pbr. et mon.* — Albertus pbr. et mon.

* * *

Saec. XVII.: P. Zacharias Puecher ex coenobio Reicherspergensi 1652. — Obiit admodum reverendus P. Georgius Lakern, senior quondam hujus monasterii, prior et superior in Cellis Marianis anno 1667. 8. Februarii, cujus anima deo vivat.

[9.]

E V. Idus Febr.

Saec. XII.: *Richerus subdiaconus et mon. istius loci* — Rŏdbertus mon. — *Heinricus mon.* — Chuniburch mon. — Livtkart — Adalheit.

Saec. XIII.: Otto miles de Veznac [34] — Maehtbildis de Predol (?) [35] — Gottelindis laic. soror Gotsalci.

Saec. XIV.: *Fridericus pbr. et mon. istius loci de La — Fridricus pbr. et mon. istius loci dictus Gressing plebanus hic — Otto conversus istius loci* barbatus, der Frider [36] — *Hermannus judex de Judenburga.*

Saec. XV.: Johannes dyaconus et mon. — „Fr. Vdalricus quinto Ydus Februarij“ [37]).

Saec. XVI.: *Ex monasterio Suben* [38] *obierunt dns. Iheronimus decanus ibidem, dns. Anndreas, dns. Johannes Ziegler, Wolfganngus Welser.*

[10.]

F IIII. Idus Febr. Scolasticae virg.

Saec. XII.: *Sigherus pbr. et mon.* — Dietricus mon. — Guntherus pbr. — Warmundus puer — Adalrammus frater Popponis — Hazicha — Livtkart — Hartnidus conv. — *Alheit conv.*

---

[34]) Fessnach bei Scheufling.

[35]) Slavische Benennung eines Ortes oder Gegend, welche in der Umgebung von Aflenz zu suchen sein dürfte.

[36]) Damit ist nur eine einzige Person gemeint. Die Eintragung ist von einer und derselben Hand und so beschaffen, dass die letzten drei Worte über den ersten vier Worten stehen. Die Bedeutung des „barbatus“ wird zum Theil in der Anmerk. 77, Juni, ersichtlich.

[37]) War ein „pbr. et mon. in monasterio Sulczeburga“ (St. Peter) und ist mit Anderen in II. zum 26. April eingetragen.

[38]) Suben in Oberösterreich, ehemals ein Chorherrenstift.

Saec. XIII.: *Hainricus pbr. et mon. istius loci senior* — Arnoldus
pbr. — Heinricus de Gurnz [39]) laic. — Udalricus Quassan —
Hainricus conv. istius loci — Ottaker laic. fr. Ilsungi.
Saec. XIV.: Chunradus pbr. et mon. de Seitensteten — Dietmarus
Piswicus laic. obiit.
Saec. XVI.: *Joannes Holmair*.

* * *

Saec. XVII.: P. Placidus Gottsmon professus ad S. P. [40]) Salisburgi —
Fridericus de Teufenbach genitor domini Offonis ibidem [41]) —
P. Paulus Früauf ex monasterio S. Petri Salisburgi 1649. —
Obiit P. Sebastianus Mastolon professus hujus monasterii 1651,
parochum agens in Scheufling tantum tribus septimanis.

[11.]

G III. Idus Febr.

Saec. XII.: Otto pbr. et mon. — Poppo pbr. — Bruno mon. — Fri-
dericus mon. — Udalricus laic. — Gerdrvdis mon. Prisin. —
Rieza laic. — *Arnoldus conv.*
Saec. XIII.: Hartnidus pbr. et mon. — Alwardus pbr. et mon. La-
uend [42]) — Weriandus subdiac. et mon. — Hainricus laic.
juvenis de Prato [43]) — *Perchtoldus pbr. et mon.*
Saec. XIV.: *Ottakerus pbr. et mon.* — *Dietmarus pbr. et mon.*
Admont — *Chunigundis de Gözz mon. et decana (?).*
Saec. XV.: *Adalbertus laycus Chellerberger* — Fridricus laycus
Kynberger.
Saec. XVI.: *Dominus Philippus Tolhaymer pbr. et canonicus Chie-
mensis* [44]).

* * *

Saec. XVII.: Reverendus P. F. Hilarius Engesser prior apud S. Petrum in Salisburgo 1631.

---

[39]) Gurniz in Kärnten?

[40]) S. Petrum.

[41]) Möglich dass diese Notiz in das 16. Jhdt. gehört, wenn nämlich bloss auf den
Charakter der Schrift Rücksicht genommen wird. Nach ihrem Inhalte möchte ich
solche noch früher, etwa in das 14. Jhdt. setzen.

[42]) St. Paul im Lavantthale.

[43]) Von der Tratten bei St. L.

[44]) Chiemsee in Baiern.

[12.]

A II. Idus Febr.

Saec. XII.: Livtoldus pbr. et mon. — *Livtfridus conv. istius loci* — *Dietricus conv. istius loci* — Adelbertus conv. Admunt — Ermlint mon. — Eberlint mon. — Aldelheit laic. — Fridrovn laic. mater Sibotonis — Wolfkerus conv. istius loci — Walchunus villicus.

Saec. XIII.: Chadelhŏch laic. [45]) — Liupoldus puer — Meduuein (?) faber.

Saec. XIV.: *Anno domini M°C°C°C°LXXXV° Hainricus pbr. et mon. istius loci dictus Pfaffendorfer* de Judenburga — Juditha p.

Saec. XV.: Fridricus Layser laycus, Anna mulier sua — Tipoldus laicus de Sarau.

Saec. XVI.: *Jacobus* Gerl *laic.*

* * *

Fr. Matthias Schwarzenpacher acolythus et professus istius loci circiter horam septimam ac octavam diei cineris ante meridiem extremum clausit diem post Christum natum M.D.LXXVIII. — F. Joannes pbr. de Seon 1599.

Saec. XVII.: In vivis esse desiit R. P. Henricus Früauff Mosellanus ex dioecesi Trevirensi hujus loci professus Viennae Austriae 1625, sepultus apud Scotos, olim prior hujus loci — R. P. Stephanus Jöchling pbr. p(ater) senior hujus loci 1627.

[13.]

B Idus Febr.

Saec. XII.: Heinricus, Altmannus monachi S. Marię Gąrst. [46]) — *Willibirch abbatissa* — Hemma laic.

Saec. XIII.: Marchuuardus pbr. (et) mon. S. M. Uitrig (?) [47]) — *Hainricus mon.* — Gerdrût de Salchdorf [48]).

Saec. XIV.: *Ortolfus pbr. et mon. Medlicen* [49]). — *Stephanus pbr. et mon.* de Seydensteten.

---

[45]) Mit einer näheren, darüber gesetzten Bestimmung, welche aber nicht mehr lesbar ist.

[46]) Garsten.

[47]) S. Mariae de Victoria, Viktring in Kärnten.

[48]) Schaldorf im Mürzthal bei St. Marein, ursprünglich ein „Stadelhof" des Klosters St. Lambrecht.

[49]) Melk.

Saec. XV.: Anna Steyerbergrin monialis de Frissako [50]).

* *

Fr. Caspar senior pbr. et mon. istius loci anno domini millesimo
quadringentesimo quadragesimo secundo — Frater Johannes
pbr. de S. Floriano.

Saec. XVI.: Florianus pbr. et mon. Krembsmunster.

Saec. XVII.: Obiit dominus Georgius Kalchamer civis Graecensis —
Obiit R. P. Fr. Martinus Teutsch apud S. Paulum in Valle Lavantina oeconomus, professus in Oxenhausen 1623.

[14.]

C XVI. Kal. Martii. Valentini, (Vi)talis, Fel(iculae) et Zenonis [51]).

Saec. XII.: *Honorius papa* [52]) — Adalbero episcopus — *Wolfram-*
mus mon. istius loci — Sighardus pbr. — Eigil pbr. — Heinricus mon. — Wezelinus pbr. mon. — Rŏdolfus mon. Obir-
bvch [53]) — Trŏta mon. — Rihza Sŏraw [54]).

Saec. XIII.: *Otto abbas* Mylsta ... [55]) pbr. et mon. istius (loci) —
Lienhardus Dens — Offimige de Pvx — *Dimudis abbatissa*
S. Georigi [56]) — Gotfridus frater Hainrici laic.

Saec. XIV.: Hermannus praepositus (?) [57]) — Ortolfus laic. dictus
Tentschacher — *Elizabet antiqua judicissa istius loci* — Heinricus pbr. et mon.

Saec. XV.: Obiit frater Michael pbr. et mon. [58]) — *Obiit* et *frater*
Andreas Oxenhoffer, pbr. et mon. hujus loci *anno* . . . . .

---

50) Es gab zu Frisach in Kärnten zwei Frauenklöster: des Zisterzienser- und des
Augustinerordens. Hohenauer, Kirchengesch. von Kärnten. S. 105, 129. Welchem
von beiden obige Nonne angehört haben mag, lässt sich nicht mehr entscheiden.

51) Die Namen dieser vier Heiligen von einer Hand des 13. Jhdts.

52) Honorius II. starb im J. 1130. Jaffé, Regg. pont. Rom. Auch von diesem Papste
erlangte das Stift eine grosse Bulle: 1126, 29. März, Lateran.

53) Zu Obernburg, einem Benedictinerkloster in Untersteier.

54) D. i. von Saurau.

55) Milstat in Kärnten, zuerst ein Kloster der Benedictiner, dann von K. Friedrich IV
dem ritterlichen St. Georgsorden eingeräumt.

56) St. Georgen am Längsee. S. Anmerk. 117, März.

57) Wenn diese Lesung richtig ist, so ist damit vielleicht nur ein höherer Ökonomie-
verwalter gemeint.

58) War wahrscheinlich ein Kapitular zu St. Lambrecht.

1.4.71. [59]) — *Ludwicus subdiaconus* — *Wilhelmus Laymiger acolitus.*

* * *

Saec. XVII.: Fr. Simon Grim Reicherspergensis 1652.

[15.]

D XV. Kal. Martii.

Saec. XII.: Adalbertus mon. istius loci — Swikerus clericus — Engilfridus mon. — Irmgart conv. — Gerdrvdis laic. — Willibirch laic.

Saec. XIII.: *Albertus pbr. et mon. istius loci* — *Hermannus pbr. plebanus de Wizzench(irchen)* [60]) — Vlricus pbr. et can. — *Perhtoldus* caecus *laic.* de hospitale — Pernoldus de ecclesia [61]) — Gerdrudis laic. de Goss — Gerdrudis laic. villica.

Saec. XIV.: Vlricus pbr. et mon. S. Blasii — Perhta mater Permani — *Stephanus pbr. et mon. de S. Petro* [62]).

Saec. XV.: *Obiit Wulfingus pbr. et mon. Obernburgen. quondam abbas, sed malitiose depositus* inductione *malorum* [63]) — Obiit Hainricus dictus Lob .. st ... [64]) jurista hujus loci 14 .. — *Dyemudis mon.* — *Georius pbr. et mon. istius loci* [65]).

Saec. XVI.: *Wilhelmus praepositus Gurcensis* [66]) — *Joannes pbr. et mon.*

* * *

Saec. XVII.: Ferdinandus 2. Romanorum imperator semper augustus, princeps utique piissimus et clementissimus, vita curis et laboribus maximis pro ref(or)matione Germaniae ad avitam orthodoxam religionem nostram in domino devotissimus defunctus Viennae anno Christi 1637. aetatis 59. imperii vero 18. — Re-

---

[59]) Von gleichzeitiger Hand auch in II., hier aber noch mit dem Zusatze: „plebanus in Cellis beatae virginis Mariae“ (Mariazell), ebenfalls von gleicher Hand. Das Sekauer Todtenb. zu demselben Tage und „Oxenhoffner“.

[60]) Weisskirchen, eine unweit von Judenburg gelegene und seit dem 14. Jhdt. dem Stifte incorporirte Pfarre.

[61]) Eine mir unerklärbare Ortsbezeichnung.

[62]) In Salzburg oder Rosaz?

[63]) Nach Schmutz, Lexikon, Abt bis zum J. 1408.

[64]) Lobenstein.

[65]) Auch in II. von einer gleichzeitigen Hand und mit der Jahrzahl 1449.

[66]) Wilhelm Welzer von Eberstein starb im J. 1518. Hohenauer, Kirchengesch. von Kärnt. S. 78.

verendissimus et amplissimus in Christo pater ac dominus dominus Benedictus Pyrin hujus loci abbas jura morti persolvit ad
S. Gotthardum Graecii anno 1662. abbatiae 24 [67]).

[16.]

E XIIII. Kal. Martii. Julianae virg. et mart.

Saec. XII.: *Dietricus diac. et mon. istius loci* — Gotpoldus frat.
Adalf. — Guntherus laic. Winzurl [68]) — *Pertoldus pbr. et mon.
istius loci* — Livpoldus pbr. et mon. — Vdalricus pbr. et mon. —
Maria.

Saec. XIII.: Wolframmus laic. frat. Permanni — Perchtoldus laic.

Saec. XIV.: *Dietricus pbr. et mon.* [69]) — Elyzabet de Mitterdorf o. —
Richcza uxor Engelschalci.

Saec. XV.: Johannes pbr. et can. de Berchtersgaden dictus Eppelhauser — *Obiit Johannes Obdacher pbr. et mon. istius loci
anno etc. XXV° piae memoriae.*

* * *

Saec. XVI.: Conradus conversus coenobii Krembsmunster pbr. et
mon. — Dominus Thomas Wernher de Aflentz, abbas hujus

---

[67]) Gebürtig aus dem Venetianischen wurde derselbe Abt am 25. Nov. 1638. Er war ein
äusserst baulustiger Herr, und da durch den vortrefflichen Haushalt seiner beiden
Vorgänger die Finanzen des Stiftes in gutem Stande waren, so konnte er seiner
Leidenschaft mindestens anfänglich um so eher und leichter fröhnen. Die alten
Klostergebäude wurden grösstentheils niedergerissen und äusserst solide an deren
Stelle gesetzt. Der ehrwürdige Münster wurde wohl nicht zerstört (vielleicht wegen
Mangel an Geld für eine neue Kirche), doch aber zeitgemäss, d. i. dem Zopfstyl
angemessen restaurirt. Die von Pirin begonnenen Bauten mussten von seinen
Nachfolgern fortgesetzt werden oder gaben den Anstoss zu neuen Bauten (Kirche
zu Mariazell, Eisenwerk ebendaselbst, Joanneum und allgemeines Krankenhaus in
Graz, Prälatur in St. Lambrecht u. s. w.). Mit diesen Um- oder Neubauten älteren
Datums steht durchaus der Name des Baumeisters Sciassa, gleichfalls eines Ita-
lieners, in Verbindung. Trotz den verschiedenen günstigen Umständen waren alle
diese Bauten so kostspielig, dass das Stift hiedurch auf's tiefste verschuldet wurde,
und unter einer ungeheuren Schuldenlast seufzte, als es von Kaiser Joseph II. auf-
gelöst wurde. Der Name des Abtes Pirin ist übrigens der letzte aus der Reihe der
Äbte, welcher in die Fortsetzung des ältesten Todtenbuches eingetragen worden ist.

[68]) Weinzirl, eine Gegend an der Mur, nördlich von Graz, wo ehemals viel Wein gebaut wurde und namentlich das Stift St. L., welchem das benachbarte St. Gotthart gehörte, viele Weingärten besass.

[69]) Wahrscheinlich in Garsten, wie ich aus einem darüber stehenden undeutlichen „de
ga . . . . .“ vermuthe.

monasterii, clausit diem suum decima sexta die mensis Februarii
in medio circa quartam et quintam horas post meridiem anno
domini 1549 [70]). — Obiit fr. Vdalricus Schleifer prior presbyter
et monachus istius loci .... in nocte circa ..... duodecimam
anno domini 1563.

[17.]

F XIII. Kal. Martii.

Saec. XII.: *Piligrimus pbr. et mon. istius loci* — Adelbertus pbr.
et mon. — Heinricus pbr. et mon. — *Diemŏt* — Alrat conv. —
Liupoldus pbr. Niwen. [71])

Saec. XIII.: *Pabo pbr. et mon. istius loci* — Linhardus l. S. Petri
in Rosacio — Rvdolfus laic. de Agemund [72]).

Saec. XIV.: *Hermannus dictus Schalauner* [73]) *pbr. et mon. istius
loci*, Agnetis et Offemya soror ejus et cognata (sic).

Saec. XV.: *Gŭndacherus pbr. mon. Ozziacen.* — *Johannes Kranbiter de Aspach pbr. et mon.*

* * *

Saec. XVI.: D. Conradus Wiser.

[18.]

G XII. Kal. Martii.

Saec. XII.: *Andreas pbr. et mon.* — Wichardus mon. — Gerungus
laic. pater Odalrici — Perhtoldus laic. dedit praedium — Dietmarus laic. frater Arnoldi — Hermannus conv. istius loci —
Richiza mon.

Saec. XIII.: Waltherus de hospitale — *Fridericus laic.* pistor.

Saec. XIV.: *Otto miles dictus Piswicus junior* ob. anno domini
MᵒCCCᵒXVIIᵒ — *Sophiia monialis de Admund.*

---

[70]) Der Tag seines Amtsantrittes (7. Juni 1541) fällt mit dem Todestage seines Vorgängers zusammen.

[71]) Niwenburg, Klosterneuburg?

[72]) Admont, während der vorhergehende Ort Rosaz im Friaul'schen.

[73]) Welcher Name offenbar von jenem merkwürdigen, in Ruinen liegenden Schlosse
herrührt, das in einer Höhle, dem sogenannten Puxerloche (ob Pux an der Mur
unweit von St. L.) erbaut ist. S. Anmerk. 21. April.

***

Saec. XVI.: Jacobus Wagner, Andreas Lämpl professi in Gurgk, Joannes Schertl commissarius ibidem, Georgius Amblang pbr. [74]) — Anno domini 1591. obiit venerabilis dominus Egidius Wäschl pbr. et mon. hujus coenobii.

Saec. XVII.: Obiit serenissimus Maximilianus Ernestus, archidux Austriae [75]), Graecii 18. Febr. a. 1616.

[19.]

A XI. Kal. Martii.

Saec. XII.: Wezilinus abbas — *Hartlibus pbr. et mon. istius loci* — Wichpertus mon. S. Blasii — Reginwardus pbr. et mon. — Fridericus mona. — Leo conv. — Gerbirc mon. — *Willibirch comitissa* — Adalheit conv.

Saec. XIII.: Margareta de de (sic) Judenburch — Druslibus laic. puer — Gerdrudis laic. soror Pleban — *Alhaidis de Tivfenpach* [76]) mater domini Offonis — Herradis mater Dit. — *Ditricus acolitus et mon. istius loci.*

Saec. XIV.: *Ortolfus* Hagenawer pre . . . *istius loci pbr. et mon* [77]).

Saec. XV.: *Vlricus abba(s)de S. Paulo* [78]) — Chunradus pbr. et mon. — Johannes pbr. et mon. — *Sebastianus Pfaffenhofer pbr., Erhardus Trabocher dyac., Mathias Mochinger subdiac. — Johannes Möttnitzer laic. 1489.*

[20.]

B X. Kal. Martii.

---

[74]) Sämmtliche Namen von einer und derselben Hand aus der ersten Hälfte des 16. Jhdts.

[75]) Bruder Kaiser Ferdinand II.

[76]) Teufenbach.

[77]) Auch möglich, dass diese Notiz noch in das 13. Jhdt. gehört. „Ortolfus Hagenawer istius loci" ist mit rother Farbe geschrieben auf einer anderen mit schwarzer Tinte geschriebenen Notiz. II hat von einer Hand des 15. Jhdts.: „Ortolfus Hahenberger pbr. et mon. istius loci". Beide Personen sind aber wohl eine und dieselbe und das „Hahenberger" der jüngeren Aufzeichnung nur ein Schreibfehler.

[78]) Es lebten im 15. Jhdt. zwei Äbte dieses Namens in St. Paul, wovon der eine im J. 1414, der andere aber im J. 1432 gestorben ist. Mezger, Hist. Salisbg. p. 1206. Auf welchen von diesen nun obige Aufzeichnung zu beziehen ist, muss ich unentschieden lassen.

Saec. XII.: Wintherus pbr. et can. — *Woluoldus pbr. et mon.* — Leo mon. — Medwed — Dietmarus praeco — *Adelheit mon.* S. Blasii — Uvilbirch laic.

Saec. XIII.: *Marchwardus pbr. et mon. S. Geor.* [79]) — Constantinus pbr. et mon. — Rudbertus faber.

Saec. XIV.: *Hvgo pbr. et mon. istius loci.*

Saec. XV.: Johannes ppbr. (!) — Stephanus pbr. — Seyfridus spr. (sic, pbr.) et mon. [80]).

* * *

Saec. XVI.: Anno 1519. obiit Sebastianus, pbr. et mon. istius loci, pastor in Afflentz [81]) — Wilhalmus Gräswein, Vrsula uxor ejus, Melchior Stübich laycus.

[21.]

C VIIII. Kal. Martii.

Saec. XII.: Heinricus mon. — Tiemo mon. — *Ditricus conv. istius loci* — Reinhardus — Heinricus servus.

Saec. XIII.: Walkerus laic. de Techowe [82]) — Livtoldus pater (?) Alberti laic. — *Dimidis* Zizerin *laic.*

Saec. XIV.: *Hugo plebanus de Weizenchirchen* [83]) — *Ekardus scolasticus istius loci anno domini M°CCC°XLV°* — *Leonhardus pbr. et mon. Glunicensis* [84]).

Saec. XV.: Nycolaus pbr. et mon.

* * *

Saec. XVI.: Matheus Spät laycus — Anno redemptionis nostrae 1.5.64^{to} 21^a die mensis Februarii venerabilis dominus Leonhardus P...... natione Italus prior monasterii S. Lamperti viam universae carnis ingressus, cujus anima vivat in Christi resurgentis pace.

---

[79]) St. Georgen im Schwarzwalde.

[80]) Zu diesem Tage ist auch von einer gleichzeitigen Hand eingetragen: „Rudolfus abbas istius loci dictus Liechteneker", dann aber auszulöschen versucht worden.

[81]) Der „Sebastianus Hainfelder mon. et pbr. S. Lamb." im Sekauer Todtenbuche zum 12. Mai dürfte mit dem obigen identisch sein.

[82]) Techau, Techa, Gegend in der Nähe von St. L., in welcher Gegend auch die St. Blasiuskirche liegt.

[83]) Weisskirchen unweit von Judenburg.

[84]) Gleink.

[22.]

D VIII. Kal. Martii. Kath. Petri.

Saec. XII.: Berinhardus abbas 84') — Adalhardus mon. — Eberhardus mon. — Otto laicus — Erinswint de Angulo 85).

Saec. XIV.: *Wlfingus* Welczer *fr. (?) istius loci* pbr. et mon. — Anna mater domini Fridrici Czenkel anno... M°CCC°LXXXVIIII° — Otto Waidhofer — *Petrus pbr. et mon. de S. Petro Salczpurg.* — Elisabet layca auss Mŭrcztal.

Saec. XV.: *Fridricus Czenkell spr. (sic, pbr.) et mon.* — *Colnicerr mon.*

* * *

Saec. XVI.: Obiit venerabilis fr. Stephanus Steyrer, pbr. et mon. istius loci, oeconomus in Cellis b. virginis 86) a° 1556.

[23.]

E VII. Kal. Martii. Vigilia.

Saec. XII.: Rŏdolfus mon. Uitrinch 87) — Notkerus mon. — Wolframmus mon. — Werinherus mon. S. Blasii — *Manno conv. istius loci* — Gerungus pbr. et can. — Werinherus conv. — Hemma mon. — Wlfilt laic. — Gisila laic. E iudice (?).

Saec. XIII.: Wilbirgis laic. de Judenbvrch — Hainricus medicus — Otto de Cremse 88).

Saec. XIV.: *Pertholdus praepositus Gurcensis ecclesiae* 89) — *Vlricus pbr. et mon. istius loci dictus* Gosser anno domini *M°CCC°XVIII°*.

Saec. XV.: *Pilgrinus pbr. et mon.* — Vlricus pbr. et mon. — *Obierunt in monasterio Crembsmunster Martinus, Fridricus, Perchtoldus pbri. et mon.*

84') „Berinhardus abbas Atile" im Todtenbuche des Stiftes St. Peter in Salzburg. Arch. f. K. österr. GQ. XIX. 223 u. 381, Anmerk. 4. Das Kloster Atile, Aetl, lag im südlichen Baiern.

85) Aus dem Winkel, einer Gegend in nächster Nähe des Stiftes.

86) Mariazell.

87) Viktring in Kärnten.

88) Krems, eine jetzt verfallene Burg im Kainachthale.

89) Starb im J. 1343. Er stammte nach Hohenauer, Kirchengesch. v. Kärnt. S. 77, aus der Familie derer von Kreig.

Saec. XVI.: *In monasterio Rannshofen* [90]*) obierunt Henricus Hueber
pbr. et can., Vdalricus diaconus ibidem a° etc. 15°.*

* *

Saec. XVII.: Obiit Benedictus Molitor professus et sacerdos ad
S. Paulum — P. Franciscus Nusser prior et professus Neras-
hemensis.

[24.]

F VI. Kal. Martii. Mathiae apostoli.

Saec. XII.: *Hartwicus episcopus — Beatrix fundatrix hujus
loci* [91]*)* — Willehelmus pbr. et mon. — *Heinricus conv. istius
loci* — Eberhardvs p. Raw. — Gisila de Saura — *Jvditha
soror nostra dedit praedium* — Adelpurch — Ava — Uvilbirgis
uxor Ha. — Gerungus conv.

Saec. XIII.: *Fridericvs abbas Medlicen.* [92]*)* — Trosthildis laic. de
Goss ava Vlrici — Hartwicus laic. — Gundacherus subdyac.
et mon. de Medelico — Richerus conv.

Saec. XIV.: Katherina Gloyacherin mater Wlfingi.

Saec. XV.: Otto insitor de Mvraw civis — *„Anno domini 1425.
obiit Johannes Obdacher, pbr. et mon. S. Lamberti et plebanus
in Veitscha"* [93]*).*

[25.]

G V. Kal. Martii.

Saec. XII.: *Livtfridus pbr. et mon. istius loci* — Perhtoldus diac.

---

[90]) Ranshofen, ehemaliges Chorherrenstift in Oberösterreich.

[91]) In II. setzt ein Schreiber aus der zweiten Hälfte des 16. Jhdts. auch hinzu: „ecclesiae beatae virginis in Hof". Nachdem Herzog Heinrich, Sohn Markwarts, der
eigentliche Stifter St. Lambrechts war, so ist mit dieser Beatrix die zweite Gemalin Heinrichs gemeint. S. Arch. f. K. österr. GQ. XII. 169. Stifterin von Mariahof kann sie schon desshalb nicht gewesen sein, weil diese Kirche bereits Jahrhunderte vor ihr bestanden. Offenbar hat der Schreiber dieses Zusatzes das kleine
Werk Mannesdorfers gelesen und darnach diesen Beisatz gemacht. Vergl. Anmerkung 17, August.

[92]) 1281—1295. Keiblinger: Gesch. v. Melk, I. 370—380.

[93]) So schreibt eine Hand aus der zweiten Hälfte des 16. Jhdts. in II. In I. dagegen
finde ich aus der ersten Hälfte des 15. Jhdts. die sehr verwischte Notiz: „Obiit
frater Johannes Lochner (Lechner oder auch etwa noch anders lautend) pbr. et
monachus hujus monasterii (?) plebanus in Piber (?)". Das Sekauer Todtenbuch
hat einen „Johannes Lechner pbr. et mon. St. Lamb." zum 8. Juli.

et mon. S. Bla(sii) — Ebo pbr. et mon. — Woluoldus conv. —
Richkart — Merswint laic.

Saec. XIII.: Nycolaus praepositus de Sekav. [94]) — Waltfridus mon.
istius loci [95]) — *Gundakerus mon. istius loci* — Engilbertus
conv., Christianus, Wigandus, Livtoldus conversi in Runa [96]) —
Livprehtus conv. istius loci ortul. [97]) — Wintherus laic. pater
Hainrici — *Pabo de Niedekke* obiit [98]).

Saec. XIV.: *Wlfingus pbr. et mon. de S. Paulo* — Petrus pbr. et
mon. in Chotbico [99]) — Petrus pbr. et can. Gur(censis) —
Christianus de Agmunda [100]) laic. — Christianus laic. dictus
Türschenpech de valle Anesi [101]) — Katherina ava ejus
obiit [102]).

Saec. XV.: Fr. Fridricus conversus — *Obiit Gerdrudis dicta Lelin*
vel Cholerin anno quadragesimo quarto *dedit praedium* —Elisabeth monialis Admund.

* * *

Obiit venerabilis vir dominus Hainricus prespiter professus de
nostro collegio Hercogenburg, et magister Johannes, et dominus Laurencius confratres nostri.

Saec. XVI.: Obiit fr. Maurus. pbr. et mon. istius loci, anno 1523 [103])
— Obiit venerabilis dominus Matthias Kremser pbr. et mon.
hujus loci anno domini m. d. XCIII. [104])

---

[94]) 24. Feber im Sekauer Todtenbuche. Als Sterbejahr in der Cont. Garsten. bei
Pertz IX. 598, das J. 1247.

[95]) Ich möchte in demselben gerne den 12. Abt von St. L. erblicken und habe hierüber bereits an einem anderen Orte gehandelt. Des Abtes Waltfrid Vorstandschaft
aber fällt in die J. 1221—1228. Beitr. z. K. steier. GQ. II. 127—129; s. dazu
ebend. die Berichtigung, IV. 148—150.

[96]) Reun.

[97]) Ortulanus, hortulanus.

[98]) Neidek, südl. von Neumarkt, eine jetzt in Ruinen liegende Burg.

[99]) Götweig.

[100]) Admont.

[101]) Von zwei verschiedenen, jedoch gleichzeitigen Händen geschrieben, scheinen
diese beiden Christiane gleichwohl nur eine und dieselbe Person zu sein.

[102]) Das Wort ejus ist nachträglich weggeschabt worden; es bezieht sich aber nicht
auf den vorhergehenden Christianus, sondern auf einen vorstehenden, nicht mehr
lesbaren Namen.

[103]) Auch in I. ist diese Aufzeichnung von derselben Hand zu finden.

[104]) Hier hätte noch zu folgen jene Collectiveintragung zum 27. April in II., welche

[26.]

A IIII. Kal. Martii.

Saec. XII.: Waltherus pbr. et mon. — Livtpoldus mon. — Warmundus — *Gotfridus conv. istius loci* — Christina conv. —
Heinricus pbr. et can. — Hiltegrimus laic. miles — *Offo* laic.
dedit praedium [105]) — Pertha mater Leonis laic.

Saec. XIII.: *Eberhardus pbr. et mon. istius loci* — Albero pbr. et
mon. Sanctae Crucis — *Richerus pbr. de Goss frater noster*
— *Dietmarus subdiac. istius loci* — *Agnes laic.* soror C.
Smech [106]).

Saec. XIV.: Geuta uxor Vlrici — *Nicolaus de Newburch claviger
dominorum hic* — *Otto dictus Frider laic.* — Obiit Jacobus
pbr. et mon. de Chotwico.

Saec. XV.: Nicolaus pbr. et mon. — Albertus Wulper pbr. et... —
Georius pbr. et mon. — Conradus pbr. et mon. [107]).

[27.]

B III. Kal. Martii.

Saec. XII.: Sigifridus pbr. — Gerunc mon. S. Blasii — Waltherus
mon. — Richza — Hiltigart.

Saec. XIII.: *Leo* Rufus *laic.* — *Gerdrudis* filia ejusdem — Perhtoldus laic. villicus de Pairdorf (?) [108]) — Chvnigundis laic. soror
Vdal(rici).

Saec. XIV.: *Hartwicus canonicus Gurcensis ecclesiae obiit anno domini M°CCCXX.* [109]), *dictus Cholnizer* — *Obiit abbas Dauit hujus
monasterii piae memoriae* anno *domini M°C°C°C°LXXXVII* [110]).

---

nach Aufzählung der Sterbetage genaunter Personen also schliesst: „. . . . monachi
nostri monasterii Melicensi(s); isti omnes infra spatium septem annorum viam
universae carnis sunt ingressi, sacramentis tamen ecclesiasticis prius rite prae-
muniti. Ex monasterio Melicensi vicesima quinta Februarii anno virginei partus etc.
quadragesimo secundo“ (1542).

[105]) Darunter steht von einer Hand des 13. Jhdts. zwar sehr verwischt, aber doch
noch lesbar: „Offo pulcher de Saurawe“.

[106]) Smechonis.

[107]) II. hat ausserdem noch von einer Hand aus der zweiten Hälfte des 16. Jhdts.
einen „Walfridus pbr. et mon. istius loci“, welcher aber mit dem Waltfridus mon.
zum 25. Feber saec. 13. identisch sein dürfte.

[108]) Baierdorf, unweit von Neumarkt.

[109]) Im Orig. eine Rasur; wahrscheinlich stand noch eine X da.

[110]) Eine andere und nur wenig spätere Hand schrieb mit rother Farbe: „Obiit do-

Saec. XV.: Heinricus pbr. et mon. — Haydenricus Krell [111]) pbr. piae memoriae — Johannes pbr. et can.

* * *

Obiit Katherina villica de Ochsenhofen [112]) piae memoriae 1455.

Saec. XVII.: Obiit pie venerabilis Polycarpus Styrich apud S. Mariam in Hoff pbr. et senior hujus loci 27. Febr. anno 1643.

[28.]

C II. Kal. Martii.

Saec. XII.: *Livtoldus abbas* — *Swikerus mon. istius* loci — Waltfridus mon. — Karolus mon. — Dietherus mon. — Adalbero mon. — Perhtoldus mon. — Reginbertus — Adalbertus conv. — *Elisabeht mon.*

Saec. XIII.: *Engelrammus pbr. et mon. istius loci — Albertus pbr. et mon.* supprior *istius loci* — Perhtoldus Schivfliger [113]) laic. — Rvdolfus laic. Sweuus — Perhtoldus de Curia [114]) — Syboto

---

minus David, abbas hujus monasterii, piae memoriae . . . anno etc. 1387". In den früheren Äbtereihen erscheint derselbe mit dem Familiennamen Krall, welche Behauptung ich jedoch bisher nicht bestätigt gefunden habe. Angehörige dieser Familie (bessere Schreibung: Kräll) werden in den St. Lambrechter Urkunden allerdings häufig genannt. Ihr Wappen war ein redendes und bestand in einer krallenartigen Figur. Die Mutter des Abtes David mag wohl jene Chunegund gewesen sein, als deren Todestag der 30. Jänner angegeben wird. Am 28. Juli 1376, also nur 15 Tage nach dem Tode seines Vorgängers, war er bereits Abt. Für die Baugeschichte des Klosters in älterer Zeit hat sein Name die grösste Bedeutung. Ich will da nur auf Eines hinweisen, was sich in dieser Hinsicht an seinen Namen knüpft, nämlich auf die Klosterkirche. Auf einem Strebepfeiler derselben und zwar auf der Nordseite, findet sich folgende Inschrift: „Anno domini MCCCLXXXVI. hoc opus fecit venerabilis d . . . . . . abbas hujus monasterii". Der Bau war einfach, aber von bedeutender Wirkung, welche selbst die Verschönerungssucht eines anderen baulustigen Abtes im Zeitalter des Zopfes nicht gänzlich hinweg zu tilgen vermochte. Ich bemerke noch, dass es an Urkunden, welche über die Baugeschichte des Klosters vielfachen Aufschluss geben, im Stiftsarchive keineswegs mangelt. — Derselbe Todestag im Necrol. Admunt. bei Pez, SS. II. 201, und im Necrol. Run. bei Frölich, Dipl. sacra duc. Styr. II. 337.

111) Sonst auch Kräll. Vergl. die vorhergehende Note.

112) Einer der in der Nähe des Stiftes gelegenen Höfe, welcher, vermag ich nicht anzugeben.

113) Scheuflinger.

114) Mariahof.

laic. miles — Hartwicus sculptor laic. — Johannes de Winzirl —
Perhta de Marchia [115]) — Iringardis conv. in (sic) — Vlricus
laic. Wersus [116]) — Mathilth de Wienna — Vlricus sacerdos
custos Uiticensis (?) [117]).

Saec. XIV.: *Walthasar pbr. et mon. de Admund.*

Saec. XV.: *Hainricus Reysacher can. Secoviensis 1444* [118]) —
Petrus Kellerberger laycus — Jacobus Kellerberger — Anna
mater Kandolffi — *Obiit Petrus Lechner de T(o)rl in Afflenz
piae memoriae 1461* [119]).

* * *

Andreas Pranpekch praepositus in Voraw [120]).

Saec. XVI.: Venerabilis ac generosus dominus Wolfgangus comes
de Montfart [121]), canonicus Gurcensis ecclesiae, obiit anno 13.
ultima Februarii — Obiit frater Egidius Klingennagl senior,
pridie Kalendas Martii anno M.D.XXX., aetatis suae 87 [122]).

Saec. XVII.: R. P. Andreas Scholl Prutenus, pbr. et mon. hujus loci,
1630 [123]) — P. Thomas Trembelius Salisburgi apud S. Petrum
pbr. et mon. 1639 [124]).

---

[115]) Von der windischen Mark.

[116]) Im Orig. steht wsus.

[117]) Viktring.

[118]) Könnte auch zum 27. Feber gesetzt werden, wie es in II. wirklich geschehen ist.

[119]) In II. und zwar von einer gleichzeitigen Hand beim vorhergehenden Tage. Thörl
liegt unweit von Aflenz in Obersteier.

[120]) Schmutz, Lexikon, nennt als dessen Todestag den 15. März 1453. Sein Name
erscheint auch zum 20. April eingetragen.

[121]) Die Grafen von Montfort wurden durch Beerbung der Grafen von Pfannberg in
Steiermark begütert.

[122]) Im Orig. beim 24. Feber.

[123]) Könnte auch zum 27. Feber gesetzt werden.

[124]) Dürfte wohl derselbe sein, welcher im J. 1615, da er Prior war, zum Abte erwählt wurde. Diese Wahl wurde jedoch von dem Erzbischofe Marcus Sittich für
nichtig erklärt und hierauf Joachim Puechauer als Abt eingesetzt. Noviss. Chron.
S. Petri, p. 517, 518. In der Nichtigerklärung daselbst lautet jedoch der Name
Fremel.

Martius.

[1.]

D Kal. Martii.

Saec. XII.: Hermannus pbr. et mon. — Heinricus pbr. el mon. —
Eberhardus conv. — Meinh. conv. — *Gisila mon.* — Irmgart
mon. — *Swikerus conv. istius loci* — Ôdalricus pbr. et mon. —
Rvdolfus conv. Gurke — Heinricvs de Vatestorph.

Saec. XIII.: *Gotpoldus pbr. et mon. istius loci* — Hermannus conv.
istius loci — Eberhardus miles de Avlnz [1]) — *Hirzmannus laic.
cocus* — Margareta soror Gotfr. Pvx — ·Gotfridus laic. occisus —
Christina de Grazlob.

Saec. XIV.: *Hainricus subdiac. istius loci* dictus Winchler [2]) —
Johannes pbr. et mon. Milstaten.

Saec. XV.: Colomanus praepositus — *Paulus pbr. et mon. de
Altach — Obiit frater Johannes Swevus, pbr. et mon.* istius
loci, *anno domini milesimo 468* [3]).

[2.]

E VI. Nonas Martii.

Saec. XII.: *Piligrimus diac. et mon. istius loci* — Diepoldus mon. —
Marchwardus mon. — Rudolfus conv. — Hirzpurch — Einhilt
conv. — Adelheit conv. — Hiltigart S. Georii mon.

Saec. XIII.: *Waltherus mon. S. Georii* — Hermannus laic. S. Georii — Offemia conv. Ozi. [4]) — Duringus miles de Schôn-
perge [5]) — Lieba mon. obiit — Gisila de Techowe [6]) — Gotfridus puer — *Gvntherus pbr. el mon. istius loci.*

Saec. XIV.: *Rainhardus conversus istius loci* — Perhta de Altenstorf.

---

[1]) Aflenz.

[2]) Zweimal von verschiedenen gleichzeitigen Händen eingetragen.

[3]) Auch von einer gleichzeitigen Hand in II. und hier noch mit dem Zusatz : „piae
memoriae". Im Sekauer Todtb. „Johannes Swab". etc. bei demselben Tage.

[4]) Oziacensis, Ossiach in Kärnten.

[5]) „Duringus miles" ist von einer Hand, vielleicht des 16. Jhdts., aufgefrischt
worden.

[6]) Techau, Techa, Gegend in des Stiftes Nähe.

Saec. XV.: *Gerdrudis mater domini Fridricii* (sic).

* * *

Obiit venerabilis dominus Engelhardus abbas monasterii sanctae Mariae virginis in Reichenpach.

Saec. XVII.: A. 1609. obiit P. Georgius Treitwein in Afflenz, professus in Obernalta[7]) — Obiit dominus Nicolaus Lechner.

[3.]

F V. Non. Martii. Chvneg. virg.

Saec. XII.: *Ditricvs episcopus Gurcensis*[8]) — Walbrunus pbr. et mon. — Dietrammus pbr. — Livtfridus praepositus[8']) — *Wolframmus pbr. et mon. Admvnt* — Hilsungus laic. — Gerdrut mon.

Saec. XIII.: Ernestus pbr. et can. — Leukardis soror Perngeri — Dimudis de Ketse[9]) — Hiltrût — Ekkehardus laic. faber.

Saec. XIV.: *Ortolfus pbr. et mon.* prior Chotwicen, — *Chuenradus pbr. (?) et can. Secovien.*, dictus Reuter — *Otto abbas* monasterii *S. Petri in Salczburga*[10]).

Saec. XV.: Johannes pbr. et mon. dictus Czuber — Anna layca Hymelbergerin.

* * *

Saec. XVI.: Michael Lechnner 5to Nonas Marci[11]) — Obiit Valentinus

---

7) Oberalteich, ehemaliges Prämonstratenserkloster bei Straubing.

8) Bischof wurde er im J. 1179 und resignirte seine Würde im J. 1194. Mooyer. Hohenauer, Kirchengesch. v. Kärnt. S. 86, lässt ihn am 6. März 1194 sterben.

8') Beim 2. März im Todtb. des Stiftes St. Peter in Salzburg: „Liutfridus praepositus Ranshoven" (1186). Arch. f. K. österr. GQ. XIX. 225.

9) Katsch im Murthale unweit von St. L.

10) Dem Noviss. Chron. S. Petri Salish. zufolge gab es im 14. Jhdt. zwei Äbte des Namens Otto, von welchen aber der zweite am 22. Oct. 1414 verstorben sein soll (p. 338). Somit kann obiger Otto nur Otto I. sein, welcher nach vorgenannter Quelle (p. 330) an einem derselben nicht bekannten Tage des J. 1364 gestorben ist. Unser Todtenbuch verzeichnet aber auch noch zum 2. Juni einen Abt Otto. Ob dieser nun mit jenem identisch ist, vermag allenfalls nur durch Einsicht in das Original entschieden werden. Da ich das Original jedoch jetzt nicht einsehen kann, so muss ich sowohl diesen Punkt unentschieden, wie auch die dann etwa sich ergebenden Consequenzen unberührt lassen.

11) War ein Mönch in Melk und starb zwischen 1535—1542. Im Orig. ist diese Notiz beim 27. April eingetragen. S. Anmerk. 104. Februar.

Tratner, civis hujus oppidi, R. domini D. Joannis Tratneri abbatis genitor anno 1570. — Obiit Elisabeth Ernstin.

Saec. XVII.: Obiit fr. Georgius Herderich, conversus in Krembsmünster, 3. Martii a. 1627.

[4.]

G IIII. Non. Martii.

Saec. XII.: *Lantfridus pbr. et mon. istius loci* — Pilgrimus mon. — Aribo pbr. et mon. — Nendinc pbr. — Uv̊dalricus laic. — Helica — Maginza — Lambertus pbr. et mon. Admunt.

Saec. XIII.: *Hainricus pbr. et mon. istius loci* de Silwich [12]) — *Werinherus conv. istius loci* — Chůno conv. S. Petri in Rosacio — Waltherus laic. Rufus — *Irmgardis mon. S. Georii.*

Saec. XIV.: *Rudbertus pbr. et mon. istius loci* de Cella [13]) — *Raimarus pbr. et mon. istius loci* — Fridericus Baschenpeutel [14]) laic. et ipse dedit scolaribus bernam — Stephanus pbr. et mon. — Dietricus pbr. et mon. senior.

Saec. XV.: *Augustinus pbr. et mon. in Rotenhaslach* [15]) — *Fr. Johannes de Pawngartenpirg pbr. et mon.* Cystercien. ord. [16]) — Georgius pbr. et canocus (sic, canonicus) — *Sigismundus Renner laic.*

* * *

Anthonius prior Ossiacen. — Petrus Pyeczennaẘr praepositus in Werthersgaden [16']) — Wolfgangus senior de Admund pbr. et mon.

Saec. XVI.: „Anno etc. 16. obiit religiosa soror Benedicta, professa in monasterio Gotwicen“.

Saec. XVII.: Obiit dominus Joannes Christophorus ¡Parthans J. V. D.

---

12) Silweg in der Judenburger Gegend.

13) Mariazell.

14) Wasch den Beutel.

15) Reutenhaslach.

16) Baumgartenberg im Mühlviertel in Oberösterreich. Eine kurze Geschichte dieses Klosters haben wir von F. X. Pritz im 12. Bd. des Arch. f. K. österr. GQ.

16') 1432. Das Todtb. des Stiftes St. Peter (Arch. f. K. österr. GQ. XIX 260) setzt ihn zum 12. Juli und schreibt Pinczenawaer.

secretarius et judex aulae [17]) hujus loci — Christophorus Held
abbas in Seidenstetten, pbr. et mon. in Krembsmünster, 1602 [18]).

[5.]

A III. Non. Martii.

Saec. XII.: *Hartwicus episcopus* [18']) — *Witigo pbr. et mon. istius
loci* — Adalbertus pbr. et mon. — Werinherus diac. et mon. —
Richpoldus conv. istius loci — Rizmannus — *Perinhardus
ecclesiasticus* [19]) — Herrat mon.

Saec. XIII.: *Einwicus pbr. et mon. Admunt* — Perinhardus pbr.
et mon. — Engilscalcus laic. miles — Wilbirch de Schev-
flich [20]) — Irngardis conv. Admunde.

*   *

Saec. XV.: Leonhardus Karinkch de Öberndorf ejusdem monasterii.

Saec. XVI.: „Anno etc. septimo obiit fr. Marcus Khogler pbr. et
mon. istius loci" [21]) — Obiit frater Johannes Khlokher pbr. et
mon. hujus locii (sic, loci), reliquiarum custos in Cellis Mariae,
qui obiit in anno 1.541. [22])

[6.]

B II. Non. Martii.

Saec. XII.: Peringerus mon. — *Waltherus mon.* — Syzo mon. —
Francho pater Deetwi — Mahthilt mon. — Irmpurch — Cazelinus diac. et mon. Oziahc.

Saec. XIII.: *Gotpoldus pbr. et mon. istius loci — Rûdolfus pbr.
et mon. Reuna* — Wolframmus laic. — Vlricus faber de
Swent — Gerdrut (de) Techav.

---

17) Der Hofrichter, der erste weltliche Beamte des Stiftes, hatte nicht bloss die
Pflege der Justiz, sondern leitete auch die Verwaltung der Herrschaft in politischen Dingen.

18) Abt seit dem J. 1572. Sein Todestag jedoch soll der 2. April sein. Puchmayr,
Series abb. et rel. Cremifan. P. II. 328. Pez, SS. II. 316.

18') Das Todtb. des Stiftes St. Peter in Salzburg im Arch. f. K. österr. GQ. XIX. 225,
hat zum 3. März einen „Hartwicus Ratispon. episcopus" (1126), welcher mit dem
obigen einer und derselbe sein dürfte.

19) Etwa soviel als ein Messner oder Küster.

20) Scheufling.

21) Im Sekauer Todtb. „Marcus Khogler" etc. beim 12. Mai.

22) Ausserdem in II. noch eine Notiz, von welcher aber nur mehr lesbar: „. . . pbr.
et monachus istius loci anno domini 1593".

Saec. XIV.: *Hainricus pbr. et mon. istius loci* dictus Vinch(ler)(?) — Chuuradus tornator — *Elizabeth uxor Fridrici de Sauraw* — *Chunigundis monialis.*

Saec. XV.: *Obiit frater Chunradus conv.* [23]) — Johannes conv. istius loci dictus Sweinperger.

* * *

Saec. XVI.: Andreas de Ratispona, obiit pridie Nonas Martii, Sigismundus de Admundt [24]).

[7.]

C Nonae Martii. Perpetuae et Felicitatis.

Saec. XII.: *Eppo mon. istius loci* — Chŏnradus mon. — Diethardus mon. — Walrab laic. — *Perhtoldus comes* — Mainboldus avus Wigandi (?) — Jvdita mon. -- Acila.

Saec. XIII.: Leonhardus celler. [25]) de hospitale occisus — *Perhta domina de Frowenburch* [26]) — Helka laic. — (Si)botu frater Richeri sacerdotis — *Hainricus miles.*

Saec. XIV.: Jacobus conv. Gurcen. — Gerdrûdis uxor Wlfingi de Judenburg -- *Chunigundis mon.* [27]).

Saec. XV.: *Joannes senior pbr. et mon.*

* * *

Katheria (sic) de Salczeburga Nonas Marcy [28]).

Saec. XVII.: Obiit P. Carolus Kholb, professus in Crembsmünster, ibidem prior, 7. Martii a. 1620. [29]) — Fr. Martinus Bihele conv. Mellicensis [30]) 1650.

---

[23]) Eine andere gleichzeitige Eintragung hat noch den Zusatz „istius loci“, nämlich von St. L.

[24]) Diese beiden waren Mönche zu Melk und starben zwischen 1535—1542. Im Orig. steht diese Aufzeichnung beim 27. April — s. oben Anmerk. 104, Februar — und ist bei dem Namen des Zweiten kein besonderer Sterbetag angegeben.

[25]) Cellerarius des Hospitals beim Stifte.

[26]) Frauenburg, ein ob Unzmarkt gelegenes, jetzt dem Fürsten zu Schwarzenberg gehöriges Schloss.

[27]) Wurde von derselben Hand auch zu dem vorhergehenden Tage gesetzt.

[28]) Im Orig. beim 26. April eingetragen und mit noch einer anderen Nonne bezeichnet als „nostri monasterii (in Salzburg, Nonnberg) moniales professae“. — Ebenfalls in II. bemerkt eine Hand im Ausgang des 16. Jhdts.: Margaretha mater domini Joannis Schachner abbatis“ (S. Lamberti).

[29]) Prior seit dem J. 1612. Pachmayr, Series abb. et rel. Cremifan. P. II. 343.

[30]) Melk.

[8.]

D VIII. Idus Martii.

Saec. XII.: *Rŏdolfus pbr. et mon.* — Willehelmus mon. — Heinricus mon. — Macelinus conv. — Livpoldus conv. — Hazacha conv. — *Perhta conv.* — Vta mon.

Saec. XIII.: Adam pbr. et mon. — Ludwicus pbr. et mon. in Oziach — Perhtoldus pbr. et mon. — Rŏdolfus de Offpergeh [31]) — Heinricus puer — Hainricus laic. f(rater) Leo(nis)' (?) — Herrandus laic. calcifex — Willibirch laic. helm.

Saec. XIV.: *Wilhalmus laic.* ob. dictus de Sauraw — *Pilgrimus* laic. ob. der *Sauraer* — Chunradus dyaconus de Savraw — ..... de Savraw frater eorum canonicus Gurcensis.

Saec. XV.: *Vlricus pbr. et canonicus* dictus *Friesing*(er) — Sigmundus abbas.

*
* *

Saec. XVI.: Andreas Hueber pbr. et can. Seccoviensis.

Saec. XVII.: Obiit serenissima princeps Maria Anna archidux Austriae dux Bavariae etc., serenissimi Ferdinandi archiducis Austriae etc. conjunx, Graecii 8. Mart. a. 1616. — Obiit reverendissimus in Christo pater ac dominus d. Matthias Preininger, abbas Admontensis, hujus loci coenobita professus, 1628. [32]) — P. Andreas Meggenbauser professus hujus loci aetatis suae 34° in Cellis Marianis 1647.

[9.]

E VII. Idus Martii.

Saec. XII.: Reginhardus pbr. et mon. — Heinricus mon. — Perinhardus mon. — Folmarus mon. — Heinricus clericus — *Engelscalchus mon. istius loci* — Gisila mon. — *Heinricus* pater Vuitigonis — Mahthilt mon. S. Gerargii [33]) — Geroldus pbr. et mon. — Gerlindis conv.

---

[31]) Offenberg, jetzt Offenburg, unweit von Zeiring, von welcher Burg sich auch steirische Lichtensteine zubenannten.

[32]) Seine Postulation nach Admont erfolgte im J. 1614. Fuchs, Gesch. von Admont, S. 61, 62.

[33]) St. Georgen am Längsee in Kärnten.

Saec. XIII.: *Engelbertus pbr. et mon. Osciah* — Ernestus de Saurav — Ditricus laic. de Grazluppa 34) — Wendelburgis laic.
de caula 35).

Saec. XIV.: *Anno domini M°CCC°LXXXX. obiit magister Gerungus
pater domini Andreae* --- *Chunradus abbas* 36) — Joseph pbr.
et mon. 37) — Gerdrudis de Prato 38).

Saec. XV.: *Matheus pbr. et mon. in Aspach.*

* * *

Thomas praepositus S. Ypoliti ad S. Ypolitum in Austria 39).

Saec. XVI.: „Obiit frater Johannes Mörl pbr. et mon. in Oberndorff“ — Anno post Christum natum M.D.XCVIII. in humanis
esse desiit R. F. Joannes Kraus, reliquiarum custos in Cellis
post R. F. Casparum Sibenhorn.

[10.]

F VI. Idus Martii.

Saec. XII.: Wisinto abbas — Aswinus pbr. et mon. — Meinfridus
mon. — Adalbertus mon. — Rŏdbertus conv. — Friderun.

Saec. XIII.: *Perhtoldus conv. istius loci* — Raimarus laic. de
Aulenz 40) — Livpertus laic. de Nvzdorf 41) — Herbordus villicus de caula — Wilbirgis mon. S. Blasii — Willibirch laic.
filia Walch. Smech — Gisila mon. — *Vlricus de Thechau* 42)
laic. obiit, dedit praedium.

Saec. XIV.: *Chunradus* Hŏhenberger *pbr. et mon. hujus loci* —
Dyemudis Holekerin monialis Gurcensis — *Johannes Fridri-*

---

34) Grasslab.

35) Eine mir unbekannte Örtlichkeit. — In II. hat eine Hand im Ausgange des 16. Jhdts.
auch eingetragen: „Fridericus secundus archiepiscopus Salisburg. anno 1284“.

36) Zu Michelbeuern, vom J. 1331 — 1353. Sein Todestag nach dem Todtenb. dieses
Klosters der 15. April. Filz, Gesch. v. Michaelbeuern, S. 338—342 u. 862.

37) Eine andere gleichzeitige Hand schrieb über diesen und den vorhergehenden
Namen noch „de Pevren“.

38) D. i. von der Tratten ob dem Stifte.

39) Wurde Propst im J. 1474 und starb eigentlich am 24. März des J. 1478. Necrol.
S. Hippol. in Font. rer. Austr. 2. XXI. 494.

40) Aflenz.

41) Wohl jenes Nussdorf bei Scheiben und Unzmarkt.

42) Techau, Techa.

cus pbri. et mon. de Pewern[43]*)* — *Hainricus conv. istius loci.*

Saec. XV.: *Margareta mon.* (de) Admund.

＊ ＊ ＊

Lucas pbr. et mon.

Saec. XVI.: „Anno m. 5ᶜ. 12. Mathias Scheyt episcopus Seccoviensis"[44]) — Obiit Elisabeth Prewndlin cum marito ejus[45]).

[11.]

G V. Idus Martii.

Saec. XII.: Adalrammus abbas — *Hecilinus mon. istius loci — Dietmarus puer istius loci* — Diethalmus pbr. et mon. — Eberhardus mon. — Gŏtfridus laic. advocatus — Livtkart mon. — Regialis — Uvitmarus.

Saec. XIII.: *Willehalmus conv. istius loci — Chŏnradus conv. istius loci* — Wlricus conv. S. Geor. — Alheit mon. — Gerdrudis mon.

Saec. XIV.: *Leo abbas de Oberburch frater noster*[46]) — Agnes mon. laic. piae memoriae anno domini MᵒCCCᵒXXᵒ[47]) — Margareta de Grǻcz matertera domini Petri abbatis[48]).

Saec. XV.: *Obiit frater Vlricus dictus Chrueg, dedit praedium* — Andreas pbr. et mon.

[12.]

A IIII. Idus Martii. Gregorii papae.

Saec. XII.: Gebeno abbas — Hartmannus mon. — Heinricus mon. — Poppo pater Hug(onis) — *Witigo pbr.* IV. (sic) *et mon. istius*

---

[43]) Michaelbeuern.

[44]) Bischof seit dem J. 1482, resignirte er das Bisthum im J. 1503. Mooyer.

[45]) Wenn auch im Ausgange des 16. Jhdts. geschrieben, gehört diese Notiz ihrem Inhalte nach mindestens in das 15. Jhdt.

[46]) Das Verzeichniss der Äbte von Obernburg bei Schmutz, Lexikon, hat einen Abt Leopold (1309), welcher wohl mit diesem Leo identisch ist. Derselbe gehört zu jenen Lambrechter Klosterbrüdern, welche als Äbte anderwärts postulirt worden sind.

[47]) Der Name Agnes war ursprünglich mit rothen Majuskeln eingeschrieben, ein Umstand, der in Verbindung mit der beigesetzten Jahrzahl vermuthen lässt, dass die Trägerin dieses Namens eine dem Stifte werthe Person gewesen ist.

[48]) Nämlich des Abtes Peter († 1376) von St. L. In ll. schrieb aber eine spätere Hand des 14. Jhdts. zu diesem Tage: „Margareta mater domini Johannis abbatis" (welcher Abt im J. 1358 gestorben ist).

loci — Engilrammus — Situlo pbr. et mon. — Wezela praeconissa — Adalbero conv. — Willibirch abbatissa — Rielindis
laic. de Ueznach [49]) — Osanna.

Saec. XIII.: Wernherus pbr. et mon. S. Pauli Lauand — Hartmûdus
laic. praeco [50]) — Christina laic. mater Gebhardi.

Saec. XIV.: *Margareta laic.*, uxor Marchwardi, d. p. [51]) — Pereh-
toldus pbr. et mon. de Obernburg dictus Lilier M°CCC°LXVII. —
„Dietmarus de Charphain [52]), Otilia de La uxor ejus" — Katherina Ôlmin.

Saec. XV.: *Obiit fr. Egidius* dyaconus *dictus Hager in monasterio
Mellicensi — Fr. Laurencius pbr. et mon. de Gottwig* [53]) —
Adelhardis layca [54]).

* * *

Saec. XVI.: Joannes pbr. de Gärsten.

Saec. XVII.: Obiit Fr. Paulus Ederus major professus et pbr. hujus
loci 1610. — R. P. Martinus Senari (?) mon. et prior Götwi-
censis 1629. — Obiit in Afflenz P. Hugo Crobata professus
hujus loci 1656.

[13.]

B III. Idus Martii.

Saec. XII.: Gebehardus pbr. — Perinhardus mon. — Gotfridus
diac. et mon. — *Gerdrudis abbatissa S. Georgii* [55]) — *Ôdalricus mon. istius loci* — Rŷdigerus mon. S. Mariae virg. Garsten, Dietmarus mon. (ibidem).

---

[49]) Fessnach.

[50]) Urkundlich um das J. 1230.

[51]) Wohl aufzulösen „dedit praedium". Auch ist zu bemerken, dass diese zwei Siglen
auszulöschen versucht wurde.

[52]) Dietmar der Charphaimer erscheint in einer Urkunde des Joanneums-Archives vom
21. Jän. 1325.

[53]) Wie es scheint, von derselben Hand, kommt dieser Name noch einmal in einer
Collectiveintragung beim 25. Juni vor und heisst es dort von ihm: „Frater Laurencius senior noster in proximo festo S. Georii".

[54]) Eine Hand des 15. Jhdts. schrieb einige der zu diesem Tage vermerkten Namen
abermal auf: „Obierunt Hartmannus, Hainricus presbiteri et monachi" etc.

[55]) Am Längsee in Kärnten; s. Anmerk 117, März.

Saec. XIII.: Albericus pbr. et mon. S. Petri Rosacio — Wernhardus pbr. et mon. S. Pauli — Engilschalcus laic. de Grazlvp [56]) — *Uvaltherus* laic. avus Vdalrici — Hainricus Schivfligarius [57]) — Johannes coriarius — Christancia de Puks obiit.

Saec. XIV.: Fridericus pbr. et mon. de Admunt.

Saec. XV.: *Gabriel pbr. et mon. — Obierunt Chonradus, Hainricus, Bernherus, Conradus, Heinricus, Vlricus, Conradus, Vlricus, Cristannus, Vlricus, Vlricus (sic), Heinricus, Johannes, Ludwicus, Vlricus, Leonhardus, Heinricus, Leonhardus, Petrus, Stephanus, Vlricus, Heinricus, Stephanus pbri. et fratres professi monasterii beatae Mariae virg. in Ettal ord. S. Benedicti*, Nicolaus, Martinus, novitii ibidem.

Saec. XVI.: *Egidius pbr. et mon. — Walthasar pbr. et mon.*

* * *

Reverendus d. Barthol. abbas in Runa [58]) e vivis excessit, cujus anima aeternis perfruatur gaudiis, anno 1577.

[14.]

C II. Idus Martii.

Saec. XII.: *Gerhardus pbr. et mon. istius loci — Otto pbr. et mon. istius loci* — Chŏno praepositus [58']) — Rŏdolfus mon. — Rahwinus conv. — Engilbero sacerdos — Petrissa mon. — *Uvolframmus conv. istius loci.*

Saec. XIII.: Chvnradus pbr. et mon. in Agm(und) — Liphardus anph. [59]) servus camerarii — Diemŏt de Puchse — Gerdrvdis de Grazlŏb [60]).

Saec. XIV.: Gotfridus Anfora — *Germannus pbr. et canonicus Gurcensis.*

Saec. XV.: *Obierunt Oswaldus, Georius, Hildebrandus, Leonhardus,* Leonhardus (sic), *Lazarus, Fridricus, Vlricus, Ste-*

---

[56]) Grasslab. Erscheint als Zeuge in einer Urkunde vom J. 1260. Die Grasslaber waren mit den Hämmerl von Lind und denen von Vokenberg blutsverwandt.

[57]) Scheuflinger.

[58]) Bartholomäus von Grundeneck, Abt von Reun seit dem J. 1559.

[58']) „Chŏno praepositus Chiemesse", bei demselben Tage im Todtb. d. Stiftes St. Peter in Salzburg; Arch. f. K. österr. GQ. XIX. 288. Er starb im J. 1152.

[59]) Anphora, Krug.

[60]) Grasslab, während der vorhergehende Name heute Pux.

*phanus, Johannes, Stephanus, Sigismundus, Sebastianus,
Paulus, Alexius, Johannes, Hainricus, Vdalricus, Kylianus,
Leonhardus, Conradus, Wilhelmus pbri. et mon. professi in
Tegernse ord. S. Benedicti.*

Saec. XVI.: *Katherina Peckhin.*

* * *

Katherina Kuglerin — Morte peremptus est Peregrinus Lindtpaumer diac. hujus loci anno domini M.D.LXXXVII. — Post
natum Christum 1595. hujus vitae fabulam peregit omni vir-
tutum genere vir ornatissimus Joannes Hertwig, qui ultra viginti
annos hujus monasterii abbatibus a secretis erat vir atque fidissimus.

Saec. XVII.: P. Casparus Gropp professus et sacerdos monasterii
Vormbach obiit in Cellis [61]) a. 1614.

[15.]

D Idus Martii.

Saec. XII.: Gerhardus pbr. et mon. — Perhtoldus mon. — Reinhardus mon. — Dietricus mon. — Adelbertus mon. — *Hainricus
archidiac.* — *Adelheit mon.* — Rudolfus marchio — Hartnidus
subdiac. et mon. — *Zwanz conv.* istius loci.

Saec. XIII.: *Rudbertus subdiac.* et mon. *istius loci* — *Martinus
conv. istius loci* — Gerdrudis uxor Ottonis de Monte [62]).

Saec. XIV.: *Otto* de Chaphenber(g) *accolitus istius loci.*

Saec. XV.: Georius subdyac. et mon. — *Barbara,* Ludwicus, *Katherina,* Heinricus *de Aspach* — *Thomas Selbax, Gallus Trüffner
pbri. et mon. in Aspach.*

* * *

Artolffus can. Gurcen.

Saec. XVI.: Henricus de Sancto Loco [63]) — Joannes Vdalricus Leo
pbr. et mon. coenobii S. Blasii in Nigra Sylva, postulatus in
priorem monasterii montis D. Georgii ibidem obiit a. 89.

---

[61]) Mariazell.

[62]) Am Perg, im Kirchbach ob dem Stifte.

[63]) D. i. von der Heiligenstadt, Weiler mit Kirche unweit vom Kloster St. L. Geschrieben von einer Hand im Ausgange des 16. Jhdts. scheint diese einfache Notiz
ihrem Inhalte nach einer viel älteren Zeit anzugehören.

Saec. XVII.: Obiit R. D. P. M. Conradus Alopitius professus monasterii Gärsten, administrator in Cellis [64]), obiit in Neustatt
1614.

[16.]

E XVII. Kal. Aprilis.

Saec. XII.: *Paulus abbas* — Pero mon. — *Chǒnradus mon.* —
Gerhardus conv. istius loci — *Zwigoy conv. istius loci* —
Gemmǒnt pbr. — Irmgart mon. S. Blasii — *Judita mon.
S. Blasii.*

Saec. XIII.: Cbǔnradus mon. istius loci — *Alhet mon. S. Georii.*

Saec. XIV.: Chunradus pbr. et mon. de S. Paulo — Mehthildis mater
Vllini de Cherspawm [65]) — *Fridricus pbr. et mon. hujus loci
dictus Lvgaster [66]).*

Saec. XV.: Vrsola monialis — *Georius, Pilgrimus dicti Chellerberger — Dorothea Chellerbergerin.*

* * *

Ambrosius pbr. et canonicus de Vorau.

Saec. XVI.: Obiit Hainrich Geschir.

Saec. XVII.: R. d. Michael Arlez decanus Claustroneoburgi 1626. —
R. P. Fr. Joannes Melnardus, professus apud S. Petrum in
Salisburgo, obiit in Wiettnig praepositus [67]) 1631. — Obiit
reverendissimus dominus Philippus Nagl, abbas Lambacensis,
professus Cremiphanii, 16. Martii a. 1640.

[17.]

F XVI. Kal. Aprilis. Gerdrudis virg.

Saec. XII.: *Reinbertus pbr. et mon.* — Ǒdalricus conv. (?) —
Meinradus mon. — Willebirch mater Gotsalci.

Saec. XIII.: Herrandus mon. — Eufemia soror Rǔdol. — Pilgrimus
puer — *Vlricus puer istius loci.*

Saec. XIV.: Margareta mater Pauli — Chunegundis mat. Schurrinn
— *Anna monialis dicta Weizznekerinn de Seccovia [68]).*

---

[64]) Mariazell.

[65]) Kerschbaum, Kerschbaumer, der Name eines Bauerngutes in der Nähe des Stiftes.

[66]) Lubgaster, Ligister und daher wohl dem Geschlechte derer von Saurau angehörig.

[67]) Propst zu Wieting in Kärnten, welcher Titel jedoch nur auf dessen Eigenschaft
als Verwalter des dortigen Gutes zu beziehen ist.

[68]) Die Ortsbezeichnung „de Seccovia" rührt von einer etwas jüngeren Hand her.

Saec. XV.: *Chunradus laic. dictus Haychman — Obiit dominus Johannes can. de Varaw* — Elizabet uxor magistri Vlrici Lapicidae a. M°CCCC°4° [69]).

[18.]

G XV. Kal. Aprilis.

Saec. XII.: Rafoldus pbr. — Erchinboldus mon. — Gerhardus mon. — Stephanus pbr. et mon. — Gotpoldus laic.

Saec. XIII.: *Fridericus conv. istius loci de* hospitale — *Otto p.* [70]) *istius (loci)* Puztramer — *Benedicta mon. S. Georii.*

Saec. XIV.: *Nycolaus conv. istius loci* magister operis anno domini M°CCC°LVIIII° [71]) — Hainricus dictus Tevfenpach anno domini M. . . . . . .

Saec. XV.: Petrus pbr. et mon. — Obiit dominus *Rudolphus* venerabilis *abbas hujus loci anno domini millesimo quadringentesimo decimo nono* piae memoriae [72]) — *Chunradus sutor cantor rusticorum* [73]) *M°CCCC°XLII.* — *Obiit Thomas, Egidius, Vlricus pbri., Martinus dyaconus, Cecilia, Dorothea, Petrissa virgines.*

---

[69]) Ihr Mann starb im folgenden Jahre am 14. Juli.

[70]) Ich löse diese Sigle auf in puer. In II. wird gelesen pbr.

[71]) Die kurze Inschrift auf einem der Strebepfeiler an der Nordseite der Stiftskirche besagt, dass Abt David diese Kirche erbaut hat (s. Anmerk. 110, Februar). Ob damit der Name des Conversen Nicolaus als des Schöpfers des Planes zu diesem Baue in Verbindung gebracht werden darf, vermag ich bei meinem gegenwärtigen Fernsein von den Quellen im Stiftsarchive nicht zu entscheiden. Und ebenso wenig, ob dieser Name mit dem Baue der ehemaligen Pfarrkirche in St. Lambrecht, welche jetzt trotz ihrem schönen Presbyterium als Holzmagazin dienen muss, in einem Zusammenhange steht.

[72]) Ist zweimal zu diesem Tage eingetragen und auch in II. herübergenommen. Eine gleichzeitige Hand in II. setzt ihn aber auch zum 19. März und mit dem Zusatz „dictus Liechtenekker“. Den 18. März als Sterbetag hat das Sekauer Todtenbuch ebenfalls. Das älteste Protokoll über die Äbtewahlen, welches im Stiftsarchive aufbewahrt wird, betrifft den Abt Rudolf Liechtenekker. Darnach ist derselbe am 6. März 1387 zum Abte erwählt worden. Jene Hiltigard, welche zum 16. Juli *eingetragen ist, dürfte eine Schwester dieses Abtes gewesen sein. Herzog Wilhelm von Österreich zählte denselben zu seinen Kaplänen.

[73]) Ist in Steiermark vielleicht der älteste Vorsänger und Vorbeter, von dem wir Kunde haben.

* * *

Henricus pbr. et mon. istius loci dictus Mandarffer.

Saec. XVII.: Obiit P. Michael Schierer professus Cremiphanensis
18. Martii 1619.

[19.]

A XIIII. Kal. Aprilis.

Saec. XII.: Rŏdbertus mon. S. Blasii — Pero pbr. et mon. — Hawardus pbr. et mon. — Pabo conv. pater Hartwici — *Wolfoldus
conv. istius loci* — Hainricus laic. de Fresaco — Richgard laic.
de Katse [74]).

Saec. XIII.: *Rŭdolfus laic.* p. Pvrch [75]). — Gotfridus de hospitale —
Otakerus conv. istius loci — Rudolfus conv. istius loci piae
memoriae — *Ysaldis mon. Secovien.*

Saec. XIV.: *Heinricus episcopus Lauentiensis* piae memoriae anno
domini *M°CCC°LVII°* [76]) — Hainricus de Vreiberch [77]) obiit.

Saec. XV.: Georgius abbas [78]).

* * *

Leonhardus Kalczkoch [79]) pbr. et can. Secovien. — Gebhardus
laic. miles dictus Rättensdorfer — Frater Stephanus conv. monasterii ad S. Florianum — Thomas Obernperiger et Johannes
Tolrer cives in Lincz.

Saec. XVI.: *„Erhardus pbr. et canonicus de Voraw"*.

Saec. XVII.: Fr. Matthias Anzinger mon. hujus loci studiosus Graecii 1666.

[20.]

B XIII. Kal. Aprilis.

Saec. XII.: Sigiboldus abbas — Engilscalchus diac. — Perhtoldus

---

[74]) Katsch, östlich von Murau, ursprünglich eine Besitzung der Bischöfe von Freising.

[75]) Pater Pvrchardi.

[76]) Tangl, Reihe der Bischöfe von Lavant, S. 111—113, vermochte weder den Tag
noch das Jahr des Todes dieses Bischofs anzugeben.

[77]) Freiberg in Kärnten.

[78]) Könnte auch in den Beginn des 16. Jhdts. gesetzt werden, wenn bloss der Schriftcharakter berücksichtigt wird. Dagegen wäre diese Notiz hinsichtlich der Einfachheit ihrer Fassung in das 12. Jhdt. zu setzen.

[79]) Kaltes Koch.

puer — *Heidenricvs pbr. et mon. istius loci* — *Willehelmus* marchio — Sifridus conv. Admunt — *Perhta mon.*

Saec. XIII.: Berhtoldus diac. et mon. in Runa — *Rudigerus de Dirnstain* [80]).

Saec. XIV.: *Hainricus pbr. et mon. istius loci* Agmunda [81]) — *Fridericus pbr. et mon. de Medlico* obiit — Obiit *Fridericus Stadler, pbr. et can. de Secovia*, anno domini M°CCC°LXXX quinto [82]).

Saec. XV.: Heinricus de Schaltdorf [83]) — Augustinus sellatorii (?) de Grecz — *Elizabet sanctimonialis — Johannes Hawsrawmer laycus 1495.*

* * *

Wilhelmus pbr. et mon. et abbas de Enstorff — Conradus pbr. et mon. ejusdem loci [84]).

Saec. XVI.: „Obiit frater Johannes Lienfelder, pbr. et mon. plebanus in Zell, anno 1.5.05." [85]).

Saec. XVII.: P. Bartholomaeus Sedelmayr, mon. Mellicensis, 1646.

[21.]

C XII. Kal. Aprilis. Benedicti abbatis.

Saec. XII.: Perinhardus mon. — Perhtoldus comes — *Martinvs abbas* — Adalhardus pater Heinrici — Albegunt mon. — Chunigunt conv. — *Hadiwich dedit praedium.*

Saec. XIII.: Rvdolfus laic. S. Geor. — Otto laic. frater Reinberti — Chunradus laic. Schevulig. [86]) frater Jacobi — *Lienhardus*

---

[80]) Ersteres Reun ob Graz, dieses Dirnstein (gegenwärtig häufig, wiewohl fälschlich, Dürrnstein) südlich von Neumarkt.

[81]) De Agmunda, Admont.

[82]) Zweimal eingetragen von verschiedenen jedoch gleichzeitigen Händen. In der ersten Notiz fehlt die Jahrszahl, in der zweiten aber die Worte „de Secovia".

[83]) Schaldorf bei St. Marein im Mürzthal.

[84]) Die Hand, welche diesen und den vorhergehenden Namen eingezeichnet hat, hat auch zu den zwei folgenden Tagen je einen Abt und Priester aus demselben Kloster eingetragen.

[85]) Mariazell. Ein ebenfalls gleichzeitiger Schreiber in II. setzt diese Notiz zum 21. März, was vielleicht richtiger ist. Denn es ist möglich, dass nur Mangel an Raum in I. die Stellung zum 20. März veranlasst hat. Die Notiz in II. hat auch noch die nähere Bestimmung „pbr. et mon. istius loci", also von St. L. Bloss als „mon. et pbr." im Sekauer Todtenb. zum 12. Mai.

[86]) Scheuflinger.

conv. istius loci obiit — Chunegundis de Murtztal — Mathildis mon. — Wilbirch. [87])

Saec. XIV.: Jacobus pbr. de Moguntia [88]) — *Chunradus dyaconus Gurcensis, de Saurô* [89]) — Fridericus laic. obiit, Racaspurgensis [90]) — Paulus puer — Johannes de Chuniswart [91]) — Alhaldis in Angulo uxor Hueninch [92]) — *Ortolfus de Pux miles.*

Saec. XV.: Fr. Johannes pbr. et mon. de Straubinga [93]) — *Johannes Wôlflin, pbr. et praevisor domini abbatis* Rudolfi, *anno domini* M⁰CCCC⁰XXVI [94]).

*

Ludwicus abbas de Enstorff — Andreas pbr. et mon. (ibidem).

Saec. XVII.: Reverendus dominus Joachimus, abbas S. Petri intra Salisburgum, 1626 [95]).

[22.]

D XI. Kal. Aprilis.

Saec. XII.: *Burchardus mon.* — Adalbero mon. — *Marcwardus conv. istius loci.*

Saec. XIII.: Gerochus pictor — Chûnradus conv. in Reuna — Hainricus pbr. (et) mon.

---

[87]) Eine „Willbirh laica de Trûtlehing" zu demselben Tage im Todtenb. des Klosters St. Peter in Salzburg, Arch. f. K. österr. GQ. XIX. 230.

[88]) Mainz.

[89]) Saurau.

[90]) D. i. von Radkersburg.

[91]) Königswart. Ob damit die Gegend gemeint ist, welche sonst zur Herrschaft Piber im Kainachthale dienstbar war, bleibt unentschieden.

[92]) Heuning, ein Bauerngut im Winkel unweit vom Stifte. In Erinnerung an diesen Namen, welchem man bereits in den Urkunden des 13. Jhdts. begegnet, prangen schon seit dem 15. Jhdt. oder noch früherer Zeit drei in Stein gearbeitete Hähne über der Hauptthüre des alten Bauernhofes.

[93]) Derselbe war zuerst Profess der Schotten in Wien, dann Mönch in Göttweig. Sein Name ist auch beim 25. Juni eingezeichnet.

[94]) Dreimal zu diesem Tage von verschiedenen, gleichzeitigen Händen eingetragen. Die erste, weil einfachste Eintragung (mit rother Tinte) lautet: „Johannes Wölflin pbr."

[95]) Joachim Puechauer, 1615—1626, vorher Prior in Wessobrunn; Noviss. Chron. S. Petri, p. 517—530.

Saec. XIV.: *Chunradus, pbr. et mon. istius loci,* obiit in Cella, magister operis [96]).

Saec. XV.: *Obiit Martinus Herrisser, Christina uxor ejus — Wolfgangus laicus* 1495.

* * *

Paulus abbas de Enstorff — Johannes, Petrus pbri. et mon. ejusdem loci — Martinus conv.

Saec. XVI.: „Sigismundi sacerd., Georgi Fischpacher pbri. et mon. — Obieruut in mon. Gurcensi venerabiles viri Cristoferus Saurer 1529. 11. Kal. Aprilis", etc. [97]).

Saec. XVII.: Obiit R. D. Fridericus Prenner, SS. Theologiae Doctor 1612.

[23.]

E X. Kal. Aprilis.

Saec. XII.: Rŏdolfus mon. — Sigiboto pater Gotscalci — Pero conv. - Mathild mon. S. Georgii . .

---

[96]) Wir wissen also, dass ein gewisser Konrad, Priester und Mönch zu St. L., der Baumeister der Kirche in Mariazell gewesen, jener Kirche nämlich, von welcher gegenwärtig hauptsächlich nur der mittlere höhere Thurm übrig ist. J. Manesdorfer schreibt im J. 1487, dass König Ludwig von Ungarn diese Kirche in Folge eines über die Türken erfochtenen Sieges erbauen liess, und nennt als seine Quelle den Abt Heinrich Moiker († 1455). Dagegen wird nun (wohl mit guten Gründen) behauptet, dass der genannte König die Kirche zum Dank für seine glückliche Rettung nach der Schlacht bei Adrianopel (1365) erbauen liess. Mittheil. d. hist. Vereines f. Steierm. IX. 188, 189. Ist es aber richtig, dass König Ludwig die Mittel zum Baue gewährt hat, so wäre die Kirche in Mariazell um einige Jahre älter wie jene, welche Abt David in St. L. erbaut hat. Eine kleine Vorstellung von dem unter der Leitung des Werkmeisters Konrad aufgeführten Baue gewährt ein von mir im Stiftsarchive zu St. Lambrecht aufgefundener Kupferstich, welcher eine Ansicht sowohl von der Kirche gibt, welche im 17. Jhdt. nach dem Plane Sciassa's hätte erbaut werden sollen und auch zu einem grossen Theile gebaut worden ist, wie auch von jener des Werkmeisters Konrad, beziehungsweise des Königs Ludwig. Nach der Ansicht des Architekten Petschnig, welche von demselben in einer Sitzung des Wiener Alterthumsvereins ausgesprochen worden ist, wäre die König Ludwig'sche Kirche in die gegenwärtige „gewissermassen eingeschachtelt", eine Behauptung, welche mindestens Originalität für sich beanspruchen kann.

[97]) Nur in I. von gleichzeitiger Hand. Die Namen der Übrigen folgen bei den angegebenen Tagen. Obiger Christof gehört gleichfalls der Familie Saurau an.

Saec. XIII.: *Rudbertus mon. istius loci* — Gotscalcus laic. de Vokenber(g) [98]) — Chunradus laic. Ramlarius miles [99]) — Diemŭdis de Praitenwrt [100]).

Saec. XIV.: *Chunradus* Grifner *pbr. et mon. istius loci — Fridericus plebanus de Lint* dyaconus [101]) — *Heinricus conv. hujus loci — Chunradus diac. et can.* de Gurke *Saurawer — Nicolaus pbr. et mon. de S. Paulo* — Anna mon. de Gurc.

Saec. XVI.: Friderici, Erhardi, Johannis, Wilhelmi, Wolfgangi, Paulus Georgius Ödeuhofer laic.

*
* *

Obiit Wendel Lebin am Nyderaygen.

[24.]

F VIIII. Kal. Aprilis.

Saec. XII.: Wicilinus pbr. et mon. — Hiltiboldus mon. — Adalbero mon. — Georius diac. et mon. — Adelherus mon. — Gisila mon. — Rapurch laic. — Uventilburch laica — Berhta laic. de Tivfenb(ach) [102]).

Saec. XIII.: *Gotsalcus pbr. et mon. istius loci senior — Petrus pbr. et mon. — Rvdolfus* laic. *Stadech* [103]) — *Vlricus conv.* — Cecilia mon. — *Perhſa mon.*

---

[98]) Vokenberg liegt im alten Bezirke Grasslab in der Nähe von Neumarkt. Die Vokenberge werden in den Urkunden milites genannt, so z. B. Konrad von Vokenberg in einer Stiftsurkunde vom J. 1233, und Blutsverwandte der Gressing und Hämmerl von Lind, Urk. v. J. 1226. Obiger Gotschalk war ein Bruder des vorgenannten Konrad und ist vielleicht mit dem zum 14. Dec. eingetragenen G. v. V. identisch.

[99]) Erscheint als Zeuge in einer Urk. vom J. 1233, dann einer solchen vom J. 1254 u. s. w.

[100]) Breitenfurt, eine Familie, welcher auch der im J. 1312 verstorbene Erzbischof Konrad von Salzburg angehört hat.

[101]) Lind, eine unweit von Knüttelfeld gelegene und jetzt dem Stifte incorporirte Pfarre, bei welcher, wie bei Mariahof und Aflenz, in der nächsten Zeit nach Errichtung des Klosters St. L. eine Art Subconvent von diesem bestand.

[102]) Teufenbach.

[103]) Von Stadek, eine alte steierische Familie, deren Stammhaus ob der Andriz und nicht gar weit von Gradwein, östlich, gelegen war. Von der Burg sind nur mehr wenige Trümmer übrig. Rudolf von Stadek urkundlich um 1250.

Saec. XIV.: *Ernestus miles de Lobnich* laic. [103']).

Saec. XV.: Heinricus dictus Frenchel piae memoriae.

***

Wilhelmus decanus in Semerico [104]), Bartholomeus Faust laic.,
Gregorius phr., Joannes Sueuus laic., Thomas Rattaler, Caspar,
Jacobus, Joannes laici — Chunigundis Paumerin VIIII. Kal.
Aprilis [105]).

Saec. XVI.: „Elizabet comitissae de Pösing" [106]) — Wolfhardus
pbr. et mon. istius loci [107]).

Saec. XVII.: Fr. Gerardus Pappus in Oxenhausen, professus hospes
hujus loci tempore Suecicae (Suedicae) infestationis, 1623.

[25.]

G VIII. Kal. Aprilis. Anuntiatio dominica.

Saec. XII.: Bernhardus abbas — Wolfkerus pbr. et mon. — Manegoldus pbr. et mon. — Herbodus mon. — Ŏdalricus mon. —
Rudgerus conv. Adm(und) — *Agata* — Hemma.

Saec. XIII.: *Gotsalcus pbr. et mon.* — Lade laic. filius Leonis —
Herrandus de hospitali — *Agnes ducissa* [108]) — Hemma laic.
de foro.

Saec. XIV.: *Perhtoldus pbr. et mon. istius loci* — *Chunradus
archiepiscopus Saltzpurgen* [109]). — *Offo* puer *subdyac. istius
loci* — Andreas pbr. de Waedhofen [110]) — Hainricus laic. pater

---

[103']) Heut zu Tage Lobming, wenn damit, wie wahrscheinlich, die Lobming zwischen
   Leoben und Knüttelfeld gemeint ist.

[104]) Semmering; es ist mir jedoch aus anderen Quellen nicht bekannt, dass der Vorsteher von Spital am Semmering den Titel eines Dechants geführt hat.

[105]) Eingetragen zum 26. April; sie war eine „monialis professa" in Salzburg am
   Nonnberg.

[106]) Tochter Heinrichs von Neyperg und Schwester Hansens von Neyperg, des ‚Stifters
   der Chorherren zu Pöllau. Sie war die letzte dieser Familie und starb nach Göth
   (Mittheil. d. hist. Vereines f. Steierm. VI. 196), welcher hierin einer wohl jedenfalls verlässlichen Quelle folgte, eigentlich am 11. Juni und zwar im J. 1503. Ihr
   Gemal war Christof Graf zu St. Jörgen und Pösing.

[107]) In dieser Fassung gehört diese Notiz, welche eine Hand im Ausgange des 16. Jhdts.
   geschrieben hat, wohl einer früheren Zeit an.

[108]) Aus dem Hause der Babenberge? Nach der von Meiller zu seinen Regesten gege-
   benen Stammtafel lässt sich das nicht entscheiden.

[109]) Konrad von Breitenfurt, von 1291 bis 1312. Mooyer.

[110]) Waidhofen.

domini Jacobi — Sanna laic. — Obiit *Fridricus pbr. et mon.* Glunicen.

Saec. XV.: *Elizabet mon.* — Johannes, Chunradus pbri. et mon. — *Vlricus Harder, Anna Harderin* — Jacobus miles Degeinborger (?), Margareta uxor [111]) — *Martinus, pbr. et mon. de Obernburga,* ibidem sepultus.

Saec. XVI.: Leonhardus Newmair.

* * *

Saec. XVII.: P. Wolfgangus Lanarius pbr. et mon. in Seon 1608. — Obiit P. Jacobus Reidhor natione Heluet .., professus hujus monasterii et oeconomus in Hoff [112]), anno 1650.

[26.]

A VII. Kal. Aprilis.

Saec. XII.: Dietricus pbr. et mon. S. Blasii — Rŏdgerus pbr. et mon. — *Sighardus subdiac.* et mon. — Waltherus mon. — Dietricus mon. — Heinricus mon. — Mŏtrich laicus — Trebwit — *Diemŏt* mat. Gotfridi — *Livkard de Katse* [113]).

Saec. XIII.: Petrus scolaris — Ditmarus frater Gotsalci — Leonhardus laic. de Marchia [114]) — Hainricus Hvsmentl (?) — Alheidis mater Hainrici.

Saec. XIV.: *Vlricus pbr. et mon. istius loci* dictus Holtzer.

Saec. XV.: *Christofforus pbr. et mon. istius loci* — Henricus, Hermannus, Matheus, Henricus, Ludwicus monachy monasterii Heysterbacensis.

* *
*

Saec. XVI.: Obiit fr. Augustinus pbr. et mon., prior in Ossiach [115]).

Saec. XVII.: P. Pancratius Stampff, mon. Mellicensis, vicarius in Weikhendorff, 1646.

---

[111]) Diese und die folgende Aufzeichnung stehen im Original so, dass sie auch zum 26. März gesetzt werden könnten.

[112]) Mariahof.

[113]) Katsch unweit von Murau.

[114]) Von der windischen Mark.

[115]) Von einer Hand im Ausgange des 16. Jhdts. geschrieben, gehört diese Notiz ihrem Inhalte nach wohl in das vorhergehende Jahrhdt.

[27.]

B VI. Kal. Aprilis. Rudberti ep.

Saec. XII.: Heinricus pbr. et mon. — Engildei mon. — *Timo pbr. et mon. istius loci* — Waltkerus laic. — Gisla mon. — Azelinus laic.

Saec. XIII.: Wernhardus pbr. — Balduinus conv. S. Pauli — *Heinricus conv.* — Gerdrudis de Pvks — Gerdrudis laic. uxor Smechonis — Sophya monialis de S. Georio — Hemma mater Jacobi.

Saec. XIV.: *Heynricus pbr. et mon.*

Saec. XV.: *Johannes pbr. et mon. in Mülbrun 1447.* — Obiit *Hermannus Grassler laic., pater fratris Andreae Grassler senioris* [116]).

***

Saec. XVII.: Obiit pie in domino P. Josephus Poschkaj aliquando superior in Cellis b. v. Mariae, deinde prior factus ad S. Lambertum, valetudinarius tamen semper (?) obiit in Weisskirchen.

[28.]

C V. Kal. Aprilis.

Saec. XII.: Egilinus mon. S. Bla(sii) — Hecilinus mon. — Uŭdalricus mon. — *Chadelhoch conv. istius loci* — *Perhta abbatissa S. Georii mart.* [117]) — *Gotterat mon. S. Bla(sii)* — Uveriandus conv.

Saec. XIII.: *Otto pbr. et mon. istius loci plebanus in Curia* [118]) — *Gotschalcus pbr. et mon. istius loci* — *Richerus subdyac.* et mon. *istius loci* — *Ŭdalricus praepositus Nouç cellç* [119]) — Mahthildis conv. in Milstat.

---

[116]) Grassler, Abkürzung von Grasslaber, welcher Familie dieser Hermann angehörte.

[117]) D. i. St. Georgen am Längsee in Kärnten, das älteste Frauenkloster O. S. B. daselbst und eines der ältesten Klöster in Kärnten überhaupt. Einige Nachrichten über dasselbe gibt Hohenauer in seiner Kirchengesch. v. Kärnten, S, 62—64. Ein Verzeichniss der Äbtissinnen dieses Klosters bei Mezger, Hist. Salisbg. p. 1229 et seqq.

[118]) Mariahof.

[119]) Neustift oder Neuzell bei Brixen in Tirol. Propst Udalrich starb im J. 1220. Marian, Monasteriologie, III. 400.

Saec. XIV.: *Gotfridus de Hyrzeke* [120]).

Saec. XV.: *Obiit Vlricus pbr., olym rector in S. Lamberto, plebanus . . . . . . in Turnaw,* piae memoriae [121]).

* * *

Saec. XVI.: Obiit honestus ac probus vir Ludovicus cognomento Ann
huic monast. a secretis [122]), anno 1554.

[29.]

D IIII. Kal. Aprilis.

Saec. XII.: *Perinhardus diac. et mon. istius loci* — Gotfridus diac.
et mon. — Wolfkerus diac. et mon. — Rihwinus mon. — Alricus subdiac. — Arnoldus conv. — Chunradus conv. — Uv̊-
dalricus conv. Otta. [123]) -- Gisila mon. — Wilbirch mon. —
Chunegund conv. — Wilbirch Malarin.

Saec. XIII.: Albero abbas — *Chvnradus pbr. et mon.* — Chunigundis
mater Ilsungi — Hilta inclusa — Gisila mater H.

Saec. XIV.: Hainricus pbr. et mon. Chremzmunster — *Hainricus pbr.
et mon. de Admund — Achacius pbr. et mon. istius loci, dictus Walstainer* [124]).

Saec. XV.: *Obiit Andreas Tirk* anno domini XVII⁰ — Katherina
Kholerin anno etc. M⁰CCCC⁰XLII [125]). — *Johannes pbr. et
mon.*

Saec. XVI.: Margaretae Hanynn.

* * *

Obiit Johannes Litschawer amicus et fautor monasterii S. Lamberti.

---

[120]) Hirschek im Bezirke von Voitsberg?

[121]) Turnau im Bezirke von Aflenz ist auch jetzt noch eine dem Stifte St. L. incorporirte Pfarre.

[122]) Eigentlich Secretär des Abtes.

[123]) Welcher Ort damit gemeint ist, blieb mir unbekannt.

[124]) Angehöriger einer Familie, welche sich nach dem in der Nähe des Stiftes Reun
gelegenen Schlosse Waldstein benannte.

[125]) Eine andere gleichzeitige Hand schrieb noch in beiden Originalen: „Nota praedicta Katherina dedit (sponte, heisst es in II.) conventui unam domum et pratum
prope serram et aliud (sic, alium) agrum et pratum, quod dicitur Guldein, pro
anniversario perpetuo in salutem animae ipsius".

[30.]

E III. Kal. Aprilis.

Saec. XII.: Ortuuinus pbr. et mon. — Amelrich mon. S. Blasii
  Herimannus mon. — Rudolfus fr. Hilt. — Dipoldus conv.
  Fridericus mon. — Marchwardus puer — *Judita mon.* — Rich
  mon. — Uvilbirch mon. — Hirzmannus calcifex — *Ŏdalric*
  subdiac. et *mon. istius loci.*

Saec. XIII.: Johannes laic. puer — Pilgrimus de Angulo [126)]
  Poppo de Pux [127)].

Saec. XIV.: *Elyzabet de Pace* soror Ortolfi — *Nycolaus abbas*
  Ozziaco [128)] — Hainricus *pbr. et mon. de Chrcmsmünster* di(
  Stadler.

Saec. XV.: *Obierunt in monasterio Althae inferioris Oswaldu*
  Johannes pbri. et monachi professi, et Eberhardus pbr. se
  laris confrater *ibidem.*

* * *

Johannes pbr. et mon. in Novo monte [129)].

Saec. XVI.: „Dorotheae Pernnauerinn" — Katherina Plegerin.

Saec. XVII.: Obiit Regina Gelterin monialis Salisburgi [130)] 1648

[31.]

F II. Kal. Aprilis.

Saec. XII.: Ekkibertus mon. — Chunradus mon. — Waldman
  mon. — Egilo conv. — *Werinhervs pbr. et mon. istius loc*
  Otaker conv. Lauend [131)].

Saec. XIII.: Jaztram laic. — *Maingotus decanus Gvrcensis —*
  grimus sacerdos plebanus de Nidertin (?) — *Beatrix mon.*

Saec. XV.: *Dorothea mon.*

* * *

Erhardus pbr. et mon. in Novomonte — Georgius pbr. et n
  ex Sewn [132)], Johannes pbr. et mon. ibidem.

[126)] Aus dem Winkel unweit vom Stifte.

[127)] Erscheint als Zeuge in einer Urkunde vom J. 1263.

[128)] 1338—1342. Wallner, Annus milles. Ossiac. p. 79, jedoch mit dem 29. Mär
  Todestag.

[129)] Neuberg in Obersteier.

[130)] Im Kloster Nonnberg daselbst.

[131)] St. Paul im Lavantthale.

[132)] Seon in Baiern.

Saec. XVI.: „Obiit pater Hainricus pbr. et mon. in Seitnsteten —
Fr. Wenzeslaus in Seitnsteten — Obierunt dominus Joannes
Schirmperger (?) pbr., Erasmus Schirmperger (?), Barbara
Dürnpergerin, Barbara Weyssenprunnerin et Magdalena Pog-
nerin“.
Saec. XVII.: R. P. Vdalricus Creuzer, professus Gottwicensis, obiit
in b. virginis aede Cellensi in Styria anno 1645.

Aprilis.

[1.]

G Kal. Aprilis.

Saec. XII.: *Gumpoldus* pbr. et *mon. istius loci* — *Arnoldus mon.
istius loci* — Berhtoldus mon. — Herimannus mon. — Uv̂dal-
ricus mon. — Albero conv. S. Mariae [1]) — *Engilbertus comes*
— Marchuvardus de Lerboum [2]) — Adelheit mon. — Gerdrut
mon. — Hiltigut conv. — Rudolfus diac. et mon. — Irinfridus
dedit praedium.
Saec. XIII.: Willibirch de Calce [3]) — *Chunigundis laic.* F. S. —
Gundacherus cocus — *Judita mater abbatis F.* [4]).
Saec. XIV.: *Michahel* de Miterdorf — Otto pbr. et mon. istius loci
obiit, dictus Scheyber.
Saec. XV.: *Obiit dominus Chunradus de Leuben* [5]), *pbr. et mon.
istius loci anno CCCCºXº — Andreas pbr. et mon. in Prüel.*
Saec. XVI.: Gregorius pbr. et mon. [6]) — *Hainricus pbr. et mon.
de Seytnsteten plebanus in Fridwerg.*

* * *

Herman. piae memoriae magister zechae.

---

[1]) Von Gurk?

[2]) Lärchbaum, wohl der Name eines Bauerngutes, das in der Nähe des Stiftes liegen
dürfte.

[3]) Aus dem Kalch, einer Gegend in der Nähe des Stiftes.

[4]) Friderici, von St. Lambrecht.

[5]) Leoben.

[6]) Wie es scheint, mit der folgenden Notiz von einer und derselben Hand geschrieben und dürfte daher dieser Gregor ebenfalls ein Mitglied des Stiftes Seitenstetten
gewesen sein.

Saec. XVII.: Obiit reverendissimus et illustrissimus dominus d. Ar
tonius Wolfradt, abbas Chremiphanensis et episcopus Viennei
sis, prima Aprilis anno 1639 [7]).

[2.]

A IIII. Non. Aprilis.

Saec. XII.: Odalricus patriarcha Aquileg. junior [8]) — Aschwinus pl
et mon. Milstat — Gerhardus pbr. et mon. — Heinricus mo
— Pilgrimus mon. pater Heiden. — Leutoldus diac. — Gots:
cus clericus — *Fridericus conv. istius loci — Adelheit mo*
— Maginza — Irembvrga laic. f. Oziacensis coenobii.

Saec. XIII.: *Livtoldus abbas S. Pauli* [9]) — *Otto pbr. et m(*
S. Pauli — Hainricus laic. pater Thomae — *Judith laic.* ux
Pilgrimi.

Saec. XV.: *Obiit frater Vlricus prior* — Wilhelmus abbas
Sewen [10]).

*
* *

Agnes conthoralis Friderici sartoris in Grácz, confratres
Voraw.

Saec. XVII.: Fr. Casparus Ofner pbr. et mon. hujus congregatioi
1606. — Serenissimus et augustissimus Ferdinandus III. F
manorum imperator christianissimus anno 1657.

[3.]

B III. Non. Aprilis.

Saec. XII.: *Romanus episcopus Gurcensis* [11]) — Johannes m(
— Chunradus mon. — Immo pbr. et mon. — *Gerhardus m(*
S. Bla(sii) — Guntherus marchio dedit praedium [12]) — Ai

---

[7]) Gehörte zuerst dem Orden der Zisterzienser an, als dessen Mitglied er einige 2
im Kloster Reun zubrachte und die Pfarre Gradwein administrirte. Abt von Krei
münster ward er im J. 1613, Bischof von Wien im J. 1631. Pachmayr, Ser
abb. et rel. Cremifan. P. III. 392—450.

[8]) Graf von Treffen; Patriarch von 1161—1182. Sterbetag 1. April. Mooyer.

[9]) Starb im J. 1258. Mezger, Hist. Salisburg. p. 1205.

[10]) D. i. Seon, starb im J. 1442; ebend. p. 1178.

[11]) 1132—1167. Hohenauer, Kirchengesch. v. Kärnten, S. 86, und Mooyer.

[12]) Eine andere und jüngere Hand setzte den Namen des Gutes, nämlich „Gerstor
hinzu, welcher Ort in Untersteier unweit von der Mur bei Strass gelegen ist.

fr. Maz. — *Tvta abbatissa* — Uvilbirch mon. — *Wendelmŏt — Waltricus conv. istius loci.*

Saec. XIII.: *Hainricus pbr. et mon. istius loci.*

Saec. XIV.: *Otto abbas istius loci, de La, anno domini M⁰CCC⁰XXVIIII⁰* [13]) —- *Permannus de Lesach* [14]) pater H. sacerdotis — Erasmus puer.

Saec. XV.: Caspar et Georius acoliti de Sewen [15]) — *Dorothea conv.*

Saec. XVI.: *Frater Christofferus Kostner* [16]), *pbr. et mon. istius loci, obiit anno domini M⁰ quingentesimo secundo.*

*   *
*   *

Saec. XVII.: P. Magnus Ziegler, hujus loci ·pbr. ac mon. professus 1628.

[4.]

C II. Non. Aprilis. Ambrosii ep.

Saec. XII.: *Rŭthardus abbas* — Sigloch pbr. et mon. — *Heinricus pbr. et mon.* — Uvecelinus pbr. et mon. — Werinherus sacerdos — Wolftrigil mon. — Hartunc pbr. et mon. — Waltherus Garsti.

Saec. XIII.: Albero pbr. et mon. — *Chunradus laic.* frater Wal. confr.

Saec. XV.: *Martinus pbr. et mon.* — Artolfus pbr. et mon. istius loci — *Obierunt in monasterio Reynhersborn ordinis sancti Benedicti Magunt. dioc. dominus Purkhardus abbas, Mathias, Hermannus, Mathias, Johannes, Perchtoldus, Erhardus, Johannes sacerdotes et monachi, Cristina priorissa, Anna, Elizabet, Zacharia moniales, Margareta puella, Theodericus*

Schenkung des Markgrafen Günther an der San (Sovne) ist durch den Erzbischof Konrad von Salzburg im J. 1144 beurkundet worden. Beitr. f. K. steierm. GQ. II. 119. Vergl. übrigens Mittheil. des hist. Vereines f. Steierm. VI. 83 u. ff. u. Arch. f. K. österr. GQ. XIX. 68 u. ff.

[13]) Abt ward derselbe vor dem 1. Mai des J. 1312. Unter den Äbten von St. L. ist er der erste, dessen Herkunft entweder von dem Orte La (Pfarre Premstetten) oder aus dem Geschlechte derer von La — dieses das Wahrscheinlichere — angegeben wird. Dass er die „Abteikirche" erweitert, wie die älteren Kataloge behaupten, habe ich nicht bestätigt gefunden.

[14]) Lesach ist der Name einer Gegend unweit von dem Stifte.

[15]) Seon.

[16]) Im Sekauer Todtb. „Cristofferus Khasner" etc. zum 12. Mai.

conversus, Johannes pbr., Johannes, Albertus, Toczmannus, Conradus, Heinricus, Hermannus, Perchtoldus, Chunegundis, Conradus, laici, Katherina et Margareta, Alhedis, Elizabet laicae et alii familiares ibidem — Barbara monialis in valle beati Benedicti Cist. ord.

[5.]

D Nonae Aprilis.

Saec. XII.: *Heinricus pbr. et mon.* — Azelinus pbr. et mon. — *Tiemo conv. istius loci* — Dietmarus mon.

Saec. XIII.: *Gebehardus pbr. et mon. S. Pauli* — *Haidenricus pbr. et mon. istius loci* — Benedicta laic. *soror officialis* — Hainricus can. — *Chunigundis mon.* Gosse — Gisila laic. p. al.

Saec. XIV.: *Gedrůdis uxor Zeherlini.*

Saec. XV.: *Johannes, Otto, Osualdus, Wolfg., Wolfgangus* (sic), *Georgius, Symon, Johannes, Fridericus fratres de Seytensteten.*

*
* *

Saec. XVI.: Obiit frater Volfgangus mon.

Saec. XVII.: Obiit P. Simon Stromair, hujus loci professus, anno domini 1617.

[6.]

E VIII. Idus Aprilis.

Saec. XII.: *Herimannus pbr. et mon.* — Ortolfus pbr. et mon. — Engiherus mon. — Růdmarus mon. — Lambertus pbr. — Gisila soror Odalrici — Berhta conv.

Saec. XIII.: Altfridus conv. Gurke — Perhtoldus de Curia [17] — Swikerus laic. pergammarius — Chunegundis de Angulo.

Saec. XIV.: *Nicolaus mon. de Milstat* piae memoriae anno domini M⁰CCC⁰ — *Otakcherus miles* de Schaflaz [18] — Haynricus Truller de Jvdenburga — *Johannes pbr. et mon. dictus Wenger, Helmhardus pbr. et mon., Perchta mon.* — „Otto de Harrazz laic., Chunigundis uxor ejus o."

---

[17] Mariahof, während mit dem weiter folgenden der „Winkel" bei St. L. gemeint ist.

[18] Schaflos bei Köflach im Kainachthale.

* * *

Saec. XV.: *Christoffus* [19]) *Hämerli de Novoforo pbr. et mon. istius loci anno domini 1448.* — Erhardus abbas.

Saec. XVI.: Obiit venerabilis dominus Philipus Graupart plebanus in Pfaltzen, ex monasterio Novacella, cujus anima deo vivat, anno domini 1580. — Obiit Scolastica Gstaettnerin monialis anno 1586.

Saec. XVII.: Obiit Pr. Fr. Agapitus Kholberg, professus Cremiphanii, 6. Aprilis a. 1642 [20]).

[7.]

F VII. Idus Aprilis.

Saec. XII.: Luipoldus pbr. et mon. — Herloch conv. — Siboto pbr. et mon. — Otto occisus — Gerlind conv. — Adilmŭt mon. — Gundaker conv. Gvrk.

Saec. XIII.: Liucart mon. — Hadwich mon. — *Thomas pbr. et mon.* S. Pauli — *Sifridus* pbr. et *mon. de Milstat* — *Hoholdus pbr. et can. Gurcen.* — Rudbertus pbr. et mon. S. Pauli — *Pabo laic.* de Salŏn [21]) — *Gerdrudis* mater plebani — *Fridericvs* [22]) *archiepiscopus Salzpurgensis anno domini* M°CC.LXXX.IIII.

Saec. XIV.: *Chunegundis de Prank* [23]).

Saec. XV.: *Petrus praepositus monasterii S. Floriani* — Gothardus pbr. et Johannes et monachi (sic).

* * *

Obiit frater Petrus Pamst pbr. et mon. istius loci [24]), anno domini millesimo quadringentesimo quinquagesimo quarto.

---

[19]) Eigentlich steht im Original „Rpoffus". In II. schreibt eine gleichzeitige Hand Cristofferus. Das Sekauer Todtenbuch „Christoferus Hämerl" etc. zum 17. April. Die Familie Hämmerl, welche drei Hämmer im Wappen führte, war Besitzerin des gegenwärtig dem Stifte St. Lambrecht gehörigen Schlosses Lind bei Neumarkt.

[20]) Kholperger; Nachrichten über denselben bei Pachmayr, Series abb. et relig. Cremifan. P. III. 387, 388.

[21]) Schalaun unweit von Teufenbach im Murthale, s. Anmerk. 73, Februar.

[22]) „de Walhen" bezeichnet ihn ein Schreiber des 16. Jhdts. in II. Erzbischof ward er im J. 1270, nach Mooyer, welcher auch als Sterbetag den 9. Mai angibt.

[23]) Der Stammsitz dieser noch nicht ganz erloschenen Familie ist Prank bei Sekau in Obersteier.

[24]) Im Sekauer Todtb. zum 17. April.

Saec. XVI.: Paulus pbr. et mon. Brufening 25).

[8.]

G VI. Idus Aprilis.

Saec. XII.: Diepoldus mon. et marchio — Adalbero pbr. et mon. —
Aribo mon. — *Engilsalcus conv. istius loci* — Uv̂dalricus conv.
— *Mahthilt laic. de Teuphenbach.*

Saec. XIII.: *Adelbertvs archiepiscopus Salzpurgensis* piae memoriae 26) — Otto laic. de Chreich — Burchardus dyac. et mon.
in Sidensteten.

Saec. XIV.: *Cholomannus pbr. et mon. Medlicen.* — Johannes pbr.
et mon. — *Seifridus pbr. et mon. istius loci* dictus Brevis —
Vlricus pbr. et mon. de Agmunt — Hermannus occisus o.

Saec XV.: *Egidius pbr. in Rotenhasla* 27) — *Erhardus abbas de
Seon, protunc plebanus in Pyber, obiit anno etc. 95* 28).

* * *

Michahel pbr. et mon. — Obi(it) Gotfridus Berneblas pbr. artium
magister et juris utriusque licenciatus professi (sic, professus)
in Voraw.

Saec. XVI.: Anno salutis nostrae millesimo quingentesimo trigesimo
quarto decessit e vivis frater Lambertus Neumarckhter, pbr. et
mon., deo reddens animam sub hora noctis decimae ac nonae
propinqua.

[9.]

A V. Idus Aprilis.

Saec. XII.: Diethelmus abbas S. Blasii 28') — *Chunradvs archiepiscopus Juuauensis* 29) — Rudigerus pbr. et mon. — Volch-

---

25) Prüfening in Baiern.

26) Erzbischof vom J. 1168—1177, dann von 1183—1200. v. Meiller, Regg. archiepp. Salzburg.

27) Reutenhaslach.

28) Piber im Kainachthale. Jedenfalls ist der Inhalt dieser Notiz richtig. Vergl. dagegen Mezger, Hist. Salisburg., p. 1178, wo der 5. Nov. und das J. 1489 genannt
werden.

28') Diethelmus de Ottwilare war zu St. Blasien nur Prior und wurde im J. 1158 als
Abt nach Rheinau postulirt, wo er am Palmsonntag 1161 (9. April) gestorben ist
Gerbert, Hist. Nigrae Silvae, I. 435.

29) Vom J. 1106—1147. v. Meiller, Regg. archiepp. Salzbg.

mandus pbr. et mon. — Perinhardus mon. — Waltherus clericus — *Pertoldus conv. istius loci* — *Adelheit* mater d. O. [30]) abbatis — *Sophia* laic., Gerdrudis, Juditha sorores Gotfridi Vez. [31]) — Rubertus pbr. et mon. — Herswint laic. matertera Odal.

Saec. XIII.: *Ŏdalricus mon. istius loci* — Alheit mon.

Saec. XIV.: *Gervngus pbr. et mon. istius loci* piae memoriae anno *MᵒCCCᵒVᵒ* — Paulus pbr. et mon. Agmuntensis.

Saec. XV.: Symon pbr.

* * *

Augustinus abbas Novimont. [32]) — Obiit dominus Johannes plebanus in Straleckh [33]) — Dominam Annam de Stübenwerg, Erhardum Weysseneker, Caspar de Mairr, Petrum de Krampach, Katrinam uxorem suam, Hayrcum (sic) rasorem de Grecz, Markaretam, Fridricum sartorem de Grecz, Agnes.

Saec. XVII.: Obiit pie ingenuus juvenis Jacobus Freitl, hujus loci musicus, alumnus PXmi. (?) in Judenburga — Reverendus dominus Augustinus Seyfriedt, canonicus Claustroneoburgensis, 1624.

[10.]

B IIII. Idus Aprilis.

Saec. XII.: Tancwardus mon. — Werinhardus acolitus — Eppo pbr. — *Gotpoldus conv. istius loci* — Jęlęn laic.

Saec. XIII.: Chunradus, Gerhardus, Livtgoz conversi — Pilgrimus mon., Perhtoldus diac. et mon. Ozziach — *Chunigundis mon.* — *Liukart mon.* — Mainhardus conv. — *Adam conv. istius loci* — *Maethildis laic. dedit praedium, de Tivfenbach* [34]) — Vlsalcus pbr. et mon. istius loci — Vlricus pbr. et mon. prior Admunt. Vischa.

Saec. XIV.: *Johannes*, Ditmarus *pbri. et mon. S. Petri Salispurg.* — Christannus pbr. et mon.

Saec. XV.: *Johannes pbr. et can.* dictus Sturgras (?) *de Berchtersgaden.*

---

[30]) Des Abtes Udalrich von St. Lambrecht.

[31]) Veznach, d. i. von Fessnach.

[32]) Augustin (Gerstner) war Abt zu Neuberg etwa 1456—1472. Schmutz, Lexikon.

[33]) Stralek, Pfarre im Dekanat Pöllau.

[34]) Einer Mathilde von Teufenbach begegnen wir auch beim 8. April und sind beide vielleicht eine und dieselbe Person.

[11.]

C III. Idus Aprilis.

Saec. XII.: Leupoldus abbas [34']) — Heinricus abbas — *Otto pbr. et mon. istius loci — Heinricus pbr. et mon. istius loci — Uŏdalricus mon. istius loci* — Wicherus mon. — Adalfridus ortula. [35]) — Adelheit conv. — *Hiltigart conv. Admunt.* — Gisila laic. ava Ŏdalrici — *Elisabeth* mater Heinrici fri. — Diepo cocus.

Saec. XIII.: Otto pbr. et mon. Lauent [36]) — Jacobvs puer . g. — Chunradus laic. villicus de Wel.

Saec. XIV.: Perchta soror Chowicensis — *Heinricus pbr. et mon. istius loci,* dictus de Zeirico (?) — *Heinricus conv. stius loci de Cellis* [37]).

Saec. XVI.: Obiit venerabilis dominus Leonhardus Kriechpaumb, pbr. secularis in hoc monasterio, anno 1571.; ejus anima deo vivat.

Saec. XVII.: R. d. Conradus Thosch Vlmensis, plebanus in Aflentz.

[12.]

D II. Idus Aprilis.

Saec. XII.: Engilbertus mon. dux [38]) — Albwinus mon. — *Alexander pbr. et mon. — Mainhardus conv.* — Adeburch conv.

Saec. XIII.: *Alhaeidis mon. S. Blasii* — Otilia laic. de Prvkke — Alheidis de Murav — Ortolfus puer — *Chunradus pbr. plebanus de Scheufliko* [39]) — *Vlricus puer istius loci* — *Bvrchardvs abbas istius loci* obiit anno $M^oCC^oLXXXX^oV^o$ [40]).

[34']) Zum 12. April im Todtb. des Stftes St. Peter in Saizburg (Arch. f. K. österr. GQ. XIX. 236) ein Liutpoldus abbas, in welchem v. Meiller (l. c. p. 389, 76) einen Abt von Metten vermuthet.

[35]) Hortulanus.

[36]) St. Paul im Lavantthale.

[37]) Mariazell, während das Vorhergehende Zeiring.

[38]) Das Todtenbuch von St. Peter in Salzburg im Arch. f. K. österr. GQ. XIX, 236, hat zu demselben Tage: „Engilbertus dux Karinthiorum", dessen Tod zwischen 1135 — 1140 erfolgt ist.

[39]) Scheufling, eine noch gegenwärtig dem Stifte incorporirte Pfarre.

[40]) Eine Hand des 15. Jhdts. setzte ebenfalls hinzu: „Obiit videlicet anno etc. 1287", welche Jahrzahl jedoch unrichtig und wahrscheinlich mit dem Jahre, in welchem

Saec. XIV.: Oswaldus pbr. — Tueta mon.

Saec. XV.: *Nicolaus pbr. et mon. dictus Polonus prior* — Geruigus pbr. et can. de Sekovia (?).

* * *

Saec. XVII.: Obiit dominus Jacobus Viennensis Graecii anno 1605. — Honestus juvenis Remigius Eisenmayr, organista saecularis, diuturna aegritudine fessus quievit 1646. — Obiit frater Christophorus Kätin professus et pharmacopola hujus loci in Cellis beatae virginis 1663.

[13.]

E Idus Aprilis.

Saec. XII.: *Heinricus mon. istius loci* — *Herimannus diac.* et can. S. M. *Gurc.*[41]) — Adelbertus sacerdos — Otherus pbr. et mon. — Ekkericus mon. S. Blasii — *Doberko conv. istius loci* — *Irmgart abbatissa* — Agatha mon. — Mathilt inclusa.

Saec. XIII.: Livtoldus de Wild(onia) fundator Stivnze[42]) — *Otto miles de Stadel* — *Liphardus de Grazlob*[43]).

Saec. XIV.: Hainricus obiit, dictus Tengler — *Nicolaus Pawdel pbr. et mon. istius loci* plebanus in Cellis[44]) anno domini 1395.

Saec. XV.: Johannes pbr. et mon. de Admundia.

* * *

Obiit Johannes Hinderkircher praepositus Gurcensis[45]).

Saec. XVI.: Obiit reverendus in Christo dominus d. Jacobus Wäschl praepositus Seccoviensis, piae memoriae, anno 1566.[46]) —

---

das Kloster niederbrannte, verwechselt worden ist. Im J. 1279 erwählt, musste Abt Burkart im J. 1288 resigniren, worauf er Pfarrer zu Mariahof ward und als solcher im oben angegebenen Jahre starb. Beitr. z. K. steierm. GQ. II. 133—135.

[41]) S. Mariae Gurcensis.

[42]) Stainz, richtiger Steunz, südwestlich von Graz. Nach Schmutz, Lexikon, wäre die Stiftung dieses Chorherrenklosters schon im J. 1229 erfolgt, der Stiftbrief aber erst 20 Jahre später ausgefertigt worden.

[43]) Grasslab.

[44]) Mariazell.

[45]) Dessen Sterbejahr 1459. Hohenauer, Kirchengesch. von Kärnt. S. 77.

[46]) „die sabbato sancto paschae hora quinta ferme" im Sekauer Todtenbuche, jedoch zum 6. April. Propst Wäschl gehörte auch zu jenen Geistlichen seines Zeitalters,

Reverendus d. Johannes Ottingerus juris utriusque doctor et poeta, insignis praepositus Lydingen, qui ultra praestita monasterio servitia prompta, confirmationem etiam d. abbatis Sigismundi et d. Johannis hujus nominis quarti in Romana curia summo studio promovit, senex 76 annorum, placidus et venerandus, obiit anno 1576.

Saec. XVII.: Idibus Aprilis anni 1643. obiit reverendus et religiosus pater Jacobus Bach, professus et prior monasterii Tegernseensis, cujus anima deo vivat.

[14.]

F XVIII. Kal. Maji. Tiburtii et Val(eriani).

Saec. XII.: Eberhardus praepositus — Wisint sacerdos — Drutuuinus mon. — Ernst mon. — Richkart mater Gerh. — Hiltigart Dönsberc [47]) — Sprinza — *Otto pbr. et mon. istius loci.*

Saec. XIII.: *Rudolfus praepositus Gurcensis* [48]) — Chunradus conv. istius loci — Perhtoldus cocus . . . . . — Mathildis de Swent.

Saec. XIV.: Ottacherus miles Schaflazer — *Reycherus laic.* pater Lamberti — Obiit *Reycherus laic. coquinarius de Strumphenhaus* [49]) — *Otto pbr. et can. Gurcensis* dictus Chreiger.

*
* *

Otto plebanus de Piber obiit — Degenhardus pbr. et mon. istius loci.

Saec. XV.: Obiit venerabilis dominus Vlricus praepositus, dictus Colluser, praepositus Secoviensis piae memoriae anno etc. XXXVI° [50]).

Saec. XVI.: „Richardus de Moschpurg 18. Kal. May anno nostrae salutis 1531" [51]).

---

welche ihrer Pflichten und Gelöbnisse uneingedenk sich verheirateten. Von seinen Kindern wurde Katharina Äbtissin des Klosters Paradeis in Judenburg (s. 18. Aug.), wie aus Urkunden des Stiftes St. L. hervorgeht.

[47]) Deinsberg oder Deunsberg in Kärnten, Stammsitz der gleichnamigen Familie.

[48]) Starb nach dem J. 1255. Hohenauer, Kirchengesch. von Kärnten, S 76.

[49]) Ein Haus im Markte St. L. selbst.

[50]) Das Sekauer Todtb. hat den 13. April und schreibt Colusser.

[51]) War ein Kanoniker in Gurk und ist eingezeichnet in I. beim 22. März.

[15.]

G XVII. Kal. Maji.

Saec. XII.: *Engilscalcus pbr. et mon. istius loci* — Leutoldus mon. —
Merboto mon. — Richerus mon. S. Blasii — Heinricus mon. —
Ekkericus conv. istius loci — Adelgoz tornator — Ŏdalricus
laic. filius Ernesti — *Irmgart mon.* — Gepa conv. — Gotsteu
laic. de Pvx — Ernsto pbr. et mon.

Saec. XIII.: Herbordus laic. de Angulo — Vlricus laic. de Pace [52] —
Hartnidus, Albertus fratres H. — Wulfingus frater Hain. —
Gisila laic. soror Ilsungi — *Otto pbr. et mon. istius loci* Scha-
nar (?).

Saec. XIV.: Margareta filia domini Ottonis Piswici — *Hainricus
pbr. et mon. Medlicen.*

Saec. XV.: Frater Johannes Marci (?) decanus deuallionis (?) —
Frater Johannes de Perg — *Cristanus abbas* monasterii
S. Mariae in Seytensteten 1465 [53]).

* * *

Obierunt ex monasterio Salczeburga XVII. Kal. Maji frater
Vdalricus etc. [54]).

Saec. XVI.: Reverendus in Christo pater dominus d. Sigismundus
Kogler, abbas hujus coenobii, imperatoris Ferdinandi consi-
liarius et sacellanus, piae memoriae placide obdormivit XVII.
Kal. Maji anno 1562 [55]).

Saec. XVII.: Barbara Gartnerin, monialis in Monte monialium Salisburgi 1646.

---

[52]) Im Winkel und am Frid sind Bezeichnungen von Punkten in nächster Nähe des
Stiftes. Ulricus de Pace, Zeuge einer Urkunde v. J. 1251.

[53]) Christannus Kolb, von 1441—1465. Bei Pez, SS. II. 314, wird als dessen Todestag der „dies S. Potentianae" (19. Mai, Weidenbach) bezeichnet. Aber der 19. Mai
ist im J. 1465 ein Sonntag, da er doch einer weiteren Angabe zufolge ein Freitag
sein sollte. Oder soll das Fest jener Heiligen in der Passauer Diöcese an einem
anderen Tage gefeiert worden sein?

[54]) Mit noch anderen, deren Sterbetage andere sind, zum 26. April eingetragen. Das
Kloster ist wohl jenes zu St. Peter.

[55]) Im Original steht diese Notiz beim vorhergehenden Tage. Der Tag seiner Erwählung zum Abte ist mir unbekannt; jedenfalls ist derselbe ein früherer, als der
2. Oct. 1549 gewesen.

[16.]

A XVI. Kal. Maji.

Saec. XII.: Otto pbr. et mon. — Azeliuus pbr. et mon. — Richardus mon. S. Bla(sii) — Reginoldus mon. — Heinricus conv. — *Wirat abbatissa* 55') — Lanzo praepositus 55'') — Uvichimannus mon. — Swikerus mandat.

Saec. XIII.: Uvillehalmus pbr. et mon. istius loci — *Adelbertus pbr. et mon. istius loci — Ŏdalricus pbr. et mon. istius loci —* Ruͦdolfus subdiac. et cant. — Engilrammus laic. decimator de Mura 56) — *Fridericus frater Burch(ardi) abbatis — Chvnigŭnt mon.*

Saec. XIV.: Johannes laic. de La.

⁂

Saec. XV.: Mathias pbr. et can. de Oberdorf — Wilhalmus pbr. et pplebanus (sic) Gurcen.

Saec. XVI.: Obiit dominus Otto Schachner, pbr. et mon. hujus coenobii.

Saec. XVII.: Obiit R. P. Andreas Elephas, pbr. et mon. hujus loci, in Biber 1612. — Obiit R. P. Sebastiauus Prändtl professus Seonensis.

[17.]

B XV. Kal. Maji.

Saec. XII.: Guntherus abbas — Ekkericus pbr. et mon. — *Heinricus conv. — Juditha conv.*

Saec. XIII.: Hartwicus abbas Lauent 57) — Wernhardus laic. de Paradyso 58) — Wolframmus servus coquinae — Alrun ... de Mura — *Fridericus can. Gurc.*, dictus Juvenis 59).

55') „Wiradis abbatissa S. Erintrudis" (Nonnberg) im Todtb. des Stiftes S. Peter in Salzburg; Arch. f. K. österr. GQ. XIX. 237. Sie lebte im 11. Jhdt.

55'') Bei demselben Tage: „Lanzo praepositus Halla" (1146) im vorgenannten Todtenbuche. Halla heutzutage Reichenhall.

56) „de Mura" — an der Mur? — rührt zwar von einer anderen, jedoch auch gleichzeitigen Hand her.

57) St. Paul im Lavantthale. Hartwig starb im J. 1248. Mezger, Hist. Salisbg. p. 1205.

58) Ein Angehöriger der Familie Paradeiser?

59) Das unter „Juvenis" stehende „pr" (?) hat vielleicht presbyter zu bedeuten.

Saec. XIV.: Obiit Johannes Dyabolus — *Leonhardus Tentschacher dyaconus* obiit piae memoriae.

Saec. XV.: Obiit frater Petrus pbr. et mon. — Obiit frater Achacius — *Obiit frater Michael pbr. et mon.* — *Obiit venerabilis pater et dominus Henricus Moyker, abbas hujus monasterii, piae memoriae 1455.* [60]) — *Jeorgius Khalcianer.*

* * *

Saec. XVII.: R. P. Bartholomaeus Schropp decanus in monasterio Subensi d(ivi) Lamberti 1648. — Obiit R. ac R. in Christo P. Leonhardus Maurer in Maria Hoff 1660.

[18.]

C XIIII. Kal. Maji.

Saec. XII.: *Baldwinus pbr. et mon.* istius loci — Adalrammus pbr. et mon. — Hartwicus mon. — *Waicil conv.* istius loci — Richilt mon.

Saec. XIII.: Chunigund mon. S. Blasii Agmunt — *Hainricus pbr. et mon.* in Admunt — Linhardus laic. servus custodis — *Sifridus conv.* istius loci — Engilbertus de Laznic [61]) — Sophya mon. de Gurka — Vdalricus pbr. et mon.

Saec. XIV.: *Hainricus abbas* S. Pauli [62]) — *Katerina* obiit *puella.*

* * *

Saec. XVI.: Johan. Puchler can. Gurtzen. — Obierunt in Voraw Christan pbr., Fridericus Preitenbeider de Grätz et Agnetis filia

---

60) Eine andere, jedoch auch gleichzeitige Hand in II. schreibt: „Obiit venerabilis dominus Hainricus Moiker, abbas hujus loci, qui praefuit huic monasterio annis XXXVI, anno domini millesimo quadringentesimo quinquagesimo quinto". Das Sekauer Todtb. (zu demselben Tage) schreibt irrig „Moylker" und lässt vermuthen, dass der Tod in St. Lambrecht erfolgt ist. Bereits vor dem 12. Apr. 1419 ward derselbe Abt. Das Prädikat „de Henezheim", welches die alten Kataloge behaupten, steht neben dem unrichtigen „Mekerus" unerwiesen da. Wie bei dem Abte Johann will auch hier die Phrase „principis titulo honoratus" ganz und gar nichts bedeuten. — Denselben Todestag hat auch Necrol. Admunt. bei Pez, SS. II. 202.

61) Lassniz, ein Thal zwischen St. L. und Murau.

62) Nach Mezger, Hist. Salisbg. p. 1206, gab es zu St. Paul im Lavantthale im 14. Jhdt. zwei Äbte dieses Namens, wovon der zweite dem ersten unmittelbar folgte. Dieser starb nun im J. 1356, jener aber im J. 1388. Welcher von beiden mit obigem gemeint ist, vermag ich nicht zu entscheiden.

in Gratz — Doctor Wolfg. Furtmair, nobilis et juris peritia
clarissimus archiducum Austriae Ferdinandi et Caroli fratrum,
Alberti item ducis Bavariae, sub quo et natus est, consiliarius,
domino Joanni Tratnero abbati magna assiduitate de bonis mona-
• sterii, quae ... es alienum oppignorata erant, vindicandis rur-
sum et reparandis laboranti multum studii et operae impendens
obiit anno salutis 1576. piae profecto memoriae recordationem
ob insignes animi dotes, amorem cleri et pauperum laudabiliter
meritus.

Saec. XVII.: Obiit R. P. Martinus Rumpler, professus S. Pauli,
1652.

[19.]

D XIII. Kal. Maji.

Saec. XII.: Adalbertus mon. — Herimannus mon. — *Azelinus conv.
istius loci* — Heimo pbr. et can. — Rv̄dibertus pbr. et mon.
Oziach.

Saec. XIII.: Heinr(icus) subdiac. et mon. Garst. — Wilandvs mon.
Admut [63]) — Hilta soror l. Gur.

Saec. XIV.: *Diemudis* dicta Karinthiana — Folchmarus abbas de
Milstat — *Reicherus pbr. mon. Ozziacensis.*

Saec. XV.: Frater Paulus de Cznaym, Cunradus pbri.

* *

Thomas Surawer [64]), Jacobus Hinderskircher, Chunradus Teczhaymer, Johannes Gruenawer, Chunradus Vetter, Johannes
Koberl, Johannes Gotfridi, Erasmus, Johannes pbri. seculares.

Saec. XVI.: „Bernhardinus Khirchperger pbr. et mon. canonicus —
Georgius pbr. — Bolframm (?) vicarius in Knutlfeld [65]) —
Anthonius Krueg — Phillipp Dürnperger — Anastasia de Traut-
monstorff, uxor Andreae Zaäch“ — Obiit frater Johannes Reytsperger, prior coenobii S. Lamperti pbr. et mon. 1531. — Obiit
Joannes Ferenwerger, nobilis catholicae religionis optimus cultor, serenissimi principis Caroli a consiliis et miles insignis, qui
christianae reipublicae maximo praefuit subsidio anno salutis 1584.

---

[63]) Die Orte, welche hier nach einander genannt werden, sind Ossiach, Garsten,
Admont und Gurk (?).

[64]) Saurau, Saurauer.

[65]) Knittelfeld, richtiger Knüttelfeld, im oberen Murthale.

[20.]

E XII. Kal. Maji.

Saec. XII.: Albericus mon. pbr. — Richẹrus mon. — *Adalbertus mon.* — *Ortwinus conv. istius loci* — *Adalbertus conv. istius loci* — Albero conv. S. Bla(sii) Adm(unt) — Ůdalsalcus conv. S. Flo(riani) — Richpoldus conv. — Mainhardus conv. — *Mathild laic. occisa* — *Gepa laic. de Monte.*

Saec. XIII.: Syboto pbr. et can. — *Chǒnradus pbr. et mon. S. Pauli* — *Vlricus* sacerdos *plebanus in Goss* [66]) — Waltherus pbr.

Saec. XIV.: *Ymbricus pbr. et mon. de Glaeunk*, hic sepultus. — *Jacobus laic.* de Angulo et (?) occisus — Mauricius pbr. et can.

Saec. XV.: *Obiit frater Clemens* [67]) *pbr. et mon. hujus monasterii piae memoriae anno domini 1.4.9.1.*

* * *

Dominus Andreas Pranpekch praepositus in Foraw [68]).

[21.]

F XI. Kal. Maji.

Saec. XII.: Alrammus abbas [68']) — Willehalmus mon. — Růdmarus mon. — Lvduuicus mon. — Sigifridus conv. — Uvaltherus mon. — Dietmarus laic. de Curia — Herbort laic. Paris — Diepoldus laic. de Chaltin. [69]) — *Richza mon.* — *Perhta mon.* — Chunza.

Saec. XIII.: Uvalchunus pbr. et mon. — Hazga conv. — Azla laic. soror Walkeri — Albericus de Pelse [70]) — Waltherus conv. — *Rudolfus conv. istius loci* — *Perhtoldus abbas Admunt* [71]) — *Ditmarus pbr. et mon. istius loci* [72]).

---

[66]) Göss bei Leoben.

[67]) Morawer (in II. Muerawer) schrieb eine andere gleichzeitige Hand darüber. „Clemens Murawer" etc. (14)91. im Sekauer Todtenb. zu demselben Tage.

[68]) S. Anmerk. 120, Feber.

[68']) Ich glaube nicht, dass derselbe mit dem „Alrammus abbas S. Mariae in Lambach" (Todtb. d. Stiftes St. Peter in Salzburg, Arch. f. K. österr. GQ. XIX, 239) identisch ist. Denn das Todesjahr dieses soll das J. 1213 sein.

[69]) Kaltenhof, ein ob dem Stifte gelegener Hof.

[70]) Pöls, und zwar jenes nordwestl. von Judenburg ?

[71]) Dieses Namens der zweite. Abt seit 1242, sein Sterbejahr 1259. Fuchs, Gesch. von Admont, S. 35.

[72]) Nach „loci" folgt im Orig. das mir unverständliche Wort „prentii".

Saec. XIV.: *Ortolfus laic. de Saurav — Mahthildis de Góssn — Degenhardus pbr. et mon. istius loci M°CCC°LXVII°* — Gebhardus conv. — *Chunr(adus) subdiac. et mon.*

Saec. XV.: *Hermannus pbr. et mon.*

[22.]

G X. Kal. Maji [73]).

Saec. XII.: *Chadelhoch abbas — Rudolfus mon. istius loci —* Chunradus mon. Kotwich [74]) — Albero pbr. et mon. — Eberhardus conv. — Ortuuinus conv. — *Wentilburch mon. —* Hemma conv. — Wasgrimus abbas.

Saec. XIII.: Reinoldus mon. — Otto mon. — Johannes mon. — Linhardus pbr. et mon. — *Margareta* conv. — Hermannus laic. de Fris(aco) — *Jacobus pbr. frater noster.*

Saec. XIV.: *Wernhardus pbr. et mon. Medlicen. — Hermannus pbr. et mon. istius loci* celerarius Saxo — Heinr(icus) *abbas Glunicensis* monasterii [75]) — Heinr(icus) de Trata [76]) piae memoriae — *Johannes pbr. et mon. S. Emmerammi* [77]) — Petrissa de S. Georio — Michael pbr. et mon.

Saec. XV.: Georius plebanus et pbr. — Johannes conv. Seccoviae.

* * *

Anna ab dem Stain [78]) mon.

Saec. XVI.: „Placidus abbas. 18.“ — Fr. Conradus mon.

Saec. XVII.: Obiit frater Matthaeus Hochenperger, professus S. Lamperti pbr., anno 1639. die 22. Aprilis — P. Jacobus Jaal vicarius in Weikhendorff monachus Mellicensis 1641. — Obiit R.

---

[73]) Im Ausgange des 16. Jhdts. schrieb eine Hand in II.: „Eodem die dedicatio est in castro ad S. Jacobum dominica prima post festum Philippi et Jacobi“. Von erwähnter Burg oder Schloss zu St. L. sind jetzt nur mehr einzelne Theile, namentlich die St. Michaelskapelle und der Bergfried übrig. Ein Modell des Schlosses, als es noch unversehrt bestand, ist im Joanneumsarchive zu Graz.

[74]) Götweig.

[75]) War Abt seit dem J. 1348 und ein sehr thätiger Mann. Er starb im J. 1373. Pritz, Gesch. v. Gleink, S. 177—179.

[76]) Von der Tratten, wohl auch „de Prato“, einem grossen Wiesengrunde ob dem Stifte.

[77]) Zu Regensburg.

[78]) Womit die Umgebung der Burg Stein unweit von Neumarkt gemeint ist.

P. Christophorus Klainmair, prior Salisburgi ad S. Petrum et professus ibidem, aetatis suae 33., a. 1650.

[23.]

A VIIII. Kal. Maji.

Saec. XII.: Wolfherus mon. pbr. — Arnoldus mon. Milstat — Hartmannus pbr. et mon. Ozi(ach) — Perinhardus pbr. et can. — *Rupreht conv.* istius loci — *Eberlindis conv.* — Uvalchunus frater Geroldi.

Saec. XIII.: *Ekkehardvs episcopus Gurcensis* [79]) — *Magnus abbas istius loci* [80]) — Margareta conv.

Saec. XIV.: Johannes pbr. et mon. dictus Pok de Obernbur(g) — Vlr(icus) puer frater Otli(ni) (?).

Saec. XV.: *Thomas pbr. et can. de Voraw* — Vlricus pbr. et mon. — Chunradus pbr. — Simon subdiaconus — Georius acolitus.

*   *
*

Anno domini 1471. obierunt strenuissimi milites in Grätz videlicet Andreas Paumkircher et Andreas Greissenegker, et truncati sunt capitibus miserabiliter per d. Fridericum Romanorum imperatorem, et sepulti fuerunt ad Minores in uno tumulo; Paumkircher translatus est ad Slaming, Greissenegker adhuc jacet in loco [81]).

---

[79]) 1195—1200. Mooyer.

[80]) Eine andere oder ältere Nachricht über den Abt Magnus, als diese, finden wir in St. Lambrechter Dokumenten nicht. Zeit der Aufzeichnung ist wohl das 13. Jhdt. (Anfang), der Inhalt jedoch dem 12. Jhdt. angehörig. Das Todesjahr des Abtes Magnus ist spätestens das J. 1181. Beitr. z. K. steierm. GQ. II. 125, 126. Im Todtenbuche des Prämonstratenserklosters Oberaltaich bei Straubing (abgedr. im Arch. f. K. österr. GQ. XXVI. 318 u. ff.) ist zum 22. April ausser anderen verzeichnet: „Magnus abbas“, womit unser Abt von St. L. gemeint sein dürfte, obwohl die Sterbetage anderer Äbte oder Mönche dieses Klosters nicht angemerkt worden sind.

[81]) Obige Aufzeichnung ist aber keineswegs gleichzeitig, sondern von einer Hand im Ausgange des 16. Jhdts. — Mit den Minoriten sind die in Graz gemeint. Dass Slaming der in der Eisenburger Gespannschaft unweit von Steinamanger gelegene Markt Schlaming (Szalonak) ist, habe ich schon in dem 3. Hefte der Beitr. z. K. steierm. GQ., S. 6, Anmerk. 10, gezeigt. Inzwischen hatte ich Veranlassung, noch einmal darauf zurück zu kommen, und zwar in dem in Graz erscheinenden politischen Tagblatte „Tagespost“ (Montagsbeil. zu Nr. 142, 1867). Gleichwohl hat

Saec. XVII.: P. Gregorius pbr. et senior de Teg*rnsee 1606. . . . .
50. annis sacerdos — Obiit Wolffgangus Hänckl supprior in
Rotenbasslach 23. die Aprilis a° 1641 82).

[24.]

B VIII. Kal. Maji. Georii et Adlberti.

Saec. XII.: Hermannus mon. — Pilgrimus mon. Garsti — Leutoldus
mon. — Johannes pbr. — *Hermannus conv. istius loci* —
Diemůt mon. — *Eufęmia mon.*

Saec. XIII.: *Dietricus de Grazlup* — Ortolfus laic. de Obdach
occisus — Chunigunt mon. S. Ge(orii) — Linhardus cocus —
Reinhardus conv. S. Blasii — Vlr(icus) S. Blasii.

Saec. XIV.: *Nicolaus* occisus laic. *de Waltenstorf — Vlricus pbr.
et mon. Salczpurg.* — Albertus prespiter laycalis (?) — Rudolfus 83) *abbas in Seydensteten* — Fridricus pbr. et mon. de
Chremsmunster — *Jacobus de Oxenhof piae memoriae* —
· Johannes de La 84).

Saec. XV.: Johannes pbr. et mon. — Dominus Bilibaldus 8° Kal.
Maji 85).

* * *

Saec. XVI.: Obiit frater Marcus Pranthueber pbr. et mon. hujus loci
anno 1565. — Obiit dominus Vrbanus Stoll pbr. hujus coenobii
anno domini 1596.

Saec. XVII.: Obiit in Murav domina Martha Paulitschin, Joannis
Paulitsz parochi ejusdem civitatis soror; haec v(ero) conventui
S. L(amberti) pro remedio animae suae C et L florenos testa-
mento dedit anno cb pc XXXII.

---

der neueste Biograph Paumkirchers, Janko, in der von Streffleur redigirten, in
Wien erscheinenden „Militärzeitschrift" (3. Bd. 8. Heft, 8. Jgg.) das alte Lied von
dem Unbekanntsein der Grabstätte Paumkirchers wiederholt. Beiläufig sei auch
bemerkt, dass Janko's Aufsatz über den berühmten, aber schmählich untergegan-
genen Ritter völlig werthlos, nicht bloss für den Historiker ist.

82) Reutenhaslach; eingetragen ist diese Notiz im Original beim folgenden Tage.

83) Ursprünglich stand Ortolfus. Einige Nachrichten über den Abt Rudolf bei Pez,
SS. II. 312.

84) Ist nur in II. aufgezeichnet.

85) Er war ein Chorherr zu Herzogenburg und wurde obige Notiz im Originale zum
23. Jänner gesetzt.

[25.]

C VII. Kal. Maji. Marci Ew.

Saec. XII.: Lanzo pbr. et mon. — Ditimarus sacerdos — Diepertus conv. — Uolpertus conv. — Wuluingus frater Heinri(ci).

Saec. XIII.: Fromûdis Chûmerinna — Durinchardus laic. de Môt-
niz [86]) — *Hainr(icus) pbr. et mon. istius loci Grezzinch* [87]) —
Otto laic. miles.

Saec. XIV.: *Ruedlinus filius procuratoris — Frider(icus)* laic. *de
Affolter pater* [88]) — *Dietmarus praepositus Secoviensis obiit
anno M°C.C.CXL°VI°* [89]) — *Waltherus pbr. et can. Gurcensis*
— Albertus pbr. — *Dorothea mon.* — Katerina mon.

Saec. XV.: *Elizabet uxor carnifficis,* Margareta filia ejus obiit.

Saec. XVI.: *Michael Kúrtzpekh, Thomas Khŭkh, Thomas pbr., Laurentius Faschang, Augustinus Newpekh, Khaterina Playcherin, Regina Draplin, Otilia Faschangin, Appollonia familia*
(sic), *Margaretha Prewssin, Margaretha* Puechasyn.

***

Saec. XVII.: R. P. Hieronymus Odonizius, pbr. et mon. hujus loci,
1628.

[26.]

D VI. Kal. Maji.

Saec. XII.: Chunradus abbas — *Reinhardus pbr. et mon. istius loci*
— Rudbertus pbr. et mon. — Heimo pbr. et mon. — Chunradus mon. — Perhtoldus mon. — Adalrammus conv. — *Waltherus de Glanek.*

Saec. XIII.: Gerdrudis de Curia laic. — Livkart laic. mater Rudolfi —
Adelbertus mon. — *Wichardus* subdiac. et *mon. in Oziach* —

---

86) Mötniz, südlich von St. L. in Kärnten.

87) Ein „dominus Hainricus Grezingus" erscheint in der Stiftsurk. vom 13. März 1226.
Derselbe wird zwar in dieser als Familienvater bezeichnet, was aber nicht aus-
schliesst, dass er nachmals Mönch geworden ist. Die Gressing werden übrigens in
angezogener Urkunde blutsverwandt mit denen von Vokenberg und den Hämmerl
(von Lind) genannt.

88) Eine Hand, welche dem folgenden Jahrhundert angehört, schrieb in II.: „Fridericus de Apholter, pater scriptoris hujus libri, laicus". S. Einleitung S. 9.

89) „Dietmarus dictus Cholbo" (Kolb) etc. im Sek. Todtb. zu demselben Tage; doch
fehlt dort die Angabe des Jahres.

*Hainricus plebanus in Cella pbr. et mon. istius loci*⁹⁰) —
Hainricus judex de Prato ⁹¹) — Otto laic. Piswich — Fride-
ricus laic. frater Ottonis de Aflenz — *Elyzabet monialis* de
Milstat.

Saec. XIV.: *Fridricus, pbr. et mon. istius loci,* de Traten ⁹²) — *Katherina monialis* de Gözz, dicta Saurerin ⁹³).

* *

Saec. XV.: **Martinus Pairhofer pbr. et can. Gurcensis — Obierun
ex monasterio Salczeburga etc.** ⁹⁴)

[27.]

E V. Kalendas Maji.

Saec. XII.: Pero mon. — Adalbertus mon. — Heinricus pbr. et can.
— Ortwinus conv. — Chv̊no conv. — *Christina mon.* —
Gnanewip.

Saec. XIII.: Hainricus subdiac. mon. — *Chunradus pbr. et mon.* de
Admvnt frater Permanni — *Chunradus conv. istius loci* graman. (sic) — Chunigund mon. S. Georii — *Otto pbr. et mon.
istius loci* de . . . . . — *Hainricus* pbr. et *mon. prior in Ad-
mvnd* Wetzil.

Saec. XVI.: *Obiit frater Andreas Stainprugker, mon. pbr. istius
loci* ⁹⁵) — Nicolaus sacerdos, magister Petrus sacerdos, Wolfgangus, *Bartholomaeus Stäber doctor in medicinis,* Thomas etc.
layci, Katerina, *Brigida,* Katerina (sic) *moniales* ⁹⁶).

* *

---

⁹⁰) Er war Pfarrer zu Mariazell um das J. 1278.

⁹¹) Vorbergehende Ortsbezeichnungen lauten heute Mariahof, Ossiach und Mariazell.
De Prato, von der Tratten in St. L.

⁹²) Zweimal und zwar von verschiedenen, gleichzeitigen Händen zu diesem Tage eingetragen. Zwischen steht auch ein „Fridricus pbr. et mon." von einer Hand des
15. Jhdts.

⁹³) Aus der Familie der Saurauer.

⁹⁴) Nämlich wohl im Kloster St. Peter und am Nonnberg. Keine von den Personen
aber, deren Namen hier verzeichnet wurden, starb an diesem Tage.

⁹⁵) „Andreas Stainpruckher" etc. zu eben demselben Tage im Reuner Todtenb.

⁹⁶) Bei diesem Tage findet sich auch und zwar von einer gleichzeitigen Hand jene
Collectiveintragung, deren ich schon beim 25. Februar in der Note 104 Erwähnung gethan habe.

Saec. XVII.: P. Hieronymus . . . . . professus Cremiphanensis [97]) —
Obiit P. Ambrosius Hartman mon. professus Gottwicensis a. 1632.

[28.]

F IIII. Kal. Maji.

Saec. XII.: Ebo mon. — Wichardus miles — Erchinbertus conv. —
Ŏdalricus conv. — *Adelheit mon.* — Irmgart conv.

Saec. XIII.: Diemut mon. — Machthilt mon. — *Arnoldus conv. istius
loci* — Hainricus laic. de Meczen — Chunradus laic. Chroph —
Offo de Tevphinpach dedit praedium [98]) — Hermannus puer
— Ita conv. S. Blasii — Margareta conv. de Admunt — Nycolaus pbr. et mon. de Rosaz — *Otto pbr. et mon. S. Pauli.*

Saec. XIV.: Albertus pbr. . . . . canonicus de Frisaco [99]) — Dyetricus Chaczenstainer — *Johannes abbas Medlicensis* [100]) —
Liephardus pbr. et mon. — Obiit Vlr(icus) abbas.

Saec. XV.: Frater Vlr(icus) pbr. et mon. de Formpach — *Christoffus Schrelczer laycus* — Christanus laic. 1422.

* * *

Saec. XVII.: Anno 1655. mortis falcem lubens excepit noster in
Christo pater Emmeramus Ziegler.

[29.]

G III. Kal. Maji.

Saec. XII.: Woluoldus pbr. — Gerungus mon. — Pilgrimus mon. —
Berhtoldus mon. — Pilgrimus occisus — *Adelint mon.* —
Diemŏt mon. — Swarzmannus abbas S. Ab . . (?) Lambach [101])
— Rudolfvs conv. — Udalricus miles.

---

[97]) Hieronymus **Kreitz**, starb am 25. April 1648. Pachmayr, Series abb. et rel.
Cremifan. P. III. 478, 479.

[98]) Vielleicht ist damit die Widmung gemeint, welche derselbe im Verein mit seinen
Brüdern Heinrich und Hartwig im J. 1263 gemacht hat.

[99]) Zu Frisach in Kärnten gab es drei Collegiatstifte: zu St. Bartholomä, St. Virgil
und St. Mauritius. Obiger Chorherr dürfte dem ersteren angehört haben, da es
üblich war, die Angehörigen des Stiftes St. Bartholomä schlechthin als von Frisach zu bezeichnen. Die Stiftung der Chorherren zu St. Bartholomä reicht weit
zurück. Hohenauer, Kirchengesch. v. Kärnt., S. 58.

[100]) Johann Radenbrunner, 1360—1371. Keiblinger, Gesch. v. Melk, I. 436—449.

[101]) Starb im J. 1197; doch wird auch der 28. April als Todestag bezeichnet.

Saec. XIII.: Rudolfus e. (?) S. Geor(ii) — *Willehalmus conv. istius loci* — *Rvdbertus conv. istius loci* — Chunradus de Hirzekke [102]) laic. chaernaer — Ditmarus laic. de Foro — *Permannus abbas istius loci*.... [103]).

Saec. XIV.: *Ilsvngus pbr. et mon. istius loci* de Curia — Rainperchtus Hayder — Otto judex antiquus de Trata — Albertus Sailer subdiac. Gurcensis.

Saec. XV. : *Petrus abbas Althae superioris* [104]).

* * *

Mathias Triester [105]) pbr.

Saec. XVI.: Obiit frater Petrus Holzer hujus locii (sic) 1551. piae memoriae.

Saec. XVII.: Obiit serenissima et pientissima archiducissa Maria Ferdinandi II. caesaris mater benefactrix nostra Graecii anno 1608.

[30.]

A II. Kal. Maji.

Saec. XII.: *Pabo praepositus Gurc.* [106]) — Gebolfus praepositus [106']) — Gisilbertus pbr. — Meginhardus mon. — Ezemannus mon. —*Chŏnradus* subdiac. *mon. istius loci* — Ŏdalricus sacerdos frater Liupoldi — *Judita mon.* — Engelwich.

Saec. XIII.: *Wathervs* (sic) *abbas Medlicensis et frater noster* [107])

---

[102]) S. Anmerk. 120, März.

[103]) Der erste Abt, bei dem ausser dem Todestag auch das Sterbejahr angegeben ist. Doch ist die Jahreszahl stark verwischt und nur wahrscheinlich MCCLVIII zu lesen. Erwählt wurde er im J. 1233. Beitr. z. K. steierm. GQ. II. 130—132. Bezüglich seiner Abstammung s. die erste Notiz zum 2. Dec., dann Filz, Gesch. von Michelbeuern, Dipl. Anhg. S. 770—776. Vergl. jedoch hiemit v. Meiller, Regg. archiepp. Salzb. p. 505—509.

[104]) In dem, im Arch. f. K. österr. GQ. XXVI. 313 u. ff. abgedruckten Todtenb. von Oberaltaich erscheint dieser Name wenigstens nicht beim 28. April.

[105]) Oder Triestel, wie allenfalls noch gelesen werden könnte.

[106]) Gurk in Kärnten. Wohl Pabo I., welcher im J. 1120 zu dieser Würde gelangt sein soll. Hohenauer, Kirchengesch. v. Kärnt., S. 76.

[106']) „Gebolfus praepositus Burberch“, ebenfalls beim 30. April im Todtb. des Stiftes St. Peter; Arch. f. K. österr. GQ. XIX. 242.

[107]) Keiblinger, Gesch. v. Melk, I. 314, Anmerk 3, hält für höchst zweifelhaft, dass dieser Abt von Mariazell nach Melk postulirt worden. Und mit Recht, wenn auch aus anderen Gründen. Abt Walther gehörte früher dem Stifte St. L. an, wie das aus dem Beisatze „frater noster“ deutlich genug hervorgeht. Die Zeit seines Wirkens setzt Keiblinger in den Zeitraum von 1224—1247.

— *Hainricus pbr. et mon. Salzpurch* [108]) — Chunradus conv. Adm(un)t — Johannes Mvrarius — Mehtildis laic. mater Alberti.

Saec. XV.: *Obii* (sic) frater *Fridricus Czenkel, pbr. et mon. istius loci* [109]).

* * *

Andreas, Jacobus, Martinus, Thomas novitii fratres professi in Ossiach.

Saec. XVII.: Obiit frater Joannes Sigismundus Funckh, acolithus et professus hujus loci, 1612. — D. Michael Engllieb, secretarius et judex [110]) S. Lamberti, 1627.

Majus.

[1.]

B Kal. Maji. Philippi et Jacobi.

Saec. XII.: *Gerbertus mon. istius loci* — Wolfcrinus pbr. et mon. — Machwardus pbr. et mon. — Ilsunc mon. — *Chŏnradus mon.* — *Otaker comes* — Zemtech — *Agnes mon.* — *Mergart mon. S. Georii* — Rudigerus pbr. et mon. — Heinricus mon.

Saec. XIII.: Vlricus pbr. et mon. de Ozziaco — *Volchmarus pbr. et mon. Osciach* — Chûnradus diac. et can. — Hainricus laic. fr. Hermanni — Walchunus laic. villicus de Schiben [1]) — Albertus officialis de Angulo — *Chunradus de Lint* — Mahthilt laic. mater Leonis — *Haymo* de Gademe [2]) obiit, *amicus nostrae ecclesiae.*

Saec. XIV.: *Albertus Romanorum rex ocisus* (sic) *et interfectus a suis* [3]) — *Fridericus miles de Sauraw* obiit.

* * *

Saec. XV.: Leonhardus pbr. et mon. — Georius Bernburger abbas in Obernburg [4]).

---

[108]) Bei St. Peter.

[109]) „Fridericus Zänkel" etc. im Sekauer Todtenb. zum 17. April.

[110]) „Aulae hujus loci" hat eine andere gleichzeitige Hand dazu gesetzt.

[1]) Scheiben bei Unzmarkt. Die Ortsbezeichnungen bei den zwei folgenden Personen: im Winkel bei St. L. und Lind (bei Neumarkt?).

[2]) Gaden in Niederösterreich? bei Baden oder Mödling.

[3]) Im J. 1308.

[4]) Starb nach Schmutz, Lexikon, im J. 1410.

Saec. XVI.: „Anno etc. decimo septimo obiit frater Anndreas Vieregkh, pbr. et mon. istius loci" [5]) — Anno domini 1585. obiit
reverendus pater et dominus Adamus Lang de Waldsee, praepositus in monasterio Novacella, cujus anima deo vivat — Obiit
dominus Georgius Gotschler anno domini 1585. ex monasterio
Novacella.

Saec. XVII.: Frater Elias monachus et praesbiter in Garsten — Obiit
R. P. Maurus Molitor annorum 70 professus Salisburgi ad
S. Petrum 1650.

[2.]

C VI. Nonas Maji.

Saec. XII.: Ŏdilpreht decanus — Chŏno mon. — Rŏdolfus conv. —
Adelhardus — Imma conv. — *Lotharius abbas.*

Saec. XIII.: Poto sacerdos — *Raimboto* pbr. et *can. Gork — Wal-*
therus conv. istius loci — Ŏdalricus de Angulo pater Vlrici —
Leo laic. filius fratris Rudolfi — Chunigundis de Admunt —
Gerdrudis mon. S. Georii — Herbirch laic. de Monte —
Perhta mater Hartlibi laic. — Offemia conv.

Saec. XIV.: Leo miles — Wolfleinus Lucifigulus.

Saec. XV.: *Christofforus pbr. et mon. — Chunegundis mon.* [6])

Saec. XVI.: *Vdalricus can.* 18. (?) — *Vitus conv.*

* * *

Saec. XVII.: Obiit anno 1647. ex monasterio Burae S. Michaelis reverendus et religiosus P. Gabriel Eupperger, professus ibidem —
Fr. Melchior Probst conversus hujus loci et xenodochii pater
1655.

[3.]

D V. Non. Maji. Inventio sanctae (crucis).

Saec. XII.: Reginherus pbr. et can. — Gozwinus pbr. et can. —
Geroldus subdiac. et mon. istius loci — *Hartnidus mon. —*
Adelbertus mon, — Sigefridus conv. S. Mariae *Gurch* — Ju-
dinta.

Saec. XIII.: Perinherus pbr. et mon. — *Hainricus laic.* de Curia —
Perhta de Judenburch — Perinhardus laic. pater Gotfridi ..

---

[5]) Das Sekauer Todtenb. hat diesen Namen beim 12. Mai.

[6]) Vielleicht zu Admont.

Vez. [7]) — *Offemia mon. in Sekovia — Otto miles* pater Vlri....
— Hiltegrimus Srôtlinus.

Saec. XIV.: Leo murator.

Saec. XV.: Dominus Volgangus V^{to} Non. Maji [8]).

Saec. XVII.: Fr. Thomas Eder pbr. et mon. hujus congregationis, olim abbas, obiit apud S. Paulum Lavandinae vallis 1606 [9]) — Obiit R. P. Michael Mahlli pbr. et mon. hujus loci a. 1613. — Fr. P. Matthias Kirchofer professus apud S. Paulum 1621. — Obiit d. Albinus Pirin, fr. reverendissimi d. abbatis Benedicti [10]) 1651.

[4.]

E IIII. Non. Maji. Floriani mart.

Saec. XII.: *Rŏdolfus mon.* S. Bla(sii) *Admo(nt)* — Gerhardus mon. — Richilt mon. — Richkart.

Saec. XIII.: *Gotfridvs pbr. et can. Salzpurgen.* — Arnoldvs mon. Ozi. [11]) — Margareta uxor Permani — Pernhardus pbr. et mon. — Pertholdus conv. — *Hainricus* de Kaina [12]) *laic.*

Saec. XIV.: Herbort laic. de Lobnik — *Gerwirch de Vreiberch.*

Saec. XV.: Obiit *Henricus Chrabatstorffer* — Georius can. ecclesiae Junensis [13]) — Johannes Polierrer notarius ecclesiae Junensis — *Hainricus can. de Oberndorff — Obierunt in monasterio S. Mariae alias Scotorum Winnae dominus Nicolaus abbas et reformator monasterii professus, de Specu* [13']). *fratres Petrus,*

---

[7]) de Veznach, Fessnach bei Scheufling.

[8]) War ein Chorherr in Herzogenburg; im Orig. steht sein Name beim 23. Jän.

[9]) Als Abt finde ich denselben zuerst am 25. Oct. 1591. Dessen Verwaltung, der die ausgezeichnete des Abtes Johann Trattner vorhergegangen war, war keineswegs eine glückliche. Schon vor dem September 1596 musste Abt Eder dieselbe aufgeben, worauf die auch wenig Heil bringenden Administrationen des Stiftes durch Abt Johann von Admont (bis vor dem 9. Dec. 1597) und des Christof Kirmesser (bis 17. Dec. 1598) folgten.

[10]) Von St. Lambrecht.

[11]) Wohl von Ossiach.

[12]) Aus der Kainach; die folgenden Orte sind Lobming und Freiberg, letzteres in Kärnten.

[13]) Eberndorf, richtiger Öberndorf, im kärntnerischen Jaunthale. Dorthin gehören auch die beiden folgenden Namen.

[13']) † 8. Aug. 1428. Hauswirth, Gesch. des Stiftes Schotten in Wien. S. 29, 30.

Clemens, Leonhardus, Tüthelmus, Martinus, Hainricus, Erhardus, Johannes, Georgius, Bernhardus, Jodocus, Mauricius, dominus Nicolaus sacristanus etc.

* * *

Erhardus pbr. et mon. — Elisabet Aindorfferrin mon. in Werchtersgaden.

Saec. XVI. : „Fr. Sigismundus pbr. et mon. IIII. Non. Maji" — Joannes Jacobus de Belosiis nobili familia Kuen, archiepiscopus Salisburgen., obiit 1586. [14])

Saec. XVII. : Obiit reverendissimus in Christo P. ac dominus d. Martinus Alopitius, abbas S. Lamberti, a. 1613 [15]) — Oblit fr. Casparus Keller, professus S. Lamberti, pbr. et senior, a. 1639. 4. die Maji — Calidis febribus obiit reverendus religiosus ac doctissimus totique monasterio charissimus P. Andreas a Khaltenhausen, professus hujus loci in Cellis B. V. a° 1664., aetatis suae 27., cujus anima deo vivat.

[5.]

F III. Non. Maji. Gothardi.

Saec. XII. : Ŏdalricus abbas Mosniz — Wolftrigil pbr. et mon. — Rŏdgerus pbr. et mon. — Sigiboto pbr. et mon. — Livpoldus mon. — *Enzchint mon. istius loci* — Wolftrigil conv. istius loci.

Saec. XIII. : *Gotschalcus pbr. et mon. istius loci* — *Otto de Grazlup* laic. anno domini M°CC°LXXXX°IIII°.

Saec. XIV. : *Methildis mon. de Gossa* obiit — *Fridericus dictus Ruffus de Chremsmunster.*

Saec. XV. : *Wilhalmus Schrelczer laycus* — *Offey Trattendarfferinn.* [16])

---

[14]) 1560 — 11. Mai 1586. Mooyer.

[15]) Einer der für die Geschichte des Stiftes bedeutungsvollsten Männer, welcher die Intentionen des Abtes Trattner in würdiger und rühmlicher Weise realisirte. Vor seiner Postulation nach St. Lambrecht, welche am 18. April 1599 erfolgte, war er schon Abt in Garsten und zwar seit dem 24. Mai 1591. Bezüglich seiner Wirksamkeit dortselbst s. Pritz, Gesch. v. Garsten, S. 52—54.

[16]) Oder vielleicht Trauttmansdarfferin? Im Orig. steht bloss Trttndarfferin mit einem Strich über „ttn".

Saec. XVI.: *Thomas mon. accolitus.*

Saec. XVII.: Fr. Andreas Frisch, novitius in Gärstn.

[6.]

G II. Non. Maji. Johannis ante portam Lat.

Saec. XII.: *Hezelinvs abbas* S. Marię *Oziach* [17]) — *Hartwicvs mon. istius loci* Frisacensis — Sigihardus mon. — Sigmarus diac. — *Hadmŏt mon.* — Frŏmŭt laic.

Saec. XIII.: *Gebhardvs abbas* [18]) — Chunradus pater Vlrici laic. — *Hainricus pbr. et mon. istius loci senior* — Ortolfus pbr. et mon. — Heinricus laic. frater G. Vez. [19]) — Vlricus laic. decimat(or) — *Leo laic. Rovsch* — Waltherus pbr. et mon.

Saec. XIV.: Vlricus laic. de Nuzdorf, frater domini Ditm(ari) [20]) — Symon abbas Ossacensis [21]) — Obiit dominus *Heinricus episcopus Laven(tinus)* piae memoriae anno d.. MᵒCCCᵒLX.... [22]) — Johannes Pwlo (?) — Obiit *Fridricus Chüffinger, plebanus in Hoff*, anno MᵒCCCᵒLXXXIIᵒ [23]).

---

[17]) Ist wohl derselbe, welchen Wallner, Annus milles. Ossiac., p. 62, als um das J. 1136 lebend anführt.

[18]) Nach ihrer einfachen Fassung gehört diese Notiz wohl in das vorhergehende oder in ein noch früheres Jahrhundert.

[19]) Gotfridi de Veznach. S. Anmerk. 7.

[20]) Von einer anderen Hand derselben Zeit (Anfang des 14. Jhdts.) zu demselben Tage: „Vlricus laic. frater Ditm(ari) sacerdotis". Nussdorf bei Unzmarkt?

[21]) Unter den Äbten des 14. Jhdrts. erscheint bei Wallner, Annus milles. Ossiac., keiner dieses Namens.

[22]) Die Jahrzahl steht im Orig. hart am Rande. Unter „LX" ist noch eine zweite X zu sehen. Es kann daher nur jener Bischof Heinrich gemeint sein, welcher im J. 1387 gestorben ist. Dazu stimmen nun auch der Charakter der Schrift und die Fassung der Notiz, in welcher das „obiit" schon auf das 15. Jhdt. oder eine dem nahe Zeit hinweist. H. hat von einer Hand im Ausgange des 16. Jhdts. die Zahl 1361. Vergl. Tangl, Reihe d. Bisch. v. Lavant, S. 119—129. Demzufolge war Bischof Heinrich Kräpff früher Pfarrer zu Murau, wo auch seinem Leben ein Ziel gesetzt ward, da er dort in der Mur ertrunken ist. „Item dominus Heinricus Laventinus episcopus submergebatur in aqua dicta Mŭr prope Muraw". Cont. monachorum S. Petri ap. Pertz, SS. IX. 841, ad a. 1387.

[23]) Mariahof. Die letzten zwei Zahlenzeichen dieser Jahrzahl sind etwas verwischt und stehen daher nicht ganz fest.

* * *

Saec. XV.: Johannes laic. Tryester, magister et padyr[24]) in Cellis beatae virginis Marjae.

Saec. XVII.: Obiit Franciscus Greger, pbr. et mon. in Krembsmünster, 6. Maji a. 1627[25]).

[7.]

A Nonae Maji.

Saec. XII.: Tirolfus mon. — Adelherus mon. — Dietricus puer — Adalbero laic. — Ŏdalricus conv.

Saec. XIII.: *Wernherus pbr. et mon. istius loci — Wolframmus conv. istius loci — Ditmarus laic.* frater Ottonis s. — Chunradus Hechel — *Gotfridus laic. de Weissendorff — Alhaeidis* filia Ditm(ari).

Saec. XIV.: Heinricus pbr. et mon. de Peuern — *Perchtoldus prespiter et mon. de Admundà — Oswaldus subdiac. istius loci —* Obiit Perchta Wielantin soror B . . . . . . sartoris.

Saec. XV.: *Johannes pbr. et mon.* hujus *loci* — Poppo pbr. et mon.

[8.]

B VIII. Idus Maji. Victoris mart.

Saec. XII. *Otacher dux Stirensis dedit praedium*[26]) — *Adalbertus mon. istius loci* — Geroldus conv. — Hizicha — Adelheit mater Rŏdolfi.

Saec. XIII.: *Fridericus pbr. et mon. istius loci — Geroldus plebanus in Piber* — Nicolaus pbr. et can. — *Hirzmannus conv. istius loci* de hospitali.

Saec. XIV.: *Johannes pbr. et mon. de Gaestn*[27]) — *Elizabet abbatissa*[28]) — *Gysila mon.* de Agmunda.

---

[24]) Bader, wie auch heut zu Tage die landläufige Bezeichnung für einen gewöhnlichen Landarzt.

[25]) Im Orig. zum vorhergehenden Tage eingetragen.

[26]) Starb im J. 1192. Als Todestag wird auch der 9. Mai bezeichnet. Urkunden von demselben besitzt das Stift vier: eine vom J. 1172 und drei aus dem folgenden Jahrzehent. Welcher von ihnen nun das „dedit praedium“ entspricht, vermag ich augenblicklich nicht zu bestimmen.

[27]) Garsten.

[28]) In II. von einer Hand des 15. Jhdts.: „Elizabet abbatissa S. Geory“, nämlich

Saec. XV.: *Johannes pbr. et mon.* istius loci *dictus Payer anno domini etc. CCCC°XXXIIII°* [29]).

Saec. XVI.: Dominus *Erasmus abbas Ratisponensis* [30]).

* * *

Saec. XVII.: Obiit R. P. Guilielmus Rhedingius, oeconomus in Pyber anno **1649.**

[9.]

C VII. Idus Maji.

Saec. XII.: Chŏno pbr. et mon. — Odalricus pbr. — Magnus pbr.— Livtoldus mon. — Wblframmus (sic) mon. — *Adelmŏt* (mon.?) — *Fridericus mon. istius loci.*

Saec. XIII.: *Ditmarvs pbr. et mon. istius loci plebanus in Hof —* Adelherus (?), Prvno (?) conversi — *Fridericus* laic. *officialis* — Udalricus puer istius loci — Hainricus frater Chot-wicensis.

Saec. XIV.: *Perchtoldus* pater Johannis *de Judenburch — Hermannus pbr. et mon. istius loci,* dictus de Sancto Ypolito — *Laurencius pbr. et mon. de Altenburga — Englwertus* accolitus et *canonicus in Newnwurg* [31]) — Anna Lercherinn, soror domini Alberti, dictus Lercher.

Saec. XV.: *Andreas pbr. et mon. istius loci,* plebanus in Lesnico [32]), *submersus hic in piscina,* Monitor. — *Obiit Heinricus* [33]) *Chainacher* in *anno remissionis et sepultus in castello, quod* nuncupatur *Riet.*

[10.]

D VI. Idus Maji. Gordiani et Epimachi.

St. Georgen am Längsee in Kärnten. S. Anmerk. 117, März. Elisabeth soll von 1368—1385 Äbtissin gewesen sein.

[29]) Von einer gleichzeitigen Hand in II. zum 10. Mai gesetzt. „Fr. Johannes Payr" etc. im Sekauer Todtb. zum 17. April.

[30]) Wohl zu St. Emmeram in Regensburg.

[31]) St. Pölten, Altenburg und Klosterneuburg in Niederösterreich.

[32]) Lassniz, dem Stifte benachbarte Pfarre. Der erwähnte Teich besteht noch heutigen Tages.

[33]) Im Orig. steht nur Hnr. oder Hm. mit einem Strich darüber und dem Zeichen für „us" am Ende. Die Burg Ried ist wohl jene Burg dieses Namens in Oberösterreich. Das Jahr dürfte das von 1450 sein oder doch ein nicht viel späteres.

Saec. XII.: *Wigoldus episcopus* — Prvno abbas [33']) — *Ôdalricus abbas* — Erchingerus mon. — Hartmannus pbr. et mon. — Pruno clericus — *Az(i)mannus mon.* istius loci.

Saec. XIII.: *Rikkerus abbas in Salzpurch* [34]) — *Hermannus pbr. et mon.* de *Oziach* — Chunradus pbr. et mon. de Oziach — *Hilteburhc soror Hed.* — *Alheidis mon.*

Saec. XIV.: *Leo miles* — *Reinpertus pbr. et* mon. *et prior in S. Paulo.*

* * *

Saec. XV.: Johannes pbr. et mon. — Obiit Benedictus Sybenhierter, archiepiscopus Tiberiadensis, professus Ossiacen. [35]) — Michahel novitius de Zweltln [36]).

[11.]

E V. Idus Maji.

Saec. XII.: Heinricus episcopus [36']) — Sigifridus pbr. et mon. — Wernhardus môn. — Bruno mon. — Ôdalscalchus conv. — *Adelheit conv.* — Livkart conv.

Saec. XIII.: *Otto praepositus Gurcensis* [37]) — *Sophia mon.*

Saec. XIV.: *Nicolaus pbr. et mon. in S. Paulo* — Johannes pbr. et mon. [38]) — Heinricus dictus Scheiterl, fatuus valde mirabil.

Saec. XV.: Wilhelmus laic. Chrel — *Martinus Zwitar* — *Wartholomaeus pbr. et can. in Oberndorff.*

[33']) Nach v. Meiller im Arch. f. K. österr. GQ. XIX. 385, Anmerk. 26, der im J. 1138 verstorbene Abt Bruno zu St. Paul in Kärnten.

[34]) Nämlich zu St. Peter, 1242—1259. Noviss. Chron. S. Petri, p. 272—281.

[35]) Wallner, Annus milles. Ossiac. p. 84, zählt denselben zu den Äbten von Ossiach und zwar vom J. 1454—1457; nennt ihn auch einen Professen des Stiftes Kremsmünster (vergl. Pachmayr, Series). In dem Processe um die St. Niklas-Pfarrkirche in Rotenmann wird der Name des Erzbischofs Benedict von Tiberias ebenfalls genannt. Joanneums-Arch. Hs. 113, fol. 92[b] (1455, 17. Oct., Graz). Vergl. Mittheil. des hist. V. f. Steierm. XVI. 100, Anmerk. 95.

[36]) Kloster Zwetl in Niederösterreich.

[36']) Ratisponensis, wie aus dem Todtb. des Stiftes St. Peter in Salzburg (Arch. f. K. österr. GQ. XIX. 245) hervorgeht. Er starb im J. 1155.

[37]) Hohenauer, Kirchengesch. von Kärnten, S. 76, lässt denselben im J. 1223 sterben.

[38]) Zweimal und zwar von derselben Hand geschrieben wie der vorhergehende, daher wohl auch zu St. Paul gehörig.

Saec. XVI.: *Anno virginei partus 1518*. ultimum clausit diem venerabilis ac reverendus pater *Joannes Sachs, abbas hujus monasterii* S. Lamperti, cujus anima deo vivat [39]).

Saec. XVII.: Obiit R. P. Engelbertus Storch pbr. et mon. professus ad S. Paulum, 11. Maji a. 1642.

[12.]

F IIII. Idus Maji. Pangratii, Ner. et Achill.

Saec. XII.: Ekko abbas — Adalbertus pbr. et mon. — Purchardus mon. — Herimannus mon. — Hartwicus mon. — *Livtoldus dux* [40]) — *Livkart — Chonradus* conv. *Vitrin.* [41]) — Chŷnradus de Prvkke.

Saec. XIII.: *Hiltegrimus* pbr. et *mon. istius loci* — Dietricus pbr. et mon. — *Chŏnradus* de Avlentz, *conv. istius loci.*

Saec. XIV.: Obiit *Dietmarus de Grazlup* — Vlr(icus) et *Dimŭdis* uxor sua de Pernek [42]) — *Johannes dyaconus in S. Paulo* — Johannes laycus de Cellis — *Andreas pbr. et mon.* [43]) — *Gebhardus pbr. et mon. istius loci.*

---

[39]) Über denselben in II. von einer anderen nicht gleichzeitigen Hand: „Anno virginei partus sesquimillesimum decimum octavum egit animam Joannes Sachs ex Afflenç, hujus monasterii abbas, qui XXXXI annos coenobii hujus moderatus est abbatiam". Das Sekauer Todtb. merkt den 12. Mai als Todestag an. Die äbtliche Würde erlangte er wenige Tage nach dem Tode seines Vorgängers (†22. Juni 1478). Während seiner Vorstandschaft machte das Stift eine bedeutende Erwerbung, indem es im J. 1503 von den Lichtensteinern zu Murau die Herrschaft Stein sammt Zubehör erkaufte. Kirche und Pfarrhof zu Mariahof, wie sich beide zum Theile noch jetzt zeigen, verdanken diesem Abte ihre Wiederherstellung. Denn eine Inschrift dortselbst sagt hierüber: „Haec opposita sacra dei templa Turcae bello destructa et hanc domum nobilem regis Vngariae Mathiae ductu exustam, soloque aequatam Johannes abbas tertius vulgo Sax de Afflencz dictus, ut plura alia a fundo et novo erexit, anno salutis 1511". In den letzteren Jahren seines Lebens hatte er den nachmaligen Abt Valentin Pierer zum Coadjutor.

[40]) Der ältere Bruder des Stifters von St. Lambrecht und Vorgänger desselben im Herzogthume Kärnten, als dessen Todesjahr Tangl in seinen Abhandlungen über die Eppensteiner (Arch. f. K. österr. GQ. VI. 376) das J. 1090 nennt.

[41]) Viktring in Kärnten.

[42]) Aflenz und Grasslab. Pernek aber liegt südlich von Bruck an d. M.

[43]) Der vorgenannte Ort ist Mariazell. Diese darauf folgende Notiz ist aber zweimal zu demselben Tage von zwar verschiedenen, doch gleichzeitigen Händen eingetragen.

* * *

Saec. XVI.: Obiit fr. Paulus Gschwanttuer, Tegernseensis pbr., anno 1585.

[13.]

G III. Idus Maji. Gangolfi.

Saec. XII.: *Berhtoldus abbas* ⁴²') — Ôdalricus pbr. et mon. — Heinricus pbr. et mon. — Amelbertus mon. — *Gôtfridus conv. istius loci — Sophia mon. — Reimbertus conv. istius loci.*

Saec. XIII.: *Rudigerus pbr. et mon. S. M. in Cella* ⁴⁴) — Gerungus mon. — Herimannus mon. — Hainricus pbr. et mon. — *Otto pbr. et mon. S. Pauli.*

Saec. XIV.: *Ortolfus acolitus* puer *istius loci — Engelschalchus abbas de Seydensteten* ⁴⁵) — *Eberhardus Olm* — „Hainricus de Sancto Loco ⁴⁶) laic., pater domini Johannis abbatis" — Erhardus pbr. et mon.

Saec. XV.: *Henricus pbr. et mon. de Chremsmunster — Paulus pbr. et mon. — Henricus de Monte, pater Vlrici judicis* ⁴⁷).

* * *

Saec. XVI.: Daniel Krachenberger mon.

Saec. XVII.: Anno 1646. die 13. Maji augustissima D. D. imperatrix Anna Maria, augustissimi et invictissimi S. R. imperii imperatoris Ferdinandi Tertii conjunx, Linzii puerperio obruta morti iura persolvit, cujus animam deuotissimam deus ter opt. max. in sinu Abrahae collocatam consolari dignetur.

[14.]

A II. Idus Maji.

Saec. XII.: Arnus abbas — *Wido diac. et mon. istius loci* — Geroldus mon. — Adalbertus pater Adalberti — *Peringerus conv. istius loci — Chunigunt abbatissa* — Alrun mon.

---

⁴²') v. Meiller, Arch. f. K. österr. GQ., XIX. 384. Anmerk. 20, glaubt, dass es „vielleicht" der im J. 1151 verstorbene Abt Berthold von Garsten wäre.

⁴⁴) S. Mariae in Cella, Klein-Mariazell, eine nun nicht mehr bestehende Benedictinerabtei in Niederösterreich. Das steirische Mariazell heisst zu diesem im Gegensatze oft Gross-Mariazell.

⁴⁵) Im J. 1385. Pez, SS. II. 312.

⁴⁶) Heiligenstadt bei St. L.

⁴⁷) Zu St. Lambrecht.

Saec. XIII.: *Adalbero mon. istius loci* — Hermannus mon. —
Permannus officialis obiit, Margareta uxor sua obiit, Gerdrudis
filia ejus.

Saec. XIV.: *Heinricus pbr. et mon. istius loci*, dictus Trôstel —
Obiit *Chraffto Sawrer, judex provinciae* [48]), anno domini
M⁰CCC⁰LVIII⁰ — Andreas pbr. et mon.

* * *

Saec. XV.: Petrus prior pbr. et mon. in Zwettel.

Saec. XVII.: Obiit reverendus in Christo pater ac dominus d. Benedictus, abbas in Seon, a. 1608 [49]).

[15.]

B Idus Maji.

Saec. XII.: Adelgoz pbr. et mon. — *Falco mon.* — Arnoldus mon. —
Adelheit mon. — *Berhta* mater T. — *Sprinza.*

Saec. XIII.: *Hainricus pbr. et mon. istius loci* de Prato — *Uvol-
framus mon.* — *Engilscalcus laic.* frater Udalrici et Gotfridi —
Hainricus puer obiit.

Saec. XIV.: Albertus can. Gurc. — *Oswaldus pbr. et mon.*

* * *

Saec XV.: Pangratius, Perchtoldus monachi.

Saec. XVI.: Obiit dominus Paulus Klocker, in monasterio Novacella,
anno domini 1579.

Saec. XVII.: Obiit fr. Modestus, professus monasterii S. Lamberti,
1651. in schloss Stein [50]) — Obiit R. P. Jacobus Hamerschmidt
in Weiskirchen 1662., professus hujus loci — P. Christophorus
Keller, professus hujus loci, obiit in Veitsch 1666.

[16.]

C XVII. Kal. Junii.

Saec. XII.: *Volpertus mon. istius loci* — Gŏtfridus mon. — Razo —
Eberlint mon. — Frisinch laic. pater Rudberti.

---

[48]) Provinzial- oder Landrichter vielleicht zu Neumarkt oder an der Mur.

[49]) Nach Mezger, Hist. Salisbg. p. 1179, müsste es lauten 1609, 4. Mai.

[50]) Welches Schloss, gelegen unweit von Neumarkt, im J. 1503 das Stift von den
steirischen Lichtensteinern erkaufte.

8 *

Saec. XIII.: *Pilegrimus patriarcha* [51]) — Cŏnradus subdiac. et
can. — Levkardis mater Perngeri — Chŷnegvndis laic. mater H.
— *Hainricus laic. Enstaler.*

Saec. XIV.: *Egidius pbr. et mon. de Gersten* [52]) — *Wolframus
conv. istius loci* — Gŏtfridus carnifex.

Saec. XV.: *Obiit* frater *Otto Würdocher, pbr. et mon.* hujus *loci,*
anno etc. *1448* [53]). — *Obierunt in ecclesia kathedrali Seccoviensi frater Paulus Slaffer canonicus et Georgius Krueg conversus ecclesiae predictae, Dorothea Durrenpergerin et Margaretha uxor coci ecclesiae ejusdem.*

*   *

Hainricus Ziegler mon.

Saec. XVI.: „Conradus Baur" — Thomas Puecher, subdiac. et mon.
hujus loci, 1579. obiit — Reverendissimus . . . Georgius Agricola, episcopus Seccoviensis et bonus fautor hujus monasterii,
obiit 1584 [54]).

Saec. XVII.: P. Placidus Curbelius mon. S. Petri Salisburg. 1639.

[17.]

D XVI. Kal. Junii.

Saec. XII.: Hartwicus — Azilinus mon. — Chennat conv. — *Hiltigunt conv.*

Saec. XIII.: *Ŏdalricus abbas de Milstat* — *Wigandus pbr. et mon.
istius loci* — Dietmarus sacerdos — *Uŏlfkerus mon. istius loci
— Arbo conv. istius loci.*

Saec. XIV.: *Dietmarus Kicler pbr. et mon. istius loci* — *Purchardus pbr. et mon.* senior.

---

[51]) Von Aquileja, 1199—1204. Nach Mooyer ist der 15. Mai der Todestag.

[52]) Garsten.

[53]) Ein anderer Gleichzeitiger hat in II. diesen Namen wohl nur aus Mangel an Raum
zum 17. Mai gesetzt. Derselbe gibt die nähere Bestimmung: „plebanus in Vewtsch"
(Veitsch bei Aflenz). Im Sekauer Todtenb. zum 17. April: „Otto Wardocher sacerdos in St. Lamb."

[54]) Er ward Bischof im J. 1572. Wenn jedoch Mooyer, Verzeichn. deutscher Bisch.,
als Sterbetag den 16. März nennt, so ist diese Angabe wohl irrig. In welcher Weise
aber Bischof Georg sich dem Kloster St. L. günstig erwiesen hat, habe ich nicht
aufgefunden.

Saec. XV.: *Erasmus abbas Lambacensis* [54']) — *Martinus pbr. et mon. ibidem* — Fridricus pbr. et mon.

Saec. XVI.: *Obiit frater Michael Flenntscher, pbr. et mon. istius loci, anno etc. tredecimo* [55]).

*   *
*

Anno domini 1584. obiit dominus Ambrosius Götschl, plebanus in Wels, ex monasterio Novacella, cujus anima deo vivit.

[18.]

E XV. Kal. Junii.

Saec. XII.: Hainricus abbas [55']) — Otpertus pbr. et mon. — *Regilo pbr. et can.* — Wirat.

Saec. XIII.: *Waltherus diac. et can.* Gurk — Walchunus laic. frater Smech. [56]) — *Perhta conv.* Gurk — Christannus laic. frater domini F. abbatis (?) — *Hermannus pbr. et mon.* [57]).

Saec. XV.: *Obiit Gerdrudis, uxor Fridrici Fúler,* anno domini *M° CCCC° XIII°* [58]) — Bernhardus, Chunradus pbri. et mon. de Melch (?) — „Pilgrimus abbas".

Saec. XVI.: Appolonia Adlerin in Gräätz sub anno 24. 18. Maji [59]).

*   *
*

Saec. XVII.: Obiit R. P. Matthaeus Alopitius, oeconomus in Afflenz 1617., hic professus — Obiit P. Adamus Curtius, professus, S. Pauli, 1621. — Obiit R. P. Benedictus Wachfelder Gottwicensis, 1644. 18. die Maji.

[54']) Im J. 1413. Hoheneck, I. 558.

[55]) „Michael Fläntzscher" etc. im Sekauer Todtenbuche zum 12. Mai.

[55']) Dem Todtb. des Stiftes St. Peter zufolge war derselbe Abt zu Elsenbach. Arch. f. K. österr. GQ. XIX. 247.

[56]) Smechonis.

[57]) Eine Hand des 15. Jhdts. macht in II. den Zusatz „istius loci". Das ist nun wohl möglich; denn über der einfachen Notiz, wie ich sie hier aus I. gegeben habe, scheint ursprünglich eine nähere Bestimmung gestanden zu sein, welche jetzt verwischt ist.

[58]) Eine zwar spätere, jedoch noch immer dem 15. Jhdt. angehörige Hand setzt in II. diese Notiz ohne Jahrzahl zum folgenden Tage. Die Füler, denen man in Urkunden aus fast allen Theilen der Steiermark begegnet, führten als Wappen ein Rosshaupt.

[59]) Im Orig. beim 18. April eingezeichnet.

[19.]

F XIIII. Kal. Junii.

Saec. XII. : Chŏno episcopus **59'**) — *Lambertus pbr. et mon.* — Ortolfus mon. Admunt — Wergandus diac. et can. — Heinricus imperator **60**) — Judita mon. — Friderun mon.

Saec. XIII.: *Rudigerus abbas Agmutensis* **61**) — *Agnes mon.* — Rŏdolfus laic. de Hohinstain — Dimudis de Novoforo — Dietmarus de Hasalar — *Irmgardis mon. S. Blasii — Stephanv. Dens, officialis in Marchia — Gerdrudis laic.* mater Vdalrici

Saec. XIV.: *Fridericus pbr. et mon. Chowicensis — Otto d. Liechtnstain* obiit anno domini *M⁰CCC⁰* et in *XL⁰* XIIII. Kal Junii — Elizabet mon. — *Leonhardus Swárczel.*

Saec. XV.: *Albertus abbas de Aspach* — Erhardus Sammogel (? Seccovien. — Petrus de Stain pbr. et mon. — Marcus pbr et mon. — *Obiit Rupertus Neupechk anno domini 1494.*

* * *

Saec. XVII.: Obiit reverendissimus dominus Alexander a Lacu, abba: Cremiphanensis, 19. Maji a. 1613 **62**). — Obiit in Mariahoff P Romanus Friderici, professus hujus loci, 1657.

[20.]

G XIII. Kal. Junii.

Saec. XII.: Otto sacerdos istius loci — Ŏdalricus pbr. et mon. — Adelolt mon. — *Wolfkerus conv. istius loci — Adelhoch con. istius loci* — Gozpertus — Ota laic. mater W. — Frŏmŏt

Saec. XIII.: *Wolfkerus abbas istius loci, in capitulo tumulatus* **63** — Uvalchŭn subdiac. mon. — *Otto diac. et mon.* — Warmundvs sacerdos — Rudolfus de Swent murator.

59') Er war Bischof von Regensburg bis zum J. 1132. „Chŭno episcopus Ratisponensis im Todtb. des Stiftes St. Peter in Salzburg zu demselben Tage; Arch. f. K. österr GQ. XIX. 247.

60) Heinrich V., welcher jedoch am 23. Mai 1125 gestorben ist.

61) 1201 (oder 1202?) — 1205. Fuchs, Gesch. v. Admont, S. 33. Auch wird de 18. Mai als Todestag bezeichnet. Schmutz, Lexikon, I. 10.

62) 1600—1613. Pachmayr, Series abb. et rel. Cremifan. P. III. 359—385.

63) Sowohl vor als nach dem Abte Waltfried ist ein Abt dieses Namens gewesen. O wir es in Beiden nur mit einer und derselben Person zu thun haben, liess sic bisher nicht endgiltig entscheiden. Näheres hierüber in den Beitr. z. K. steie GQ. II. 12⁹, 130; dazu Berichtigung, IV. 148—150. Der Name Wolfker komn

aec. XIV.: Judita (uxor?) Chunrari (sic) de Mandorf⁴⁴).

aec. XV.: *Obiit dominus Johannes Pechinger, canonicus de Berchtersgardmenn.*

aec. XVI.: *Obiit Gregorius Tzimperger, servitor hujus ecclesiae,* anno etc. *decimo septimo.*

[21.]

XII. Kal. Junii.

aec. XII.: Poto abbas — *Otto pbr. et mon. istius loci* — Adam pbr. — *Gerwicus* mon.

aec. XIII.: *Wikerus pbr. et can. — Johannes pbr. et mon. de Uictoria* ⁶⁵).

aec. XV.: *Obiit frater Jeorgius Schädel* ⁶⁶) *de Novacivitate anno 1491., pbr. et mon. istius loci* ⁶⁷).

* * *

aec. XVI.: Obiit frater Vrbanus anno 1.5. vicesimo nono, pbr. et mon. istius loci.

[22.]

XI. Kal. Junii.

aec. XII.: Arnoldus pbr. — Chŏno mon. — Wezilinus can. — *Rŏdolfus can. et Seccŏ* (sic) ⁶⁸) — Chŏno conv. — Richilt — Hiltrud de Rasa ⁶⁹).

---

also jenem Abte oder jenen Äbten von St. L. zu, welcher oder welche diesem Kloster in den Jahren 1216 — (1220?) und (1228?) — 1233 vorgestanden sind. Derselbe Sterbetag im Necrol. Admunt. ap. Pez, SS. II. 203.

¹⁴) Welcher Ort unweit von Neumarkt liegt.

¹⁵) Viktring in Kärnten.

¹⁶) „Georgius Schendel pbr. et mon. de S. Lamperto 1491" im Sekauer Todtb. beim 20. Juni.

¹⁷) Zu diesem Tage wäre auch die Aufzeichnung zu zählen, welche Mariazell betrifft und unten in der Anmerk. 93 angeführt wird.

¹⁸) Ursprünglich standen da auch die jetzt verwischten Worte „et diaconus" und subdiaconus.

¹⁹) Das Geschlecht, welchem diese Hiltrud angehörte, erscheint mit verschiedenen Mitgliedern in Urkunden dieses und des 13. Jhdts. häufig. Nach Ankershofen wäre dessen Stammsitz die Burg Rosek in Kärnten.

Saec. XIII.: Uvernherus mon. (?) — Ŏdlscalcvs [70]) episcopus Gurcensis — Nordianus pbr. et mon. — Haeinricus conv. S. Georii — *Herradis* laic. *villica.*

Saec. XIV.: Obiit *Margareta* laic. *de Hof — Fridricus Krell, pbr.
et mon. hujus monasterii — Symon pbr. et mon. de Chodwico.*

* * *

Saec. XV.: Maragaretha (sic) sanctimonialium monasterii Admontensis magistra obiit.

Saec. XVI.: „Obiit frater *Vrbanus pbr. et mon.*, plebanus in Lesnico, *anno 1529*" [71]).

Saec. XVII.: Obiit R. P. Benedictus Holderer pbr. et mon. hujus loci,
cujus anima deo vivat 1662. — Obiit P. Abraham Grueber professus Gottwicensis 165.. — Anno a virgine matre M.DC.LVII.
defunctus est in Läsniz memoria dignus Joannes an Gräben,
homo sine litteris eximiae sapientiae, paterfamilias valde laudatus, amica praeditus affabilitate, locuples et non avarus, sed
pro modulo iiberalis, ecclesiae quoque S. Nicolai suae parochiae
coadjutor, agilitate decenti sollicitus usque ad postremum vitae
suae tempus. Hinc ob industriam illius in fovendo ferendoque
lumen ante venerabile sacramentum istius loci quidam presbyter et monachus in nocte semel casto somnio meruit consolari
paucis ante annis, antequam moreretur ipse Joannes. Contigit
obitus ipsius optimi Joannis in Majo die XXII. tempore quidem
florum, sed commodius hic annotatur in autumno fructuum,
tempore quando quidem fructus extitit aetatis longaevae praematurus, annorum plus minus 90, tota sanis aetate pollens sensibus. Hucque ponitur, ubi per alia Kalendarii nomina non impeditur [72]).

---

[70]) Udalricus in II. von einer Hand des 16. Jhdts. geschrieben. Nach Mooyer war
Ulschalk Bischof vom J. 1219 bis 25. Mai 1231. Hohenauer, Kirchengesch. von
Kärnt., S. 87, lässt denselben bereits im J. 1222 sterben.

[71]) Lassniz bei St. L. In II. heisst es von demselben und zwar von gleichzeitiger Hand:
„Vrbanus Plat, pbr. et mon. istius loci, anno 1529".

[72]) Diese ungewöhnlich lange Aufzeichnung rührt von dem St. Lambrechter Kapitularen und Chronisten Peter Weixler (s. Anmerk. 20, Decemb.) her und ist im
Orig. beim 11. Sept. eingetragen. Natürlich ist mit Läsniz die Lassniz zwischen
St. L. und Murau gemeint.

[23.]

C X. Kal. Junii.

Saec. XII.: Pię memorię obiit *Ŏdalricvs abbas istius loci* [73] —
Engilscalchus abbas — Chŏnradus pbr. et mon. — Johannes
pbr. — Gŏtfridus mon. — *Bertoldus mon. S. Blasii.*

Saec. XIII.: *Otto pbr.* et mon. *istius loci* [74]) — Rudolfvs subdiac. et
can. — *Hermannus conv. istius loci* — Leupoldus conv. —
Hermannus caupo de Prato — *Ditmarus* laic. *de Lichtenstain* [75])
— *Otakerus pellifex* — *Wilbirch* mater Tie.

Saec. XIV.: *Wolframus conv. hujus loci.*

Saec. XV.: *Chunradus* pbr. *et mon. prior de Aspach* — *Georgius can. Junensis* [76]), *plebanus in Gutenstain, 1445.*

* * *

Saec. XVI.: Anno salutis nostrae 1585. obiit venerabilis frater
Bartholomeus Kienperger, pbr. et mon. istius monasterii, cujus
animam deo commendamus.

Saec. XVII.: Soror Benigna Schwertlin, monialis Salisburgi — Reverendissimus d. d. Georgius Falbius, abbas Gottwicensis,
MDCXXXI [77]). — R. P. Christophorus Eder, pbr. et mon. hujus
loci, in Hoff 1631.

[24.]

D VIIII. Kal. Junii.

Saec. XII.: Ŏdalricus pbr. et mon. — Hugo pbr. et mon. — Heinricus pbr. et can. — Vto mon. — Gebehardus diac.

---

[73]) Nach loci setzte eine Hand des 13. Jhdts. „processio ad St. Paulum" (St. Paul in
Kärnten?). Näheres über Abt Udalrich, welcher vielleicht im J. 1123 zum Vorstand seines Klosters erwählt worden ist, s. iñ den Beitr. z. K. steier. GQ. II.
118—120. Derselbe starb im J. 1148. Er soll vor seiner Erwählung Mönch in
Garsten gewesen sein, dürfte daher zu den postulirten Äbten von St. L. gezählt
werden müssen. Pritz, Gesch. v. Garsten, S. 11, jedoch ohne die Quelle zu nennen. — Auch Necrol. Admunt. ap. Pez, SS. II. 203, hat denselben Todestag und
ebenso Necrol. Run. bei Frölich, Dipl. sacra duc. Styr. II. 342, ferner das Todtenb. des Stiftes St. Peter in Salzburg im Arch. f. K. österr. GQ. XXIX. 248.

[74]) Sowohl über Otto als auch nach loci je ein (?) nun nicht mehr lesbares Wort.

[75]) Urkundlich um das J. 1232.

[76]) Öberndorf im Jaunthale.

[77]) Derselbe war ein Steiermärker und gebürtig von Obdach in Obersteier. Früher
Profess in Garsten wurde er im J. 1612 nach Götweig postulirt. Pritz, Gesch.
von Garsten, S. 60, 61.

Saec. XIII.: *Mainhardus conv. istius loci — Wilhalmus* p. (sic)
*de Pernek -- Hainricvs abbas Admund per suos cognatos
occisus anno* domini *M°CC°LXXXXVII*[78]). — *Trauta soror.*

Saec. XIV.: *Margareta* uxor Hainrici de Monte -- *Nicolaus pbr. et
mon. de Medlico — Hainricus pbr. et mon. istius loci* de
Kurka — *Frater Chueno* de Novoforo[79]).

* * *

Saec. XV.: Martinus pbr. et mon. S. Hemmerammi Ratis(bonae) —
Christina Cellerin monialis.

Saec. XVII.: Antonius Liscutin, civis et mercator hujus oppidi, bene
meritus, 1628. — Obiit frater Erasmus Hilleprandt, professus
hujus loci, anno 1667.

[25.]

E VIII. Kal. Junii.

Saec. XII.: *Gregorius papa qui et Hiltibrant*[80]) — Chŏnradus
pbr. et mon. — Petrus mon. — Dietricus mon. — Gerboldus
conv. — *Heliwich mon. — Adelheit* .... — Sigifridus
frater Diet(mari) — Dietricus conv. — Heinricvs praepositus.

Saec. XIII.: *Chunradus pbr. et mon.* istius loci *prior — Herman-
nus mon. istius loci* Waecherli (?) — *Gotfridus pbr. et mon.*
S. Blasii — Duringus laic. de Stiria[81]) — *Rŏdolfus miles de
Rase* — Guntherus, Hainricus submersi — Chunradus laic. de
Chogel[82]) — Haimo laic. frater Chŷnradi.

Saec. XIV.: *Gundacherus pbr. et mon.*

---

[78]) „Per suos" etc. ist von einer Hand des folgenden Jhdts. hinzugefügt worden. Dass
der 25. April der Tag der Ermordung war, wird richtiger sein. Die Urtheile über
diesen Mann, welcher im J. 1275 zur äbtlichen Würde gelangte und jedenfalls
zu den interessanten Persönlichkeiten der steirischen Geschichte zählt, lauten sich
widersprechend. Gleichwohl muss sein neuester Vertheidiger zugeben, dass Abt
Heinrich ehrgeizig, rachsüchtig und unerbittlich strenge war. Fuchs, Gesch.
von Admont, S. 37—42.

[79]) Neumarkt. In unmittelbarer Nähe steht von anderer, gleichfalls dem 14. Jhdt. angehöriger Hand: „o(biit) conversus istius loci".

[80]) Gregor VII. starb im J. 1085. Jaffé, Regg. pont. Rom.

[81]) Steier, Stadt mit einem Schlosse in Oberösterreich. Derselbe lebte um die Mitte
des 14. Jhdts.

[82]) Am Chogel ist wohl eine Gegend in der Nähe des Stiftes.

* * *

Saec. XV.: Obiit venerabilis dominus Johannes Chrabat, antiquus abbas, et dominus Hainricus Sweuus antecessor suus, omnes abbates in Arnoldstain [83]).

Saec. XVI.: „Dominus Franciscus pbr. — Anno etc. undecimo obiit fr. Bernhardus Streimel, pbr. et mon. istius loci" [84]) — Magister Pertholdus felicis memoriae.

Saec. XVII.: Obiit R. P. F. Vlricus Daxsperger, pbr. in Seon a. 1612. — Pie obiit Leonardus, pater abbatis hujus loci Henrici Stadtfeldt, anno 1619., cujus animam deus consoletur.

[26.]

F VII. Kal. Junii.

Saec. XII.: Walchŏn pbr. et mon. — *Gerwinus sacerdos* — Heinricus pbr. et can. — Ebergerus pbr. — *Dietricus mon.* S. Blasii — *Pabo mon.* S. Blasii *Admunt* — Adelbertus conv. — Chŏni .... mon.

Saec. XIII.: *Hainricus* laic. de Gossa *dictus Schmeltzel* — Mergart laic. — Gewirgis soror S. Blasi.

Saec. XIV.: *Werenherus abbas Osciacensis* obiit — Hainricus abbas Osciacensis [85]).

* * *

Saec. XV.: Obiit Johan. Schönawer, pbr. et mon. S. Lamberti, anno 1424 [86]).

[27.]

G VI. Kal. Junii.

Saec. XII.: Pabo mon. — Heinricus mon. — Arnis acolitus — Gŏtscalchus conv. — *Diemŏt mon.*

---

[83]) S. Anmerk. 12. Sept.

[84]) „Bernhardus Sreimel" etc. im Sek. Todtb. beim 12. Mai.

[85]) Dieser war der unmittelbare Nachfolger jenes (Wernhers), welcher im J. 1315 gestorben sein soll, während der Tod Heinrichs in das J. 1319 fällt. Wallner, Annus milles. Ossiac., p. 78, bezeichnet jedoch als Todestag des Abtes Heinrich den 19. Mai.

[86]) Es ist nicht zu übersehen, dass diese Aufzeichnung von einer Hand im Ausgange des 16. Jhdts. geschrieben worden ist.

Saec. XIII.: *Walchunus conversus istius loci* — Adelbertus conv. —
Herimannvs lapicida de Chaltinho(f)[87] — *Johannes dictus
Scharn.*

Saec. XIV.: Gebhardus de Gurka pater Alberti — *Rudolfus laic.*
dictus Tueschenpech de Enstal — *Ulricus* (?) dictus Scriptor,
pbr. et mon. istius loci, de La, obiit anno domini millesimo
tricentesimo XLV. — Vlricus Virdung.

Saec. XV.: Obiit *Fridricus pbr. et mon. S. Emmerammi* episcopi
et confessoris — Nicolaus pbr. et mon. — *Conradus pbr. et
mon.* dictus Kirchenveint — Hermannus pbr. et mon. de Chrems-
muster.

* * *

Johannes ex Admund accolitus et mon.

Saec. XVII.: Obiit R. P. Athanasius Magnus, vicarius in Hoff et
professus hujus loci, a° 1645. — F. Georgius Adamus Egglhueber, novitius in monasterio d. Lamberti Subensi, 1649.

[28.]

A V. Kal. Junii.

Saec. XII.: *Dietricus pbr. et* can. *Gurc.* — *Otto pbr. et mon.* —
Adelbertus mon. Admunt[88]) — Lambertus mon. — Eglolfus
laic. — *Dietmarus campanarius.*

Saec. XIII.: *Diepoldus* pater Geroldi — Elysabeth conv. de Agmund[89]).

Saec. XIV.: *Stephanus* obiit *de Veuchten*[90]) — *Anna uxor Petri
de Sauraw.*

Saec. XV.: *Obiit Johannes dictus Newmaister, senior pbr. et mon.
hujus loci anno* a n. etc. 1472[91]).

---

87) Der Kaltenhof ob dem Stifte. In den Beiträgen z. K. steier. GQ. II. 133 habe ich
auf die unter dem Abte Gotschalk († 1280) stattgefundenen Bauten bei der Klosterkirche hingewiesen. Vielleicht war der erwähnte Steinmetz eben bei diesen
Bauten betheiligt und somit der Zeitraum seines Lebens näher bestimmt, etwa um
1260.

88) Ein Albertus monachus, zugleich magister operis (Baumeister), lebte um das Jahr
1190. Joanneums-Arch. Urk. Nr. 272.

89) Welche Notiz im Orig. so steht, dass sie auch zum folgenden Tage gezählt werden
könnte.

90) Dürfte eine Gegend unweit vom Stifte sein.

91) Im Sek. Todtb. zu demselben Tage bis auf das Prädikat „senior" dasselbe.

Vlricus conv. in Zwettel.

Saec. XVI.: Obiit Michael Griessauer, abbas monasterii Admonten. [92])
— „Wolfgangus Klett [93]) — Georgius pbr. — Michael pbr. —
Cristofforus de Topl (?), Margareta uxor ejus — Vdalricus
Prenner — Anna uxor Leonhardi Hochstetter de Krembs“.

[29.]

B IIII. Kal. Junii.

Saec. XII.: Otto mon. — *Rahwinus mon.* — Wolframmus acol. —
Pillunc mon. — *Agatha l.* matertera G. Vez. [94])

Saec. XIII.: *Hermannus pbr. et mon. Garsten — Helmwicus miles
de S. Maria* [95]).

Saec. XIV.: *Hainricus* Piswicus, *pbr. et mon. istius loci.*

Saec. XV.: *Caspar Bursfel albas* (sic, abbas) — Sermiczer [96])
Anna.

Paulus conv. in Zwettel.

---

[92]) Wurde im J. 1501 zum Abte erwählt, gelangte jedoch nicht zur Ausübung seines
Amtes. Er starb im J. 1514 zu Salzburg. Fuchs, Gesch. v. Admont, S. 53;
Schmutz, Lexikon. I. 15.

[93]) Dieser und die noch zu diesem Tage folgenden Namen von einer und derselben
Hand. II. hat davon nur einen herübergenommen, nämlich die „Anna uxor“ etc.
zum 29. Mai und von einer Hand im Ausgange des 16. Jhdts. Dieselbe Hand hat
dafür zum 28. Mai Folgendes aufgezeichnet: „Anno domini 1474. sabbato post
ascensionem domini (21. Mai), hora undecima noctis combustum est forum in
Cellis Mariae integrum una cum ecclesia et dote, ita ut non plus remanserit quam
tres domunculae viliores, tempore reverendi abbatis Johannis Schachner“. Der
gleichzeitige J. Manesdorfer (Beitr. z. K. steierm. GQ., 1. Heft) hat folgendes
„Epigramm“ auf diesen Brand verfertigt, worin jedoch als Unglückstag ein anderer Tag bezeichnet wird:

> Ecclesiam foro decima consumpsit vorago
>
> Quinta die May septuagesimi quarti,
>
> Adde annos mille, quater centos quoque junge.

[94]) Gotfridi (de) Veznach; Fessnach.

[95]) St. Marein bei Neumarkt. In einer Urkunde vom J. 1270 (29. Jän. Wien) des
Königs Otakar für St. L. erscheint unter den Zeugen auch ein Helmwig von Grazlvp. St. Marein liegt aber in Grasslab, und so kann es wohl möglich sein, dass die
„de S. Maria“ zur Familie der Grasslaber gehören.

[96]) Oder soll es heissen Schermiczer? Denn über „rm“ setzte dieselbe Hand noch ein
„ch“.

Saec. XVI.: „Georgius Enser".

Saec. XVII.: Maria Anna Englliebin, filia Michaelis Engllieb, 1627. —
Obiit Maria Caecilia monialis in monte monialium Salisburgi
a⁰ 1648.

[30.]

C III. Kal. Junii.

Saec. XII.: *Ôdalricus mon.* — Sigbertus mon. — Geroldus mon. —
Herimannus subdiac. — V̊dalricus pbr. de Linte ⁹⁷) — Rainboto
pbr. — *Adelheit* mater Perm. laic.

Saec. XIII.: Offo juvenis — Wilbirch mater Tymonis.

Saec. XV.: *Cristannus pbr. et mon.*

* * *

Obiit Leonhardus de Krembsmunster, pbr. et mon.

Saec. XVII.: R. D. Dominicus Perlinger pbr. can. Claustroneoburgi
1631. — R. P. Romanus Heyla, professus Gottwicensis et
parochus Heinfeldtensis, obiit a⁰ 1645. — Eminentissimus ac
celsissimus princeps Guidobaldus, S. R. E. cardinalis pbr.,
archiepiscopus Salisburg. ⁹⁷')

[31.]

D II. Kal. Junii. Petronellae virg.

Saec. XII.: *Hermannus pbr. et mon. S. Blasii* — Hugo mon. —
Heinricus mon. — *Hirzmannus conv. istius loci — Rainherus
conv. istius loci.*

Saec. XIII.: Engilbertus mon. Admvnt — *Maethildis* uxor Permanni
de Techov ⁹⁸) — Maethildis laic. mater Gerungi.

Saec. XIV.: *Hainricus abbas istius loci, anno domini M⁰CCC⁰XI⁰
in Avinon* ⁹⁹) — Nicolaus pbr. et mon. de Agmunt — *Elyzabet
·uxor magistri Ekh* — Hainricus dyac. et mon. de Admund —
Heinricus puer scolaris, filius magistri hospitum.

---

⁹⁷) Lind bei Knüttelfeld.

⁹⁷') Aus dem gräflichen Hause Thun. Seite 1654 Erzbischof, starb er am 1. Juni 1668.
Mooyer.

⁹⁸) Techa, Techau bei St. Blasien unweit von dem Stifte.

⁹⁹) Etwas später ward diese Notiz aufgefrischt und von der renovirenden Hand noch-
mals hinzugefügt: „obiit anno domini M°CCC.XI° in Auion". In den mir bekannten
Urkunden wird Abt Heinrich zum ersten Male im J. 1306 (Juli, Orig. im Stifts-

Saec. XV.: *Andreas pbr. dictus Robel.*

*   *   *

Saec. XVI.: Elitzabet Pauhlin — F. Casparus Fersueru (?), pbr. et
mon. Krembsminst.:r, 1597 100).

Junius.

[1.]

E Kal. Junii.

Saec. XII.: *Leonhardus abbas — Poppo comes dedit praedium* 1) —
Gerhardus pbr. et mon. — Gabriel mon. — Gerlaus mon. —
Otto conv.

Saec. XIII.: *Hartwicus pbr. et mon. istius loci* custos — Vlricus
obiit, frater Ottonis — *Adam de Pruke* — Rŭdigervs puer —
Leukardis mon. S. Georii.

Saec. XIV.: *Anna Gresti* (?) laic. obiit uxor Nicolai.

Saec. XV.: *Johannes* laicus, *dictus Tichtel.*

*   *   *

Saec. XVII.: D. Joannes Abbas de Chrembsmünster 1600 1') —
Nobilis dominus Joannes Kogler obiit in Cell 2) 1645.

---

arch. Nr. 136) genannt. Sein Verweilen zu Avignon, wo seit 1309 die Päpste re-
sidirten, ist auch durch zwei Originalurkunden im k. k. g. H. H. und Staatsarchiv
in Wien sichergestellt. In der einen (1311, April 14, Avignon) verleiht er dem
Subdiakon Friedrich Gloyacher die Kirche zu St. Andrä in Piber, wobei als Zeugen
figurirten: der Mönch und Priester Jakob Trollär von St. L., der Pfarrer Wig-
mann von Obdach, der Diener des Abtes, Nicolaus Sohn Ulrichs genannt „de cimiterio" etc. Durch die andere Urkunde (19. April) erbat der Abt von dem Bischofe
von Sekau, solche Verleihung zu bestätigen. Wesshalb Abt Heinrich nach Avignon
gekommen war, wo er dann verstarb, ist mir unbekannt. Was die früheren Series
abbatum von einem Concil zu Vienne behaupten, ist unerweisbar.

100) Richtig Fersner, als dessen Todestag jedoch von verlässlicherer Quelle der 5. Juli
bezeichnet wird. Pachmayr, Series abb. et rel. Cremifan. P. II. 343.

1) Graf von Heunburg? Vergl. Tangl im Arch. f. K. österr. GQ. XIX. 49 u. ff.

1') Johannes Spindler, vorher Abt zu Garsten und im J. 1589 nach Kremsmünster
postulirt. Er starb jedoch am letzten Mai 1600. Pachmayr, Series abb. et rel.
Cremifan. P. III. 345—355.

2) Mariazell.

[2.]

F IIII. Nonas Junii. Marcellini et Petri.

Saec. XII.: Chŏnradus mon. — Hartwicus mon. — Adelgoz pbr. et
 mon. — Hecilinus mon. — Offo mon. — Lantoldus conv.

Saec. XIII.: *Vlricus pbr. et mon. istius loci* Reschel de Swent —
 Hainricus laic. *sartor* — Margareta uxor Hainrici de Tratten —
 Guntherus laic. de . . . . . .

Saec. XIV.: Nicolaus miles Gre . . . 3) — *Gundacherus abbas monast. Medlicen.* 4) — *Symon pbr. et mon.* de Chŏtbico —
 Otto abbas Salczpurg. 5)

Saec. XV.: *Martha, Magdalena sanctimoniales.*

[3.]

G III. Non. Junii. Erasmi mart. et episc. 6)

Saec. XII.: *Johannes pbr. et mon. istius loci* — Grifo mon. —
 Arnoldus conv. — Eppo — Razo.

Saec. XIII.: Chunradus mon. — Ortolfus mon. — *Paldricus conv.* —
 Otakerus laic. frater Perngeri.

Saec. XIV.: *Wilhalmus* laic. *Sachner.*

Saec. XV.: Fridricus pbr. et mon. — *Melchior pbr. et can.* —
 Johannes laycus 1.4.89., Anna uxor ejus.

* * *

Vlricus abbas, Nicolaus abbas, Thomas etc. 7).

Saec. XVI.: Joannes IIII. cognomento Tratner, qui 29 annis fideli
 opera hujus abbatiae moderatus est habenas, aerumnosae vitae
 catastrophen pie admodum peregit anno domini 1591 8).

---

3) Es ist dieser offenbar derselbe, dessen beim 1. Juni (saec. XIV.) Erwähnung ge-
 schieht. Beide Notizen rühren übrigens von einer und derselben Hand her.

4) Nach einer anderen Quelle am 3. Juni. Er gehörte der adelichen Familie von
 Pergau an und war Abt von 1334—1340. Keiblinger, Gesch. v. Melk, I. 419—423.

5) S. Anmerk. 10, März.

6) Der Heiligenname von einer Hand des 14. Jhdts.

7) Folgen von derselben Hand noch 18 Namen, ohne dass dazu bemerkt wäre, wer
 die Träger derselben waren und wo sie gelebt haben.

8) Derselbe führte Stab und Infel seit dem 18. August 1562. Sein Geburtsort ist der
 Ort St. Lambrecht. Für das Stift, welches durch die schlechte Wirthschaft seiner
 beiden Vorgänger sowie durch die Stürme des Reformationszeitalters ganz herab-
 gekommen war, schuf er die Möglichkeit des Fortbestehens. Sonst zählte derselbe zu den bedeutenderen Gegnern der Reformation.

[4.]

A II. Non. Junii.

Saec. XII.: Werinherus abbas — Walrab pbr. et mon. — Reginherus mon. — Hartwicus conv. — Rimunt pbr.

Saec. XIII.: *Perhtoldus abbas sanctae Mariae in Ozziaco* [9]) — *Hermannus pbr. et mon. istius loci*, de Cella — *Sigihardus laic. de Stadel* — Eccehardus conv.

Saec. XIV.: *Otto dictus Höhenberger*, anno domini *milesimo CCCLX° nono*, in vigilia Bonifacii — Syghardus laic. obiit, sartor de foro — *Obiit Otto laic. dictus Gastmaister, qui sedebat in Chaltenhofen — Gerdrudis de Ohsenhof* — Alhaidis filia Gotscalci de Chaltenhof — *Elizabeth filia Ottonis de Palten.*

Saec. XV.: *Cecilia monialis de Admund.*

Saec. XVI.: *Joannes Rabennest, confrater et familiaris monasterii Gotwicensis, obiit anno etc. decimo sexto.*

[5.]

B Nonae Junii. Bonifacii episc. et soc. ejus.

Saec. XII.: Manegoldus mon. — Siboto subdiac. — *Pertoldus conv. istius loci* — Mathildis mon.

Saec. XIII.: *Hartwicus pbr. et mon. istius loci* — Livpoldus pbr. et mon. in Agmvnd — *Ilsungus pbr. et mon. istius loci* senior — *Pertholdus laic.* de Cherspaum occisus — *Rüdbertus de Karih* [10]) *occisus* — Margareta laic. Cychstainnine — Permannus laic. de Prato.

Saec. XIV.: *Elyzabet mon. Admunt — Rihza monialis de Admunt.*

* * *

Saec. XVI.: Febi vom Turn, Caspar Leysser, Wilhalmb Jägermaister, Wolfgangus Zwigkl, Wolfgangus Drikopf, Veronika Stainacherinn (?), Wolfgangus Rauscher, Georgius piscator, laici — Heinricus pbr. et mon. istius loci.

Saec. XVII.: Fr. Theodorus Neubaur pbr. et mon. 1625.

---

[9]) Von 1250—1263. Wallner, Annus milles. Ossiac. p. 69, 70. Der folgends erwähnte Ort ist Mariazell.

[10]) Ist Karih vielleicht die ältere Schreibung des Namens Karchau, wie eine Gegend in der Nähe von St. L. heisst? Der vorher erwähnte Ort ist Kerschbaum, ein Bauerngut in der Nähe des Stiftes.

[6.]

C VIII. Idus Junii.

Saec. XII.: Manegoldus pbr. et mon. S. Blasii — *Irmgart mon.* — Hilta.

Saec. XIII.: Alhalmus pbr. et can. — *Hainricus miles* de Mura [11] — *Johannes pbr. et mon. istius loci* de Judenburga.

Saec. XIV.: Ernestus Dens officialis de Auelentz [12] obiit — *Chunradus abbas de Chremsmünster* [13] — *Katerina* de Judenburga.

Saec. XV.: Fridricus dictus Achdorffär, pbr. et mon. — Johannes pbr. et mon. in Farmpach.

* * *

Obiit frater Vdalricus Rattmonstorffer plebanus in Pyber, qui quidem concorditer a conventu ad praelaturam electus, sed per Johannem Schachner Secundum (favente imperatore) ammotus, insuper pro regendo plebaniam ad Pyber translatus, ubi in annos plurimos praefuerat, tandem incarnationis Christi anno 1490 in pace feliciter quievit [14]).

Saec. XVII.: Obiit Alexander Sager, pbr. et mon. in Krembsmünster, 6. Junii 1628. — P. Andreas Osterman, pbr. et mon. ad S. Paulum, 1633.

[7.]

D VII. Idus Junii.

Saec. XII.: *Isingrimus abbas S. Blasii* [14'] — Otwinus pbr. et mon. — Eppo mon. — Manegoldus mon. S. Blasii — Waltherus can. — *Ermricus* (sic) *conv. istius loci* — Johannes pbr. et mon. in Agmůt — *Chunradus laic.* servus.

---

[11] Möglich ist auch die Lesung Truna.

[12] Aflenz.

[13] 1360—1363. Pachmayr, Series abb. et rel. Cremifan. P. II. 191—193.

[14] In l. lautet es, gleichfalls von einer gleichzeitigen Hand, einfacher: „Obiit Vdalricus-Rottmonstorffer pbr. et mon. istius loci, plebanus in Piber, anno domini 1490". Im Sek. Todtb. „Vdalricus Rotmanstorfer" etc. zum 21. Mai.

[14'] In Admont. Er starb nach Schmutz, Lexikon, im J. 1090. Ein Nekrolog des Stiftes Admont jedoch, aus dem 13. Jhdt., gibt den 6. Juni an. Arch. f. K. österr. GQ. XIX. 408, wo er irrthümlich für den Abt dieses Namens von Ebersberg gehalten wird. Vergl. Pez, SS. II. Necrol. Admunt. 198—209.

Saec. XIII.: Helembertus laic. faber — Sophia de Ueznach [15]) — Gerdrudis Maise.

Saec. XIV.: *Ruedolfus dictus Hawbenperstel.*

Saec. XV.: Thomas Checzelstorffer, pbr. et canonicus — Johannes dictus Weizzenwurger — *Obiit Georius praepositus in Oberndarff* piae memoriae [16]).

* * *

Saec. XVI.: Anno millesimo quingentesimo quadragesimo primo egit animam Ualentinus Pierer ex Afflentz, hujus monasterii abbas, qui viginti XXIII (sic) annos coenobii hujus moderatus est abbatiam [17]).

Saec. XVII.: Obiit fr. Conradus Zumperg, professus Chremiphanii, 7. Junii a. 1642.

[8.]

E VI. Idus Junii.

Saec. XII.: Hademarus *archipbr.* — Odalricus pbr. et can. — *Rahawinus* (mon.) *istius loci.*

Saec. XIII.: *Wicherus conv. istius loci* — Wilbirgis laic. uxor Anfre (?) — *Reichza* filia Chunradi *de Saurau.*

Saec. XIV.: *Perchta laic.* obiit de Chaphenberch, filia Winchlarii — Wilhalmus de Chreic [18]) obiit M.CCC.III.

Saec. XV.: *Walpurgis monialis Gurcen. — Wolfganng dictus Altenwurger laycus anno 1432. — Erhardus pbr. et mon. de Millstat.*

Saec. XVI.: *Anno etc. decimo sexto obiit venerabilis pater Maurus senior pbr. et mon. monasterii Gotwicen.*

* * *

Saec. XVII.: Anno 1646. obiit R. P. Laurentius Bimiller in Camern, professus Admontensis, parochus in Camern — P. Petrus Zilgens, monachus Mellicensis, 1648.

---

[15]) Fessnach.

[16]) Öberndorf (Eberndorf) im Jaunthale in Kärnten. S. Anmerk. 20, Juli.

[17]) Zum Coadjutor des Abtes Johann Sachs erwählt, sollte er diesem auch als Abt nachfolgen, was denn wirklich am 11. Mai 1518 geschah. Kaiser Karl V. hatte ihn zu seinem Rathe ernannt, worüber das Diplom noch vorhanden.

[18]) Kreig in Kärnten.

[9.]

F V. Idus Junii. Primi et Feliciani.

Saec. XII.: *Ŏdalricus abbas S. Salvatoris* [19]) — *Dietmarus mon istius loci* — Berhtoldus pbr. et can. — *Marchwardus conv. istius loci* — *Medwet conv. istius loci* — *Ellis* — *Ŏdalricus pbr. et mon. istius loci* — Gisilherus confrater noster abbas Mŏsniz.

Saec. XIII.: *Pabo* mon. in Milstat, pater Hainrici — Chŭnradus pbr. et mon. de Seitansteten — Obiit domina Chunegundis de monte Zeirich [20]).

Saec. XIV.: Hilpurgis mon. — *Dietmarus conv. istius loci* — Otto *pistor.*

Saec. XV.: *Chunradus Chaynacher, pbr. et mon. istius loci* [21]), *plebanus in Pyber, anno etc. 1448.* — Wolfgangus pbr. et mon. — Philippus conv. de Admund — *Elisabeth mon. Admundiae* — Dominus Johannes V^to Idus Junii [22]).

* *

Nicolaus Czingk, quondam praepositus in Voraw ac juris canonici licenciatus [23]).

Saec. XVII.: V. Idibus 1619. obiit Hanss Amon, hujus loci secretarius et judex bene meritus — Pr. Fr. Christianus Berlinger ex monasterio Bregantz Suevia, hospes hujus loci, anno 1621.

[10.]

G IIII. Idus Junii.

Saec. XII.: *Petrus pbr. et mon.* istius loci — *Wolfkerus mon. istius loci* — Livthardus mon. S. Blasii — *Piae memoriae Fridericus imperator* [24]).

---

[19]) Vielleicht ist damit Abt Udalrich von Kremsmünster gemeint, welcher im J. 1182 gestorben ist. Ein Salvatorskloster gab es auch zu Schaffhausen. Gerbert, Hist. Nigrae Silvae, I. 436.

[20]) Zeiring. Steht im Orig. so, dass sie auch zum vorhergehenden Tage gezählt werden könnte.

[21]) „Conradus Kaynacher" etc. im Sekauer Todtenb. zum 17. April.

[22]) Derselbe war ein Chorherr zu Herzogenburg und ist beim 23. Jän. eingetragen.

[23]) Starb, nachdem er schon früher auf seine Würde verzichtet hatte, im J. 1448. Schmutz, Lexikon.

[24]) Friedrich I. Er ertrank bekanntlich im J. 1190 auf seinem Zuge in's heil. Land im Flusse Saleph (Seleucius). Ansbert, Hist. de exped. Frid. imp. in den Font. rer.

Saec. XIII.: *Pilgrimus laic.* pater Wolf. — Engilrat laic. S. Petri Rosacio.

Saec. XIV.: *Symon pbr. et mon. de Cotwico* — Chvnradus Ramler laic.

Saec. XV.: *Fridricus abbas Medlicensis* piae memoriae [25]).

***

Obiit inclitus princeps dominus Ernestus, archidux Austriae, M°CCCC°XXIIII.

Saec. XVII.: Obiit R. P. Wolfgangus Törling, pbr. mon. et senior hujus loci, a. 1614. — Maria Rosina Englliebin, uxor d. Joannis Cristophori [26]) Bardonzii, aulae judicis et secretarii, 1649.

[11.]

A III. Idus Junii. Barnabae apostoli.

Saec. XII.: *Rŏdolfus pbr. et mon.* — Erchengerus pbr. et mŏn. — Amelunc diac. et mon. — Pilgrimus mon. — Otto mon. — Diemŏt inclusa.

Saec. XIII.: *Arnoldus sacerdos de Tivfenbach* [27]), *confrater noster — Gotfridus mon. istius loci.*

Saec. XIV.: *Erhardus abbas de Gesten* [28]).

Saec. XV.: *Thomas pbr. et can.* — Wolhardus pbr. et mon. [29]) — Obiit Jeorius laicus 1465. — Paulus pbr., Cristofforus pbr. — *Nicolaus Offenpekch laic., Reinprecht Offenpech laic.,* Michahel Offenpeckh laic., *Andreas Offenpekch filius suus laic.,* Egidius Offenpekch laic., Erasmus Offenpekch laic., *Dorothea* Offenpekchin laic., *Walpurga Offenpekchin* laic. — Obiit Cristannus Faber anno etc. 98. — *Augustinus pbr. et mon.*

Austr. 1, V. 72. Kaiser Friedrich verlieh im J. 1184 (6. Juli, Regensburg) dem Stifte das Baurecht auf alle Arten von Metallen, namentlich aber auf Kupfer, im Piberthal.

[25]) Nach Keiblinger, Gesch. v. Melk, 1. Bd., hat es drei Äbte dieses Namens gegeben, wovon der dritte am 24. Feber 1378 verstorben ist. Obige Aufzeichnung ist daher wohl unwahr.

[26]) Über diesem Doppelnamen von, wie es scheint, anderer Hand: „Michaelis Engllieb".

[27]) Teufenbach, eine Pfarre nördlich von St. L. an der Mur.

[28]) Vom J. 1353—1365. Pritz, Gesch. v. Garsten, S. 31, wo er, wohl irrig, auch Eberhard genannt wird.

[29]) „de Chrems(mün)ster" ? Die eingeklammerten Buchstaben, welche etwas verwischt sind, scheinen ursprünglich monachus bedeutet zu haben.

* * *

Saec. XVI.: Vrsula Tratnerin, reverendi admodum in Christo patris ac domini d. Joannis Tratneri abbatis hujus coenobii parens, matrona (christi)anae vitae digna, quae utriusque juventutis sexus piissima altrix extitit, animo parato senectute venerabili statu (quo diu honestissime vixerat) viduali mortem obiit sub intempestae noctis silentio anno 1588.

Saec. XVII.: Obiit reverendus et religiosus frater Illdephonsus Khönigsperger, professus et subdiaconus hujus loci, Graetii 11. Junii anno 1.6.52., circa horam octavam noctis.

[12.]

B II. Idus Junii. Basilidis, Cirini.

Saec. XII.: Heinricus pbr. et mon. — Hainricus mon. — *Perhtoldus conv.* — *Gerdrut mon.* — *Adala.*

Saec. XIII.: *Gotsalcus subdiac. et mon. istius loci* — *Ditmarus pbr. et mon.* — Hemma conv. mater Walch. Milste. (?) — Chunradus de foro pater Ditm(ari) pbri. — *Rûdegerus abbas Ozziacensis* [30]).

Saec. XIV.: Ditmarus pbr. et mon. istius loci, dictus Nusstorfer.

Saec. XV.: Obiit frater Gregorius Offenpechcus 1.4.7.7.

* * *

Obiit Barbara Sintzendorfferin de Krembsmünster — Chunigundis Parenpüchlerin, mon. in Werchtersgaden.

Saec. XVI.: Obierunt ex monasterio Seccoviensi venerabiles viri dominus Gregorius Scharringer, quondam ejusdem ecclesiae Seccoviensis laudabilis praepositus [31]). Item dominus Chunradus Khutzenberger, Christanus Schlaffer, Christanus Spuell, Jacobus Gögell, Cristophorus Zenghofer, Joannes Staudacher, Georgius Huenerwolff, Joannes Engelprecht et Andreas Geyler — Obiit Anna Maria Guettraterin, monialis et priorissa [32]) nostrae congregationis, anno 1583.

---

[30]) Im J. 1272, nachdem er nur kurze Zeit die Abtschaft innegehabt. Wallner, Annus milles. Ossiac. p. 71.

[31]) Es starb derselbe am 29. Jän. 1531. Sekauer Todtb., wo er auch Schärdinger heisst.

[32]) Im Kloster Nonnberg in Salzburg?

[13.]

C Idus Junii.

Saec. XII.: Gunibertus abbas — Heinricus mon. — *Ekkericus mon.
S. Blasii* — Adalbertus conv. — Herlint conv.

Saec. XIII.: Gotfridus pbr. et mon. — *Wernherus mon. istius loci*
— Fridericus pbr. et mon. S. Blasii Admůnt — Reinboto laic.
fr. Rahw. — Adelbertus laic. cocus — *Mainhardus pbr. et
mon. istius loci* hospit. [33]) — Sigifridus pbr. et can. Gurk —
Jvdita conv. [34]) *de Agmůnde* — *Otto pbr. et can. Gurcen.*
ecclesiae.

Saec. XIV.: Gerdrudis uxor domini Ottonis Piswici juvenis.

Saec. XV.: *Vlricus* diac. *et mon.* — Hermannus de Grasslob laic. —
Johannes laic. da (sic, de) Graslob [35]) — *Clara* Phaufendorferin *monialis* — Nikel Offenpekh laic.

* * *

Saec. XVI.: Joannes Mauerschwanger sacerdos et plebanus Cainae. [36])
— Wolfgangus secretarius, Sybila uxor ejus, Crístophorus
Jegermeister judex oppidi Khnitelfelt, Chunigund Dorin l.

[14.]

D XVIII. Kal. Julii.

Saec. XII.: *Hucbertus pbr. et mon.* — Wido mon. — Acilinus conv.
— Magnus conv. — *Eberlint mon.*

Saec. XIII.: *Richerus conv.* — Hainr(ic)us conv. Gurk — *Fridolfus
conv.* — Azila (?) conv. [37])

Saec. XIV.: *Heinricus abbas de Chremsmunster* [38]).

---

[33]) Hospitalarius.

[34]) Ursprünglich stand wohl „mon."

[35]) Diese beiden Grasslaber sind im Orig. so eingetragen, dass sie auch zum vorhergehenden Tage gezählt werden könnten. Geschrieben sind beide Notizen von verschiedenen Händen.

[36]) Kainach im gleichnamigen Thale.

[37]) Im Orig. steht Achila?

[38]) Kremsmünster zählt im 14. Jhdt. zwei Äbte des Namens Heinrich. Der eine von
ihnen, Heinrich Sultzpech, starb am Alexitage (17. Juli) 1376. Somit dürfte der
hier Genannte Heinrich von Grub, Vorgänger des obigen, sein, bei welchem jedoch
die Kremsmünsterer Quellen weder das Jahr noch den Tag des Todes desselben
angeben. Pachmayr, Series abb. et rel. Cremifan. P. II. 194, 195.

Saec. XV.: *Obiit Sigismundus Fuler* anno *M°CCCC°LX^{mo} 7*.

Saec. XVI.: Anno etc. *septimo obiit fr. Pangratius Pürgkl, pbr. et mon. istius loci* [39]).

* * *

Rudolphus mon. hujus loci.

[15.]

E XVII. Kal. Julii. Viti, Modesti, Crescentiae.

Saec. XII.: *Gebehardvs archiepiscopus* anno ab incarnatione domini *M.LXXX.VIII.* [40]) — Hartmôt mon. — Chônradus mon. — Diepoldus pbr. et mon. — Wasigrimus — *Heilwich mon. S. Blasii — Dietprandus l. d. p.* [41]) — Hamedey laic.

Saec. XIII.: *Otto pbr. et mon. istius loci* senior — *Ernst* laic. *judex* [42]) — Chunradus subdiac. et mon. sanctae Mariae Garsten — *Chunradus subdiac.* et can. sanctae Mariae *Gurc — Fridericvs dux Austriae et Sty(ri)ae occisus* [43]) — Richkart mater Chunradi — Ditmarus lirator occisus.

Saec. XIV.: Johannes de Prato.

Saec. XV.: *Fridricus pbr. et mon. de Millstat — Georius pbr. dictus Leinfelder* (?).

* * *

Anna uxor Johannis Triester magistri et padyr in Cellis beatae virginis Mariae — „Erhardus mon."

Saec. XVI.: Bartholomaeus de Laturis (?) in monasterio Novacella anno domini 1583. — „Conradus de Wald 17. Kal. Julii anno 1530" [44]).

---

[39]) Von einem Gleichzeitigen in II. beim folgenden Tage eingezeichnet. Im Sekauer Todtb. beim 15. Mai und Pirgkel geschrieben.

[40]) 1060—1088. Mooyer. Die älteste Urk., welche sich auf die Kirche St. Lambrecht als solche bezieht, rührt von diesem Erzbischof her, wird gewöhnlich c. 1066 datirt und ist noch im Orig. nebst Rescript (dieses aus dem 13. Jhdt.) vorhanden.

[41]) laicus, dedit praedium.

[42]) Wahrscheinlich zu St. Lambrecht.

[43]) Er fiel in der Schlacht wider König Béla von Ungarn unweit von der Neustadt im J. 1246. v. Meiller, Regg. Babenberg.

[44]) Steht im Orig. beim 22. März und war ein Chorherr zu Gurk.

[16.]

F XVI. Kal. Julii.

Saec. XII.: Marchwardus institutor hujus loci [45]) — *Guntherus mon. S. Blasii* — Durinc mon. — *Berhta mon.* — Tŏta.

Saec. XIII.: *Otto diac. phisicus* — Vlricus subdiac.

Saec. XIV.: *Ottakerus miles.*

Saec. XVI.: Dominus Lampertus pbr. — Cristoferus sacerdos.

* * *

Wolfgangus subdyaconus, Anthonius pbr. — Caspar Nagel, uxor ejus Rheythayin — Anno salutis nostrae 1568 e vivis excessit dominus Candidus Pramer, confirmatus coadjutor in monasterio Novacella, cujus anima deo vivat [46]).

Saec. XVII.: Ludovicus Keser pbr. can. Claustroneoburgensis 1631.

[17.]

G XV. Kal. Julii.

Saec. XII.: Hiltibrandus diac. et can. — Heinricus conv. — *Snelmŏt* — Eberhardus Vitra. (?)

Saec. XIII.: Otto diac. et mon. S. Blasii — Ditmarus conv. Medlich [47]) — Linhardus conv. istius loci de Monte occisus a campana — *Otilia abbatissa* — *Chunegundis mon. S. Blasii* — Eccehardus conv. — *Gumpoldus* pbr. et *mon. S. Blasii* — *Hainricus mon. istius loci.*

* * *

Saec. XV.: Michaell abbas in Tzbettel [48]).

Saec. XVI.: Obierunt Nicolaus Krossl, Thomas Reinprecht, Rudbertus Wolfart pbri.

---

[45]) Marchwardus in Majuskeln geschrieben. Eine Hand des 14. Jhdts. hat „fundator" dazu gesetzt. In II. heisst es von einer Hand des 15. Jhdts. (?) ebenso, und mit dem Zusatz „fundator primus 1096" von einer Hand des 16. Jhdts. Dass Markwart kaum den Herzogen von Kärnten beigezählt werden dürfe und er ganz sicher Stifter von St. Lambrecht nicht gewesen ist, habe ich schon anderwärts gezeigt; s. Beitr. z. K. steierm. GQ. III. 63 u. ff. Tangl (im 6. Bd. des Arch. f. K. österr. GQ.) lässt denselben im J. 1073 Herzog werden und im J. 1076 sterben.

[46]) Er war Coadjutor des Propstes Gallus Gasteiger (30. Sept.), soll jedoch am 17. Mai des angegebenen Jahres gestorben sein. Marian, Monasteriologie, III. 412.

[47]) Melk.

[48]) Zwetl.

[18.]

A XIIII. Kal. Julii. Marci et Marcellini.

Saec. XII.: Rŏdolfus pbr. et mon. — Chŏnradus diac. et can. —
　　Erchingerus pater Reginh. — *Gisla mon.*

Saec. XIII.: Siboto pbr. et mon. — *Pezimannus laic.*

Saec. XIV.: *Wolframus pbr. et mon. istius loci prior — Thomas
　　pbr. et mon. de Cotwico.*

Saec. XV.: *Chunradus pbr. et mon., dictus Sulczpech* [49]).

* * *

Saec. XVI.: Anno salutis nostrae 1598. viam universae carnis ingres-
　　sus est reverendus fr. Leonardus Knäller, hujus loci professus
　　et plebanus in Weisenkirchen.

[19.]

B XIII. Kal. Julii. Gervasii et Protasii.

Saec. XII.: Heinricus pbr. — Nycolaus mon. et subdiac. — Gŏt-
　　fridus mon.

Saec. XIII.: *Uvalchunus laic.* frater Leonis — *Chunradus* carpen-
　　tarius — *Wilbirch* uxor Hainrici — *Irngart mon.* — Mahthilt
　　mon. — *Rudolfus acolitus et conv. istius loci*, de Motenz [50]).

Saec. XIV.: *Chunradus abbas de Saltzpurg* [51]) — Hertingus pbr.
　　et mon. de Gaestn [52]):

Saec. XV.: Obiit *Chunradus pbr. et mon. hius* (sic, hujus) *loci* de
　　Admundia — Andreas et Johannes conversi de Gottwin [53]) —
　　Georgius abbas monasterii in Gersten [54]); *fratres Laurencius,
　　Caspar, Jacobus, Ludovicus, Andreas, Sigismundus, Maurus,
　　Joannes, Sigismundus, Leonhardus, Vitus, Benedictus, Flo-
　　rianus, Romanus, Joannes, Wolfgangus, Georgius, Wolf-*

---

[49]) Eine gleichzeitige Hand setzte zu diesem Tage auch folgende Notiz: „Anno do-
　　mini M°CCCC°III° in vigilia sanctorum martyrum Marci et Marcelliani (also eigent-
　　lich am 17. Juni) fuit eclipsis solis, ita quod terra obscuravera hora quarta et
　　duravit ad unam horam“.

[50]) Mötniz in Kärnten.

[51]) Nämlich zu St. Peter. Abt vom J. 1313—1346. Noviss. Chrou. S. Petri p. 313—321.

[52]) Garsten.

[53]) Wohl Götweig.

[54]) Seit dem J. 1493 Abt, ertrank er am 21. Mai 1495 in der Enns. Pritz, Geschichte
　　von Garsten, S. 38.

gangus, Laurencius, Thomas, Othmarus, Augustinus. omnes pbri. et mon. in Gersten [55]).

* * *

Johannes Hueber can. in Werchtersgaden [56]).

Saec. XVII.: R. P. Joannes Adamus Spindler, hujus loci professus, superior in Cellis, ibidem 1626.

[20.]

C XII. Kal. K. (sic) Julii.

Saec. XII.: Gŏtfridus mon. — Vto conv.

Saec. XIII.: Hilteprandus diac. et mon. Garst(en) — *Engilbertus puer istius loci — Rŭdtherus laic.* de Frisaco.

Saec. XIV.: *Seyfridus pbr. et mon. — Amelungus Hinperger pbr.* et can.

Saec. XV.: *Johannes pbr. et mon.*

* * *

Saec. XVII.: Obiit fr. Matthaeus Hueber pbr. et mon. hujus loci 1603. — Anno domini 1640. 20. mensis Junii in arce Murraviensi [57]) pie obiit reverendus et doctissimus d. Joannes Pauliz, ultra 25 annos ibidem jam parochus, qui pro animae suae salute monasterio nostro litteras bis mille florenorum obligatorias donavit, seque obnixe fratrum commendavit precibus, cujus anima deo vivat amen.

[21.]

D XI. Kal. Julii. Albani mart.

Saec. XII.: *Johannes mon. — Golpurch* — Hartrŏht.

Saec. XIII.: *Ernestus miles* obiit — Gotsalcus pater Gotsalci — Gotfridus miles obiit — Truta mon. — Gerdrût, *Perhta* sorores obierunt.

Saec. XIV.: *Vlmannus de Afflentz scriptor — Johannes Swevus* pbr. et mon.

---

[55]) Diese Namen sind sämmtlich von einer und derselben Hand beim 19., 20. u. 21. Juni leiterförmig eingetragen worden.

[56]) Berchtesgaden.

[57]) Murau.

* * *

Saec. XV.: Hainricus Goczhawser pbr. et relig. — Johannes
stain pbr. et can. Seccovien [58]).

[22.]

E X. Kal. Julii. Tranl. (sic, translatio) S. Lamberti.
Saec. XII.: *Eberhardvs archiepiscopus* anno ab incarn
M.C.LX.IIII. [59]) — *Otto pbr. et mon.* — Otkerus mon.
winus mon. — Rilint conv.
Saec. XIII.: *Philippvs rex Romanorum occisus* [60]) — Per
pbr. et can. Gurk — Chŏnradus conv. Vitrin. [61]) — G
conv. de Sekowe — Rainboto laic. pater Hainrici —
mater Hylarii plebani — Leo puer istius loci — Hell
miles de S. Maria [62]) — Suno.
Saec. XIV.: Petrus dictus Ceherl — Chunegundis soror domi
abbatis — Arnoldus diac. et mon.
Saec. XV.: Andreas pbr. et mon. — Tengenhardus Lewth
pbri. et mon. (sic) — Berchta uxor Ruplini ante silvar
Obiit fr. Martinus pbr. et mon. de Chotwico — Vlricus
chenstain.

* * *

Obiit dominus Johannes cognomento Schachner, abba
loci piae memoriae, A(nno domini?) millesimo quadri
simo septuagesimo octavo [64]).

---

[58]) H. hat noch von einer Hand im Ausgange des 16. Jhdts. einen „Vdalri
S. Lamperti". Dem Inhalte nach dürfte diese Notiz wohl einer früheren Z
hören.

[59]) Erzbischof seit dem J. 1147. v. Meiller, Regg. archiepp. Salzburg.

[60]) Ermordet, jedoch am 21. Juni im J. 1208, von dem Pfalzgrafen Otto von
bach in der bischöflichen Pfalz bei Bamberg.

[61]) Viktring.

[62]) St. Marein bei Neumarkt, s. Anmerk. 95, Mai.

[63]) Vor dem Holz, wenigstens noch im 15. Jhdt. übliche Bezeichnung eine
in der Nähe des Stiftes.

[64]) Mit blauer, grüner, rother und gelber Farbe und zum Theil in Majuske
zeichnet. Das Wort „octavo" ist etwas verwischt und von einer Hand im
des 16. Jhdts. „praefuit annis, 23" hinzugefügt worden. In L. ist hiev
überliefert. Das Sekauer Todtb. ebenfalls zu demselben Tage. Schachner

[23.]

F VIIII. Kal. Julii. Vigilia.

Saec. XII.: *Dietmarus pbr. et can.* — Perhardus mon. Adm(unt).

Saec. XIII.: *Eberhardus subdiac.* avus Eberhar. — *Vlricus de hospitali — Herbordus* pater Hermanni.

Saec. XIV.: Gvntherus laic. ad S. Blasium [65] — Fridericus laic. ibidem — Otto can. Gurcen. — *Ortolfus abbas istius loci obiit anno domini MᵒCCCXLIᵒ* piae memoriae [66] — *Margaretha monialis.*

Saec. XV.: *Obiit* fr. *Andreas pbr. et mon. istius loci* dictus *Grasslober anno* domini MᵒCCCCᵒXXXVIIIᵒ [67]) — Obiit *Dyemut de Grasslab* — Obiit Hermannus ir man, Georius l. ir sun [68]) — Dominus Cholomanus Finger (?).

* * *

Osvaldus diac., Cristoferus accol., Sigismundus conv. Seccov.

Saec. XVI.: „Obiit *fr. Cristofforus pbr. et mon. hujus loci“.*

Saec. XVII.: Obiit Guilielmus Huscer, pbr. et mon. in Krembsmünster, 23. Junii a. 1627 [69]). — Obiit fr. Oddo Schirnig, conv. et pharmacopola hujus loci, in Pyber anno 1658.

[24.]

G VIII. Kal. Julii. Nativ. S. Johannis Babt.

---

unter den Äbten von St. L. einer der bedeutendsten gewesen ist, wurde zu dieser Würde vor dem 18. Juli 1455 erhoben. Das Schloss Schachenstein im Aflenzthale, jetzt eine Ruine, verdankt ihm sein Entstehen (s. Aumerk. 6, Juli). Ob die Angabe, dass Frauenburg der Ort seiner Herkunft gewesen, richtig ist, bleibt noch nachzuweisen. Ebenso andere Angaben, welche von früheren Äbtereihen gebracht werden.

[65] St. Blasien, ein Weiler mit einer Kirche, nicht weit von dem Stifte, an welchen Ort man in älteren Zeiten (s. Mannesdorfer) und auch später noch interessante historische Erinnerungen, wiewohl mit Unrecht, knüpfte.

[66] Wann derselbe Abt geworden, vermag ich augenblicklich nur annäherungsweise — c. 1330 — zu bestimmen.

[67] Eine gleichzeitige Hand in II. setzt diesen Namen zum folgenden Tage und mit der Zeitbestimmung „anno etc. XXXVIIᵒ“. Andreas Graslaer sacerdos in S. Lamberto — im Sekauer Todtenb. beim 17. April dürfte mit obigem identisch sein.

[68] „Obiit Hermannus ir man, Georius laicus ir sun“ steht theils neben, theils unter Dyemut und rührt auch von anderer, wiewohl gleichzeitiger Hand her.

[69] Joannes Guilielmus Huster. Pachmayr, Series abb. et rel. Cremifan. P. III. 357.

Saec. XII.: Erchenbertus abbas — *Rôdbertus pbr. et mon. istius loci — Dietwinvs pbr. et mon. istius loci.*

Saec. XIII.: *Rvdolfus pbr. et mon. et istius loci* — Hademarus laic. de Enstal — Pruno laic. pater W. — *Gerbirgis mon.* Admunt — Hertnidus . . Gvbertel et pictor.

Saec. XIV.: *Weriandus abbas S. Pauli* [70]) — Leo pbr. et mon. Medlicen. — Dietricus l. de Mosburga — Stephanus pbr. et mon. de Medlico.

Saec. XV.: *Christannus lapicida, Anna uxor ipsius* obierunt etc. [71]) — *Anna uxor carnifficis dedit unum* (sic, unam) *domum prope pontem et unum agrum dominis pro anniversario pro remedio animae ipsius, obiit in die sancti Johannis Waptistae anno domini 3°8°* [72]) — *Obiit fr. Thomas accolitus.*

Saec. XVI.: *Anno domini 1508. obiit fr. Thomas Hörnberger pbr. et mon.* (hujus loci) [73]).

＊　＊
＊

Saec. XVII.: Obiit nobilis domina Catharina Rampelshofferin anno 1649. — Obiit P. Robertus Peyrl, professus hujus loci, in Afflenz 1656.

[25.]

A VII. Kal. Julii.

Saec. XII.: Himburch mon.

Saec. XIII.: Wlfilt laic. de Vochenperge (?) [74]).

Saec. XV.: *Chunradus pbr. et mon. istius loci de Lambach senior — Obierunt in* nostro *monasterio Gothicenn.* [75]) *fratres et sorores . . . .* [76]) *fr. Johannes de Straubinga olim professus*

---

[70]) Im J. 1315. Mezger, Hist. Salisbg. p. 1205.

[71]) In II. von demselben Schreiber wohl nur aus Raummangel beim 27. Juni eingetragen. Dürften in die Zeit der grossen Bauten zu St. L. vor und nach 1400 zu setzen sein.

[72]) d. i. 1438.

[73]) „hujus loci“ hat eine gleichzeitige Aufzeichnung in II. mehr. Im Sek. Todtenb. Thomas Hornberger etc. beim 12. Mai.

[74]) Vokenberg bei Neumarkt.

[75]) Götweig.

[76]) Im Orig. steht hier: „Frater Laurentius“ etc. S. Anmerk 53, März. Dem folgenden Namen begegnen wir auch beim 21. März. Das. Anmerk. 93.

monasterii Scotorum Wienn., fr. Johannes de Perg, fr. Leon-
hardus pbri., fr. Paulus de Cznaym pbr., ffr. Cunradus, fr.
Andreas conversi, fr. Johannes novitius, Dorothea, Anna,
Margaretha, sorores 77).

Saec. XVI.: *Anno quingentesimo sexto obiit frater Bernhardus*
Hürbling, senior pbr. et mon. istius *loci* 78).

* * *

Anno domini LXX⁰ circa horam nonam antemeridianam obiit fr.
Rudolphus Pranck, pbr. et mon. et prior hujus conventus, cujus
anima deo vivat.

[26.]

B VI. Kal. Julii. Johannis et Pauli.

Saec. **XII.**: Wasgrimus mon. — Anshelmus mon. — *Albricus conv.*
istius loci — Erchingerus conv. — Rŏdolfus conv. — Hiltigart.

Saec. XIII.: Wlfingus laic. de Angulo — *Judita mon.*

Saec. **XIV.**: *Rapoto pbr. et mon. S. Blasii* — Gotfridus de Monte
gener . . vmer 79).

Saec. XV.: Christoffus can. — Petrus subdyac. et mon. — *Conradus*
pbr. et mon. de Formbach — Anndreas laic. milles (!).

---

77) Diese Namen sind sämmtlich auch in II. herübergenommen, aber aus Raummangel
zum 26. Juni geschrieben worden. — Im 15. Jhdt. wurde zu diesem Tage auch eine
ausführlichere Aufzeichnung über einen an demselben zu begehenden Jahrtag gemacht. Der Schreiber derselben löschte zu dem Behufe die alten Notizen aus (nur
obige zwei Notizen aus dem 12. und 13. Jhdt. haben sich erhalten, da sie auf dem
folgenden Blatte stehen) und machte dann seine Aufzeichnung mit rother Farbe.
Später ward aber auch diese Niederschrift wieder ausgelöscht, hat sich jedoch,
freilich unvollständig, in II. erhalten und rührt da gleichfalls noch von einer Hand
des 15. Jhdts her. Sie lautet also: „Hac die debet peragi anniversarius (der Name
der Person, für welche der Jahrtag zu begehen war und der nun zu folgen hätte,
ist ausgelöscht) cum vigilia et missa . . . . decem de sancta trinitate, decem
de assumptione beatae virginis, decem pro defunctis, scilicet pro sacerdote et
sibi commissis, et (ex?) praedictis hahent domini in conventu XIIII solidos denariorum et super praedicta restat adhuc dimidia libra denariorum, quae debet dividi
priori, dominis, d o m i c e l l i s b a r b a t i s (s. Anmerk. 36, Febr.), custodi, eccle-
siastico, secundum quod brivilegium (!) super hoc confectum sonat".

78) Dasselbe in II. wohl nur aus Mangel an Raum beim 25. Juni zum 26. gesetzt. Im
Sekauer Todtb. beim 12. Mai.

79) Vielleicht Chvmer. „Am Perg" in der Nähe des Stiftes.

• * •

Johannes pbr.

Saec. XVI.: Obiit frater Leonhardus Mitterperger, pbr. et mon. istius
loci, sacellanus in Pyber anno 1561.

[27.]

C V. Kal. Julii. VII dormientium fratrum [80]).

Saec. XII.: Erchinbertus pbr. et mon. — Eppo abbas — *Hainricus
abbas Salzburhc* [81]) — Herbordus mon. — Werenhardus mon.
— Rŏdolfus pbr. — *Geroldus conv. istius loci.*

Saec. XIII.: Hainricus pbr. et mon. — *Wilhalmus pbr. et mon.*
Agmvt — Cŏnradus laic. Graz — Chŭnradus obiit frater Got-
schalci — Albero conv. — Duringus laic. de Lessah [82]) —
Hartuicus pbr. et can.

Saec. XIV.: *Stephanus de Medlic(o) pbr. et mon.*

Saec. XV.: Obiit *dominus Johannes quondam abbas in Cotwico*
XXVII. die mensis Junii [83]) — *Vllricus pbr. et mon. de Seydensteten* — Primus (?) Stoiczendarffer.

• * •

Vdalricus abbas Ossiacen. [84]) — Valentinus praepositus in
Oberndorf [85]).

Saec. XVI.: Fr. Cristannus mon.

----

[80]) Von einer Hand des 15. Jhdts.

[81]) Abt zu St. Peter. Es gab daselbst im 12. Jhdt. zwei Äbte dieses Namens, von welchen der erste im J. 1167 Bischof von Gurk geworden ist. Somit ist unter dem
obigen wohl Heinrich II. zu verstehen, welcher, der unmittelbare Nachfolger des
Ersten dieses Namens, im J. 1188 auf seine Würde verzichtete. Noviss. Chron.
S. Petri, p. 240—244, woselbst die Angabe des Todestages mangelt. Die erste
Urkunde über die Verbrüderung der Mönche zu St. Peter mit denen zu St. L. datirt
vom Jänner 1261 und trägt den Namen Alberts, erwählten Abtes zu St. Peter, an
der Spitze.

[82]) Lesach, eine nordwestlich vom Stifte gelegene Gegend.

[83]) Nachdem er im J. 1399 zum Abte erwählt worden war, starb er schon im J. 1402
in Folge von Vergiftung. Font. rer. Austr. 2. VIII. 102.

[84]) Im 15. Jhdt. gab es zu Ossiach drei Äbte des Namens Ulrich. Der erste von diesen
dreien starb am 12. April 1429, der zweite aber resignirte seine Würde im J. 1434.
Somit dürfte mit dem Obigen der dritte Ulrich gemeint sein, welcher im J. 1462
gestorben ist. Wallner, Annus milles Ossiac. p. 81—84.

[85]) S. Anmerk. 20, Juli.

Saec. XVII.: R. P. Nicolaus Prudentius, s. theologiae doctor et prior in Garsten, 1622. — R. P. Joannes Purkstaller, professus et prior hujus monasterii, in Cellis 27. Junii anno 1652.

[28.]

D IIII. Kal. Julii. Vig. apostolorum.

Saec. XII.: Walchŏn abbas 85') — Rŏthalmus pbr. et mon. — Arnoldus pbr. — Rapoto mon. — *Hilta mon.*

Saec. XIII.: *Hainricus pbr. et mon. istius loci* — Ditmarus de Veznah (?).

Saec. XIV.: *Cholomannus pbr. et mon. de Medlico — Petrus pbr. et mon. istius loci, dictus Pacz (?)* 86) — *Nicolaus pbr. saecularis istius loci,* de Friesaco — *Rudolfus Swarzel de Sebisen* 87).

Saec. XV.: Johannes Fleming — *Anna mon.*

* * *

Anna Prein monialis in Werchtersgaden.

Saec. XVI.: „Johannes abbas in Aspach anno II.“ — „Fr. Sebaldus 88), Ambrosius, Cristofferus pbri. et mon., fr. Benedictus subdiac., Syxtus, Paulus, Sebastianus novitii ex monasterio Gersten. anno septimo“.

Saec. XVII.: Reverendus ac religiosus pater Maurus Aicholzer professus hujus loci, postquam multa saepius in liberandi (!) obsessis a daemonibus praestitit in Cellis b. virginis, obiit ibidem anno 1664.

[29.]

E III. Kal. Julii. Petri et Pauli.

Saec. XII.: Adalbero mon. — Symon mon. — Manswetus mon. — Ebo mon. — Hadewic.

85') v. Meiller im Arch. f. K. österr. GQ. XIX. 393, Anmerk. 105, vermuthet in demselben den im J. 1136 verstorbenen Abt dieses Namens zu Ensdorf in Baiern.

86) Mit demselben dürfte der „Petrus pbr. et mon. de S. Lamberto frater noster“ im Sekauer Todtenb. (zum 25. Juni saec. 14) identisch sein.

87) Seewiesen an dem Wege zwischen Aflenz und Mariazell. Erzbischof Friedrich von Salzburg gestattete laut Urk. ddto. Salzburg, 30. Sept. 1335 (Orig. im Stiftsarch.) dem Kloster St. L. die Erbauung einer Kapelle in diesem Orte.

88) Eine, wie es scheint, andere Hand, setzte über diesen Namen das Wort „prior“.

Saec. XIII.: *Marchwardus* pbr. et *mon. S. Pauli* — Ó
conv. *istius loci* — *Wigandus conv. istius loci* — Ch
villicus de crucibus [89]) — Alheidis conv. in Admunt —
dis laic. mater Hainrici — *Adilgarth laica* — Gotfri
Monte.

Saec. XIV.: *Starchandus pbr. et mon. istius loci* — Vlricus
mon. istius loci, de Theodosia, obiit a° L. [90]) — Ka
mon. de Gurka filia Hofmanni.

Saec. XV.: Obiit Gerdrudis, uxor Jacobi in Angulo, dictus de
hofen — Otto pbr. et can. de Berchtersgaden dictus S
torffer — Martinus pbr. et mon. — *Kilianus pistor isti*

*   *   *

Hainrici et Francisci laicorum nostrorum fidelium (!), Eli
Hiltgundis, Gerdrudis obierunt — Willhelmus Haslange
in Wechtersgadn [91]).

Saec. XVI.: Michael Mägerl can. Seccoviae — Obierunt D
Anna, Elizabeth, Barbara, Dorothea, Margareta,
moniales monasterii Admontensis.

Saec. XVII.: P. Petrus Traubius ex S. Petro Salisburgi 16
R. P. Amandus Häckhl, sacerdos et mon. Ossiacensis, 1

[30.]

F II. Kal. Julii.

Saec. XII.: *Adalbertus pbr. et mon.* — Chônradus mon. S.
Folmarus mon. S. Blasii — Johannes pbr. — Dietri
et can. — Hezilinus mon. — Marchwardus mon. —
abbatissa.

Saec. XIII.: Engilsalcus pbr. et mon. in Salzbvrch.

Saec. XIV.: Dyetricus can. et decanus Seccaviensis, Marchar
et pbr.

Saec. XV.: *Obiit Alhaidis dicta Pistrix hujus monasterii*
berti piae memoriae — *Georius pbr. et mon.* — E
conv.

---

[89]) An den Kreuzen, Bezeichnung einer Gegend bei St. Lambrecht.

[90]) Oder LI. (1351)? Theodosia ist entweder der Bach Thaja oder der v
durchströmte „Graben"; hier natürlich letzterer.

[91]) Berchtesgaden.

Saec. XVI.: *Obiit Laurentius Leb pbr.* — Obiit frater Paulus Wochner, pbr. et mon. monasterii S. Lamperti, plebanus in Afflentz, anno 1.5.05. [92])

* * *

Saec. XVII.: Obiit repentino infortunii casu fr. Franciscus Höldt, novitius hujus loci, anno millesimo sexcentesimo quinquagesimo nono.

———

Julius.

[1.]

G Kal. Julii.

Saec. XII.: Rŏdolfus pbr. (?) — Etich pbr. et mon. — Kadalhoch mon. — Chŏnradus conv. — Rupreht avvus hvi. (?) — *Mahcthilt mon.*

Saec. XIII.: *Hemma mon.* — *Siboto sacerdos de S. Georgio* — *Uvaltherus pbr. et mon. de Oziach* — *Offo miles de Savrawe* [1]) — *Otto laic.* de foro.

Saec. XIV.: *Jacobus pbr. et mon. istius loci, pleþanus de Curia* — *Stephanus* abbas *de Oberwurch* [2]).

Saec. XV.: Philippus novitius.

[2.]

A VI. Non. Julii.

Saec. XII.: *Waltherus mon.* — Pero mon. — *Irinpoldus* — Livtoldus conv. — *Gerhilt mon.*

Saec. XIII.: *Chŭnradus pbr. et mon. istius loci* — *Vdalricus pbr. et mon. Oziach* — Gotfridus mon. Admŭnt — *Adlmŭt laic.* — *Liutoldus sacerdos* obiit, *de Hornberch, occisus.*

———

[92]) In H. von anderer gleichzeitiger Hand zum 1. Juli gesetzt. Das Sekauer Todtenb. hat diesen Namen beim 12. Mai.

[1]) Erscheint urkundlich z. B. im J. 1260.

[2]) Oberuburg. Schmutz, Lexikon, kennt diesen Abt nicht. — Das vorhergehende „de Curia" ist Mariahof.

Saec. XIV.: Vdalricus pbr. et mon. de Chotwico — *Wlfingus*
et mon. istius loci obiit, *Lobmiger* — *Jauta abatis*
S. Georio [3]).

Saec. XV.: *Laurencius laic.* frater illius Steyberger [4]) — I
Johannes pbr. et mon. de Millstat, Nicolaus acolitus, L:
cius subdiaconus de Millstat.

* * *

Saec. XVI.: Anno domini 1577. (?) obiit dominus Nicolaus Fl
ner, plebanus in Asling, ex monasterio Novacella.

[3.]

B V. Non. Julii.

Saec. XII.: *Aribo abbas* [4']) — *Willehelmus mon.* — Wolfra
mon. — Magnus mon. — Adamus mon. — Perhtoldus co:
Chŏnigunt mon. — *Judita mon.*

Saec. XIII.: Hil(te)brandus mon. — *Wlricus miles Kikler* (
Hainricus laic. S. Petri Rosacio — *Rûdbertus conv. isti*
— Gerungus conv. S. G. [5]) — Eberlint laic. soror G
Judita laic. filia Walth.

Saec. XIV.: *Levgardis de Lobnich, uxor domini Ernesti — I*
pbr. et mon. de Peuern.

* * *

Saec. XV.: Frater Johannes Hoffer, conv. in Foraw [6]).
Saec. XVI.: „Caspar Haller clericus, dominus Wolfgangus cl

---

[3]) St. Georgen am Längsee in Kärnten. S. Anmerk. 117, März.

[4]) „frater illius Steyberger" zwar von anderer, aber gleichzeitiger Hand.

[4']) War Abt zu Prüfling. „Arbo abbas de Brnueningen" (1162) im Todtb. de
St. Peter in Salzburg. Arch. f. K. österr. GQ. XIX. 258.

[5]) S. Georgii.

[6]) Von einer Hand des 16. Jhdts. folgt noch: „Anno domini 1471. in profes
rici confessoris et episcopi combustum est monasterium S. Lamberti u
ecclesia et feodo (?) Swaighof (Schwaighof, ob dem Stifte) tempore r
abbatis Johannis Schachner (s. Anmerk. 48, Sept.). Item eodem anno pr
abbas inchoavit et construxit castrum in Schachenstein penes Törl. Item
anno honorabilis Petrus Pögl in Törl residens inchoavit et consumavit chor
testudine ecclesiae S. Petri in Aflentz". Diese Angaben sind offenbar a
damals noch vollständig erhaltenen Werkchen Manesdorfers (s. Beitr. z. K.
GQ. 1. Heft) entnommen.

dominus Johannes et ceteri familiares ex monasterio Perchtes-
gaden" — Wilfingus pbr. et mon. istius loci [7]).

[4.]

C IIII. Non. Julii. Vdalrici episc. et conf.

Saec. XII.: *Swikerus pbr. et mon. istius loci* — Ŏdalrĭcus conv. —
Margareta conv. — Uvluingus Ottonis pater.

Saec. XIII.: Otto abbas de Belenge et frater noster [8]) — *Adlbertus
pbr. de Weiscenchir.* [9]) — *Adlbertus laic.* pellifex — Dietmarus miles — Otto conv. in Admunt — *Adolfvs rex Romanorum occisus* [10]).

Saec. XIV.: Permannus diac. filius Centenarii — *Elyzabeth de
Weltz.*

Saec. XV.: *Hainricus pbr. et* mon. *de Berchtersgadem — Heinricus* praepositus *in Gloknicz* [11]), *pbr. et mon. — Clara mon.
de Gurka.*

[5.]

D III. Non. Julii.

Saec. XII.: *Willehelmvs abbas* Hirsowe [12]) — *Heinricus pbr. et
mon.*

Saec. XIII.: *Hainricus Grecer pbr. et mon. istius loci.*

Saec. XIV.: *Nycolaus* dyac. (?). . . . . . .

Saec. XV.: Chunigundis Poppenpergerin — *Gebhardus Ratenstarffer
miles* — Marcus laycus — *Johannes Ratenstarffer laycus* —
Walchan laic., *Margarete* ejusdem [13]) genelogia (sic).

---

[7]) Diese Notiz, geschrieben von einer Hand im Ausgange des 16. Jhdts., gehört ihrem
Inhalte nach wohl einer älteren Zeit an.

[8]) Gehört vielleicht in das 12. Jhdt. Eine Hand im Ausgange des 16. Jhdts. schreibt
in II. zu diesem Tage: „Obiit reverendus dominus dominus Otto abbas istius loci".
Es ist gewiss, dass auf Grund jenes Abtes Otto im 12. Jhdt. dieser jüngere Lambrechter Abt erfunden worden ist, welchen frühere Series abbatum vom J. 1156
bis 1164 Abt sein und dem Wallfahrtsorte Mariazell sein Entstehen geben lassen.
Vergl. Beitr. z. K. steier. GQ. II. 137. — Beligne liegt im Friaul'schen.

[9]) Weisskirchen zwischen Judenburg und Knüttelfeld.

[10]) In der Schlacht bei Gölheim am 2. Juli 1298.

[11]) Gloknitz, am Beginne der Semmeringbahn, gehörte dem Kloster Formbach und war
der Propst daselbst wohl mehr nur ein Gutsverwalter, wie es z. B. auch die Pröpste
von Aflenz, Mariazell, Piber und St. Gotthart waren.

[12]) Zu Hirschau, dem berühmten Benedictinerkloster, vom J. 1069—1091.

[13]) Das Wort „ejusdem" bezieht sich auf den Familiennamen Ratenstarffer (Ratman-
storffer). Auch sind alle fünf Notizen von derselben Hand geschrieben.

* * *

Saec. XVII.: P. Cyprianus Thomas mon. in Gärsten 1622.

[6.]

E II. Non. Julii. Oct. apostolorum.

Saec. XII.: *Gezemannus pbr. et mon. istius loci — Ortolfus pbr. et mon.* — Ozi pbr. et mon. — *Grifo sacerdos* — Reginhardus mon. — Heinricus mon. S. Blasi — *Hirzmannus laic.*

Saec. XIII.: Cûnradvs subdiac. et mon. — Irimgardis uxor Wol. — *Wilbirgis de Puhlern* [14]) — *Alhdidis de Techawe*, soror Vlsalci.

Saec. XIV.: *Sighardus pbr. et mon.* de Admundia, dictus Lanczenperger.

Saec. XV.: *Achacius pbr. et can., dictus Silberberger, Gurcencis — Eberhardus pbr. et mon. in Prüfling* — Obierunt dominus Petrus Dorfel [15]), dominus Georius Rumpaur, Johannes, Johannes (sic) Lampel dyaconus.

Saec. XVI.: Anno a nato Christo M.D.XXXI. excessit e vivis frater Mathias Luprecht, prior hujusce nostri coenobii ad S. Lambertum, cui officio bis praefuit ad 8 fere annos [16]).

* * *

Sigismundus pbr. et mon. [17]) — Anno domini 1591. migravit ex hac vita honestus juvenis Christopherus de Rötn, hujus celeberimi (sic) monasterii cocus.

Saec. XVII.: P. Placidus Hertnstainer, pbr. et mon. Götvicensis, 1626.

---

[14]) Püchlern. Bei der grossen Anzahl der diesen Namen in den mannigfachsten Abänderungen führenden Orte und Gegenden in Steiermark und Kärnten ist es schwer, den richtigen Ort oder Gegend herauszufinden. — Die Techau dagegen, welche die folgende Ortsbezeichnung ist, liegt unweit von dem Stifte.

[15]) Dorfel von derselben Hand über Petrus ist daher wohl der Familienname desselben.

[16]) In II., wie es scheint, von derselben Hand: „Frater Matthias Luprecht, presbyter et monachus hujus coenobii, excessit e vivis, prioris officio adligatus, anno nostrae salutis 1551. circa horam nonam, pleno die praesente etiam fere toto conventu".

[17]) Dem Inhalte nach wohl einer älteren Zeit angehörig. Die Einfachheit der Abfassung weist auf das 12. Jhdt. hin.

[7.]

F Nonae Julii. Willibaldi episc.

Saec. XII.: Chŏno pbr. et mon. — *Hilsungus pbr. et mon.* S. Marię
Garsten — Wolfgangus conv. istius loci — Petrissa mon.

Saec. XIII.: *Vlricvs episcopus Secowen.* [18]) — *Berhtoldus pbr.* supprior praedic. [19]).

Saec. XIV.: *Benedictus Hewseller abbas.*

Saec. XV.: *Agnes* sanctimonialis.

* * *

Saec. XVI.: Anno reparatae salutis 1590. hanc mortalitatis labem
abjecit serenissimus ex amplissima archiducum Austriae prosa-
pia Carolus ejusdem propaginis archidux, Ferdinandi quondam
imperatoris filius, pie, sane ac sancte ex hac vita decessit.

[8.]

G VIII. Idus Julii. Kiliani.

Saec. XII.: Hainricus praepositus de Jvn [20]) — Totilinus mon. —
Manegoldus mon. S. Blasii — Ortlibus pbr. et can. — *Adlbertus laic.* occisus.

Saec. XIII.: *Reimbertus pbr. et can.* S. Mariae virg. *in Seckov —
Pillungus conv. S. Blasii — Mehthildis consutrix de Ochsenhof
— Gisila mon. de Gossa.*

Saec. XIV.: *Franciscus pbr. et mon. istius loci* [21]) — Obiit *Johannes Herczl, pbr. et mon. istius loci,* piae memoriae.

* * *

Saec. XV.: Dominus Erhardus praepositus et archidiaconus ecclesiae

---

[18]) 6. Juli hat das Sekauer Todtb. Das Todesjahr ist 1268. Annal. S. Rudb. Salisbg.
ap. Pertz, IX. 798.

[19]) Wohl praedicatorum.

[20]) D. i. Öberndorf (Eberndorf) im Jaunthale in Kärnten, ein Kloster der Chorherren,
dessen Stiftung in den Anfang des 12. Jhdts. fällt. Nur Weniges aus der Gesch.
dieses Klosters bei Hohenauer, Kirchengeschichte von Kärnten, S. 100—103.

[21]) Eine Hand im Ausgange des 16. Jhdts. schreibt in II.: „Obiit Franciscus, pbr. et
mon. istius loci, qui quondam fuit plebanus et capellanus in Veitsch, hic sepultus“

Laventinae obiit anno domini 1485. piae memoriae [22] —
Johannes Schury subdiac. istius loci 89 [23]).

Saec. XVI.: Obiit fr. Joannes Ischia, mon. professus istius loci —
Obiit Rudolphus diac. et mon. istius loci [24]).

[9.]

A VII. Idus Julii. Transl. S. Nicolai.

Saec. XII.: Peringerus mon. — *Engilingus mon.* — *Ditmarus pbr.
et mon. istius loci* — *Livkart mon.* — Mahthilt mon.

Saec. XIII.: *Uvalchŏnus conv. istius loci* — *Rŏdubertus conv. istius
loci* — *Heinricus* fr. Rudolfi — Adelbertus — Chunegundis
laic. de Hutenberch [25]) ınu (sic).

Saec. XV.: *Caspar pbr. et can.* 81 [26]).

*
* *

Saec. XVII.: Obiit reverendissimus dominus Nicolaus Seld, abbas
Cluniacensis, professus Cremiphan., 9. Julii 1604 [27]). — Obiit
reverendus pater Gregorius Nitsch (?) Styrus, in Afflentz,
professus hujus loci, anno domini 1620.

[10.]

B VI. Idus Julii. Septem fratrum.

Saec. XII.: Adelheit mon. — *Hecilinus mon. istius loci* Ma.

---

[22]) I. hat wohl nur aus Raummangel eine ähnlich lautende Notiz von einem Gleichzeitigen zum 9. Juli erhalten: „Obiit venerabilis in Christo pater et dominus dominus Erhardus Perman, ecclesiae kathedralis S. Andreae in valle Laventinensi
ordinis S. Augustini canonicorum regularium quondam praepositus et archidiaconus,
anno etc. octogesimo quinto". Einiges über das Chorherrenstift St. Andrä im
Lavantthale bei Hohenauer, Kirchengesch. v. Kärnt., S. 109—111; s. auch Tangl,
Reihe der Bischöfe von Lavant, S. 440—442.

[23]) Die Jahrzahl (14)89 ist von der Hand, welche die vorhergehende Aufzeichnung
gemacht hat. Im Sekauer Todtenb. zu demselben Tage: „Johannes Schüri *pbr. et
mon.* S. Lamb."

[24]) Diese beiden Notizen könnten auch in den Beginn des 17. Jhdts. gesetzt werden.

[25]) Hüttenberg in Kärnten.

[26]) Derselbe war wahrscheinlich ein Chorherr zu St. Andrä im Lavantthale; denn diese
Notiz ist von derselben Hand geschrieben, von welcher jene längere und oben in
Note 22 citirte herrührt.

[27]) Eigentlich Johann Nicolaus Seldt. Gewählt wurde er im J. 1602; sein Todesjahr
soll jedoch 1608 sein. Pritz, Gesch. v. Gleink, S. 191—193. Pachmayr, Series
abb. et rel. Cremifan. P. III. 357, 358.

Saec. XIII.: Elysabeth uxor Gotpol. — *Vlricus pbr. et mon. istius loci.*

Saec. XIV.: Angnes mon.

Saec. XV.: *Chunegundis* Liectnekkerin [28]) — *Obierunt in monasterio Gerstensi fratres venerabilis pater dominus Adalbertus abbas* [29]), *Georius, Erhardus, Johannes, Thomas, Nicolaus, Vdalricus, Christophorus, omnes pbri. et mon., fr. Andreas diac. et mon. 1.4.66. — Paulus Schachner, Chunagundis uxor ejus — Christannus Schwaighofer, Elizabeth filia,* laici.

* * *

Saec. XVI.: Anno domini 1585. obiit reverendus dominus Daniel Cornel, prior hujus coenobii, cujus anima deo vivat.

Saec. XVII.: Hainricus pbr. et mon. istius loci — Vdalricus pbr. et mon. S. Petri Salisburgen [30]).

[11.]

C V. Idus Julii. Transl. S. Benedicti.

Saec. XII.: *Heinricus abbas — Brigida.*

Saec. XIII.: *Dietmarus pbr. et mon. — Chunza conv. — Perinhardus conv. istius loci* — Meihardus pbr. et mon. S. Petri Rosacio — Chunr(adus) miles de Grazlob [31]).

Saec. XIV.: *Christanus praepositus Sekaw* [32]) *— Seydlinus Chrot· tendarfer.*

Saec. XV.: *Martinus abbas in Kremsmunster* [33]) *— Dominus Leon*

---

[28]) Liechtenekker, ein bekanntes adeliges Geschlecht in Steiermark.

[29]) Von 1444—1461. Pritz, Gesch. von Garsten, S. 35.

[30]) Diese beiden Aufzeichnungen, welche auch in das 16. Jhdt. (Ausgang) gesetzt werden könnten, gehören ihrem Inhalte nach wohl einer älteren Zeit an.

[31]) Grasslab. Ein Konrad von Graslup, Zeuge in einer Urk. des Gurker Bischofs Hertneit (von Lichtenstein) für den Grafen Friedrich von Ortenburg, im Jahre 1286. Mittheil. d. hist. Vereines f. Steierm. V. 216, Nr. 7.

[32]) 8. Juli im Nekrol. des Klosters Reun. Das Sekauer Todtenb. hat dagegen den 9. Juli und heisst es dort: „Christanus praepositus Seccoviensis frater noster, de *Novo foro* (Neumarkt bei St. L.) oriundus. Datur consolatio unius ferculi". Wozu eine etwas spätere Hand hinzugefügt hat: „Anno domini M°CCC.XXI°, VII° Idus Julii".

[33]) Abt seit 1376. Er starb jedoch am 6. Juli des Jahres 1399. Die Familie der Polheimer zählt ihn unter ihre Angehörigen. Pachmayr, Series abb. et rel. Cremifan. P. II. 200—210.

hardus decanus in Traberg [34]) — *Ex monasterio Oberndorf* [35])
Erhardus decanus, Martinus, Leonnh(ardus), Leonnhardus
(sic), *Thomas, omnes pbri.* ac antedicti *monasterii professi.*

* * *

Sáec. XVI.: Obiit Leonhardus Stainacher abbas monasterii Admonten. [36]) — Obierunt pbri. et mon. Sebastianus, Wilhelmus monasterii Admonten.

Saec. XVII.: Joannes pbr. et mon. istius loci — Apolonia Geberstorfferin [37]) — P. Balthasarus Hietwol, parochus in Marein [38]),
a° 1667.

[12.]

D IIII. Idus Julii. Margaretae virg. [39])

Saec. XII.: Albero abbas — Ŏdalricus pbr. et mon. — Otto pbr. et
can. S. Marię Gurc. — Rudolfus mon. — Pertholdus conv. —
Hartmannus conv. — Vlricus comes [39']) — Hiltigunt mon. —
Perchunt abbatissa — Ekkihardus conv. istius loci.

Saec. XIII.: Gotfridus subdiac. et mon. Milstat — *Liutoldus diac.
et mon. istius loci — Chunradus conv. istius loci* — Petrus
puer — Mergardis conv. — Chunradus caper. (?)

Saec. XIV.: *Nicolaus pbr. et mon.* de Ozziach — Chunegund de
Murawe.

Saec. XV.: *Vdalricus abbas de Gleinck* [40]) — Obiit Margareta

---

[34]) Heut zu Tage Unterdrauburg in Kärnten. Es bestand daselbst ein Chorherren-
kloster, das jedoch nie eine besondere Bedeutung erlangte. Hohenauer, Kirchengesch. v. Kärnten, S. 115.

[35]) Öberndorf, s. Anmerk. 20.

[36]) 1492—1511. Fuchs, Gesch. von Admont, S. 53, 54.

[37]) Von dieser und der vorhergehenden Notiz gilt dasselbe, was oben in der Anmerkung 30 gesagt worden ist.

[38]) St. Marein bei Neumarkt?

[39]) Von einer Hand des 14. Jhdts. Bei Berechnung der Urkundendaten ist daher wohl
zu berücksichtigen, dass für die Steiermark, wenigstens soweit sie einmal zur
Salzburger Diöcese gehört hat, der 12. Juli der Margarethentag ist.

[39']) Graf von Heunburg? Vergl. K. Tangl im Arch. f. K. österr. GQ. XIX. 49 u. ff.

[40]) Aus der adeligen Familie der Hinterholzer. Erwählt im J. 1382, lebte er wahrscheinlich bis (12. Juli) 1402. Pritz, Gesch. von Gleink, S. 179, 180.

uxor [41]) Johannis procuratoris — Fr. Dietherus dictus Popen-
perger.

* * *

Petrus pbr. et mon. de Zwettel.

Saec. XVI.: „Margaretha, Dorothea Lochnerinn" [42]) — Obiit dominus
Christanus Maurer in monasterio Novacella anno domini 1565.,
cujus anima deo vivat — Obiit Henricus Troestlinus, pbr. et
mon. S. Lamberti, qui quondam fuit plebanus in Veitsch; obiit
Henricus de Burk pbr. et mon. istius loci; obiit Johannes Rechperger pbr. et mon. S. Lamberti, omnes in 8 septimanis —
Oswaldus praepositus in Varau 1585 [43]). — Joannes Sengl
pbr. et mon. istius coenobii.

Saec. XVII.: Fr. Casparus pbr. de Seon 1601. — Obiit P. Ferdinandus Schröneckh, professus Cremiphanii, 12. Julii a. 1627 [44]).
— Obiit fr. Martinus Dillis, conv. in Krembsmünster, 12. Julii
1641 [45]). — Obiit R. P. Rupertus Stadler, professus ad S. Petrum et praepositus Wiettingae [46]), ibidem submersus anno
1648.

[13.]

E III. Idus Julii.

Saec. XII.: *Erchinfridus abbas* — Meduwet [47]) — *Diemŏt mon.* —
Perhta mon.

Saec. XIII.: *Chŭnradus conv. istius loci* de hospitali — Christina
mater Ilsungi.

Saec. XIV.: *Sophia laic. obiit,* mater (?) Fŭtermer [48]) — *Eberhardus de Waltsee dedit praedia servientia vi libras den. et*

---

[41]) Neben uxor steht im Orig. Mariczin von derselben Hand, unter diesem letzteren
Worte aber anscheinend von anderer Hand der Name Anna. Hat es wohl eine an
diesem Tage verstorbene Anna Mariczin gegeben?

[42]) Nur I. hat diese beiden Namen von einer Hand aus der ersten Hälfte des 16. Jhdts.
Es dürfte auch der ersteren derselbe Familienname zukommen.

[43]) Oswald von Reibenstein, Propst zu Vorau, starb nach Schmutz, Lexikon, am
11. Juni.

[44]) Schrenckh. Pachmayr, P. III. 452.

[45]) Diese wie die vorhergehende Notiz sind im Orig. zum 14. Juli eingetragen.

[46]) Wieting in Kärnten, eine Besitzung des Stiftes St. Peter in Salzburg.

[47]) Über Meduwet steht noch der Rest eines c. (conversus) oder eines l. (laicus).

[48]) Oder Fŭterin? Ich konnte keine befriedigende Lesart finden.

domum sitam in Judenburga ob memoria (sic, memoriam
sui caeterorumque parentum suorum et omnium fideliun
defunctorum — Dominus *Petrus venerabilis abbas istius loc:*
M°CCC°LXXVI°[49]).

Saec. XV.: *Chunradus pbr. et mon.*

* * *

Obiit Margareta Purchlin anno 1467[50]).

Saec. XVII.: R. P. Sebastianus Ertelius, mon. in Garstn, musicu:
praecelebris, hospes aliquando hujus loci utilis, 1618.

[14.]

F II. Idus Julii.

Saec. XII.: Merboto mon. — Eberhardus mon. — Otwinus mon. —
Perhta mon.

Saec. XIII.: *Chunradus abbas Agmuntensis*[51]) — *Gotfridus officialis* — Gumbertus acol. — Hermannus pistor occi(sus) — Rainherus pistor occisus — Otto laic., Wolframmus laic., filii Gotfridi officialis.

Saec. XIV.: *Lambertus pbr. et mon. istius loci — Chvnradus praepositus de Vaoraw*[52]) — Hårtwicus pbr. et mon. et prior in
Pruel.

Saec. XV.: *Magister Vlricus lapicida hujus loci M°CCCC. V.*[53]) —
Andreas pbr. et mon. in Farmpach — Petrus, Andreas dia-

---

[49]) Dreimal zu diesem Tage von verschiedenen, aber immer gleichzeitigen Händen geschrieben. Im Sekauer Todtb. heisst es bei demselben Tage: „Petrus abbas
de S. Lamberto, *frater noster*". Zum Abte ist er vor dem 16. Feber 1359 erwählt
worden. Richtig ist (s. frühere Series abb.), dass er wie sein Vorgänger auch in
der Angelegenheit der Margaretha Maultasch bevollmächtigt worden ist. Dagegen
bleibt noch zu erweisen, dass der Ort seiner Herkunft wirklich Leoben gewesen
und zu seiner Zeit der Bau der Kirche zu Mariazell vom Könige Ludwig von Ungarn
unternommen worden ist. Von den Verwandten dieses Abtes nennt unser Todtenb.
eine Schwester, Chunegund (22. Juni).

[50]) Diese Notiz rührt keineswegs von einer gleichzeitigen, sondern von einer Hand
des 16. oder 17. Jhdts. her.

[51]) 1231—1242. Fuchs, Gesch. von Admont, S. 34.

[52]) Vorau; starb nach Schmutz, Lexikon, im J. 1397.

[53]) Derjenige, welcher die Baugeschichte des Klosters St. Lambrecht schreiben wird,
wird hiebei auch des Meisters Ulrich gebührend gedenken müssen. Denn dass er
es gewesen, welcher die Steinmetzarbeiten zur Kirche des Abtes David und den

coni — Symon. Gerungus, Henricus pbri. et (sic) — „Albertus pbr. et mon.“

Saec. XVI.: *Joannes pbr. et mon.* — Margaretha Vischerin — Obiit *Egidius Ringshäntl* piae memoriae *laic.*, Georgius, Wilpurg, Barbara, Laurencius laic., Egidius, Wolfgangus, Cristofforus f. ejus.

* * *

Nicolaus Hornberger pbr. et mon. istius loci — Heinricus puer Enstaller.

Saec. XVII.: Obiit R. P. Henricus Winkler Styrus Graecensis, pbr et mon. hujus loci, in Weiskirchen anno 1662.

[15.]

G Idus Julii. Divisio apostolorum.

Saec. XII.: Dietricus mon. S. Pauli — Heinricus mon. S. Pauli.

Saec. XIII.: Hartuuicus pbr. et mon. — *Heinricus mon.* — *Truta mon. S. Georgi* — *Agnes* de Jvdenpurch — Methildis mon. S. Blasii.

Saec. XIV.: *Cholo pbr. et mon. de Oberwurch* — Vlr(icus) Půztramer — *Johannes pbr. et mon. istius loci, de Austria* — *Ditmarus pbr. et mon. istius loci juvenis* — Geuta mon. — *Georius* Chol ad Lint puer.

Saec. XV.: *Petrus Liechtenekker* laycus, *pater* domini *Rudolfi*, anno domini MºCCCC.VIº [54]) — Martinus mon.

* * *

Ffrater Georgius Kherspawmer [55]), pbr. et mon. hujus loci, anno etc. 90.

[16.]

A XVII. Kal. Augusti.

Saec. XII.: Altmannus pbr. et mon. — Adam pbr. et mon. — *Rŏdolfus mon.* — *Leo mon.* istius loci — Otto diac. et mon. — Vto — *Willibirch abbatissa.*

---

anderen Bauten geliefert hat, unterliegt mit Rücksicht auf die Zeit dieser Bauten sowie auf das Sterbejahr 1405 wohl keinem Zweifel. Etwas mehr als ein Jahr früher, nämlich am 17. März 1404, war die Hausfrau Ulrichs, Elisabeth, gestorben.

[54]) Der Vater des Abtes Rudolf von St. L. Ob die Jahrzahl übrigens wirklich hieher oder zu „Georius Chol ad Lint puer“ gehört, ist fraglich.

[55]) Georius Kerspamer etc. im Sekauer Todtb. beim 8. Juli.

Saec. XIII.: *Rudolfus pbr. et mon. Medlich — Richolfus conv.*
istius loci — Dietrammus conv. — *Rvdolfus miles* de Schⱽflic ⁵⁶).

Saec. XIV.: *Walchunus pbr. archidyaconus* — Hainricus de Silber
dictus fortis — Anna filia Rudolfi de Monte — *Hiltigardis
soror domini Rudolfi* ⁵⁷).

Saec. XV.: Petrus pbr., Petrus pbr. (sic) — Johannes pbr. et mon.
Obernburgensis — *Dominus Wolgangus Stekch pbr.*, Cristanus, Georius acoliti — Nicolaus pbr. et mon. — Wulfingus
pbr. et mon. — Rupertus Wellczer laic. piae memoriae, Chunradus Welczer laic.

[17.]

B XVI. Kal. Augusti.

Saec. XII.: *Jacobus abbas istius loci* ⁵⁸) — *Ôtkervs abbas istius
loci* ⁵⁹) — *Duringus mon. istius loci* — Ŏdalricus conv. —
Imma conv. — Birinna laic. — Dietmarus conv. istius loci —
Haeinricus laic. *marchio.*

Saec. XIII.: *Leo pbr. et mon. istius loci — Livpoldus mon. istius
loci* Gⱽtherre — *Leo conv. istius loci.*

Saec. XIV.: Heinricus abbas — *Jacobus pbr. et mon. de Ozziach* |
Johannes pbr. et mon. de Chremsmunster.

Saec. XV.: *Dietricus, Meinhardus pbri. et mon.*

         * * *

Saec. XVI.: Nicolaus prior et mon. istius loci ⁶⁰) — Petrus (?) Verber puer istius loci.

---

⁵⁶) Scheufling zwischen Unzmarkt und Neumarkt.

⁵⁷) Die Schwester des Rudolf am Perg (de Monte)?

⁵⁸) Dessen Todesjahr ist v i e l l e i c h t das Jahr 1123 und muss er wenigstens schon im
J. 1108 zur äbtlichen Würde gelangt sein. Beitr. z. K. steierm. GQ. II. 118. Ebenfalls
beim 17. Juli: „Jacobus abbas" im Todtenb. des Stiftes St. Peter in Salzburg,
Arch. f. K. österr. GQ. XIX. 261.

⁵⁹) In II. trug eine Hand des 16. Jhdts. ein: „Otkerus abbas hujus loci obiit anno
1300". Auf Grund dieser d u r c h a u s u n r i c h t i g e n Notiz dürfte aber wohl jener
Otkerus II. der früheren Äbtekataloge entstanden sein. — Otker war früher Mönch
in Admont und ist vielleicht im J. 1153 als Abt nach St. L. postulirt worden, wo
er wahrscheinlich im J. 1162 gestorben ist. Beitr. z. K. steierm. GQ. II. 122, 123.

⁶⁰) Ich halte diesen Namen für einen, einer älteren Zeit angehörigen, ebenso wie den
anderen „Nicolaus pbr. et mon. istius loci", bei demselben Tage von einer Hand
im Ausgange des 16. Jhdts.

Saec. XVII.: Obiit reverendus et doctissimus pater Aemilianus Pyrkhel, hospes hujus loci, professor rhetorices ibidem et insignis
comoediasta, professus ad S. Petrum Salisburgi, 17. Julii anno
1651., cujus anima in campis elisiis circumvolet.

[18.]

C XV. Kal. Augusti. Oct. S. Benedicti.

Saec. XII.: Macharivs subdiac. et can. — Etich.

Saec. XIII.: *Euffemia* S. Georgii *mon.* — Wilbirch mon. — *Hainricus pbr. et mon. Admuntensis* — Leukardis officialissa de
Angulo [61]).

Saec. XV.: Vlricus, Albertus, Martinus, *Johannes*, pbri. aus *Geysten* [62])
— *Ottilia Wågspacherin* — *Georius, Conradus, Johannes,
Lewpoldus abbates* — *Obiit fr. Egidius mon. de Mellico, celerarius hujus loci,* anno domini L. — *Barbara Graslerin, Yesse
ir sun* [63]) — *Georius Grazlober, Fridreich laic.* [64])

* * *

Jacobus pbr. et mon. de Zwettel.

Saec. XVI.: Georius pbr. et mon. istius coenobii et praepositus, dedit
praedium [65]).

Saec. XVII.: Fr. Georius Weberperger conversus in Gärstn — P.
Casparus Mair mon. in Garstn 1627. — Obiit R. P. Hieronymus
Lindl, Gottwicensis monasterii professus, anno 1643. 18. Julii.

[19.]

D XIIII. Kal. Augusti.

Saec. XII.: *Heinricus episcopus Brixiensis* [66]) — *Werinhervs abbas*

---

[61]) Das Amt Winkel lag in uächster Nähe des Stiftes.

[62]) Garsten.

[63]) „Yesse ir sun" ward auszulöschen versucht und ein Paar anderer dabei stehender
Worte wirklich ausgelöscht, an die Stelle letzterer aber „Yesse 1. Grasslober"
gesetzt. Dieselbe Hand, welche „Yesse ir sun" geschrieben hat, hat auch über
diese Worte „est proprium nomen Yesse" gesetzt.

[64]) Dieser letztere dürfte gleichfalls ein Angehöriger der Familie der Grasslaber gewesen sein.

[65]) Einen Propst Georg gab es zu Aflenz, welcher aber meines Erinnerns im 14. oder
15. Jhdt. lebte. Haben wir es nun hier mit einem und demselben zu thun? Jener
Propst Georg zu Aflenz gehörte der Famile Gressing an; s. auch 10. Oct.

[66]) 1178—1196. Mooyer.

S. Pauli Lavend [67]) — Gundacher conv. — Otto conv. — *Azzo conv. istius loci.*

Saec. XIII.: *Ilsungus acolitus et mon. istius loci — Ernst laic.* occisus — Agnes de Wildonia — Christina relicta Pabonis de Neydekke [68]).

Saec. XIV.: *Gisila* de Wien.

Saec. XV.: *Cristannus, Andreas pbri. et mon.* [69])

Saec. XVI.: *Cristannus mon. et pbr. in Seitensteten — Obierunt fratres pbri. et mon., diac., accoliti, novitii Thomas, fr. Sewastianus, Jacobus, Andreas in Seitnsteten.*

Saec. XVII.: Obiit reverendus religiosus ac doctissimus P. Severinus Georgii, 48 annis hujus loci professus et senior, 1664. in ·Köfflach [70]), parochus ibidem.

[20.]

E XIII. Kal. Augusti.

Saec. XII.: *Chvnigvnt conv. et comitissa* — Otto diac. — *Lvdwicus conv.*

Saec. XIII.: *Geroldus pbr. et mon. istius loci* — Ditmarus Pheninch, pbr. et mon. istius loci.

Saec. XIV.: *Hainricus laicus* cognomine Ilsung — *Gerdrudis* uxor *Mandarfarii* Ditm(ari).

Saec. XV.: *Wenczolus pbr. et mon.*

Saec. XVI.: Anna Hermanin, praefectissa [71]) in Aflenç, sacramentis ecclesiae bene praemunita obdormivit in domino 1584.

[21.]

F XII. Kal. Augusti. Praxedis virg.

---

[67]) St Paul im Lavantthale. Das Todesjahr des Abtes Werinher ist das J. 1159. Mezger, Hist. Salisbg. p. 1204.

[68]) Wildon südl. von Graz, Neidek südl. von Neumarkt.

[69]) In II. noch: „Nicolaus pbr. et mon. istius loci, plebanus in Hoff (Mariahof), anno domini 1463“, von einer Hand im Ausgange des 16. Jhdts.

[70]) Köflach im Kainachthale, ehemals eine Pfarre des Stiftes St. L.

[71]) Gemalin des stiftischen Oberamtmannes in Aflenz.

Saec. XII.: *Rapoto abbas istius loci* [72]) — Pero pbr. — *Lantoldus conv. istius loci — Adalbertus conv. istius loci* — Engelbertus mon. — Ludewicus conv. — Rôdegerus de Veznah — Livkart ducissa* [73]).

Saec. XIII.: Hainricus pbr. et can. Secowe.

Saec. XIV.: *Walchuenus diac. et mon. istius loci* dictus Dommerstorfer — *Perchlinus de* Cheirpach — *Otto de Reifenstain* [74]).

Saec. XV.: Otto pbr. et mon. — *Petrus pbr. et mon. istius loci dictus Ekker* — Vlricus pbr. et mon. — Leonhardus pbr. et mon. — *Hermannus Lûbgaster, filius ejus Fridricus,* uxor ejus Margareta [75]) — *Petrus Wagelspacher, pbr. et mon. istius loci,* 1446. [76]) — Obiit frater *Hainricus Rumpff, plebanus in Hoff,* in vigilia Mariae Magdalenae [77]).

Saec. XVI.: Gregorius Staudacher 1531. 12. Kal. Augusti [78]).

---

[72]) Einzige Nachricht über diesen Abt, welche wir bisher besitzen. Derselbe dürfte seine Würde nur sehr kurze Zeit innegehabt haben und sein Tod spätestens im J. 1163 eingetreten sein. Beitr. z. K. steierm. GQ. II. 123, 124.

[73]) War nach Tangl die erste Gemalin des Stifters, Herzogs Heinrich, und ist diejenige, welche auch in der Stiftungsurkunde erwähnt wird. Merkwürdig ist jedoch, dass hier der Zusatz „fundatrix hujus loci" fehlt, der doch bei der zweiten Gemalin desselben, Beatrix, gemacht ist (s. Anmerk. 91, Februar).

[74]) Cheirpach, welcher Gegend Lage ich nicht zu bestimmen vermag; selbe dürfte jedoch kaum weit von dem Stifte entfernt sein. Reifenstein aber liegt zwischen Judenburg und Zeiring. Otto v. R. lebte um das J. 1379.

[75]) Dasselbe auch von einer Hand, welche dem 14. Jhdt. anzugehören scheint, beim 22. Juli eingeschrieben. Die Lubgaster — Ligister — bilden einen Zweig der Saurauer; s. Anmerk. 119, Jänner.

[76]) In II., ebenfalls von einer gleichzeitigen Hand, beim folgenden Tage. Dagegen beim 17. April im Todtb. des Stiftes Sekau.

[77]) Mariahof. Eine andere Hand, gleichzeitig, schreibt ebendaselbst: „Obiit frateh Hainricus, plebanus in Hof, anno etc. 1497". Wie es scheint, dieselbe Hand auer in II.: „Hainricus Grumpf, plebanus in Hof, 97", wozu ein Dritter hinzufügt: „monachus istius loci". Im Sekauer Todtb. beim 8. Juli: „Hainricus Grumpf" etc. Von einer Hand im Ausgange des 16. Jhdts. hat II. ausserdem noch zu diesem Tage: „Hainricus Lehner, pbr. et mon. istius loci 1491", und die wohl gleichfalls einer älteren Zeit angehörigen Notizen: „Nicolaus pbr. et mon. istius loci de Puch; Achacius Kräll, senior, pbr. et mon istius loci".

[78]) Derselbe war Chorherr in Gurk und ist sein Name im Orig. beim 22. März vermerkt.

* * *

Saec. XVII.: Balthasarus Kloiber (?), professus in Michaelp(eurn), anno 1642 (?).

[22.]

G XI. Kal. Aug. Mariae Magdalenae.

Saec. XII.: *Ortolfus mon. istius loci* — Otto mon. — Chŏno mon. — *Engelhardus conv. istius loci* — *Berhta mon.* — Gerlint laic.

Saec. XIII.: *Grifo mon. istius loci* — *Rudolfus mon. istius loci.*

Saec. XIV.: *Marchwardus abbas Chŏtwicen.* ecclesiae [79]) — Perhta mater domini Hermanni — Petrus filius Johannis de Cella — *Nicolaus pbr. et mon. hujus loci* — *Martinus pbr. et mon.* [80]), Georius pbr. et mon. — *Johannes pbr. et mon. Medlicensis* pie.

Saec. XV.: Nicolaus pbr. et mon. — Chunradus acolitus et mon. — Petrus pbr.

* * *

Vlricus pbr. et mon. — Rudwertus pbr. et mon.

Saec. XVI.: Joannes Resch, mon. professus monasterii S. Blasii in Nigra Sylva, postulatus in abbatem coenobii . . . . . . [81]) div. Georgii, obiit anno 91.

Saec. XVII.: Obiit P. Georgius Reibl, professus in Krembsmünster, 22. Julii aᵒ 1619.

[23.]

A X. Kal. Aug. Apolinaris.

Saec. XII.: Varmannus pbr. et mon. — Hartvnc frater Wernh.

Saec. XIII.: *Walchunus* pbr. et *can. de Gurc.* — *Margareta* de Frisach.

Saec. XIV.: *Albertus pbr. et mon. istius loci* Gurcensis — *Christanus laic.* obiit, de Theodosia, pater (?) domini Vlrici — *Johannes pbr. et mon. istius loci* dictus Rechperger — *Seyfridus pbr. et mon. istius loci dictus Welczer* — *Nicolaus conv. Admunt* — *Anna mon. Gurcen.* — Obiit *Nicolaus Mertinger,* frater Wilh., anno MCCCᵒ79.

---

[79]) 1317—1323. Font. rer. Austr. 2. VIII. 101.

[80]) lu II. von einer gleichzeitigen Hand beim 23. Juli.

[81]) Montis.

Saec. XV.: *Nicolaus abbas monasterii Obernburgensis* [82]) — Petrus,
Laurencius, Erhardus, Petrus, Achacius, Fridricus, Heinricus,
Gotfridus pbri. et monachi, item Johannes, Johannes (sic),
et . . . . . .

* *

Obiit Jacobus de Klech laic. 1464. — Martinus pbr. et mon.
Saec. XVI.: Obiit Georgius Kirh . . . h.do.ff pbr. et mon. istius loci.
Saec. XVII.: Sigismundus conv. Claustr . . . . [83]) 1630. —
Obiit R. P. Vitus Pernstöll, professus hujus loci, 1659 [84]).

[24.]

B VIIII. Kal. Aug. Vig. Christinae virg.
Saec. XII.: *Stephanus conv. istius loci* — Dietricus pbr. et mon. —
Uvolfkerus laic. pellifex.
Saec. XIII.: *Otto conv. istius loci* — Beatrix mater Hermanni et
Babonis sacerdotum.
Saec. XIV.: *Rycherus* Albus dictus, *pbr. et mon. istius loci,* anno
domini M.CCC.XII. — *Hertlinus de foro — Fridericus sub-*
dyac. et can. Gurcensis — Meinhardus laycus *dictus Krell* [84'])
et *Katherina* filia ejus, dicta *Manschilerin* — Alramus pbr. et
mon., *Thomas pbr. et mon.* [85]) — Petrus, Johannes et domicelli (?) de Chotbico.

---

[82]) Könnte auch zu dem vorhergehenden Tage gesetzt werden. Derselbe starb nach
Schmutz, Lexikon, im J. 1404.

[83]) Wohl Claustroneoburgi.

[84]) Peter Weixler schreibt zu demselben in seiner schwülstigen Weise mit der ge-
wohnten steifen Schrift: „Sepultus est in cornu epistolae summi altaris in basilica
S. Lamberti prope columnam postremam de sustentantibus ecclesiae fornicem versus januam sacristiae; paucis inde cubitis ante altare proximum sacristiae pausant
a luduo defuncti citius hoc religios. P. Vito P. Judenburgensi sacerdotes in hoc
S. Lamberto Sty. professi; pone altare illud sacristiae proximum in(foss)i sunt
S. Lamberti duo conversi, quibus appositus est P. Aem. Hilbegg; ante sacristiam
multis aut paucis cubitis in hoc S. Lamberto religiosi proxime morituri tumulandi
sint, adhuc praevidere nescio“.

[84']) Zwei andere gleichzeitige Hände setzten zu dem folgenden Tage: „Meinhardus
laic. pater Fridrici Chrel“ und „Meinhardus pater Fridrici dictus Cherl“. Menlinus
(= Meinhardus) Chrell, Zeuge in einer Urk. v. J. 1278.

[85]) In der Nähe dieser beiden Namen steht von anderer gleichzeitiger Hand noch „de
Chotbico“ (Götweig) und dürfte auch dazu gehören, da diese Ortsangabe sich zu
keiner der anderen Notizen verwenden lässt.

Saec. XV.: Obiit *Katherina Mertlin* istius loci piae memoriae — *Vlricus puer istius loci* — Rudolfus Croeccher [86]).

*

* *

Vlricus Krabatstorffer, praepositus in Afflencz, pbr. et mon. istius loci, anno etc. XLVI. [87])

Saec. XVI.: Obiit fr. Wolfgangus Crell, pbr. et mon. istius loci, 1523 [88]).

Saec. XVII.: Fr. Virgilius Bayr, conv. apud S. Petrum Salisburgi, 1636.

[25.]

C VIII. Kal. Aug. Jacobi apost., Christofori.

Saec. XII.: Wikerus pbr. et mon. — Rŏdolfus mon. — Harpreht conv. istius loci — Dietricus conv. — *Irmgart abbatissa — Adelheit regina* [89]) — Hebruuinus pbr. et mon. Kotuic.

Saec. XIII.: Adlbertus pbr. et can. S. Mariae Gurkae — *Ortuuinus laic.* avus Gotfridi Vez. [90]) — Ditmarus puer — *Gotsalcus laic. villicus de Lint.*

Saec. XIV.: *Fridericus subdiac. et can. Gurcensis,* dictus *Tentsch.* [91]) — *Rugerus pbr. et mon. de Admund — Petrus* magister (?) de Cellis [92]) — „Otreinhart, pater Ottonis plebani de Pyber, Gerdrudis uxor ejus" [93]).

Saec. XV.: *Martinus pbr. et mon.*

*

* *

Saec. XVII.: D. Ferdinandus Rom. imperator catholicus, pius, pacificus, et plane sanctus, vita pie excessit anno etc. LXIIII[to] circa horam v[m] pomeridianam.

---

[86]) Oder Tröccher? etc. Die Schreibung Croccher erinnert auch unwillkürlich an den noch heutigen Tages in der Lambrechter Gegend vorkommenden Geschlechtsnamen Grugger.

[87]) In I. wohl nur aus Raummangel zum 25. Juli gesetzt. Das Sekauer Todtb. hat denselben beim 17. April.

[88]) Geschrieben von einer Hand um 1600.

[89]) Die erste und wegen Unfruchtbarkeit verstossene Gemalin Kaiser Friedrich I.

[90]) Veznach, aus der Fessnach.

[91]) „dictus Tentsch." (Tentschacher?) von einer anderen gleichzeitigen Hand darüber gesetzt.

[92]) Wie es scheint, von drei verschiedenen Händen geschrieben und daher fraglich ob es wirklich einen Meister Peter von Mariazell gegeben hat.

[93]) In II. findet sich von einer Hand um 1600 noch: „Nicolaus Grassler pbr. 1367".

[26.]

D VII. Kal. Aug. Annae matris Mariae 94).

Saec. XII.: *Arinwicus mon.* — Werinhervs mon. — *Leutfridus diac. plebanus S. Viti* 95) — *Alkerus abbas Milstat* 96) — *Noradinus abbas — Diemŏt mon.*

Saec. XIII.: Richkart de Chazze 97) (?) laic. — *Hadwigis* mater Rich. de Grazlob obiit — Vlricus puer filius Ortonis 98).

Saec. XIV.: *Jacobus conv. istius loci* — Reizza dinch (?).

Saec. XV.: *Kunigundis Chelczynn mon. Secovien. 1444.*

*
* *

Saec. XVI.: Augustinus pbr. et mon.

Saec. XVII.: 26. die Julii ex hac miseriarum colluvie excessit reverendus in Christo pater Michael Mur, professus apud S. Paulum in valle Laventina, ibidemque suprior existens anno 1611 99).

[27.]

E VI. Kal. Augusti. Marthae hospitae.

Saec. XII.: *Berhtoldvs abbas Gaerste.* 100) — *Ŏdalricus abbas —* Ditricus pbr. et can. — Burchardus diac. et can. — *Albericus conv. istius loci.*

Saec. XIII.: *Ilsungus pbr. et mon. istius loci* — *Albertus* laic. *de Mitterdorf — Margareta de platea* — Sigfridus laic. pistor — *Ditricus de Pux dedit praedium — Gisila mon. S.* Geori.

Saec. XIV.: *Tyemo praepositus* 101) *pbr. et mon. istius loci* obiit —

---

94) Von einer Hand im Ausgange des 13. Jhdts. Ebenso „Marthae hospitae" beim lfo genden Tage.

95) St. Veit in Kärnten?

96) Dieses Kloster des Benedictinerordens gehörte zu den ältesten in Kärnten. Es wurde bereits im J. 1469 aufgehoben und zunächst dem ritterlichen St. Georgsorden übergeben. Hohenauer, Kirchengesch. von Kärnten, S. 56, 57.

97) Katsch, unweit von St. L.?

98) Wohl zu verbessern in Ottonis.

99) Im Orig. steht diese Notiz beim 1. August.

100) Wurde Abt von Garsten im J. 1110 oder 1111 und starb als solcher im J. 1142. Die Kirche zählt ihn unter ihre Heiligen und feiert sein Andenken am 27. Juli. Pritz, Gesch. v. Garsten, S. 7 – 13.

101) Wobei keineswegs au einen höheren kirchl. Würdenträger, sondern an einen Vorstand meist der Ökonomie zu denken ist.

Rudolfus dux Austriae [102]) anno domini *M⁰CCC⁰LXV⁰* — Otto
pbr. et mon.

Saec. XV.: Christina mon. de Gurg . . [103])

Saec. XVI.: *Animae laicalium personarum confoederatae in Seitensteten Lamperti presbyteri, Mauricii, Thomae, Colomani,
Wolfgangi, Caeciliae, Katherinae, Barbarae* [104]).

[28.]

F V. Kal. Aug. Pantaleonis mart.

Saec. XII.: Heimo (?) pbr. et mon. — Ŏdalricus diac. et mon. —
Hecilo conv.

Saec. XIII.: *Geroldus praepositus S. Mariae Secovve* [105]) — *Liv-
poldvs dux Austriae* [106]) — *Pero praeco* — *Wentilburch mon.*
— *Otto miles* — Hainricus diac. et mon. — *Werinherus pbr.
et mon. istius loci* — *Vdalricus pbr. et mon.* (de) *Obernburch*
— *Dietricvs pbr. et mon. de Admunt.*

Saec. XV.: Johannes mon. [107]).

*
* *

Saec. XVII.: Fr. Philippus Jöchlinger professus in Gärstn.

[29.]

G IIII. Kal. Aug. Felicis papae.

Saec. XII.: *Vrbanvs papa* [108]) — *Perhtoldus mon.* — Haimo mon.
— Gŏta.

---

[102]) Der Erbauer des Stefansdomes in Wien.

[103]) Gurk. — II. hat von einer Hand des 15. Jhdts. noch einen „Rudolfus pbr. et mon.
istius loci“, eine Person, welche durch einen Irrthum des Abschreibers, welcher
die in I. neben einander stehenden Notizen über den Herzog Rudolf und den Propst
Tyemo vermengt hat, entstanden zu sein scheint.

[104]) Das 2. Todtenb. hat von einer Hand um das J. 1600 noch einen „Joannes dyaconus
et mon. istius loci 30“ (1530?).

[105]) Im Sekauer Todtb. derselbe Tag. Gerold soll im J. 1220 gestorben sein.

[106]) Leopold VI.; er starb im J. 1230 zu St. Germano in Italien. V. Meiller, Regg·
Babenberg.

[107]) Von einer Hand im Ausgange des 16. Jhdts. lesen wir in II. noch: „Ditmarus pbr.
et mon. S. Lamberti“, eine Notiz, die ihrem Inhalte nach wohl einer älteren Zeit
angehören dürfte, und: „Bartholomeus Püchler pbr. et mon. istius loci 1427“.
Diese zweite Notiz rührt von einer Hand c. 1600 her. Im Sekauer Todtenb. beim
17. April von einer Hand des 15. Jhdts.: „Wartholomeus Püchlär sacerdos in
Sancto Lamberto“.

[108]) Urban II. starb im J. 1099. Jaffé, Regg. pont. Rom.

Saec. XIII.: *Otto pbr. et can.*, elect. S. M. *Gurk* [109]) — *Perin-gerus conv. istius loci* — Leo vigil. (?)

Saec. XIV.: *Agnes mon.* obiit — Obiit *Paulus can. Seccoviensis, de Judenburga* — „Chunradus de . . . . . . weltz [110]) laic.“ — *Anna mon.*

Saec. XV.: Engelhardus acolitus et mon. in Pruel — *Vlricus scolasticus Villaci* — Fridricus pbr. et mon. — Cristannus pbr. et can. — *Obiit venerabilis abbas Benedictus monasterii Krembsmünster* [111]) — Caspar, Melchar, Fridericus . . . pro omnibus connatis suis [112]).

* * *

Saec. XVII.: P. Georgius Ipsner (?) [113]) 1629.

[30.]

A III. Kal. Aug. Abdon et Sennes.

Saec. XII.: Rapoto mon. — *Pertoldvs mon. istius loci.*

Saec. XIII.: *Fridericus pbr. et can. Gurcensis* — Perinhardus conv. Admuntensis.

Saec. XIV.: Obiit *Andreas* puer *istius loci acolitus* — *Anna* de Cherspom [114]).

Saec. XV.: *Georgius, Benedictus, Steffanus pbri. et mon. in Seittenstetten, Wolfgangus diac., Joannes et Georgius professi, Wolfg. conv.*

Saec. XVI.: *Joannes Adam, pbr. et mon. senior hujus loci* [115]), *sub anno 1517.*

* * *

Saec. XVII.: R. P. Rudolphus Wiser, quondam prior hujus loci et oeconomus in Afflenz, obiit ibidem anno 1667.

---

[109]) S. Mariae in Gurk. Erwählter Bischof von Gurk, jedoch nicht als solcher bestätigt. Er starb nach Hohenauer, Kirchengesch. v. Kärnt. (S. 87), am 30. Juli 1215.

[110]) Die Aufzeichnung ist etwas verwischt, es scheint aber Niderweltz gestanden zu haben.

[111]) 1484—1488. Pachmayr, Series abb. et relig. Cremifan. P. II. 270—273.

[112]) In II. von einer Hand um das J. 1600 noch die jedenfalls einer älteren Zeit angehörenden Notizen: „Gunholt mon. istius loci; Otto camerarius dedit praedium“.

[113]) Möglich, dass Kisner richtiger gelesen ist. Der Name ist nämlich im Orig. stark verwischt.

[114]) Kerschbaum in nächster Nähe des Stiftes.

[115]) Im Sekauer Todtb. beim 12. Mai.

[31.]

B II. Kal. Aug. Germani ep.(?)

Saec. XII.: *Gerboto mon. Admunt* — Bruno conv. — *Margareta conv. Gurc.*

Saec. XIII.: *Jvditha laic.* — *Raprehtus faber* obiit.

Saec. XIV.: *Ǒtakerus pbr. et mon.* obiit — *Nycolaus pbr. et mon. istius loci,* filius Thomanni (?) in Cellis.

Saec. XVI.: *Johannes Czimperger, servitor· hujus ecclesiae — Obiit noster charissimus omnium frater Vriel Stubich, (pbr. et mon.)* [116]*), plebanus in Hoff ad sanctam Mariam, anno a nato Christo M.D.XXX.*

* *

Heinricus pbr. et mon. istius loci.

Saec. XVII.: P. Marianus Jost, mon. in Gärstn, 1633. — P. Wenceslaus Myska ibidem, eodem anno [117]).

Augustus.

[1.]

C Kal. Augusti. Ad vincula S. Petri.

Saec. XII.: *Frǒwinus mon. istius loci* — Chûnradus praepositus — *Nendinc conv.* — Hartwicus conv. — Adelheit conv. — Lvduuicus pbr. et can.

Saec. XIII.: *Wlricus pbr. et mon. de Revna — Rǒdbertus conv. istius loci — Gerdrudis mon. S. Geo.* [1]) — Stephanus laic. de Swent — *Dimvdis uxor domini Ottonis de Murawe* [1']).

Saec. XIV.: Elizabet filia ecclesiastici, piae memoriae, istius loci [2]) — *Diepoldus prior pbr.* et mon. *de Chotbico* — Gotschalcus pbr. et mon. de Melch.

---

[116]) „Pbr. et mon." ist von einer Hand im Ausgange des 16. Jhdts. hinzugefügt worden.

[117]) Ernestus abbas de S. Lamberto — bei diesem Tage, jedoch unbekannten Jhdts., im Necrol. Admunt. bei Pez, SS. II. 205, bezieht sich keinesfalls auf St. Lambrecht in Obersteier, wo es einen Abt dieses Namens nie gegeben hat.

[1]) St. Georgii; St. Georgen am Längsee in Kärnten.

[1']) Wohl auch Otto von Lichtenstein

[2]) Von gleichzeitigen Händen zweimal zu demselben Tage eingetragen.

Saec. XV.: Anno domini m⁰ CCCC⁰VI⁰ obiit Anna, uxor Rŭdolfi im
  Chirchpach ³) — *Fridricus pbr. et mon.* — Albertus pbr. et
  mon. — *Elisabet* de Lobnig ⁴) — *Chunradus pbr. in Pruel* —
  Kilianus pistor istius loci.

[2.]

D IIII. Non. Aug. Stephani papae.

Saec. XII.: Heroldus diac. et mon. — *Dietmarus mon.* — Gozwinus mon. — Livtwinus diac. et can. — Hartvnc conv. —
  Hilta conv.

Saec. XIII.: *Drusliebus* filius Walch. Smech. — Alhedis conv. —
  Leo conv. istius loci — Ortolfus conv. — Hainricus pbr. et mon.

Saec. XIV.: *Leupertus dyacon. et mon. istius loci de Chaphenberch
  — Wolfgangus pbr. et mon. istius loci, qui per lapsum a
  domo cellarii vitam fin(ivit) anno domini M⁰C⁰C⁰C⁰LXVII⁰ —
  Hermannus Saxo, pbr. et mon.* de Oberwurch.

Saec. XV.: *Berchtoldus prior Obernpurgensis — Georius Stoyczendorffer laic.*

[3.]

E III. Non. Augusti.

Saec. XII.: *Ŏdalricus pbr. et mon.* — Gerbardus diac. et mon. —
  Rŏdbertus mon. — *Ekkebertvs comes occisus, d. p.* ⁵) — *Paldricus d. p.* — *Wirat mon.* — *Werinherus abbas istius loci*
  obiit, piae memoriae ⁶).

---

³) Von anderer gleichzeitiger Hand und ohne Jahrzahl ist eine Notiz desselben
  Inhalts beim 31. Juli gemacht. Der Kirchbach, ein an der Schlossseite des Stiftes
  vorbeifliessender Bach.

⁴) Lobming.

⁵) Dedit praedium.

⁶) Etwa im J. 1163 zum Abte erwählt, währte die Zeit seines Wirkens bis vielleicht
  zum J. 1180. Beitr. z. K. steierm. GQ. II. 124, 125. Nach Gerbert, Hist. Nigrae
  Silvae, I. 439, mit Berufung auf Bucelini und Mezger, wäre Wernher durch Postulation von St. Blasien im Schwarzwalde nach St. L. gekommen. Fuchs aber in seiner
  Gesch. v. Admont, S. 31 (ohne Nennung einer Quelle), will denselben nach dem
  Tode des Abtes Irimbert von Admont im J. 1177 wiederum als Abt nach Admont
  postulirt werden lassen, welche Postulation jedoch nicht bestätigt worden sein
  soll. Ich sehe mich augenblicklich ausser Stande, über den Werth dieser Angaben
  definitiv abzuurtheilen. — Denselben Todestag hat auch ein Nekrolog des Stiftes
  Admont, saec. 13., im Arch. f. K. österr. GQ. XIX. 409.

Saec. XIII.: *Irinfridus mon. S. Mariae Garsten — · Hiltebrandus conv. istius loci — Otto de Pux* — Gerdrut conv. Nivenborch [7]).

Saec. XIV.: *Obiit magister Syghardus murator anno domini M⁰CCC⁰LXXXI⁰* [8]) — *Wendela* soror Engelschalci — „Vlricus, Otto milites dicti Mertinger" — *Obiit Perchtoldus de Cellis civis.*

Saec. XV.: *Ernestus pbr. et mon.* — Johannes pbr. et mon.

[4.]

F II. Non. Augusti.

Saec. XII.: *Berhtoldus abbas* — Chonradus mon. — Bruno conv. — Gumpoldus — Ŏdalricus Adirniz [9]) — *Gerdrudis mon.*

Saec. XIII.: *Chunigunt laic.* mater Gerhardi.

Saec. XIV.: Herwurt layc. consobrinus domini Fridrici Zenkellini — Obiit *Katerina Chlŏlyn, dedit praedium XXIIII lib. denar., anno* domini *M⁰CCC⁰LXX⁰VIII⁰* [10]) — *Symon pbr. et mon. de Chotwico.*

Saec. XV.: *Petrus pbr. et mon.* — *Achacius laic. quondam villicus in Kaltnhofen.*

* * *

Johannes pbr. — Andreas praepositus in Oberndorf [11]).

Saec. XVII.: Obiit R. P. Leonhardus Straub, professus et senior apud S. Lampertum nec non oeconomus in Pyber 1617. — Obiit admodum reverendus et religiosus P. Michael .... Cremiphanii anno 1643 [12]). — Reverendissimus dominus Georgius Guglerus, praepositus in monasterio d. Lamberti Subensi 1649.

---

[7]) Klosterneuburg.

[8]) Da der Bau der gegenwärtigen Klosterkirche in St. Lambrecht im J. 1386 mindestens grösstentheils vollendet war, so ist wohl dieser Meister Sighart an demselben betheiligt gewesen.

[9]) Das Zederniza (Otterniz bei Deutsch-Landsberg) der Stiftungsurkunde vom J. 1103.

[10]) Von verschiedenen Händen zweimal zu demselben Tage.

[11]) S. Anmerk. 20, Juli. Propst Andreas Erlpacher soll im J. 1498 gestorben sein. Todtb. des Domstiftes Salzburg im Arch. f. K. österr. GQ. XXVIII. 122.

[12]) Michael Hoffmann; „magnificentissimum Vindobonensis Parnassi ornamentum, Cremifani fulgidissima gemma et exactissimae disciplinae (zur Zeit des Abtes Wolfradt) locupletissimus testis" — wird er genannt von Pachmayr, Series abb. et rel. Cremifan. P. III. 467 et seqq.

[5.]

G Nonae Aug. Oswaldi regis.

Saec. XII.: *Perhtoldus pistor* — Wŏlfherus pater R. — Chunigunt
mon. — *Elisabeht mon.* — *Swaneburc* — Chunigunt laic.
soror Rudgeri — Meinhardus pbr. et mon.

Saec. XIII.: *Erbo conv. istius loci* — *Alheidis de Scheiben laic.*
mater Permanni — Richerus miles Ramler piae memoriae —
Hertlinus puer.

Saec. XIV.: *Leo de Lodmich* [13]) obiit — *Chunegundis filia Ruedlini* [14]) — *Petrus Techer, pbr. et mon. istius loci* piae
memoriae.

Saec. XV.: *Wlfingus pbr. et mon. Admund* — *Seyfridus pbr. et
mon. de Melch* — Barbara mon., Margareta mon. moniales.

* * *

Saec. XVI.: Obiit dominus Uriell Stybich, pbr. et mon. istius loci et
plebanus in Hoff [15]) — Eva Modlerin laic. 1584. — Vitus conv.
ac novitius Nonas Augusti [16]).

[6.]

A VIII. Idus Aug. Sixti papae.

Saec. XII.: *Reinboldus pbr. et mon. istius loci* — *Lambertus mon.*
— Benedictus pbr. et mon. — Heinricus subdiac. et can. —
Gisilherus mon. S. Blasii — *Beatrix* [17]) — *Regilind mon.*

Saec. XIII.: *Eberolfus mon. istius loci* — Odalricus pbr. — *Pilgrimus pbr. et mon. S. Pauli* — *Ilbungus* [18]) *conv. istius loci*
— Otto conv.

---

[13]) Lobmich — Lobming.

[14]) Von einer gleichzeitigen Hand auch in II., jedoch hier noch mit dem Zusatz „de
Monte", am Perg bei St. L.

[15]) Mariahof. In I. ist diese Notiz verwischt, in II. aber durchstrichen und hat also
keine Geltung.

[16]) Er war ein Noviz des Klosters Melk und starb zwischen 1535—1542. S. oben
Anmerk. 104, Februar. Im Orig. ist sein Name beim 27. April eingezeichnet.

[17]) Dieser Name steht im Orig. an ausgezeichneter Stelle und ist in Majuskeln geschrieben, scheint demnach einer Person angehört zu haben, welche für das Stift
eine besondere Bedeutung gehabt hat. Vergl. hiezu Anmerk. 91, Februar.

[18]) Soll es nicht richtiger Ilsungus heissen?

Saec. XIV.: Jacobus pbr. et mon. Admund — *Hainricus pbr. et mon. Medlicensis* — *Chunradus pbr. et mon. istius loci, dictus Sauraber* [19]), *anno* etc. *LXXXXII⁰* — Johannes praedicator in Cellis, pbr. et mon. hujus monasterii.

* * *

Magdalena mon. dicta Pretschlayfferin.

Saec. XVII.: Obiit serenissima imperatrix Maria Leopoldina, secunda conjunx Ferdinandi tertii, in puerperio 1649.

[7.]

B VII. Idus Aug. Afrae mart.

Saec. XII.: *Ŏdalricus episcopus* [19']) — Engilscalchus pbr. et mon. — Rŏdbertus mon. — Wecelinus mon. — *Chunigunt abbatissa* — Rv̂dolfus pbr. et mon.

Saec. XIII.: *Gotsalcus conv. istius loci* — *Waldman conv. istius loci* (?) — *Vlricus pbr. et mon. istius loci*, filius Ottonis judicis — Agnes mon. S. M. [20]).

Saec. XIV.: Johannes p. filius h. de Monte — Nycolaus scolaris . . . . — *Nicolaus pbr. et can. Gurcensis* dictus Phuntan — *Margareta Himelbergerin mon. Gurcen.*

Saec. XV.: Nicolaus pbr. et can. in Voraw — Dominus Petrus, 7⁰ Idus Augusti [21]) — Martinus pbr. et mon.

Saec. XVI.: *Symon Köberl pbr. et mon.* — *Ruduertus Paugartner* [22]) *pbr. et mon.*

* * *

Fr. Mathias mon.

Saec. XVII.: Obiit R. P. Gotthardus Garstensis 1644, 7. Augusti.

[8.]

C VI. Idus Aug. Ciriaci et soc. ejus [23]).

---

[19]) Saurauer.

[19']) Im Todtenb. des Stiftes St. Peter in Salzburg (Arch. f. K. österr. GQ. XIX. 266) zu demselben Tage: „Vdalricus Pataviensis episcopus“ (1121).

[20]) S. Mariae, in Gurk?

[21]) Derselbe war ein Chorherr zu Herzogenburg und ist sein Name im Orig. beim 23. Jänner eingetragen.

[22]) Paumgartner?

[23]) Als zweites Fest ist von einer Hand des 14. Jhdts. angegeben: „Beati Altmanni episcopi fundatorisi Chôtwcensis ecclesiae“.

Saec. XII.: Odo mon. — Rabanus mon. istius loci — Egino conv. — Adalbertus fr. Ŏdalrici — *Gerbirch mon.* S. Blasii — *Adlholt conv. istius loci* — Hainricus subdiac. mon.

Saec. XIII.: *Ŏdalricus abbas Lauent* 24) — *Gepa conv.* — *Gotschalcus abbas istius loci anno* incarnationis *domini Mᵒ CCᵒ octogesimo* 25).

Saec. XIV.: *Rudolfus Lieclenekker* et uxor eius Anna — *Johannes puer istius loci* — Nicolaus pbr. et mon.

Saec. XV.: Otto pbr. et decanus Seccovien., de La — Sigmundus pbr. et mon.

Saec. XVI.: *Michael Angermulner pbr. et mon.* — *Cristophorus pbr. et mon.* 26) — Philippus pbr. — *Kunradus Lokhamer pbr. et mon.* — Ruduertus Pawr pbr. et mon.

[9.]

D V. Idus Aug. Romani.

Saec. XII.: *Wolframmvs abbas istius loci* 27) — *Pvrchardvs* conv. *dedit praedium* — *Otto mon.*

Saec. XIII.: *Rantolfus mon. istius loci* — *Engelschalcus diac. et mon. istius loci* — *Ditmarus de platea laic.* — Guntherus pater Engilsalci — Wendilburch laic. soror Vdalrici — Hainricus laic. Haslch (?) 28).

Saec. XIV.: *Gyena mon. S. Georii* — Hainricus abbas — *Elizabet laic. Ferherin.*

Saec. XV.: *Ffridricus pbr. et mon.* de *Admund,* dictus Ekker 29).

* * *

---

24) St. Paul im Lavantthale. Er starb (Mezger, Hist. Salisbg. p. 1205) im J. 1220.

25) Wohl noch im Todesjahre des Abtes Permann (1258) erwählt, resignirte er am 31. Juli 1279 seine Würde. Beitr. z. K. steierm. GQ. II. 132, 133. Derselbe Todestag im Necrol. Admunt. bei Pez, SS. II. 206.

26) Es war derselbe ein Mitglied des Stiftes S. Lambrecht, wie aus den folgenden Notizen im Sekauer und in dem Reuner Todtb. beim 8. und 9. Aug. hervorgeht: „Cristofforus Altnhoffer pbr. et mon. monasterii S. Lamberti frater noster"; „Christofforus Alttnhofer mon. de S. Lamperto".

27) Derselbe dürfte im J. 1148 zum Abte erwählt und schon zwei Jahre darnach (1150) verstorben sein. Beitr. z. K. steierm. GQ. II. 120, 121.

28) Name einer Gegend entweder unweit vom Stifte oder von Neumarkt.

29) II. hat von einer Hand im Ausgange des 16. Jhdts. noch einen „Martinus magister curiae", eine Notiz, welche ihrem Inhalte nach gewiss einer älteren Zeit angehört.

Saec. XVII. : Obiit honorabilis vir dominus Daniel Pyrin reverendissimi domini d. Benedicti monasterii S. Lamberti, id est hujus loci, abbatis etc. parens anno 1644 [30]).

[10.]

E IIII. Idus Aug. Lau(rentii).

Saec. XII.: Dietmarus pbr. et mon. — Gotscalchus pbr. et mon. — Adalbero mon. — Perinhardus mon. — Albricus conv. — Richiza mon. — *Isnricvs abbas Admunt* [31]) — *Ava mon.* — Chunegunt conv. — Ŏdalricus puer istius loci — Gerdrŏt soror Ger.

Saec. XIII.: *Ŏdalricus dux Karinthiae* [32]) — *Liupoldus mon. istius loci pictor* — Rvdolfus pbr. et mon. S. Mariae Garsten — *Wildvngus conv. istius loci — Durinchardus laic. de Pŏx* — Chunradus Nageli — *Chunradus dyac. et mon. istius loci* Smech — *Chunegut* (sic) dedit praedium — *Geroldus abbas constructor monasterii Rosacen.* [33]) — Willinvs mon.

Saec. XIV.: *Vrbanus pbr. et mon. istius loci* de Cellis — Johannes frater domini Pauli de Judenburga.

Saec. XV.: *Matheus pbr. et mon. de Millstat* — Leupoldus pbr. et mon. — Nicolaus dictus (?) Fŭlgraben (?) layc. 1432. — Wilhelmus Fŭller laic. anno 1.4.80. jar.

* * *

Johannes pbr. et mon. monasterii Admonten.

Saec. XVI. : Anno dominicae incarnationis 1533. ultimum clausit diem frater Benedictus cognomento Votz appellatus — Waltherus claviger, Perchta uxor ejus, Katherina, Wendel filiae ejus [34]).

---

[30]) Beim 17. Aug. findet sich folgende gleichzeitige und später durchstrichene Aufzeichnung: „Anno 1644 hac eadem die viam universae carnis ingressus est nobilis dominus Daniel Perin Italus Vtinensis, reverendissimi et amplissimi domini domini nostri abbatis Benedicti monasterii S. Lamberti genitor, cujus anima deo vivat et consortio electorum ejus gaudeat".

[31]) Er betheiligte sich an dem Kreuzzuge Kaiser Friedrich's I. und starb auf dem Wege durch die Bulgarei, 1189. Die Hist. de exped. Friderici imp. gedenkt seiner an drei verschiedenen Orten. Font. rer. Austr. 1. V. 27, dann 16 und 47. Abt ward er im J. 1178. Fuchs, Gesch. von Admont, S. 31, 32. Das Necrol. Admunt. bei Pez, SS. II. 206 hat dagegen den 11. August als Todestag.

[32]) Im J. 1201.

[33]) Rosaz im Friaul'schen.

[34]) Welche Notiz von einer Hand im Ausgange des 16. Jhdts. herrührt und ihrem Inhalte nach wohl einer älteren Zeit angehört.

[11.]

F III. Idus Aug. T(ibur)tii, Radegundis.

Saec. XII.: *Otto episcopus* — Walchŏn abbas — Heinricus pbr. et
mon. — *Engilschalcus conv.*

Saec. XIII.: *Ch(unr)advs mon* . . . . [85]) celerarius — *Walchunus pbr. et mon. istius loci.*

Saec. XIV.: *Christanus pbr. et mon. istius loci* — Vlricus pbr. et
mon. — *Johannes pbr. et mon.* de Lambach.

Saec. XV.: *Haec sunt nomina eorum, qui obierunt in monasterio
Fuldensi et in monasteriis et collegiis sibi pleno jure sub-
jectis* [86]), *primo Heinricus, Elizabet, Lipsis, Katherina, Heinricus, Gessel, Hans, Katherina, Heinricus, Elizabet, Felic.,
Gela, Elizabet, Otilia, Katherina fratres, sorores, et familiares
ibidem, Theodericus miles, Petronella uxor ejus, Hans, Conr.,
Greta, Alheit, Katherina, Wigant, Alheit,* Hans, Huse, *Bertoldus, Gela.*

* * *

Dominus Tyboldus, decanus ecclesiae Seccoviensis, 1456. [87])

Saec. XVI.: „Johannes Strauss, Andreas Widmer pbri. et monachi“.

Saec. XVII.: Reverendissimus et amplissimus in Christo pater ac dominus d. Johannes Henricus Stadfeld, hujus loci abbas, lucis
usuram reddidit religiosissime in Piber anno Christi 1638,
aetatis vero suae 55., abbatiae 26. [88])

[12.]

G II. Idus Augusti.

---

[85]) Es scheint, dass hier „istius loci“ (von St. L.) zu ergänzen ist.

[86]) Diese Namen sind im Orig. zu den Tagen des 11. — 18. August bemerkt. Sie sind
alle von derselben Hand geschrieben und in meiner Abschrift auf die angegebenen
Tage nach Massgabe des Originals vertheilt. II. hat sie auch herübergenommen,
jedoch in einer anderen Folge.

[87]) Geschrieben von einer Hand um das J. 1517. Dem Namen des Dechants folgen
noch: „Symon Smützel, Jacobus conversus, Agnes Enstalerin magistra monialium ibidem (Sekau) soror praelati, Anna Lobingerin, Juliana Weltzerin, Margaretha Frawndel“.

[88]) Zum Abte muss derselbe wenige Tage nach dem Tode seines Vorgängers († 4. Mai
1613) erwählt worden sein.

Saec. XII.: *Werinherus abbas S. Blasii* [88']) — Sigiboto mon. — Withmarus mon. — Regenoldus (pbr. et mon.) — Chỏnradus (mon.) — *Willibirch abbatissa* — Duringus laic. occisus — Reilind laic.

Saec. XIII.: Vdalricus pbr. et can. S. Mariae in Gurch — *Pernhardus pbr. et mon. de Admunt* — Heinricus pbr. et mon. — Cunradus pbr. et can. — Fridericus conv. (?) S. Geori.

Saec. XIV.: *Johannes pbr. et mon. istius loci* — *Domina Gerwirgis obiit, de Freyberch*, anno domini *M⁰CCC.XLVIII⁰* — Georius pbr. et mon.

Saec. XV.: *In monasterio montis S. Petri prope Fuldam Heinricus pbr. et mon., Nicolaus, Gela, Elizabet fratres et sorores — Johannes Merher laicus*, Agnes uxor ejus — *Philippus canonicus et decanus Secoviensis 1447.*

*
* *

Saec. XVII.: Obiit R. P. Marianus Ludwig Styrus Graecensis, pbr. et mon. hujus loci, in Köflach anno 1662.

[13.]
A Idus Augusti.

Saec. XII.: *Bertholdus abbas* [88'']) — *Hartwicus mon. istius loci* — *Hemma abbatissa.*

Saec. XIII.: *Sinzo* conv. *istius loci* — Pero villicus de Wel — *Johannes pbr. et mon. istius loci Bohemus.*

Saec. XIV.: *Walchůnus pbr. et mon. Agmund* — *Christanus mon. hujus loci* — Gundakarus pbr. et mon. S. Pauli.

Saec. XV.: Georius mon. Obernburgensis — In monasterio S. Michahelis prope Fuldam Stanthart et aliorum fratrum (sic) ibidem.

*
* *

Saec. XVI.: Christophorus Pantrer (?) interiit, in Cell custos reliquiarum, an. 1.5.21.

Saec. XVII.: P. Matthaeus Cammerer, professus in Gärstn, 1632. — R. P. Josephus Prener ex monasterio Gärstensi 1646.

88') Ein Abt Wernher, Günthers Nachfolger, starb am 27. Mai (VI. Kal. Jun.) 1170. Gerbert, Hist. Nigrae Silvae, I. 387.

88'') „Vielleicht" Abt zu St. Emmeram in Regensburg, † 1149. Arch. f. K. österr. GQ. XIX. 384, Anmerk. 22.

[14.]

B XVIIII. Kal. Sept. Vig. Eusebii.

Saec. XII.: *Eberhardus pbr. et mon. — Altŏm mon. istius loci.*

Saec. XIII.: *Arnhalmus abbas Garstensis* [39]) — Chunradus conv. S. Mariae Seccowe — *Rudolfus conv. istius loci.*

Saec. XIV.: Stephanus Griezpech.

Saec. XV.: Otto pbr. et prior in Pruel — *In monasterio montis S. Johannis prope Fuldam Albertus, Mathias, Johannes pbr. et monachus* (sic); in collegio Salmanster Conradus can., in collegio Bursa canonici et vicarii; *in monasterio Novi montis S. Andreae prope Fuldam Bertoldus, Martinus, Johannes, Andreas, Elizabet,* Elizabet (sic) fratres et sorores, Hartmannus heremita; (in) monasterio montis beatae Mariae virginis prope Fuldam (Wi)gandus, Andreas, Katherina, Barbara, (Chuni-) gund, Katherina.

Saec. XVI.: Johannes Engelbrecht pbr. — Obiit *Petrus Ermann, pbr. et mon. hujus loci* [40]), *custos divinorum in Cellis, anno 1517.*

Saec. XVII.: R. P. Wolffgangus Schetting, monachus et (?) olim prior in Gärstn, 1632.

[15.]

C XVIII. Kal. Sept. Assumptio S. Mariae.

Saec. XII.: Rŏdbertus abbas — Arnoldus mon. — Pabo mon. — Sigmarus conv. — *Otto puer acolitus istius loci.*

Saec. XIII.: *Amelricus mon. in Milstat — Rainhardus pbr. et mon. istius loci* — Sigfridus, Eberhardus, Otto pbri. et mon. S. Mariae in Sytansteten — Fridericus Chrevzer — Rudbertus mand .. (?) — Judita laic. mater Hiltegrimi — *Pero pbr. et mon. Chowicen.*

Saec. XIV.: Otto pbr. et can. Gursensis ecclesiae — Margareta filia Johannis de Cella — Johannes et (sic) mon. hujus loci —

---

[39]) Soll als solcher im J. 1216 gestorben sein. Pritz, Gesch. von Garsten, S. 22, 23.

[40]) „Petrus Reman“ (!) etc. im Sekauer Todtenb. beim 12. Mai. In der Hs. 34/1 8° saec. 15. der Grazer Universitätsbibliothek ist gleichfalls dessen Sterbejahr verzeichnet: „Anno etc. decimo septimo (1517) obiit frater Petrus Erman, custos reliquiarum in Cella Mariae, sepelitur in Nova Civitate“. Mittheilung des Prof. Zahn.

Johannes subdiaconus istius loci de Muraw — Obiit Margareta virgo de Schwaichof[41]) et Anna filia domini Nicolai — Fridricus, Petrus pbri. et mon., Oswaldus, Maximilianus acolety (!).

Saec. XV.: *Obiit Paulus praepositus et archidiaconus ecclesiae Gurcensis*[42]).

* * *

Saec. XVI.: Albanus Hochholtinger, canonicus de Werchtersgaden[43]).

[16.]

D XVII. Kal. Sept.

Saec. XII.: Chadelhoch pbr. et mon. — *Rahwinus occisus — Pilgrimus abbas Salzpurch*[44]).

Saec. XIII.: *Gerdrudis conv.* in Milstat.

Saec. XIV.: *Nycolaus laycus* filius Chlelini[45]).

Saec. XV.: *In monasterio S. Sixti in Holczkirchen Petrus praepositus, Heinricus decanus, Conradus pbr. et quam plures alii; in monasterio S. Solae in Solnhoffen Heinricus praepositus, Johannes pbr. et aliorum fratrum* (sic); in monasterio sanctimonialium in Blannaw Gredrudis (sic), Alheidis Meth . ., Katherina, Agnes, Anna, Cristina, Elizabet, Agna moniales et sorores.

Saec. XVI.: *18. anno obiit Johannes Muetmanstorffer canonicus.*

* * *

Erhardus episcopus Laventinus[46]); Martinus, Fridericus, Johannes, Rudbertus, Cristoferus, Leonhardus, Cristoferus, Ambrosius, Wolfgangus, hii omnes canonici et pbri. de Oberndorf, Steffanus diaconus.

---

41) Der Schwaighof liegt gleich oberhalb des Stiftes.

42) Mit dem Zunamen Helfendorfer; sein Sterbejahr 1405. Hohenauer, Kirchengesch. von Kärnt. S. 77.

43) Geschrieben von einer Hand c. 1517 und wahrscheinlich, dass die Notiz ihrem Inhalte nach älter ist.

44) Zu St. Peter. Er starb im J. 1199. Noviss. Chron. St. Petri, p. 249.

45) Von anderer gleichzeitiger Hand zu demselben Tage: „Nicolaus Chlel".

46) Geschrieben ist dieser Name und auch die folgenden von einer Hand, die c. 1517 gesetzt werden muss. — Erhart Paumgartner war Bischof von Lavant vom J. 1487 bis 1508. Tangl, Reihe der Bisch. von Lavant, S. 199—214.

[17.]

E XVI. Kal. Sept. Oct. Laurentii.

Saec. XII.: *Gerunc pbr. et can.* — *Levtoldus sacerdos nostrae societatis* — *Adelheit mon. S. Blasii* — *Gisla mon.*

Saec. XIII.: *Arbo conv. istius loci* — *Chunradus* laic. *de Stain* [47]) — *Gotfridus conv. istius loci.*

Saec. XIV.: *Erhardus subdyac. et mon.* istius' loci filius Wolfl. — *Elizabet filia Chlôlini* — Martinus, Nicolaus, Rudolfus pbri. et monachi.

Saec. XV.: Andreas prior de Sewen — In monasterio sanctimonialium in Rore Elizabet, Katherina, Katherina (sic), Ricza, Ricza (sic), Cecilia, Margaretha sorores et moniales, Johannes vicarius Clase...

Saec. XVI.: Joannes Cattner (?) pbr.

       * *
       *

Saec. XVII.: R. P. Laurentius Heiffel, professus in monasterio d. Lamberti Subensi, 1649. — R. P. Dominicus Holl, professus Wettenhusianus, 1649.

[18.]

F XV. Kal. Sept. Agapiti.

Saec. XII.: Ŏdalricus mon. — Hecilinus mon. — *Adam conv. istius loci* — *Otto mon. istius loci.*

Saec. XIII.: *Rainhardus pbr. et mon. Milstat* — Hainricus pbr. et mon. — Ŏdalscalchus laic. de platea — *Rvdigerus laic. miles de Curia* (?) [48]) — Rihcardis mon. S. Georii — *Wascrimus conv.* — Jacobus puer.

Saec. XIV.: *Engilsalcus laic. de Grazloub* — Petrus pbr. et mon. Lambacensis — *Fridricus Chloel civis istius loci, dedit praedium,* pater Chloelini — *Fridricus pbr. et can. de Varaw.*

Saec. XV.: Vlricus pbr. et mon. de Chremi . . . . . (?) [49]) — In monasterio sanctimonialium in Tulve Hartungus capellanus, *Elizabet, Katherina* et aliae sorores et familiares ibidem; in monasterio sanctimonialium in Aldendorff Albertus capellanus; in monasterio sanctimonialium in Hoest fratres et sorores; in col-

---

[47]) Stein, unweit von Mariahof.

[48]) Mariahof.

[49]) Kremsmünster.

legio sanctae crucis in Hinefolt canonici Bertoldi et vicarii (?);
in collegio S. Caeciliae in Rastorff Conradus vicarius, Hermannus
praepositus.

* * *

Saec. XVI.: Obiit reverenda domina Catharina Wäschlin, abbatissa
in Judenburg, anno domini 1587. [50]

[19.]

G XIIII. Kal. Sept.

Saec. XII.: *Ŏdalricus mon. istius loci — Manegoldus mon.* — Otto
mon.

Saec. XIII.: *Hiltigunt Welz. — Nicolaus conv. istius loci.*

Saec. XIV.: Fridricus pbr. et mon. de Pauern [51]) — *Jacobus pbr. et
mon. istius loci* Rakespurger — Georius pbr. et mon.

Saec. XV.: *Sthephfanus pbr. et mon. de Lienueld — Hylaria* [52])
virgo dicta Vtscherin, mon. (?) in Gozz — Petrus pbr. et
mon.

[20.]

A XIII. Kal. Sept.

Saec. XII.: Dominicus mon. — Adalbertus mon. — Adelheit mon.
S. Blasii — *Hadewic mon.* — Wichpurch laic. soror Walchŏni
— *Heinricus pbr. et mon. istius loci.*

Saec. XIII.: Elisabet mon. — Dietprandus de Monte — *Fridericvs
abbas Admvntensis* [53]).

Saec. XIV.: Erhardus, Chunradus, Heinricus prespiteri, Gebhardus,
Stefanus, Vlricus, Gebhardus (sic) — Vlricus pbr. et mon.
dictus Graus — *Obiit Nicolaus miles et judex hujus loci,
dictus Fuler,* anno domini *MºCCCºLXXXºIIIIº — Johannes de
Afflencz, pbr. et mon. istius loci* [54]) — *Vlricus laic. dictus
Obdacher, Chŭnegundis* uxor, Margareta filia.

---

[50]) Äbtissin nämlich des dortigen Klarissenklosters. Sie war übrigens, wie aus Docu-
menten des Stiftsarch. zu St. L. hervorgeht, eine Tochter des im J. 1566 verstorbenen Stiftspropstes Jakob Wäschl zu Sekau. S. 13. April.

[51]) Michaelbeuern.

[52]) Unter diesen Namen setzte dieselbe Hand auch „Ffewstriczerin".

[53]) 1259—1262. Fuchs, Gesch. von Admont, S. 35, 36.

[54]) Zweimal zu demselben Tage, jedoch von verschiedenen Händen, eingetragen.

Saec. XV.: *Otto pbr. et mon.* — *Obiit Anna, filia Nicolay Grasz-*
  ler [55]) *anno* domini *1453.* — *Obiit Andreas praepositus Seco-*
  uiensis [56]).
Saec. XVI.: *Stephanus pbr. et mon.*

* * *

Saec. XVII.: R. P. Franciscus Rambser, decanus in monasterio d.
  Lamberti Subensi, 1649. — Reverendus dominus Cornelius
  Schöer, exparochus in Piber, factus oeconomus obiit 1651.

[21.]

B XII. Kal. Sept.

Saec. XII.: *Dietricus mon.* — Lambertus conv.
Saec. XIII.: *Wolkerus pbr. et mon.* — Wluingus de Monte — Vl-
  ricus murro (?) puer istius loci — *Sophia conv. de Sekowe* —
  Vlricus pbr. et mon. istius loci.
Saec. XIV.: *Ulricvs pbr. et mon. istius loci, Chaczenstainer* [57]) —
  Dietricus mon. Chotwicensis — Obiit *Dyeczel Stainer,* rusti-
  cus de Angulo [58]).
Saec. XV.: Obiit Magenso (?) dictus Trawner, pbr. et mon. de
  S. Petro Salczpurg. — *Artolfus puer* laic. — Obiit *Angnes*
  virgo laica et *Vendel* soror ejus.

* * *

Saec. XVII.: 1614. obiit R. P. Georgius Pircher, professus apud
  S. Paulum.

[22.]

C XI. Kal. Sept. Oct. S. Mariae.

Saec. XII.: *Penno pbr.* — Erchenbertus conv. — *Gerbertus laic.*
  de Angulo — Sigfridus mon.

---

[55]) Aus der Familie der Grasslaber.

[56]) Er führte den Beinamen Enstaler und starb im J. 1480. Sekauer Todtenbuch. Das
  Reuner Todtb. hat ebenfalls den 20. August.

[57]) Der Kazenstein, nach welchem die Familie dieses Mönches sich benannte, liegt in
  Untersteier.

[58]) Im Winkel bei St. L. — Von einer Hand des 15. Jhdts. dagegen sind zu demselben
  Tage noch einmal vermerkt: „Dietricus mon. — Diezel Stainer".

Saec. XIII.: *Eberhardus pbr. et mon. S. Galli* Mosniz. — *Dominicus laic.* (S.) Petri Rosacio — Judita mon. — *Alhaidis mon. S. Bla(sii)*.

Saec. XIV.: *Ludwicus abbas de Melch* [59]) — Adolfus pbr. et mon. istius loci — *Haydenricus laic. dictus Chrel*, frater Fridrici.

Saec. XV.: *Wisento pbr. et mon.* — Wolfgangus pbr. et mon.

* * *

Saec. XVI.: Thomas Steirer laic. obiit 1521. — Sylvester Ficus (?) diac. et (?) administrator coenobii divi Georgii a. 88.

[23.]

D X. Kal. Sept. Vig.

Saec. XII.: Chŏno pbr. et mon. — Livtoldus pbr. et mon. — *Sighardus mon. istius loci* — Hilta mon. — *Swanehilt* — *Chunradus pbr. et mon. istius loci* campanarius.

Saec. XIII.: Wilbirg laic. uxor domini Fr. de Pux — *Gysila de Grazlavb* — Alraⱱn laic. S. Petri Rosacio.

Saec. XIV.: *Dietricus pbr. et mon. de Medlico* — *Wlfingus Saflicer* [60]) diac. et mon. istius loci — *Andreas pbr. et mon. istius loci, dictus Krel* — *Vlricus dictus Ferher laycus* obiit, *Anna* filia ejus — Johannes pbr. et mon. — Haymmo conv. de Sancta Cruce — *Wilhalmus de Cellis*.

Saec. XV.: *Fridricus pbr. et mon. istius loci, dictus* Harnber... (?) [61]), piae memoriae, anno domini M°CCCC°XI°.

* * *

Erasmus pbr. in Kchrembsmunster, Albertus diac.

Saec. XVI.: Veronica mon.

Saec. XVII. P. Joannes Cellensis, mon. Mellicensis, quondam prior, 1651.

[24.]

E VIIII. Kal. Sept. Bartholomaei.

---

[59]) Wohl Abt Ludwig Snaynzer von Isper, welcher vom J. 1344—1360 dem Stifte Melk vorstand. Als dessen Todestag wird jedoch der 11. September bezeichnet. Keiblinger, Gesch. von Melk, I. 426—436.

[60]) Schaflizer? (von Schaflas).

[61]) In II. schreibt eine etwas spätere, jedoch noch dem 15. Jhdt. angehörende Hand: Haehenperger, was aber gewiss unrichtig ist. Zu ergänzen ist wohl Harnberger.

Saec. XII.: *Amelunc mon. — Magnus can. — Scemitech — Hirza.*

Saec. XIII.: Leukart filia Wolframmi — Gotfridus laic. Chumer — Gŭtlindis laic. Admund — Otto pbr. et mon. istius loci, Rakespurger.

Saec. XIV.: *Otto pbr. et mon. istius loci,* de Wienna — *Ernestus de Afflencz — Johannes laic. dictus Chrel,* frater Fridrici — *Margaretha uxor Petri auz dem Strumphenhau(s).*

Saec. XV.: Stephanus acolithus.

⁕ ⁕ ⁕

Saec. XVII.: Reverendissimus dominus d. Hieronymus Marckstaller, abbas S. Pauli in valle Lavantinâ, aliquando prior hujus loci, anno Christi 1638. [62])

[25.]

F VIII. Kal. Sept.

Saec. XII.: Gŏtfridus mon. — *Benedicta conv. — Ottaker mon. istius loci.*

Saec. XIII.: *Vlricus laic. occisus* frater Rudolfi — *Gŏtfridus* et uxor ejus Chunegund obierunt, de Neydekke — Perhta laic. mater Ottonis — Margareta soror Gotsch. — *Hainricus pbr. et mon. de Medlico.*

Saec. XIV.: Rosa mater Georii, *Margareta* filia ejus — Cholomannus pbr. et mon.

Saec. XV.: Obiit *Christanus laycus dictus Ferher.*

Saec. XVI.: *Augustinus Tingler pbr.*

[26.]

G VII. Kal. Sept.

Saec. XII.: Berinhardus diac. et can. — Adelbertus laic. Rufus.

Saec. XIII.: *Chunradus pbr. et mon.* S. Mariae *Oziacensis* — Vlricus pbr. et mon. S. Mariae Oziacensis — Leukardis Smechon. mat. [63])

---

[62]) Anfänglich Benedictiner zu Ochsenhausen, wurde er dann Prior zu St. L. und endlich Abt zu St. Paul. Mezger, Hist. Salisbg. p. 1209.

[63]) „mat" steht über Leukardis und ist von einer anderen Hand. Verständlicher dürfte diese Notiz also lauten: „Leukardis mater Smechonis".

Saec. XIV.: *Leo miles Lercher,* pater domini Alberti, Nicolaus filius ejus — Vrbanus filius coquinarii — *Dietmarus abbas Seydenstett.* [64]) — Georius dictus Lercher — *Johannes pbr. et mon. istius loci, dictus Hohenberger,* anno etc. LXXXXII°.

Saec. XV.: *Obiit Artolffus pbr. et mon. de S. Paulo* — Johannes pbr. et mon. de Sewen — *Elizabet abbatissa monasterii S. Pauli* Rat. [65]) — *Otilia* Tûrlingerin, *Kunigundis* Trawttenbergerin, *Elena* Paulstorfferin, *Anna Newenstetterin, Katherina* Raderstorfferin *moniales.*

*   *

Saec. XVI.: Agnes Helleggerin, vidua nobilis, quondam d. Johannis Guetrat [66]) uxor, hic obiit anno 1576.

[27.]

A VI. Kal. Sept. Rufi.

Saec. XII.: *Hartwicus mon. S. Blasii — Berhtoldus pbr. et mon* — Acilinus mon. — *Walbrŏn occisus — Wolfradus puer — Hadpurc conv. istius loci — Willibirc comitissa.*

Saec. XIII.: *Marchwardus miles de Puks frater noster* [67]) — Vlricus puer — Maechthildis mater Ditmari — Margareta Vinderinna [68]) — Leo villicus.

Saec. XIV.: *Nicolaus pbr. et mon. istius loci, dictus Tenschacher — Heinricus laic. dictus Chrel.*

Saec. XV.: Dominus Georius Kolenperger — Johannes, Johannes (sic), Heinricus, Thomas pbri. et mon. Medlic. — Laurentius pbr. et mon.

[28.]

B V. Kal. Hermetis, Augustini.

---

[64]) Die Verbindung des Klosters St. Lambrecht mit den Benedictinern zu Seitenstetten reicht bis in das 13. Jhdt. zurück. Jenes gab diesen in dem genannten Jahrhundert auch einen Abt, Hermann, welcher in der Zeit von 1252—1263 solche Würde bekleidete. Pez, SS. II. 309. Obiger Dietmar war gleichfalls aus einem anderen Kloster, nämlich Kremsmünster, nach Seitenstetten versetzt worden; l. c. p. 311.

[65]) Ratisbonae, Regensburg.

[66]) Die Gutrat zählen zu den edlen Familien des Fürstenthums Salzburg.

[67]) Um das Jahr 1263.

[68]) Könnte auch zum 26. August gesetzt werden.

Saec. XII.: Dietmarus pbr. et mon. — *Gumpertus acolitus* — Hiltibrandus pbr. et mon. — Werinhardus mon. — *Herbordus mon.* — *Albegund mon.* — Ekkehardus pbr. et mon. — Otto puer.

Saec. XIII.: Chvnradus pbr. et mon. in Oziaco — *Guntherus pbr. et mon. in Oziaco* — Wolframmus Chluchli [69]).

Saec. XIV.: *Johannes dictus Breuis (?) pbr. et mon. istius loci* obiit, de La — *Mathias praepositus Gurcensis* obiit *anno* domini *MoCCCoXLVIIo* — Vlricus pater Geori Tenicharii — *Macz* laic. *mater domini Vlrici* archidiaconi (et) plebani in Prileb [70]) — Balthasar pbr. et mon. — *Johannes laic.* dictus Chrel.

* * *

Saec. XV.: Obierunt ex monasterio Admontensi Georgius pbr. et mon. et Augustinus subdyaconus.

Saec. XVII.: Fr. Paulus Fridel, conv. Claustroneuburgensis, 1622 (?) — Obiit in Afflenz reverendus et doctissimus dominus Joannes Casselius, hujus monasterii organista et componista celebris, anno **1654.**

[29.]

C IIII. Kal. Sept. Decoll. Johannis bapt.

Saec. XII.: Heinricus pbr. et mon. — Dietmarus mon. — Willehelmus mon. — Reginbertus pbr. — Livtoldus conv. — *Hazicha* — *Hirzpurch* laic. *filia Rŏdolfi praeconis* — *Heinricus puer istius loci* — *Hiltwardus abbas* — *Engilsalcus diac. et mon. istius loci.*

Saec. XIII.: Wluingus laic. de foro — *Herrandus sacerdos* de S. Maria [71]) — Werinherus pbr. et mon. S. Petri in Rosacio — *Alheidis* obiit, uxor domini Ottonis (?) *de Liechtenstain.*

Saec. XIV.: *Otto miles — Nicolaus pbr. et mon. istius loci, dictus Hohenwerger — Hermannus diac. et can. Secoviensis,* frater Geori — Nicolaus pbr. mon.

---

[69]) Oder soll es lauten Chluchsi?

[70]) „ppbli" im Original. Archidiacon in Obersteier und Pfarrer zu St. Veit am Veitsberg. Die Urkunden, in welchen der Name dieses Mannes erscheint, bilden eine ansehnliche Reihe. Joanneums-Archiv.

[71]) St. Marein bei Neumarkt?

Saec. XV.: Reymbotus pbr. et mon. — *Christanus pbr. et mon.* — Fridricus pbr. et can. . . . . . . dictus Wolfsperger.

[30.]

D III. Kal. Sept. Felicis et Adaucti.

Saec. XII.: Rŏdbertus pbr. — Sigifridus mon. — Heinricus Avelenz [72]).

Saec. XIII.: Engelbertus laic. occisus — Ylricus dictus Mertinger miles.

Saec. XIV.: *Otto laic. dictus Chumer dedit praedium* [73]) — Heinricus dictus Rŏtel pbr. et can. Gurcensis ecclesiae antiquus (?) praepositus, qui resignavit praeposit(uram) [74]) — Heinricus, Andreas scolares et fratres Geori Tenicharii — *Obiit Albertus dux Austriae* etc. [75]) — Johannes Hersauer.

Saec. XV.: Bernherus pbr. et mon. — Anna monialis — Venerabilis *abbas Lucas obiit* in illa die scilicet III. Kal., monasterii S. Mariae virg. *in Chotwico* [76]) — *Georius Vtscher pbr. et mon. istius loci, plebanus in Cellis* 1473º [77]).

* * *

Obiit frater Johannes Chlŏl [78]), plenus dierum in beata senectute scilicet annorum LXXXXVIIIº migravit ad deum MºCCCCºXXXIIIº in die Ffelicis et Adaucti, pbr. et mon. istius loci — Tyboldus senior de Admund pbr. et mon.

Saec. XVI.: Mauritius de Dietrichstain, Maximilianus pbri. et mon., Leonhardus Zorn.

---

[72]) Von Aflenz.

[73]) Zwei spätere Hände desselben Jhdts. wiederholten diese Notiz noch zweimal bei demselben Tage. Dem gleichen Namen begegnen wir übrigens auch beim 16. Jän.

[74]) Ist wohl mit dem Heinrich von Zeltschach († 1347) bei Hohenauer, Kirchengesch. von Kärnten, S. 77, identisch.

[75]) Albrecht III. im J. 1395 am 29. August.

[76]) Abt seit dem J. 1431. Eine Götweiger Quelle gibt jedoch als Todestag den 22. Sept. 1439. Font. rer. Austr. 2. VIII. 102.

[77]) Eine andere gleichzeitige Hand schrieb: „Obiit frater Georius dictus Vtscher lxxiii. (1473) pbr. et mon. istius loci". Wie es scheint, dieselbe Hand bemerkte auch in II.: „Obiit fr. Georius dictus Vtscher lxxiii. jar, pbr. et mon. istius loci, tempore pestilencia" (! pestilentiae). Im Sekauer Todtenbuche: „Georgius Vtscher" etc. beim 8. Juli.

[78]) „Fr. Johannes Klöl" etc. im Sek. Todtenb. beim 17. April.

[31.]

E II. Kal. Sept.

Saec. XII.: *Ezmannus pbr. et mon istius loci* — Hartwicus pbr. et
mon. — Reginhardus mon. — Engildei conv. S. M. G. [79] —
Hemma mon.

Saec. XIII.: Wlfingus conv. — *Magister Leupoldus pictor* [80]).

Saec. XIV.: Matheus acolitus — *Elizabet abbatissa, Alheydis Judin*, Anna Stôrin, Anna Ettenstaynerin — Martinus laicus Tenicharius — *Fridricus* dictus *Chrel* — *Margareta* filia Wolherinn.

Saec. XV.: *Ortolfus Sawraber* [81]) *laic.* — *Obiit Caspar pbr. et
mon. Admontensis* — *Wilhelmus pbr. et mon.* [82]) — Johannes
Stainstperger pbr. et can. — *Obiit Laurencius Meyksdorffer
(?) abbas* — *Wenczelaus pbr. et mon.* de Chrems(münster).

* * *

Leonhardus novitius in Admund, Margareta monialis ex Admund.

Saec. XVII.: R. P. Georgius Scriba, mon. istius loci, excessit e
vivis, prioris officio adligatus, anno 1623. — Obiit Casparus
Hermanucius, pbr. professus Gottwicensis, anno 1635.

September.

[1.]

F Kal. Sept. Aegidi et Verenae virg. [1]).

Saec. XII.: Razo pbr. — *Adalpoldus mon.* — *Pero conv. istius
loci* — *Uvasigrimus con. istius loci.*

Saec. XIII.: *Sigifridus pbr. et can. Gurc.* — Linhardus laic. S. Petr
Rosacio — *Hadewich de Auelenz* [2]) — Ernestus pater Peringeri — Vlricus Vielaer [3]).

---

[79]) S. Mariae Gurk?

[80]) Könnte auch zu Saec. XIV. gesetzt werden.

[81]) Aus der Familie der Saurauer.

[82]) „istius loci" bemerkt eine gleichzeitige Hand in II.

[1]) Von einer Hand des 14. Jhdts.

[2]) Aflenz.

[3]) Vielleicht andere Schreibung für Fuler oder Füler.

Saec. XIV.: *Chunradus pbr. et mon.* de Gesten[4]) — *Eberhardus dictus Chrel* obiit — Obiit *Vlricus Czenkl* piae memoriae, pater domini Fridrici Czenkl — *Johannes laic.* filius Ottlini de Angulo.

Saec. XV.: Johannes pbr. et mon., dictus Vaizzt (?)[5]).

* * *

Saec. XVII.: Anno 1641. prima Septembris excessit e vivis R. P. Bartholomaeus Kierchamer (?), professus ad S. Paulum, cujus anima deo vivat.

[2.]

G IIII. Non. Sept.

Saec. XII.: *Werinherus abbas* [5']) — Hermannus pbr. et mon. — Rŏdgerus pbr. et mon. — Ŏdalscalchus conv. — Richiza conv.

Saec. XIII.: *Hainricus pbr. et mon. istius loci — Ditricus pbr. et can.* S. Mariae *Gurke — Richza de Tevfenpach dedit praedium.*

Saec. XIV.: *Albertus acolitus* et puer *istius loci — Otto camerarius* [6]).

Saec. XV.: Chunradus pbr. et mon. — *Petrus pbr. et mon.* — Petrus diac. et mon. — Johannes pbr. et mon.

[3.]

A III. Non. Sept. Ordinatio S. Greg.

Saec. XII.: Azzo pbr. et mon. — *Arnoldus mon. S. ·Blasii* — Liutoldus conv. — *Engila conv. S. Mariae G.* [7]) — Livtoldus abbas Admunt[8]) — Heinricus pbr. et can. decanus Kurk — *Rŏdolfus laic.* praeco — Gisila mon.

Saec. XIII.: *Hylarius sacerdos et frater noster* de S. Georgio — *Syfridus conv. istius loci.*

---

4) Garsten.

5) Diese Notiz könnnte auch zu Saec. XIV. und dem folgenden Tage gesetzt werden.

5') Im Todtb. des Stiftes St. Peter in Salzburg (Arch. f. K. österr. GQ. XIX. 272): „Wernherus abbas mon. S. Petri“. Vergl. Noviss. Chron. S. Petri.

6) Ein anderer gleichzeitiger Schreiber gibt in II. ausführlicher: „Otto camerarius dedit praedium IX solid. annuatim pro vigilia et missa . . . . “

7) Gurk?

8) 1165—1171. Fuchs, Gesch. von Admont, S. 28—30.

Saec. XIV.: Nycolaus pbr. et mon. istius loci, dictus Brevis —
Nycolaus pbr. et mon. istius loci dictus Fonstarffer 9).

Saec. XV.: *Erndrudis mon.* — Obiit *Margareta mon. ex monasterio Salzpurg.*

Saec. XVI.: *Barbara Stainprugkherin.*

[4.]

B II. Non. Sept.

Saec. XII.: *Rŏdolfus pbr. et mon. istius loci* — Fridericus mon. —
Rŏdbertus mon. — *Sigifridus occissus d. p.* 10) — Friderun
mon. — Fromŏt — *Pertholdus laic. de Morberch* 11) —
Marchuvardus abbas Arnolstain 12).

Saec. XIII.: *Mazelinus pbr. et mon. istius loci — Richza* mon.
Gosse — Benedicta conv. de Gurke — Margareta filia Johannis.

Saec. XIV.: Otto pbr. et mon. — Nicolaus praepositus 13).

Saec. XV.: *Nicolaus pbr. et mon. — Chunradus pbr. et mon. de
Chremsmunster* — Obiit Petrus de Gratz.

* * *

Saec. XVII.: Obiit pie diem suum R. P. Michael Weiss Bavarus,
hujus loci professus mon. et prior 14) in Cellis b. virginis, sub
auroram anno Christi 1635.

[5.]

C Nonae Sept.

Saec. XII.: Gŏtscalchus pbr. et mon. — *Heinricus diac. et mon.* —
Arnoldus mon. — Diethardus clericus — Ernist conv. —
Gisla mon.

Saec. XIII.: Wolfradus laic. pater Ottonis — Sophya laic. soror
Rvdolfi — *Herburgis mon.* — Chunigund de foro — *Andreas
pbr. et mon.* istius loci 15).

---

9) Fonsdorfer. Dieselben benannten sich nach dem obersteirischen Orte Fonsdorf und
führten im Wappen eine Fahne.

10) Dedit praedium.

11) Murberg.

12) Arnoldstein in Kärnten, wo Bischof Otto von Bamberg im J. 1107 Mönche des Benedictinerordens eingeführt hat. Einiges über dieses durch Kaiser Joseph II. auf-
gehobene Stift bei Hohenauer, Kirchengesch. von Kärnten, S. 103, 104.

13) Ob „praepositus" wirklich zu diesem Namen gehört, ist nicht ganz gewiss.

14) „et superior" hat eine andere Hand dazu gesetzt.

15) „submersus in . . . . co (to?)" hat ein späterer Schreiber hinzugefügt.

Saec. XIV.: *Hainricus Lonker submersus — Michael pbr. et mon. istius loci.*

Saec. XV.: *Obiit frater Petrus, pbr. et mon. istius loci,* anno domini XXXIII⁰ — *Seifridus Krabastorffer laic. 1446* [16]).

* * *

Saec. XVI.: Anno 1599. naturae debita persolvit Fr. Egidius Schifer, pbr. et mon. istius loci.

[6.]

D VIII. Idus.

Saec. XVI.: Mortem oppetiit R. F. Vincentius Strasser, reliquiarum custos in Cellis apud b. virginem, anno partae salutis 1594.

Saec. XVII.: Obiit R. P. Joannes Rökl, professus Cremiphanensis, 6. Septembris anno 1610 [17]).

[7.]

E VII. Idus.

Saec. XVI.: Casparus Trikhopf subdiac. [18]) anno 1521.

Saec. XVII.: F. Oswaldus novitius 1604.

[8.]

F VI. Idus. Nativitatis S. Mariae.

Saec. XVII.: F. Joannes Kestmair pbr. 1604. nostrae congregationis — Hoc die obiit Jodocus Fröauff 1621. in sua patria, parens patris Henrici Fröauff, prioris hujus loci et professi.

[9.]

G V. Idus.

Saec. XVII.: Obierunt in Monte monialium Salisburgi sorores professae hic sequentes: Sara, Susanna, Maria, Magdalena, Benigna, Kunigundis, Maria, Scholastica.

[10.]

---

[16]) Die Krabersdorfer erscheinen zahlreich in den Urkunden des 14. und 15. Jhdts.

[17]) Ist im Orig. beim 7. Sept. eingeschrieben. Auch Röckhele und Röckel. Er starb als Senior seines Klosters. Pachmayr, Series abb. et rel. Cremifan. P. II. 343.

[18]) Trykopf im Reuner Todtenb. bei demselben Tage. Derselben Quelle zufolge gehörte dieser Subdiakon dem Stifte St. L. an.

A IIII. Idus.

Saec. XVII.: Maria Mairhofferin, Maria Caecilia, Benigna Schwertlin
moniales S. Petri Salisburg. a. 1650.

[11.]

B III. Idus.

. . . .

[12.]

C II. Idus.

Saec. XVI.: Anno post Christum natum M.D.XCIX. circiter horam
decimam mane migravit e vita v. p. Sigismundus Rainer prior
istius claustri.

[13.]

D Idus.

16. Conradus mon. — Peringerus clericus — Pingerus (sic)
puer istius loci — Truta mon. — Hailwich conv. — Seifridus
Schrot, Sigismundus filius, Oswaldus Schrot, Albertus Schrot,
Cristophorus Schrot camerarius abbatis 1435. — Nicolaus
Zoppot pbr. et mon. istius loci plebanus in Hof 1464.

Saec. XVI.: Obdormivit in Christo charissimus frater Dionisius
Schwingenpaum, acolitus et mon. hujus loci, anno 90. — Obiit
honestus vir Christopherus Moschauer, civis hujus oppiduli,
anno domini 1590.

[14.]

E XVIII. Kal. Octob. Exaltatio s. crucis.

16. Wolftrigil mon. — Vlricus pbr. et mon. — Anna mon. —
Duringus pbr. et mon. Admuntensis — Dominus Jacobus pbr.
— Engelsalcus miles submersus — Dietmarus judex de
Monte 19).

[15.]

F XVII. Kal. Oct. s. Mariae.

16. Vdalricus pbr. et mon. istius loci — Nicolaus pbr. et mon.
istius loci — Wolframus pbr. et canonicus — Henricus pbr. et
mon. — Susanna Kallpergerin mon.

---

19) Am Perg bei St. L. oder aus dem Kirchbach. Dietmarus de Monte in einer die
Saline zu Mariazell betreffenden Urk. v. J. 1278.

[16.]

G XVI. Kal. Eufemiae virg.

16. Fröwiza ducissa [20]) — Durinch mon. istius loci — Swikerus conv. istius loci — Nicolaus miles laic. — Gota mon. S. Blasii — Libmanus de Monte laic. — Gotschalcus de Waltenhofen conv. istius loci — Christannus pbr. et mon. in Prüel.

Saec. XV.: Dominus Thomas 16. Kal. Octobris [21]).

[17.]

A XV. Kal. Lamberti ep. et mart.

16. Henricus episcopus Brixinensis [22]) — Vlricus pbr. et mon. — Richkart conv. — Adalbero mon. istius loci — Otto pbr. et mon. Admunten. — Agnes mon. Gurcen. — Walchunus laic. occisus — Vlricus laic. dictus Mutsradus — Georgius abbas monasterii S. Petri apostoli in]castello S. Benedicti Eystitensis diocesis.

Saec. XVII.: Obiit Constantinus Waldvogel, pbr. et mon. Cremiphanensis, 17. Septembris anno 1632 [23]).

[18.]

B XIIII. Kal.

16. Azilinus pbr. et mon. — Adalbertus conv. istius loci — Rodstein abbas Admunten. [24]) — Roduwitus miles — Nicolaus Watz pbr. et mon. istius loci — Maingotus officialis de Afflencz —

---

[20]) Es dürfte diese Herzogin doch wohl in irgend einer, mir nicht erforschbaren verwandtschaftlichen Verbindung mit der Familie des Stifters von St. L. stehen.

[21]) Derselbe war ein Chorherr zu Herzogenburg und ist sein Name in I. zum 23. Jän. eingetragen.

[22]) Welcher Heinrich damit gemeint ist, ob der III. oder IV., die beide im 13. Jhdt. lebten, vermag ich nicht zu bestimmen.

[23]) Näheres über denselben bei Pachmayr, Series abb. et rel. Cremifan. P. III. 385, 386.

[24]) Einen Abt dieses Namens hat es in Admont nicht gegeben. Offenbar hat der Schreiber einen anderen Namen also verlesen. Fällt auf diesen Tag aber wirklich der Sterbetag eines der Admonter Äbte, so muss es der eines Abtes, vielleicht noch vor dem 15. Jhdt. sein. — Einen Abt dieses Namens kennen jedoch auch die Todtenb. des Stiftes St. Peter in Salzburg (Arch. f. K. österr. GQ. XIX. 276), wo es beim 19. Sept. Saec. XII. heisst: „Rodstein abbas“. Beide sind offenbar eine und dieselbe Person.

Johannes nobilis 1375. -- Margaretha Voytin mon. — Barbara
Eckherin mon. Secco.

[19.]

C XIII. Kal.

16. Innocentius papa [25]) — Henricus praepositus — Johannes
pbr. et mon. — Fridburch mon. — Vlricus abbas in Cotwey [26])
— Hartmandus pbr. et mon. Salisburgen. — Gerdrudis mon. de
Loiben [27]).

Saec. XVII.: P. Leonhardus Sparn (?) mon. Mellicensis 1645.

[20.]

D XII. Kal.

16. Vdalricus pbr. et mon. — Vlricus conv. — Diemut mon. —
Gotfridus praepositus Secco. [28]) — Obiit Achatius Kral, senior
pbr. et mon. istius loci, anno **1461.**

Saec. XVI.: Anno domini 1587. obiit reverendus pater ac dominus
Augustinus Schabl, praepositus in monasterio Novacella [29]),
cujus anima in coelis habitat.

[21.]

E XI. Kal. Matthaei apostoli.

16. Merboto mon. — Guntherus pbr. et mon. — Conradus conv.
istius loci — Caspar Heirrauss pbr. — Perchta abbatissa dicta
Puxerin [30]) — Obiit frater Johannes Lehner 1491.

[22.]

F X. Kal. Mauricii.

16. Johannes pbr. et mon. — Friderun mon. — Ditmarus pbr.
et mon. istius loci — Petrus Klöl, pbr. et mon. istius loci —
Albertus pbr. et mon. de Chremsmünster — Vlricus Gonsangel

---

[25]) Damit ist Innocenz II. gemeint, welcher jedoch am 24. Sept. 1143 verschieden ist.
Jaffé, Regg. pont. Rom.

[26]) Ulricus dictus Toczenbekch, vom J. 1360—1370. Font. rer. Austr. 2. VIII. 102.

[27]) Leoben.

[28]) Das Sekauer Todtenb. hat den 21. Sept. Er starb im J. 1234.

[29]) Neustift oder Neuzell bei Brixen. Marian, Monasteriologie, III. 412, hat das J. 1589.

[30]) Sie war Äbtissin zu Göss und soll nach Schmutz, Lexikon, im J. 1338 zu dieser
Würde erhoben worden sein.

laic. — Elizabeth Habendorfferin — Georgius Kirchenkhenpf (?), pbr. et mon. istius loci — Obiit frater Wilhelmus dictus Negelsterffer, pbr. et mon. istius loci [80']), an. 1466.

Saec. XVI.: Achatius de Langenleus 10. Kal. Octobris [81]) — Jacobus de Tridentina clericus 10. Kal. Octobris.

[23.]

G IX. Kal.

16. Wendelburg mon. — Petrissa conv. — Henricus puer istius loci — Gerhardus conv. istius loci — Simon abbas de Lambach [82]) — Ernestus pbr. et mon. de S. Paulo, frater domini Ortolphi abbatis [83]) — Andreas Zötler mon. hujus loci — Obiit frater Wolfgangus Krall, pbr. et mon. istius loci, an. 1523.

[24.]

A VIII. Kal. Rudberti. Oct. Lamberti.

16. Hermannus contractus autor cantici „Salve regina", mon. S. Galli [84]) — Agnes marchionissa — Petrus conv. hujus loci — Erhardus mon. de S. Paulo — Nicolaus Saûraber, pbr. et can. Gurtzen. — Nicolaus Grassler laic. [85]) — Henricus miles de Ror — Albertus dictus Teuffel — Margaretha Teuffelin.

Saec. XVII.: Innocentius Reinbalt ex coenobio Reicherspergensi 1651.

[25.]

B VII. Kal.

16. Hartwicus pbr. et mon. — Fridericus pbr. et can. — Permannus mon. — Juditha mon. — Rudbertus conv. istius loci — Gerdrudis mon. in Mülstadt — Henricus Wagenspacher laic.

[80']) „Wilhelmus Negelstarffer" etc. zum 8. Juli im Sekauer Todtenb.

[81]) Langenlois in Niederösterreich. Sowohl dieser als auch der Folgende waren Mitglieder des Stiftes Melk und starben zwischen 1535—1542. Eingetragen sind sie im Orig. beim 27. April. S. Anmerk. 104, Februar.

[82]) Nach Hoheneck, I. 558, am 27. Sept. 1407.

[83]) Des Abtes Ortolf († 1341) von St. L.

[84]) Er starb im J. 1054. Seine Chronik bildete nachmals die Grundlage einer langen Reihe von Chroniken. Ein Mehreres über denselben bei Wattenbach, Deutschlands Geschichtsquellen im Mittelalter, 2. Aufl., S. 293—296. Er war übrigens nicht Mönch zu St. Gallen, sondern zu Reichenau.

[85]) Dieser ein Grasslaber, während der Vorhergehende ein Saurauer.

Saec. XVII.: Obiit in Aula b. (M.) v. [36]) R. P. Dionysius Frey, pbr.
et mon. huius loci, 1651.

[26.]

C VI. Kal.

16. Jacobus pbr. et mon. istius loci — Adelbertus conv. istius
loci — Machtild mon. — Conradus pbr. et mon. in Admunt —
Stephanus Khummer pbr. et mon. istius loci — Hartwicus miles
de Teuffenpach [37]) — Johannes diac. mon. istius loci 1425. —
Obiit frater Bartholomaeus Pühler, pbr. et mon. istius loci.

Saec. XVII.: Obiit P. Joannes Boierius, pbr. et mon. seniorque hujus
loci, 1602. — P. Romanus Nidermayr Mellicensis mon. 1644.
— Obiit frater Rupertus Götschl, conv. hujus loci, 1652.

[27.]

D V. (Kal.) Cosmae et Damiani.

16. Hartmannus sacerdos — Diemut mon. — Christina mon. —
Erhardus abbas de Seitensteten [38]) — Ortolphus pbr. et mon.
istius loci — Jacobus conv. istius loci — Conradus Longus
laic. — Obiit Marchardus Rosenpusch, praepositus in Aflentz
pbr. et mon. hujus loci, anno 1457.

[28.]

E IIII. Kal. Venzelai.

15. Chunr(adus) archiepiscopus Juvaven. [39]) — Elizabeth mon.
Secco. [40])

16. Sigismundus miles — Leuprechtus diac. et mon. istius loci —
Henricus Weltzer laic. — Johannes pbr. de Vonstorf [41]) nostrae
congregationis — Leutwinus diac. de Admunt bonus socius.

---

[36]) Beatae Mariae virginis — Mariahof.

[37]) Urkundlich z. B. im J. 1263. S. Anmerk. 33, Februar.

[38]) Wenigstens in dem bei Pez, SS. II. 307—318, gedruckten Katalog der Äbte von
Seitenstätten finde ich keinen Abt dieses Namens.

[39]) Im Ausgange des 16. Jhdts. setzte Jemand hinzu: „1168", Damit ist Konrad II.,
Markgraf von Österreich, gemeint. Er war Erzbischof vom J. 1164—1168. v. Meiller, Regg. archiepp. Salzbg.

[40]) „Mon. Secco." (zu Sekau) ist erst im Ausgange des folgenden Jhdts. hinzugefügt
worden.

[41]) Fonsdorf unweit von Judenburg.

Saec. XVII.: Dorothea mon. ad S. Georg. [42])

[29.]

F III. Kal. Michahelis archangeli.

15. Albertus Lericher pbr. et mon. istius loci.

16. Werinherus praepositus Secco. [43]) — Rampertus Hohenberger laic. — Elizabeth mon. — Hartn(i)dus conv. istius loci
— Nicolaus abbas Obernburgen. [44]) — Juditha villica in Well [45])
— Wolfgangus Schmidleitner, pbr. et mon. istius loci [46]),
an. 1507.

Saec. XV.: Obiit frater Leonhardus Stoytzendarffer, pbr. et mon.
hujus loci [47]), anno M°CCCC.71°, et eodem die combustum est
novum monasterium et ecclesya S. Petri [48]).

---

[42]) Wohl St. Georgen am Längsee. Die Verbindung mit diesem Frauenkloster, in den
älteren Zeiten sorgfältig gepflegt, härte seit dem 15. Jhdt. ganz auf.

[43]) Derselbe war der erste Propst von Sekau „et institutor hujus loci". Das Todtenb.
dieses Stiftes gibt jedoch den 28. Sept. als Todestag an. Er starb im J. 1196.

[44]) Dürfte jener sein, welcher nach Schmutz, Lexikon, im J. 1311 gestorben ist.

[45]) Wöll an der Mur in Obersteier.

[46]) Im Sekauer Todtenb. beim 12. Mai: Wolfgangus Schmidleytter etc.

[47]) Ebendas. beim 8. Juli: Leonhardus Stoytzendorffer etc.

[48]) Die St. Peterskirche dient gegenwärtig als Holzmagazin. In des gleichzeitigen
Mannesdorfer Werkchen sind folgende auf diesen und den Brand vom 3. Juli desselben Jahres bezügliche Verse erhalten:

> . . . .
> Organum ecclesiae ignis devoravit,
> Quod Johannes abbas comparavit —
> 　　　　　　　　　　expensis gravibus.
>
> Vitra rupta sunt ecclesiae,
> Renovantur tamen quottidie —
> 　　　　　　　　　　bonis monasterii.
>
> In alia domo est conventus
> Die altera mox inventus —
> 　　　　　　　　　　vita in monastica.
>
> Dicebatur domus olim hospitale,
> Jam vero monasterium novale —
> 　　　　　　　　　　consensu omnium.
>
> Paucis post diebus quid sit actum,
> Rogo attende, quod grande factum —
> 　　　　　　　　　　profecto mirabile.

Saec. XVI.: Anno domini 1532. excessit e vivis vir Guilelmus Landshueter, domino gratioso ac toti conventui a secretis ubique fidissimus [49]).

[30.]

G II. Kal. Jeronimi pbri.

15. Dyetmarus pbr. et mon. istius loci.

16. Wilhelmus mon. istius loci — Juditha mon. — Rodolphus diac. et mon. istius loci — Johannes pbr. saecularis in artibus.

Saec. XV.: Fridricus abbas.

Saec. XVI.: Jacobus conversus II° Kal. Octobris [50]) — Anno ab incarnatione domini obiit reverendus pater et dominus Gallus Gasteiger, praepositus in coenobio Novacella, cujus anima deo vivit, 1576 [51]).

Penultima Septembris anni, de quo supra,
Nova illa domus fuit rupta —
        ignis molestia.

Antiqua posthac monasterio
Factis januis addita est mansio —
        venerabili conventui.

In qua modo deum orant,
Lachrimisque casum plorant —
        nec inmerito.

Sed deo dicamus gratias,
Quod praeservavit litteras —
        ab ignis voragine. Amen.

Vergl. Anmerk. 6, Juli.

[49]) Geschrieben im Ausgange des 16. Jhdts. Derselbe war Stiftssekretär.

[50]) Im Orig. eingetragen beim 27. April. Er war ein Angehöriger des Klosters Melk und starb zwischen 1535—1542. Es ist möglich, dass dieser Name richtiger zum 27. Sept. gesetzt wäre.

[51]) Ebenso bei Marian, Monasteriologie, III. 412.

October.

[1.]

A Kal. Octobris. Egidii episcopi.

15. Bernhardus abbas [1]) — Simon pbr. et mon. istius loci ---
Katherina mon.

16. Gebeno praepositus [1']) — Rudigerus pbr. et mon. istius loci
— Henricus diac. et mon. istius loci — Getta mon. S. Blasii —
Bernhardus laic. occisus — Rappoto pbr. et mon. in Seitenstetn.

Saec. XVI.: Benedictus pbr. et mon. monasterii S. Hemmerani
Ratis(ponae).

Saec. XVII.: Obiit P. Theodoricus Reich, professus Chremiphanensis,
1. hujus a. 1642 [2]).

[2.]

B VI. Non. Leodegarii.

15. Henr(icus) pbr. et mon. istius loci.

16. Wecela conv. — Ditmarus acolitus et mon. istius loci —
Erhardus de Cötwey pbr. et mon. — Michael Grienfeger diac.
istius loci — Conradus de Fassendorf laic. — Ottacher Hassler
laic.

Saec. XVI.: Stephanus praepositus in Pöllau obiit anno 1585 [3]).

[3.]

C V. Non.

15. Johannes pbr. et mon. istius loci.

16. Rudbertus pbr. et mon. istius loci — Vdalricus mon. istius
loci — Cunradus judex laic. — Pertholdus et Methildis, pater et

---

[1]) Derselbe lebte im 12. Jhdt. und war Abt zu Lambach vom J. 1149—1167. Todtb.
des Stiftes St. Peter zu Salzburg, im Arch. f. K. österr. GQ. XIX. 279.

[1']) Gestorben im J. 1267, wenn es der Propst dieses Namens von Vorau ist. Wahr-
scheinlicher ist es jedoch, dass es der um das J. 1145 verstorbene Propst dieses
Namens von Salzburg ist. S. das Todtb. des Stiftes St. Peter in Salzburg zu dems.
Tage: „Gebeno praepositus Salzburgensis". Arch. f. K. österr. GQ. XIX. 279.

[2]) Denselben betreffende Nachrichten gibt Pachmayr, Series abb. et rel. Cremifan.
P. III. 450, 451.

[3]) Über denselben s. Göth in den Mittheil. d. hist. Vereines f. Steierm. VI. 218—222.

mater Pabonis sacerdotis, dederunt praedium — Appollonia Gerberstorfferin Secco.

Saec. XV.: Wecherly laic. piae memoriae dedit praedium.

Saec. XVI.: Raymundus pbr. cardinalis, episcopus Gurcensis [4]).

Saec. XVII.: Obiit P. Martinus Pontusius, professus Gottwicensis,
a. 1641. 3. Octobris [5]).

[4.]

D IIII. Non.

15. Johannes pbr. et mon. istius loci, dictus Sengel.

16. Henricus praepositus — Mildrud conv. — Simon Kueffinger
laic. — Gerdrudis Störin dedit conventui 40 ulnas panni.

Saec. XV.: Pabo pbr., Rabo laic. dederunt praedium cum Becher-
lino [6]) — Christofforus pbr. et mon. in Novomonte.

Saec. XVI.: Thobias de Ärding 4. Nonas Octobris. [7])

Saec. XVII.: Fr. Vrbanus conversus hujus loci 1616. — Fr. Christophorus Agricola, professus ad S. Paulum.

[5.]

E III. Non.

15. Weygandus pbr. et mon. istius loci.

16. Alhait mon. — Vdalricus sacerdos — Ditmarus acolitus istius
loci — Jacobus pbr. et mon. dictus Vorstorffer [8]) — Albertus
de Mitterdorf laic. — Fridccus (sic, Fridericus) dictus Rosula,
scriptor cathedralis hujus loci librorum musicalium et bonus
musicus, anno domini 1347 [9]). — Obiit Margaretha Pürckhlin
anno domini 1465.

Saec. XV.: Frater Johannes Hofer de Voraw.

---

[4]) Bischof seit 1493, Cardinal seit 1498, starb er am 5. Oct. 1510 zu Viterbo.
Mooyer, dann Hohenauer, Kirchengesch. von Kärnten, S. 89, wo die Angabe des
8. Sept. als Todestages wohl nur auf einem Schreibfehler beruht.

[5]) Im Orig. beim 1. Oct. eingetragen.

[6]) Der Schrift nach könnte diese Notiz ebenso wie die ähnliche beim 3. Oct. zu
Saec. XIV. gesetzt werden.

[7]) Im Orig. beim 27. April. Er war ein Priester des Klosters Melk und starb zwischen
den J. 1535—1542. S. oben Anmerk. 104, Februar.

[8]) Fondsdorfer?

[9]) Die ersten drei Worte rühren her von einer Hand des 15. oder vielleicht gar des
14. Jhdts., alle folgenden aber von einem Schreiber im Ausgange des 16. Jhdts.

Saec. XVI.: Anno domini 1568. obiit dominus Michael Fronstainer ex coenobio Novacella, cujus anima deo vivit.

Saec. XVII.: Praenobilis et generosus dominus Jacobus Hillebrand, dominus in Kätsch, S. C. M. in camerae aulicae (sic) consiliarius et quaestor provincialis Styriae, insignis monasterii nostri benefactor, Clagenfurti 1651.

[6.]

F II. Non.

15. Johannes pbr. et mon. istius loci.

16. Adalbero episcopus — Gotfridus pbr. et mon. istius loci — Dietricus magister hospitum — Hartlip mon. — Hilteburch conv. — Cheno pbr. — Henricus Enstaller puer — Michael pbr. et mon. Mellicensis.

Saec. XVII.: Obiit P. Alexander Lindner, mon. in Krembsmünster, 6. Octobris a. 1626 [10]).

[7.]

G Non. Marci papae.

15. Henricus pbr. et mon. istius loci — Sigismundus acolit u istius loci, dictus Span.

16. Hoholdus pbr. — Egidius pbr. et mon. — Walchunus villicus laic. — Leo de Fessnach laic. — Anna mon. Secco. — Henricus pbr. et mon. de Gersten — Hutmannicus Kiell [11]) de Apfholtern laic. 1345. [12]) — Richerus Niger pbr. et mon. istius loci.

Saec. XVI.: Obiit frater Wolfgangus Krāl, pbr. et mon. istius loci [13]), 1523. — D. Vdalricus abbas de Gärsten, item patres et fratres Marcus, Bernhardus, Albertus, Gallus, Egidius, Dionisius, Benedictus, Augustinus omnes presbyteri de Gärsten [14]).

---

[10]) Linter bei Pachmayr, Series abb. et rel. Cremifan. P. III. 452.

[11]) Dass diese beiden Namen ganz unrichtig kopirt worden sind, bedarf kaum eines besonderen Hinweises.

[12]) Vielleicht gehört diese Jahrzahl zu Henricus pbr. etc. in Saec. 15.

[13]) Bei demselben Tage ein „Wolfgangus Kräll pbr. et mon. divi Lamberti frater noster" im Sekauer, und ein „Wolfgangus Käl" etc. im Reuner Todtb.

[14]) Diese Reihe ist von einer Hand im Ausgange des 16. Jhdts. eingetragen worden. Mit dem Abte Ulrich dürfte Ulrich (IV.) Praunauer gemeint sein, welcher in der

Saec. XVII.: R. P. Bernardus Geisser obiit ad S. Lambertum 1650.

[8.]

A VIII. Idus.

15. Albertus pbr. et mon. istius loci Reutter.

16. Irmgard mon. — Hiltiboldus episcopus Gurcensis [15]) — Rudigerus puer istius loci — Berchtoldus pbr. et mon. istius loci — Vlricus pbr. et mon. de Seitenstetn — Generosus dominus de Potendorf et Bartholomeus Kamer (?), familiares et fratres nostri laici.

Saec. XVI.: Anno domini 1596. discessit e hac miseria reverendus dominus Mathaeus Platner, Benedictinus, parochus apud b. virg. in Hof [16]), cujus anima deo ter opt. max. commendata est.

[9.]

B VII. Idus. Dionysii.

15. Nicolaus abbas de Oberburg [17]) — Nicolaus pbr. et mon. istius loci [18]).

16. Nicolaus Schödrer mon. hujus loci — Philippus Gressen (?) pbr. et mon. istius loci — Anna filia ecclesiastici — Magister Henricus pbr. plebanus de Pels — Obiit Vlricus Feger pistor hujus loci — Adalbertus de Waisendorf.

Saec. XV.: Obiit Johannes Ratmanstarffer, decanus ecclesiae kathedralis Secovien., sub anno lxxvj°.

Saec. XVII.: Obiit F. Dionysius conv. Gottwicensis anno 1647. ad S. . . . . [19]) — Obiit P. Ferdinandus Preyss, professus hujus loci, anno 1655. in Weisskürchn [20]).

Zeit vom J. 1495—1524 dem Stifte Garsten vorstand. Pritz, Gesch. von Garsten, S. 38, 39.

[15]) 1106—1132. Mooyer. Vergl. Hohenauer, Kirchengesch. von Kärnt. S. 86.

[16]) Mariahof.

[17]) Starb im J. 1411?

[18]) Eine Hand im Ausgange des 16. Jhdts. setzte noch „prior" hinzu. Vielleicht ist es derselbe, welcher in der Verbrüderung mit Kremsmünster (1344) genannt wird. Hagn, Urkdb. von Kremsmünster, S. 226, Nr. 214.

[19]) Wahrscheinlich ist zu ergänzen „Lambertum." Im Orig. verwischt.

[20]) Eine andere Hand schrieb zu demselben Tage: „Obiit in Weiskirchen P. Ferdinandus Preis, professus hujus loci".

[10.]

C VI. Idus. Jereonis.

15. Vdalricus pbr. et mon. — Anna mon. [21])

16. Ita conv. — Diemut mon. S. Blasii — Ludouicus medicus — Sigwoto acolitus — Rudbertus pbr. et can. — Wichpoto abbas S. Petri Salisburg. [22]) — Christannus pbr. et mon. Salisburg.

Saec. XV.: Georius pbr. et mon. istius loci, dictus Gressing, dedit praedium — Petrus Verber, puer hujus loci.

Saec. XVII.: Fr. Thomas Nascholt presb. et mon. istius loci 1607.

[11.]

D V. Idus.

15. Sighardus abbas [23]) — Felicitas abbatissa.

16. Marquardus pbr. et mon. — Pertholdus sacerdos — Wigandus abbas in Lambach [24]) — Georgius Rieser laic. — Gerdrudis mon. in Göss.

Saec. XVI.: Obiit noster charissimus frater Nicolaus Vitz sub anno 42., cujus anima deo vivat; ille pro remedio animae suae unicuique fratri dari jussit talentum.

Saec. XVII.: Obiit R. P. F. Andreas Pribius, sacerdos professus Melicensis, hospes hujus loci, anno 1610., cujus anima deo vivat — Obiit Michael Weiss, pbr. et mon. in Krembsmünster, 11. Octobris 1637. — Obiit Benno Schweikart, pbr. et mon. Cremiphanii, 11. Octobris anno 1641.

[12.]

E IIII. Idus. Maximiliani.

15. Drusliebus pbr. et mon. istius loci — Margaretha mon.

16. Sophia conv. — Albero abbas in Ossiach [25]) — Hartwicus

---

21) „Salisburg." (Nonnberg) setzt eine Hand im Ausgange des 16. Jhdts. hinzu.

22) Lebte im 12. Jhdt. und war Abt vom J. 1188—1193. Noviss. Chron. S. Petri p. 244—248.

23) „Melicen." setzte ein Schreiber im Ausgange des 16. Jhdts. hinzu. In abgekürzter Form auch Syrus. Er war wirklich Abt von Melk und zwar vom J. 1163—1177. Keiblinger, Gesch. von Melk, I. 282—288.

24) Starb im J. 1153.

25) Die Zeit des Wirkens desselben: 1231—(1242?). Richtiger dürfte sein, wenn als sein Todestag der 29. März bezeichnet wird. Wallner, Annus milles. Ossiac. p. 69·

pbr. et mon. et electus S. Pauli — Petrus pbr. et mon.- Cotwicen. — Henricus dux Carinthiae [26]).

Saec. XV.: Petrus pbr. et mon. istius loci, antiquus praepositus in Afflencz piae memoriae etc. — Obiit domina Benigna, abbatissa in Göss, de Grassla, anno etc. lxx4o [27]).

Saec. XVI.: Maximilianus II. Rom. imp. Ratisbonae ipsa hora, qua finita ibidem sunt comitia, anno 1577. extremum clausit diem.

[13.]

F III. Idus.

15. Swicherus pbr. et mon. istius loci — Magdalena mon.
16. Göta mon. — Ludovicus abbas S. Mariae in Runa [28]) — Ilsungus mon. hujus loci — Altolphus conv. istius loci — Offo miles de Teuffenpach — Irmgart de Pux.

Saec. XVI.: R. P. et dominus d. Vrbanus ecclesiae Gurcensis episcopus, prothonotarius apostolicus, s. imperialis palatii comes, imperatorum quondam Ferdinandi et Maximiliani ecclesiastes et consiliarius, archiducis Caroli vero ab arcanis consiliis et provinciarum eiusdem vicarius etc., princeps pius et optimus, anchora cleri, pater pauperum, quum ad episcopatum Viennensem, quem olim aliquot annis pie admodum et fideliter administraverat, postularetur, gravi correptus morbo non sine maximo bonorum hominum dolore occubuit anno etc. 1573 [29]).

[14.]

G II. Idus. Calixti papae.

15. Gotfridus pbr. et mon. istius loci.
16. Conradus episcopus Brixinen. [30]) — Babo praepositus Gur-

---

[26]) Heinrich IV.? Starb im J. 1160. Denselben Todestag hat auch ein Nekrolog des Stiftes Admont, saec. 13., im Arch. f. K. österr. GQ. XIX. 409, und das Todtenb. des Stiftes St. Peter in Salzburg, ebendas. S. 281.

[27]) Gehörte der Familie der in der Nähe von St. Lambrecht ansässig gewesenen Grasslaber an. Vergl. Anmerk. 13, Jänner. Benigna von Grasslab aber soll im J. 1463 zur Äbtissin erwählt worden sein. Schmutz, Lexikon. Eine Reihe der Äbtissinnen von Göss, dem ältesten steir. Kloster, gibt auch Mezger, Hist. Salisbg. p. 1232.

[28]) Abt Ludwig von Reun starb nach Schmutz, Lexikon, im J. 1246.

[29]) Vergl. Hohenauer, Kirchengesch. von Kärnten, S. 91.

[30]) Konrad v. Rotenek, 1200 — 14. Sept. 1217. Mooyer.

cen. [81]) — Adalbero mon. istius loci — Leo conv. istius loci, magister coquinae — Gundaker conv. istius loci — Ditricus Schulterplatl laic.

Saec. XV.: Otto camerarius dedit praedium [82]).

Saec. XVII.: Obiit Joannes Faber, pbr. et mon. in Krembsmünster, 14. Octobris a. 1631. — R. P. Gregorius Stadlmann, pbr. et mon. istius loci, 1647.

[15.]

A Idus [83]).

16. Wilmud mon. — Diemut conv. — Dominus Caspar abbas dictus Schmacz — Petrus pbr. et mon. de Lambach — Fridericus pbr. et mon. Melicen. — Ernestus pbr. et mon. de Chremsmünster.

[16.]

B XVII. Kal. Novemb. Galli a.

15. Heinricus pbr. et mon. istius loci — Otto miles.

16. Pruno abbas [83']) — Adelgotus mon. — Hermannus abbas in Planckhstetn — Perchtoldus conv. Gurcen. — Conradus de Schachen laic. — Rudolphus rex [84]).

Saec. XV.: Georius Gösz armiger — Sebaldus, Ambrosius, Cristoferus pbri. et mon. monasterii Gärsten., Benedictus subdiac., Sixtus, Paulus, Sebastianus novitii.

Saec. XVI.:   Obiit reverendus dominus d. Christianus Spiritus, praepositus Gurcensis, piae memoriae anno 1.5.70. [85])

---

[81]) Hohenauer a. a. O., S. 76, bezeichnet als dessen (Pabo II.?) Sterbejahr das J. 1201.

[82]) Eine Hand im Ausgange des 16. Jhdts. fügt hinzu: „novem solidorum pro remedio animae suae, hic sepultus".

[83]) Zu diesem Tage ist von einer Hand im Ausgange des 16. Jhdts. bemerkt: „Anno 1129 dedicatum est monasterium S. Lamberti, indictione 7., cujus anniversarius habetur dominica proxima post festum Colmanni".

[83']) v. Meiller im Arch. f. K. österr. GQ. XIX. 385, Anmerk. 27, vermuthet in demselben den im J. 1128 verstorbenen Abt Bruno von Scheiren. Das Todtb. des Stiftes St. Peter in Salzburg hat diesen Namen jedoch beim 17. Oct.

[84]) Rudolf von Schwaben, Gegenkönig Heinrichs IV., fiel am 15. Oct. 1080 in einer Schlacht an der Elster.

[85]) Hohenauer, Kirchengesch. von Kärnt., scheint sich keinen adelichen Herrn ohne das Wörtchen „von" denken gekonnt zu haben und so machte er auch aus diesem Propst einen Herrn „von Spiritus" (S. 78).

Saec. XVII.: D. Paulus abbas in Seon, 1602 [36]). — P. Joannes Plaw, olim prior Gottwicensis, 1630.

[17.]

C XVI. Kal.

15. Simon abbas [36']) — Agnes mon.

16. Martinus pbr. et mon. — Hadmut comitissa — Petrus abbas Cotwicen. [37]) — Wolframus praepositus Seccovien. [38]) — Conradus abbas de Lambaco [39]) — Albertus de Pace [40]) laic. — Catharina Rogendorfferin.

Saec. XV.: Obierunt fratres Thomas abbas, Georius, Lucas, Lucas (sic), hii omnes pbri. et mon., et sorores moniales Katherina, Wentila, Affra.

[18.]

D XV. Kal. Lucae.

15. Otto abbas — Chunradus pbr. et mon. — Evfemia mon.

16. Bardwinus abbas de Vittring [41]) — Otto abbas de Varnpach — Liupoldus dux junior [42]) — Johannes mon. Altae inferioris — Siboto mon. istius loci — Reginoldus conv. istius loci — Elizabeth civis de Grätz — Barbara Grewnawerin.

Saec. XVII.: Obiit R. P. Leander Pöckh, oeconomus in Weiskirchen, 1657.

[19.]

---

[36]) Vergl. Mezger, Hist. Salisbg. p. 1179, in der Reihe der Äbte dieses Klosters.

[36']) Dem Todtb. des Stiftes S. Peter zufolge war er Abt dieses Klosters bis z. J. 1231. Arch. f. K. österr. GQ. XIX. 282.

[37]) Petrus de S. Yppolito (St. Pölten), Abt seit dem J. 1402. Er starb im J. 1431, jedoch am 24. Dec. Font. rer. Austr. 2. VIII. 102.

[38]) Im Sekauer Todtb. der 18. Oct. Er soll im J. 1238 gestorben sein.

[39]) Bei Hoheneck, I. 558, finden sich zwei Äbte dieses Namens; keiner starb jedoch an einem 17. October, sondern der eine am 15. Jän. 1291, der andere am 5. Aug., 1354.

[40]) Am Frid, eine Örtlichkeit unweit von dem Stifte.

[41]) Balduin, Abt zu Viktring in Kärnten, starb nach Mezger, Hist. Salisbg. p. 1267, am 10. Nov. 1200.

[42]) Herzog in Baiern und Markgraf in Österreich. Er starb im J. 1141. v. Meiller, Regg. Babenberg.

E XIIII. Kal. Januarii.

15. Otto pbr. et mon. istius loci — Sophia mon.

16. Widmarus abbas — Henricus pbr. et mon. istius loci — Zadrach conv. istius loci — Simon mon. et prior in Cotwey — Hedwigis de Grätz — Beatrix conv. — Dominus Andreas abbas in Seidenstetten [43]).

Saec. XVI.: Anno domini 1.5.95. morte peremptus est venerabilis dominus Vincentius Eckher, prior hujus coenobii, cujus anima aeternis perfruatur gaudiis.

[20.]

F XIII. Kal.

15. Juditha conv. — Nicolaus pbr. et mon. istius loci, dictus Hohenberger [44]) — Heinricus dux [45]).

16. Andreas pbr. et mon. — Johannes pbr. et mon. Salisburg. — Dietmarus de Liechtenstain laic. — Weigandus de Berndorf laic. — Margaretha Vorstlin — Anna Enschtallerin.

[21.]

G XII. Kal. Undecim milium virg.

15. Otto pbr. et mon.

16. Gerdrud mon. — Johannes de Polonia, scholasticus istius loci, 1358. — Grünaldus praepositus de Bertelchsgaden 1376. — Frater Leonhardus pbr. de Cötwey — Vlricus pbr. et mon. de Ossiach — Mauritius Merwitzer (?) laic.

Saec. XV.: Johannes senior de Admund pbr. et mon.

Saec. XVI.: Anno domini 1568. obiit fr. Petrus Bargeiser, subdiaconus in coenobio Novacella, cujus anima in coelis habitat [46]).

[22.]

A XI. Kal.

---

[43]) 1501—1521. Pez, SS. II. 315.

[44]) „Plebanus in Hof“ (Mariahof) setzt eine Hand im Ausgange des 16. Jhdts. hinzu.

[45]) Von Baiern? Auch in dem Todtb. des Stiftes St. Peter in Salzburg zu demselben Tage, saec. XII. Arch. f. K. österr. GQ. XIX. 283.

[46]) Von einer Hand des 16. Jhdts. folgt noch: „Anno domini 1566 combustae sunt in Cellis Mariae domus triginta septem noctu circiter horam primam praesidente Johanne Tratnero abbate“.

16. Otto abbas in Mülstadt — Hirtzmannus pbr. et mon. istius loci — Ernestus conv. istius loci — Ditmarus Mandorffer conv. istius loci — Willipirch mon. — Hiltigart conv. — Engelschalcus laic. occisus — Conradus miles — Conradus sartor — Wolfgangus pbr. et mon. de Chremsmünster.

[23.]

B X. Kal.

16. Ludouicus abbas de Vittring [47]) — Vlricus pbr. et mon. S. Petri Salisburg. — Rudigerus pbr. et mon. — Danchmarus pbr. — Anna mon. S. Petri Salisburg. — Wolframus laic. pater Berckmanni [48]) abbatis — Lambertus, qui fuit officialis et servus cellaris, dedit unum pratum, quod jacet circa Rosspeunt, de quo annuatim tenetur dare tres solidos dominis, qui in anniversario tenentur cantare missam pro defunctis, sibi, patri suo, matri suae et omnibus antecessoribus suis.

[24.]

C IX. Kal.

16. Rutgerus mon. — Liupoldus marchio [49]) — Vdalwardus pbr. et mon. hujus loci — Henricus Grätzpacher, conv. istius loci — Fridericus conv. istius loci — Gisila mon. S. Blasii — Margaretha mon. S. Georgii — Hermannus Grasslaber laic.

Saec. XVI.: Seren. ac illust. princeps Albertus, comes palatinus Rheni ac Bavariae utriusque dux, invictissimus catholicae religionis jam pene collapsae defensor et propagator pacis, veraeque pietatis christianae cultor longe studiosissimus, non sine maximo catholicorum omnium dolore pie admodum occubuit anno domini 1.5.79.

Saec. XVII.: Obiit Paulus Peer, pbr. et mon. Cremiphanensis, 24. Octobris A. 1639 [50]).

[25.]

---

47) Viktring in Kärnten. Abt Ludwig starb im J. 1187. Mezger, Hist. Salisbg. p. 1267.

48) Permanni. Abt Permann starb im J. 1258.

49) Von Steiermark? starb im J. 1129.

50) Im Orig. irrthümlich beim 25. Oct. eingetragen.

D VIII. Kal. Crispini et Crispiniani.

16. Rudolphus abbas Admunten. [51]) — Wichardus pbr. et prior Cotwicen. — Rudibertus conv. istius loci — Ruinhild mon. in Mülstadt — Obiit Christophorus Grassler laic., anno domini 1442.

Saec. XVI.: Obiit dominus Joannes Waltenperger in monasterio Novacella anno 1578.

[26.]

E VII. Kal. Amandi.

16. Erhardus acolitus — Adelhaid mon. — Euphemia conv. — Leo conv. istius loci — Johannes pbr. et mon. in Chremsmünster.

[27.]

F VI. Kal.

17. Obierunt ex monasterio Claustro-Neoburgensi Adolphus de Liechtenau pbr., Joannes Schiel conv., reverendissimus dominus Bernardus Weiz praepositus [52]), Paulus Dischler conv., Georgius Schaffler pbr., Damianus Sartorius conv., Nicolaus Hessel pbr., Martinus Guettman conv., Georgius Marquardus pbr., Ferdinandus Wilffing pbr., Matthaeus Fuschman pbr., Melchior Panner pbr., Richardus Bruner pbr., Michael Kuen pbr., Hieronymus Tolz pbr., Alexander Rickler pbr., reverendissimus dominus Rudolphus Miller praepositus [53]), Bartholomaeus Peter conv., Joannes Schain pbr., Lucas Schaubart pbr., Paulus Rumpler pbr.

Saec. XVI.: Jeronimus ac prior (sic) 6to Kal. Novembris [54]).

[28.]

---

[51]) Es ist damit der Nachfolger des Abtes Isenrich gemeint. Gewählt im J. 1189, starb er am 23. October 1199. Fuchs, Gesch. von Admont, S. 32. Schmutz, Lexikon, I. 9, 10.

[52]) Auch Waiz, Propst seit 1630. Er nahm es auf sich, die beiden Klöster zu Wittingau und Forbes in Böhmen wieder mit Chorherren zu besetzen und starb am 7. April 1643. Fischer, Gesch. von Klosterneuburg, I. 284—288.

[53]) Richtiger Müller. Propst seit 1643, starb er als solcher am 13. Sept. 1648. Ebendaselbst I. 289—291.

[54]) Prior zu Melk und starb zwischen 1535—1542. Im Orig. steht diese Notiz beim 27. April. S. Anmerk. 104, Februar.

G V. Kal. Symonis et Judae.

Saec. XVII.: Anno vero 1643. obiit R. P. Carolus Neuhoffer Garstensis 28. die Octobris.

[29.]

A IIII. Kal.

Saec. XVI.: Anno domini 1571. migravit ad dominum dominus Burkhardus Kripp in coenobio Novacella, cujus animam deo commendamus.

[30.]

B III. Kal.

. . . .

[31.]

C II. Kal.

Saec. XVII.: R. P. Blasius Mayr, professus in monasterio S. Lamberti Subensi, 1646.

November.

[1.]

(D) Kal. Novemb. Omnium sanctorum.

Saec. XVI.: Anno domini 1578. migravit ad dominum ex hac miseria venerabilis dominus Sebastianus Schmidl, plebanus in Wels, ex monasterio Novacella, cujus anima regnat in coelis.

[2.]

E IIII. Non. Omnium animarum.

16. Chunigundis mon. — Leo laic. coci filius — Gotfridus de Admunt laic. — Bernhardus pbr. et mon. de Cötwey — Conradus mon. Admuntensis — Obiit Rodolphus abbas de Vornpach.

Saec. XVII.: Obiit fr. Matthaeus Schober, praesbyter et conventualis ad S. Paulum in valle Lavantina, 1612.

[3.]

F III. Non.

16. Obiit frater Conradus pbr. et mon. anno 1055. — Otto diac.
et mon. istius loci — Regenhardus pbr. et mon. S. Crucis —
Dietricus conv. istius loci — Herradis abbatissa de Gössa, anno
domini 1322. [1] — Rilind mon.

Saec. XVII.: F. Oswaldus pbr. n(ostrae) congregationis 1605. —
Obiit frater Leonardus Krienzer pbr. et mon. nostrae cong.
1606. [2] — Obiit pr. Feringer, professus ad S. Paulum in valle
Lavantina, 1621. — Fr. Maurus Swaiger subdiac. in Gärstn —
Obiit in Schloss Stain P. Bonifacius Schmidt, professus hujus
loci, qui, in incisione venae a venenoso chyrurgi ferro infectus,
lento veneno mortuus est 1649.

[4.]

G II. Non.

16. Wiliboldus conv. istius loci — Nicolaus pbr. et mon. istius
loci dictus Gaisteiger insang. — Leonhardus abbas monasterii
S. Petri Salisburg. [3] — Obiit Johannes Inlinger mon. istius loci.

Saec. XVII.: Anno 1621. obiit P. Joannes Maurer apud S. Paulum,
sed professus ad S. Lambertum, illac postulatus prior — R. P.
Lambertus Amon, pbr. et mon. hujus loci, parochus ad S. Vitum
in Veitz[4]), anno 1.6.51.

[5.]

A Nonae.

16. Johannes pbr. et mon. — Pertholdus pbr. et mon. — Adel-

---

[1] Bei Mezger, Hist. Salisbg., richtiger Henadis. Schmutz, Lexikon, nennt dieselbe
eine „von Transtein (richtiger Treuenstein) und Breitenfurt".

[2] Einer von jenen Priestern, wie sie in dem Zeitalter der Reformation so häufig
waren und deren Leben ein ununterbrochener Skandal war. Bereits im J. 1564
musste ihn Abt Johann Trattner ermahnen, von dem bisherigen lüderlichen Leben
abzulassen. Die Ermahnung half jedoch nichts, Krientzer entlief und kam erst
nach Verübung von allerlei Thorheiten im J. 1575 wieder in das Stift zurück, wo
er nun bis an sein Ende verblieb, nachdem er sich vorher namentlich vom Prote-
stantismus wieder feierlich losgesagt hatte.

[3] Dem Noviss. Chron. S. Petri, p. 351, zufolge starb Abt Leonhard Putzner am
3. Nov. 1416.

[4] St. Veit in der Veitsch bei Aflenz.

hait mon. — Hiltrudis mon. de Mülstadt — Gotfridus abbas et senior istius loci [5]).

Saec. XVI.: Anno domini 1.5.6.1. obiit dominus Rupertus Geyler in monasterio Novacella, plebanus in Pfaltzen, cujus anima in excelsis habitat.

[6.]

B VIII. Idus. Leonhardi conf.

16. Eberhardus abbas Victorien. [6]) — Fr. Matthaeus senior [7]) pbr. et mon. istius loci, sculptor sepulcri, quo reconditur corpus dominicum, et cathedrae abbatis, obiit anno 1524. — Waltherus mon. istius loci — Nicolaus diaconus hujus loci, dictus Nosicz — Ruduwertus conv. istius loci — Andreas Vtscher laic.

Saec. XVII.: R. P. Leonhardus Pellhamer, professus in monasterio d. Lamberti Subensi, 1644.

[7.]

C VII. Idus.

16. Johannes abbas piae memoriae — Adalbertus mon. — Gerwicus subdiac. — Petrus dictus Invisibilis, scriptor et bonus organista — Offemia mon. in Admunt — Gerwirch mon. — Joannes pbr. et mon. istius loci.

[8.]

D VI. Idus. Quatuor Coronatorum.

16. Chunigund conv. — Obiit dominus Wolfgangus abbas in Aspang — Obiit frater Johannes Neuwalder pbr. et mon. istius loci — Hartmannus conv. istius loci — Gregorius pbr. et mon. Ossiacen. — Dietmarus pbr. et mon. Ossiacen. — Gisila mon. in Admunt — Leopoldus Hämel [8]) pbr. — Elizabeth Strasserin laic.

Saec. XVI.: Anno 1594. naturae debita persolvit Joannes Herman,

---

[5]) Der fünfte in der Reihe der Äbte von St. Lambrecht, dürfte die Zeit seines Wirkens zwischen 1150—1153 fallen. Beitr. z. K. steierm. GQ. II. 121, 122.

[6]) Im J. 1157, 8. Oct. Mezger, Hist. Salisburg. p. 1266.

[7]) Das Reuner Todtenb. hat denselben beim 6. Dec. Von den erwähnten Kunstwerken ist keines mehr vorhanden.

[8]) Hämmerl?

vir egregie catholicus et excellenti doctrina praeditus, qui Joanni Hauswiert praefecto [9]) in Afflenz in praefectura anno 1578. successit, eandemque summo nominis et monasterii commodo moderatus est annis 16, vir de coenobio S. L. [10]) meritissimus.

[9.]

E V. Idus. Theodori mart.

16. Walchrun praepositus — Hartmannus pbr. et mon. istius loci — Vdalricus pbr. et can. Gurcen. — Petrus Leidenstain mon. — Katharina Hochbergerin.

Saec. XVII.: P. Placidus Enderis, professus Garstensis, obiit 1641. — R. P. Joseph Brandt, professus Gottwicensis, obiit anno 1644.

[10.]

F IIII. Idus.

16. Otto diac. hujus coenobii — Obiit fr. Conradus mon. et pbr. Secovien. — R. P. Andreas Mixel (?) Gottwicen.

Saec. XVII.: Obiit reverendus pater Christophorus Doring, juris utriusque doctor et mon. Gottwicensis, anno domini 1643. 10. die Novembris [11]).

[11.]

G III. Idus. Martini episcopi.

16. Obiit Leonardus abbas monasterii S. Petri Salisburg. [12]) — Nicolaus pbr. et mon. istius loci.

Saec. XVI.: Joannes de Flandria clericus, 3° Idus Novembris [13]).

Saec. XVII.: Reverendissimus et amplissimus dominus Antonius Spindler, abbas Garstensis et Scotensis, monasterii Mellicensis professus 1648 [14]).

---

9) Oberamtmann.

10) S. Lamberti.

11) Im Orig. beim 10. Oct.

12) Das Noviss. Chron. S. Petri kennt nur einen Abt dieses Namens, welcher am 3. Nov. 1416 verstorben ist. S. Anmerk. 3. Obige Eintragung muss daher auf einem Irrthume beruhen.

13) War ein Kleriker zu Melk und starb zwischen 1535—1542. Sein Name findet sich in einer beim 27. April gemachten Collectiveintragung; s. Anmerk. 104, Februar.

14) Spindler von Hofegg, Prior zu Melk, seit 1615 Abt zu Garsten und 1642 Abt zu den Schotten in Wien. Pritz, Gesch. von Garsten, S. 61—67.

[12.]

A II. Idus.

17. Reverendissimus dominus Thomas Zienner abbas, reveren-
dissimus dominus Jonas Anser abbas, item Georgius Federer,
Zacharias Frey abbates, reverendi patres Sebastianus Meixner,
Georgius Hölridel, Jacobus Grieb, Tobias Khun, Thomas Reisner,
Joannes Vilperger, Benedictus Guettmann, Benedictus Strobl,
Conradus Höptlin, Lambertus Edlauer, Laurentius Ibel, Carolus
Gössler, Placidus Siuerdus, omnes praesbiteri et monachi ex
monasterio Altenburgensi [15]), et frater Matthaeus Dexel conv.

[13.]

B Idus. Briccii episcopi.

. . . .

[14.]

C XVIII. Kal. Decemb.

Saec. XVII.: Obiit Maximilianus Lechner, pbr. et mon. in Krembsmünster, 14. Novembris a. 1634 [16]).

[15.]

D XVII. Kal.

15. Liupirgis ducissa Carinthyae, mater fundatoris [17]) — Engilbertus pbr. et mon. — Machilt mon.

---

[15]) Dass das Kloster Altenburg in Niederösterreich zuerst mit Mönchen von St. Lambrecht in Obersteier besetzt worden sei, wird wohl behauptet, ohne jedoch eine
Quelle hiefür namhaft zu machen. Burger, Gesch. von Altenburg, S. 4. Von den
oben genannten Äbten war Thomas Abt vom J. 1600 an, und starb am 10. Juni
1618. Jonas, † 11. März 1622. Georg, † 3. Sept. 1635. Zacharias, † 9. März
1648. A. a. O. S. 71—84.

[16]) Im Orig. irrthümlich beim folgenden Tage.

[17]) Ihre Herkunft ist unbekannt. In den Stiftungsbriefen vom J. 1103 wird ihrer ebenfalls gedacht. Die Einfachheit der Notiz übrigens zeigt, dass sie aus einer alten
Vorlage herüber genommen ist. Der Zusatz „ducissa Carinthyae" jedoch scheint
eben erst bei dieser Herübernahme gemacht worden zu sein. Denn die Herzogs-
-schaft Markwarts ist mindestens zweifelhaft. Dass sie „mater fundatoris" und nicht
ebenfalls fundatrix heisst, beweist eben auch, dass Markwart nicht der Stifter von
St. Lambrecht gewesen ist.

Saec. XV.: Dominus Haydenricus 17. Kal. Decembris [18]).

[16.]

E XVI. Kal. Othmari abbatis.

16. Diettmarus pbr. et mon. — Richarth mon.

Saec. XVII.: P. F. Laurentius Horn, pbr. et mon. Gottwicensis, 1630.
— Fr. Simon Mülbacher, conv. in Gärsten, 1640.

[17.]

F XV. Kal. [19]).

15. Marchardus praepositus Gurcen. [20]) — Philippus pbr. et
mon. — Engela mon.

Saec. XV.: Obiit frater Johannes Hürtting, plebanus in Feytsch [21]),
anno domini M°CCCC°9°6.

Saec. XVI.: Fr. Nicolaus mon.

[18.]

G XIIII. Kal. Oct. Martini.

15. Vlricus pbr. et mon. — Ortolfus miles.

Saec. XVII.: Osvaldus Aichmayr, aedituus et fidelis servitor conventus
ultra triginta annos, 1626.

[19.]

A XIII. Kal. Elizabeth.

15. Gottfridus pbr. et mon. istius loci — Machilt mon.

Saec. XV.: Fridricus pbr. et mon.

Saec. XVI.: Obierunt Volfgangus Schrantz pbr. et mon., Deodatus
pbr. et mon., Georgius Gratzer, Simon Sturbm, Vdalricus Weidacher, Paulus Strall, Fridericus Weydl, Walthauser Lieprecht,
Caspar Mülhoffer, Valentinus Stürtzl, Steffanus Häsiber, Bla-

---

[18]) Derselbe war ein Chorherr zu Herzogenburg und steht sein Name in l. unter anderen Namen von verstorbenen Chorherren des genannten Stiftes beim 23. Jänner.

[19]) Von einer Hand im Ausgange des 16. Jhdts. heisst es zu diesem Tage: „Proximo
die post festum Othmari celebratur dedicatio in cimiterio apud omnes sanctos
apostolos".

[20]) Markwart von Weissbriach, starb im J. 1394. Hohenauer, Kirchengesch. v. Kärnt.
S. 77.

[21]) Veitsch. „Johannes Hürting pbr. et mon. S. Lamb." im Sekauer Todtenb. beim
8. Juli.

sius, fr. Rudpertus, Vitus omnes pbri. et mon. Admonten., Chonradus, Joannes Stiglmüller, Placidus diaconus loci Admonten.

[20.]

B XII. Kal.

15. Pilgrimus pbr. et mon. istius loci — Hernwicus pbr. dedit praedium — Chunigund´marchionissa Stirensis [22]).

Saec. XVII.: Obiit F. Marinus Seidl, diaconus ex monasterio Gärstensi, 1646.

[21.]

C XI. Kal.

15. Heinricus pbr. et mon.

Saec. XVII.: Gregorius pbr. et mon. de Krembsmunster [23]) — Obiit 1664. illustrissimus d. d. comes Nicolaus Zrinius, aurei velleris eques, miles strenuissimus, Turcarum terror, totiusque Christianitatis praesidium.

[22.]

D X. Kal. Caeciliae virg.

15. Dittricus pbr. et mon. istius loci.

Saec. XVI.: Fr. Adalbertus Schiller Maurkirchensis, pbr. et mon. in Tegernsee, obiit anno 1583.

[23.]

E IX. Kal. Clementis.

15. Albertus abbas — Nicolaus pbr. et mon.

Saec. XV.: Obiit frater Laurentius Krewtzer [24]), plebanus in Hoff, anno M°CCCC°LXXII°.

[24.]

F VIII. Kal. Chrisogoni.

15. Nicolaus pbr. et mon. — Nicolaus Gensteig dedit praedium.

---

[22]) Mutter Otakars, des ersten Herzogs von Steiermark.

[23]) Ihrer Fassung nach gehört diese Notiz wohl einer älteren Zeit an, während sie der Schrift nach vielleicht auch in das 16. Jhdt. gesetzt werden könnte.

[24]) „Laurencius Crewtzer pbr. et mon. S. Lamb." im Sekauer Tdtb. beim 8. Juli.

16. Walfridus pbr. et mon. — Ekkebertus comes et mon. — Richhardus subdiac. — Rudigerus de Praittenfurt laic. — Otto de Reit aussm Enstal laic. — Machtild mon.

[25.]

G VII. Kal. Katerinae virg·

15. Martinus pbr. et mon. — Agnes mon.
16. Mauritius mon. de Alta **²⁵**) — Ernestus pbr. et mon. Altae superioris — Conradus conv. — Petrissa mon. Admunten.

Saec. XV.: Gabriel pbr. et mon. — Johannes pbr. et mon.

[26.]

A VI. Kal.

15. Gottfridus pbr. et mon. istius loci.
16. Erhardus abbas Admunten. **²⁶**) — Poppo pbr. et mon. Gurcen. — Erhardus diac. Admunten.

[27.]

B V. Kal. Virgilii episcopi.

16. Henricus pbr. et mon. Admunten. — Richerus mon. et subdiac. istius loci — Waltherus conv. istius loci — Helena Erndrudis mon. Cotwicen. — Obiit fr. Georgius Viereckh, pbr. et mon. S. Pauli — Obiit dominus Johannes abbas de S. Cruce, item Stephanus, Martinus, Paulus, Georgius, Seifridus, Bernhardus, Henricus, Petrus, Michael, Engelbertus omnes pbri. et mon.

Saec. XVII. Fr. Augustinus Otto diac. Claustroneoburg. 1627. — Reverendissimus dominus Jacobus Philippus Hittendorfer, praepositus ad S. Andream in Austria, professus Claustroneoburgi, 1628. — R. P. Alipius Stainer, professus in monasterio d. Lamberti Subensi, 1645.

[28.]

C IIII. Kal.

---

²⁵) Ober-Alteich.
²⁶) Einen Abt dieses Namens hat es in Admont nicht gegeben, wohl aber daselbst einen Abt Ekart vom J. 1327—1338. Dessen Sterbetag war der 20. Nov. Fuchs, Gesch. von Admont, S. 48.

16. Ottacher marchio [27]) — Hermannus I. occisus — Johannes pbr. et mon. istius loci — Benedictus pbr. et mon. Melicen. — Wigandus conv. istius loci — Henricus conv. istius loci — Anna mon. Admunten. — Elizabeth uxor Ottonis de Balten — Fridericus Fyler, judex S. Lamperti piae memoriae, anno domini 1.4.38.

Saec. XVII.: P. Georgius Miareth pbr. et mon. 1619. — Obiit R. P. Petrus Megerle, professus monasterii Gottwicensis, anno domini 1642. 28. Novembris [28]).

[29.]

D III. Kal. Saturnini.

16. Gotfridus miles — Eberhardus abbas de Ossiach [29]) — Chunradus pbr. et mon. dictus Praitenfurter, fraudulenter occisus, plebanus in Hof [30]) — Otto Zelschacher subdiac. istius loci — Muringus mon. et acol. istius loci — Perchta mon. in Göss — Conradus villicus de Scheibn [31]).

[30.]

E II. Kal. Andreae apostoli.

16. Erchengerus pbr. et mon. istius loci — Vlricus pbr. et mon. istius loci — Leonhardus pbr. et can. in Vora — Wolfkerus pbr. et mon. de Gersten — Adelhaidis conv. — Obiit Fridericus Preiss, judex istius loci, dedit praedium — Liutoldus miles — Obiit venerabilis dominus Wolfgangus Seng, parochus et oeconomus in Cellis Mariae.

Saec. XVI.: Augustinus Khölbl, prior coenobii montis divi Georgii, obiit anno 88. — Georgius Bretter, administrator coenobii montis d. Georgii, anno 88.

---

[27]) Der Vater des Markgrafen Leopold, des Stifters von Reun, gestorben im J. 1122.

[28]) Im Orig. irrthümlich zum 28. Oct. geschrieben.

[29]) Abt um das J. 1365. Wallner, Annus milles. Ossiac. p. 81.

[30]) Nämlich Mariahof.

[31]) Scheiben bei Unzmarkt

December.

[1.]

F Kal. Decembris. Longini mart.

Saec. XVI.: Anno ab incarnatione domini 1567. migravit ad dominum dominus Franciscus Apperle, cujus animam deo commendamus — Anno reparatae salutis 1591. morte sublatus est reverendus frater Leonhardus Goldt, hujus claustri praesbyter literarum doctrina egregie doctus.

[2.]

G IIII. Non.

16. Eberhardus secundus de Truchsen archiepiscopus Salisburgen., Permanni hujus loci abbatis frater, cujus beneficio praefatus Permannus mitra pontificali aliisque vestibus episcopalibus pro se et successoribus suis ex indulto apostolico donatus est 1).

Saec. XVII.: Reverendissimus dominus Andreas Masmüller, praepositus Claustroneoburgensis, 1629. 2) — Obiit fr. Guilielmus Kresperger, conv. in Krembsmünster, 2. Decembris 1641.

[3.]

A III. Non.

. . . .

[4.]

B II. Non. Barbarae virg.

16. Obiit Henricus dux Carinthiae, fundator hujus monasterii, anno domini 1122 3).

Saec. XVI.: Obiit frater Jodocus Herodius diac. 1586.

---

1) Erzbischof wurde er im J. 1200 und starb am 1. Dec. 1246. Dass er dem kärntnerischen Ministerialengeschlechte derer von Trixen entstammte und ein Bruder des Abtes Permann war; ist unrichtig. v. Meiller, Regg. archiepp. Salzburg. S. 505 — 509. Beitr z. K. steierm. GQ. II. 130—132. Vergl. auch Anmerk. 103, April. Die erwähnte Verleihung der Pontificalien erfolgte zu Frisach am 29. Juni 1245.

2) Richtiger Mosmüller, Propst seit dem J. 1616, sein Todestag jedoch der 1. Dec. Fischer, Gesch. von Klosterneuburg, I. 281—284.

3) Weitläufiges, doch dabei viel Unkritisches über denselben, den einzigen und wirklichen Stifter von St. Lambrecht, von Tangl im Arch. f. K. österr. GQ. XII. 91 u. ff.

Saec. XVII.: Obiit Wolfgangus Christian, pbr. et mon. Cremiphanii, 4. Decembris a. 1637. — Obiit ad S. Gotthardum [4]) P. Paulus Eder, professus et senior hujus loci, 1657.

[5.]

C Nonae.

16. S. Hartowicus comes de Spanhaim et Artenburg, archiepiscopus Salisburg., rexit a. 32, obiit anno 1022 [5]).

Saec. XVII.: Obiit pie P. Aemilianus Hilbeg, professus huius loci et paróchus in Maria Hoff, 1656. Mortuus [6]) est autem in splendido monasterii ipsius intus S. Lamb. novo aedificio et non exterius, olim in Curia dicta Deipara v., pausat apud altare principale tumulatus infra fenestellam sacrarii prope murum.

[6.]

D VIII. Idus. Nicolai episcopi.

Saec. XVI.: Obiit frater Benedictus Hergerstorffer pbr. anno 1587.

Saec. XVII.: Reverendus ac religiosus pater Sylvester Styrch, professus hujus loci, oeconomus apud beatam virginem in Hoff, obiit ibidem 1661.

[7.]

E VII. Idus. Oct. Andreae ap.

. . . .

[8.]

F VI. Idus. Conceptio S. Mariae.

Saec. XVI.: Obiit fr. Amandus Lehner, pbr. et mon. hujus loci, anno domini 1548.

[9.]

G V. Idus [7]).

. . . .

---

[4]) St. Gotthart ob Graz.

[5]) 991—6. Dec. 1023. Mooyer. Abgesehen davon, ob die Angabe über dessen Familie richtig ist oder nicht, ist Sponheim und Ortenburg zu lesen.

[6]) „Mortuus est" etc. von Peter Weixler hinzugefügt.

[7]) Zu diesem Tage die wenig spätere Aufzeichnung über die Erscheinung eines Kometen, welche Aufzeichnung also lautet: „Anno Christi 1618. Circa hoc tem-

[10.]

A IIII. Idus.

Saec. XVII.: Joannes Sax, civis Cellensis [8]), natus Hispanus, pergendo in Italiam obiit in civitate Bononiae, bonus amicus monasterii nostri, anno 1644.

[11.]

B III. Idus. Damasi papae.

Saec. XV.: Frater Anthonius III. Ydus Decembris [8']).

Saec. XVII.: Apud b. v. in Hoff anno domini M.DC.LVIII. mortuus et sepultus est ibidem Carolus ab Herberstein, pbr. et mon. istius loci.

[12.]

C II. Idus.

Saec. XVII.: Reverendus pater Zacharias Paz, monachus et prior hujus loci, obiit diem suum Graecii 1629. vesperi.

[13.]

D Idus. Luciae et Otiliae virg.

· · ·   · · · · · ·

[14.]

E XIX. Kal. Januarii.

16. Waltherus mon. — Hugo subdiac. istius loci — Reginherus mon. — Conradus conv. — Gotschalcus miles de Vokhenberg [9]).

---

pus (9. Dec.) Paulo V. pontifice hic in nostro horizonte ab oriente mane apparuit cometes ingens et aspectu horrendus, qui post aliquot hebdomadas e conspectu nostro ad septentrionem declinavit. Portendit ille mortem Matthiae caesaris paucis post diebus subsecutam, rebelliones varias, seditiones, factiones haereticorum, bella multa potissimum in nostra Germania continuata, eaque atrocissima omni aevo luctuosa, exitiosa multis provinciis, locis, personis ecclesiasticis, uti effectus evidens palam facit".

[8]) Mariazell.

[8']) Derselbe war ein „pbr. et mon." zu St. Peter in Salzburg. Sein Name steht im Orig. beim 26. April.

[9]) S. Anmerk. 98, März.

— Vlricus Phuntan laic. — Fridericus filius judicis — Hiltepurch conv.

Saec. XVII.: Obiit reverendus pater Andreas **Graser**, confessarius in **Zell**, professus apud S. **Petrum** Salisburgae, ejusdemque monasterii confirmatus abbas, cujus anima deo vivat, M.DC.IX [10]).

[15.]

F XVIII. Kal.

16. **Albertus** praepositus Gurcen. [11]) — **Ottaker** mon. istius loci — **Jacobus** pbr. et mon. de Seittensteten — **Johannes** conv. istius loci — **Benedicta** praeconissa — **Hiltepurch** conv. — **Fridericus** pbr. la. [12]) in Curia, dedit praedium — **Petrus Pawer** laic. — **Vlricus Gränsel** laic. — Obiit **Hartnidus** abbas Admunten. piae memoriae [13]).

[16.]

G XVII. Kal.

16. **Dietmarus** pbr. et mon. istius loci, valde probus et bonus cantor — **Leo** miles — **Hirmil** conv. — Obiit fr. **Johannes Klöckhl**, pbr. et mon. istius loci, anno domini 1489. [14]) — **Laurentius Aicher**, pbr. et mon., prior monasterii S. **Emerani** Ratisbon. — **Johannes** pbr. et mon. de Vorenpach.

---

[10]) Die Jahrzahl von der Hand des Peter Weixler. Graser wurde im J. 1577 zum Abte von St. Peter erwählt, wegen schlechter Wirthschaft aber im J. 1584 wieder abgesetzt. Er lebte darnach zu St. Lambrecht und liess sich theils in der Seelsorge, theils als Beichtvater zu Mariazell verwenden. Noviss. Chron. S. Petri, p. 484—489, wo jedoch als Sterbetag das Fest Luciae (13. Dec.) bezeichnet wird, was vielleicht auch richtiger ist.

[11]) Albrecht von Hornberg, Propst zu Gurk, starb im J. 1389. Hohenauer, Kirchengesch. von Kärnten, S. 77.

[12]) laicalis? oder de La? Der genannte Ort ist Mariahof. Dem Inhalte nach dürfte diese Notiz dem 14. Jhdt. angehören.

[13]) Hartnidus, 1391—1411. Fuchs, Gesch. von Admont, S. 50, 51. Als Sterbetag wird auch der 6. Jänner bezeichnet. Schmutz, Lexikon, I. 14.

[14]) Im Todtb. des Stiftes Sekau von einer gleichzeitigen Hand zu demselben Tage: „Johannes Klöckel pbr. et mon. de S. Lamperto, 1484".

[17.]

A XVI. Kal.

16. Marcwardus pbr. et mon. istius loci — Gotschalcus pbr. et mon. istius loci — Herwort mon. istius loci — Martinus pbr. et mon. de Vornpach — Judita mon. — Christina uxor Erhardi Hewin 1447.

[18.]

B XV. Kal.

16. Conradus diac. et mon. — Gotfridus pbr. et can. — Ortolphus pbr. et mon. de Lambach — Vdalricus pbr. et confrater noster, plebanus in Frawenburg [15]) — Dorothea mon. — Wulfingus laic. dictus Peltzer [16]).

Saec. XVII.: P. Alexander a Paar, mon. Mellicensis, 1645.

[19.]

C XIIII. Kal.

16. Johannes pbr. — Gisilrad mon, — Imma conv. — Ilsungus junior pbr. et mon. istius loci — Seifridus pbr. et mon. de Cotwey — Hartwicus mon. Admunten.

Saec. XVII.: P. Georgius Dollinger, pbr. et mon. in Garstn, 1622.

[20.]

D XIII. Kal.

16. Gerdrud comitissa — Richza mon. Gurcen. — Judita conv. — Rodolphus mon. istius loci — Salmannus pbr. et mon. — Wilhelmus pbr. et mon. — Bernhardus sacerdos frater noster — Dietricus decanus ecclesiae Gurzen. anno 1350. — Christanus Stür [17]), bonus praedicator et prior istius loci, 1515.

[21.]

E XII. Kal. Thomae apostoli.

Saec. XVI.: Anno post Christum natum M.D.XC.IIII. in humanis esse desiit R. F. Joannes Spiritus, reliquiarum custos in Cellis post R. F. Vincentium Strasser.

---

[15]) Frauenburg bei Unzmarkt.

[16]) Gewöhnlich Weltzer, eine viel genannte adelige Familie in Steiermark.

[17]) Im Sekauer Todtb. ein „pbr. et mon." dieses Namens zum 12. Mai.

Saec. XVII.: R. P. Leonardus **Offner** pbr. et mon. hic professus, obiit post nonam noctis horam pie in domino 1639. — P. Caelestinus Holzman, pbr. et mon. hujus loci, parochus in Stallhoffen [18]. 1667.

[22.]

F XI. Kal.

Saec. XVI.: Vita functus est venerabilis dominus Petrus Scheit anno domini 1589.

Saec. XVII.: Fr. Hieronimus **Stainer**, con. in Gärstn, 1633. — P. Tr. Joannes **Hueber** (?), professus hujus monasterii, quem cum mors quadraginta annis in monasterio sine infirmitate existentem infirmitatibus frangere non potuit, usu et ruina fregit anno 1.6.50.

[23.]

G X. Kal.

Saec. XVII.: Legibus obediens, quibus praeceptum filiis honorare parentes suos, ecclesiae matrimonii sacramento meos in valle Mingerstall [19] ambos usque ad mortem fideles parentes, Georgium **Weixler** videlicet et **Margaretham**, unicam uxorem suam, matrem meam, ex hac miseriarum valle morte sublatos ab anno Christi 1642, et deinceps plus minus quinquennio. Non enim ambo pariter uno eodemque mense vel anno desierunt vivere, sed mater vidua paulo diutius supervixit. At hic illos inscripsi propter morilogii vacua spatia pietatis ergo eorundem filius ego Petrus **W.** [20] hic in S. Lamb., laus deo, jam plus quam 32 pbr. et mon. annis.

[24.]

A IX. Kal.

Saec. XVI.: Anno 1579. ab hominibus demigravit Christophorus

---

[18] Stallhofen bei Voitsberg.

[19] Mingolstal, Ingolstal in Kärnten, nicht weit von St. Lambrecht.

[20] Weixler, der sich so gerne, wie einige Stellen in diesen Todtenbüchern zeigen, in einer nichts weniger als einfachen Schreibweise gefiel. Derselbe hinterliess auch eine Chronik von St. Lambrecht, über deren Umfang und Werth oder Unwerth eine baldige Veröffentlichung in den Beitr. z. K. steierm. GQ. bevorsteht.

Pircker, qui pro animae suae ad deum suffragio et intercessione fratribus monasterii 14 R. obtulit — Obiit frater Castorius Stadler Frisingensis, pbr. et mon. in monasterio Tegernsee, anno 1583.

Saec. XVII.: Obiit reverendus ac religiosus frater Laurentius Widman, pbr. et professus in Garstn, hujus coenobii prior, 1606.

[25.]

B VIII. Kal. Nativitatis Christi.

16. Fr. Marquardus Möttnitzer obiit anno 1.5.05., optimus concionator et mon. istius loci [21]).

Saec. XVII.: Reverendus P. Bernardus, provinciae Anglicanae procurator, obiit Graecii in aula S. Lamberti [22]), hospes ibidem, 1665.

[26.]

C VII. Kal. Stephani prothomart.

. . . .

[27.]

D VI. Kal. Joannis ap. et evang.

Saec. XVII.: Obiit reverendissimus in Christo pater ac dominus dominus Joannes Guilielmus abbas in Gärsten 1613 [23]).

[28.]

E V. Kal. Sanctorum innocentum.

Saec. XVI.: Obiit frater Ambrosius Wurfpeil, prior monasterii S. Michaelis in Beurn, anno domini 1582 [24]).

---

21) Im Sekauer Todtb. als „pbr. et mon." eingetragen.

22) Der Lambrechter Hof in Graz dürfte zu dieser Zeit schon das dermalige allgemeine Krankenhaus gewesen sein. Vordem galt als solcher das gegenwärtige Joanneum, welches so wie jenes von den St. Lambrechter Äbten erbaut worden ist.

23) Sein Geschlechtsname war Heller. Abt zu Garsten seit dem 25. Nov. 1601. Pritz, Gesch. von Garsten, S. 58—60. Das Jahr 1613 scheint denn doch das richtigere zu sein (Prevenhuber hat 1614).

24) Starb am 12. Februar des angegebenen Jahres, wie aus den Acten seines Abtes, Martin Hattinger, hervorgeht. Sein Nachfolger war Wolfgang Burger, späterhin Abt. Filz, Gesch. von Michaelbeuern, S. 481.

[29.]

F IIII. Kal. Thomae episc. et mart.

Saec. XVII.: Obiit Leonardus Wagner, pbr. et mon. in Krembsmünster, 29. Decemb. 1630 [25]).

[30.]

G III. Kal.

Saec. XVII.: Obiit reverendissimus in Christo pater ac dominus d.
Joannes Geiser, professus hujus loci, abbas Ossiacensis anno
1621 [26]).

[31.]

A II. Kal. Silvestri papae.

Saec. XVI.: Fr. Georgius Pieringer, constitutus in plebanum zum
Hoff [27]) post Vrielem Stübich, anno 1530.

---

[25]) Mehreres über denselben bei Pachmayr, Series abb. et rel. Cremifan. P. III. 356.

[26]) Wallner, Annus milles. Ossiac. p. 92, bestätigt, dass dieser Abt von St. Lambrecht
nach Ossiach postulirt worden ist. Die Confirmation dieser Postulation erfolgte am
24. Juli 1621; somit genoss Geiser (Gaisser) nicht lange seine Stellung. Er soll
in Folge beigebrachten Giftes gestorben sein, jedoch erst am 10. April 1622.

[27]) Mariahof.

REGISTER.

Vergl. hiezu den Schluss der Einleitung.

A.

Geistliche Personen.

I.

Päpste, Cardinäle, Patriarchen, Erzbischöfe und Bischöfe.

Papae:

Paschalis 23. Jan. XII.

Gregorius qui et Hiltibrant 25. Mai. XII.

Honorius 14. Febr. XII.

Innocentius 19. Sept. 16.

Vrbanus 29. Jul. XII.

Presbyteri cardinales:

Guidobaldus aeps. Salisburg. 30. Mai. XVII.

Raymundus eps. Gurc. 3. Oct. XVI.

Patriarchae:

Pilegrimus 16. Mai. XIII.

Oudalricus patr. Aquileg. junior 2. Apr. XII.

Archiepiscopi:

Adelbertus aeps. Salisburg. 8. Apr. XIII.

Benedictus Sybenhierter aeps. Tiberiadensis 10. Mai. XV.

Chunradus aeps. Juvav. 9. Apr. XII.

Chunradus aeps. Salisburg. 25. Mart. XIV.

Chunr(adus) aeps. Salisburg. 28. Sept. XV.

Eberhardus 22. Jun. 1164.

Eberhardus II. de Truchsen aeps. 2. Dec. 16.

Fridericus aeps. Salisburg. (9. Mart. 1284. XVI.) 7. Apr. 1284.

Gebehardus 15. Jun. 1088.

Guidobaldus aeps. Salisburg. 30. Mai. XVII.

Hartowicus com. de Spanhaim et Artenburg aeps. Salisburg. 5. Dec. 1022.

Joannes Jacobus Kuen de Belasiis aeps. Salzburg. 4. Mai. 1586.

L(odron) aeps. Salisburg. (30. Jan. XVII.)

Episcopi:

Adalbero 14. Febr. XII.

Adalbero 6. Oct. 16.

Antonius Wolfradt eps. Vienn. 1. Apr. 1639.

Conradus eps. Brixinen. 14. Oct. 16.

Chouno eps. 19. Mai. XII.

Ditricus eps. Gurc. 3. Mart. XII.

Ekkehardus eps. Gurc. 23. Apr. XIII.

Erhardus eps. Lavant. 16. Aug. XVI.

Georgius Agricola eps. Seccov. 16. Mai. 1584.

Hartwicus 16. Jan. XII.

Hartwicus 30. Jan. XII.

Hartwicus 24. Febr. XII.
Hartwicus 5. Mart. „
Hartwicus 17. Mai. „
Heinricus 30. Jan. „
Heinricus 11. Mai. „
Heinricus eps. Brixin. 19. Jul. XII.
Heinricus eps. Gurc. 13. Jan. 1325.
Heinricus eps. Lavant. 19. Mart. 1357.
Heinricus eps. Lavant. 6. Mai. 1387.
Henricus eps. Brixin. 17. Sept. 16.
Hiltiboldus eps. Gurc. 8. Oct. 16.
Mathias Scheyt eps. Seccov. 10. Mart. 1512.

Otto 11. Aug. XII.
Otto electus S. Mariae Gurc. 29. Jul. XIII.
Raymundus eps. Gurc. 3. Oct. XVI.
Romanus eps. Gurc. 3. Apr. XII.
Oudalricus 7. Aug. XII.
Oudlscalcus eps. Gurc. 22. Mai. XIII.
Vlricus eps. Seccov. 7. Jul. XIII.
Vrbanus eps. Gurc. 13. Oct. 1573.
Waltherus eps. Gurc. 18. Jän. XIII.
Wernhardus eps. Seccov. 18. Jan. XIII.
Wigildus 10. Mai. XII.

II.

Pfarrgeistlichkeit.

Affenz.

Praepositi:

Petrus pbr. et mon. S. Lamb. 12. Oct. XV.
Krabatstorffer, Vlricus — pbr. et mon. S. Lamb. 24. Jul. 1446.
Rosenpusch, Marchardus — pbr. et mon. S. Lamb. 27. Sept. 1457.

Oeconomi:

Alopitius, P. Matthaeus — prof. S. Lamb. 18. Mai. 1617.
Wiser, Rudolphus — prior S. Lamb. 30. Jul. 1667.

Plebani:

Thosch, Conradus — Vlmensis 11. Apr. XVII.
Sebastianus pbr. et mon. S. Lamb. 20. Febr. 1519.
Wochner, Paulus — pbr. et mon. S. Lamb. 30. Jun. 1505.

Asling.

Plebanus:

Fletschner, Nicolaus — ex mon. Novacella 2. Jul. 1577 (?).

„Deuallionis.“

Decanus:

Marci (?), Johannes — 15. Apr. XV.

Dobel.

Presbyter:

Leutoldus 1. Jan. XIII.

Fonsdorf.

Presbyter:

Johannes 28. Sept. 16.

Frauenburg.

Plebanus:

Vdalricus 18. Dec. 16.

Friedberg.

Plebanus:

Heinricus pbr. et mon. Seitenstetten 1. Apr. XVI.

S. Georgen.

Sacerdotes:

Hylarius 3. Sept. XIII.
Siboto 1. Jul. XIII.

Göss.

Plebanus:

Vlricus 20. Apr. XIII.

Presbyter:

Richerus fr. S. Lamb. 26. Febr. XIII.

Magister:

Hainricus fr. Ottonis pbri. S. Lamb. (5. Febr. XIII.)

Gurk.

Plebanus:

Wilhalmus 16. Apr. XV.

Gutenstein.

Plebanus:

Georgius can. Junen. 23. Mai. 1445.

Hainfeld.

Parochus:

Heyla, P. Romanus — prof. Gotwic. 30. Mai. 1645.

Hof, v. Mariahof.

Hornberg.

Sacerdos:

Liutoldus 2. Jul. XIII.

Kainach.

Plebanus:

Mauerschwanger, Joannes — 13. Jun. XVI.

Kamern.

Parochus:

Bimiller, P. Laurentius — prof. Admont. 8. Jun. 1646.

Knittelfeld.

Vicarius:

Bolframm (?) 19. Apr. XVI.

Köflach.

Parochus:

Georgii, S. Severinus — senior S. Lamb. 19. Jul. 1664.

Kreig.

Plebanus:

Wilhalmus 11. Jan. XIV.

S. Lambrecht.

Plebani:

Gressing, Fridricus — pbr. et mon. 9. Febr. XIV.

Vlricus olim rector 28. Mart. XV.

Presbyteri saeculares:

Friesaco, Nicolaus de — 28. Jun. XIV.

Kriechpaumb, Leonhardus 11. Apr. 1571.

Otto sacerdos 20. Mai. XII.

Lassniz.

Plebani:

Prucker, Georgius — 17. Jan. 1607.

Monitor, Andreas — pbr. et mon. S. Lamb. 9. Mai. XV.

Vrbanus (Plat) pbr. et mon. S. Lamb. 22. Mai. 1529.

Lind.

Plebanus:

Fridericus diaconus 23. Mart. XIV.

Presbyter:

Vdalricus 30. Mai. XII.

Marein.

Parochus:

Hietwol, P. Balthasarus — 11. Jul. 1667.

Sacerdos:

Herrandus sacerdos de S. Maria 29. Aug. XIII.

Mariahof.

Oeconomi:

Reidher, P. Jacobus — prof. S. Lamb. 25. Mart. 1650.

Styrch, P. Sylvester — prof. S. Lamb. 6. Dec. 1661.

Plebani:

Pieringer, Georgius — 31. Dec. 1530.

Platner, Matthaeus — Benedictinus 8. Oct. 1596.

Praitenfurter, Chunradus — pbr. et mon. S. Lamb. 29. Nov. 16.

Krewtzer, Laurencius — 23. Nov. 1472.

Chuffinger, Fridericus — 6. Mai. 1382.

Ditmarus pbr. et mon. S. Lamb. 9. Mai. XIII.

Hilbeg, P. Aemilianus — prof. S. Lamb. 5. Dec. 1656.

Hohenberger, Nicolaus — pbr. et mon. S. Lamb. 20. Oct. 15.

Jacobus pbr. et mon. S. Lamb. 1. Jul. XIV.

Nicolaus pbr. et mon. S. Lamb. 19. Jul. 1463.

Otto pbr. et mon. S. Lamb. 28. Mart. XIII.

Otto pbr. et mon. S. Lamb. 18. Jan. XIV.

Rumpff (Grumpf), Hainricus — pbr. et mon. S. Lamb. 21. Jul. 1497.

Stubich, Vriel — pbr. et mon. S. Lamb. (5. Aug., 31. Dec. XVI.) 30. Jul. 1530.

Oudalricus pbr. et mon. S. Lamb. 11. Jan. XIII.

Zoppot, Nicolaus — pbr. et mon. S. Lamb. 13. Sept. 1464.

Vicarius:

Magnus, P. Athanasius — prof. S. Lamb. 27. Mai. 1645.

Presbyter l.:

Fridericus 15. Dec. 16.

Marlazell.

Oeconomus:

Steyrer, Stephanus — pbr. et mon. S. Lamb. 22. Febr. 1556.

Administrator:

Alopitius, P. Conradus — 15. Mart. 1614.

Plebani et Superiores:

Pawdel, Nicolaus — pbr. et mon. S. Lamb. 13. Apr. 1395.

Poschkaj, Josephus — 27. Mart. XVII.

Checzer, Otto — 11. Jan. XIV.

Hainricus pbr. et mon. S. Lamb. 26. Apr. XIII.

Lakern Georgius — senior S. Lamb. 8. Febr. 1667.

Lienfelder, Johannes — pbr. et mon. S. Lamb. 20. Mart. 1505.

Oxenhoffer, Andreas — pbr. et mon. S. Lamb. 14. Febr. 1471.

Spindler, Johannes Adamus — prof. S. Lamb. 19. Jun. 1626.

Seng, Wolfgangus — 30. Nov. 16.

Vtscher, Georius — pbr. et mon. S. Lamb. 30. Aug. 1473.

Weiss, Michael — prior S. Lamb. 4. Sept. 1635.

Magister operis:

Chunradus pbr. et mon. S. Lamb. 22. Mart. XIV.

Custodes reliquiarum:

Pantrer (?), Christophorus — 13. Aug. 1521.

Khlokher, Johannes — pbr. et mon. S. Lamb. 5. Mart. 1541.

Kraus, Joannes — 9. Mart. 1598.

Erman, Petrus — pbr. et mon. S. Lamb. 14. Aug. 1517.

Spiritus, Joannes — 21. Dec. 1594.

Sibenhorn, Casparus — (9. Mart. XVI.)

Strasser, Vincentius — (21. Dec. XVI.) 6. Sept. 1594.

Praedicator:

Johannes pbr. et mon. S. Lamb. 6. Aug. XIV.

Confessarius:

Graser, P. Andreas — 14. Dec. 1609.

Murau.

Parochus:

Pauliz, Joannes — (24. Apr. XVII.) 20. Jun. 1640.

Mürz (St. Marein im M.?)

Sacerdos:

Geroldus 1. Febr. XII.

„Nidertln."

Plebanus:

Pilgrimus 31. Mart. XIII.

„Niwen."

Presbyter:

Liupoldus 17. Febr. XII.

Pettau.

Sacerdos:

Adelbertus 3. Febr. XII.

Pfalzen.

Plebani:

Geyler, Rupertus — ex mon. Novacella. 5. Nov. 1561.
Graupart, Philippus — 6. Apr. 1580.

Piber.

Oeconomi et exparochi:

Rhedingius, P. Guilielmus — 8. Mai.
1649.
Schöer, Cornelius — 20. Aug. 1651.
Straub, P. Leonhardus — senior
S. Lamb. 4. Aug. 1617.

Plebani:

Chaynacher, Chunradus — pbr. et mon.
S. Lamb. 9. Jun. 1448.
Erhardus abbas de Seon 8. Apr. 1495.
Geroldus 8. Mai. XIII.
Lochner (?), Johannes — pbr. et mon.
S. Lamb. 24. Febr. XV.
Otto (25. Jul. XIV.) 14. Apr. XIV.
Rattmonstorffer, Vdalricus — 6. Jun.
1490.

Sacellanus:

Mitterperger, Leonhardus — pbr. et
mon. S. Lamb. 26. Jun. 1561.

Pöls.

Plebanus:

Henricus magister 9. Oct. 16.

Prileb (St. Veit am Veitsberg.)

Archidiaconus:

Vlricus (28. Aug. XIV.)

Semering.

Decanus:

Wilhelmus 24. Mart. XV.

Scheufling.

Plebani:

Chunradus pbr. 12. Apr. XIII.
Mastolon, Sebastianus — prof. S. Lamb.
10. Febr. 1651.

Stalhofen.

Plebanus:

Holzman, Caelestinus — pbr. et mon.
S. Lamb. 21. Dec. 1667.

Stralek.

Plebanus:

Johannes 9. Apr. XV.

Teufenbach.

Sacerdos:

Arnoldus 11. Jun. XIII.

Turnau.

Plebanus:

Vlricus olim rector in S. Lamb. 28. Mart.
XV.

S. Veit.

Diaconus plebanus:

Lentfridus 26. Jul. XII.

S. Veit am Veitsberg.

v. Prileb.

Veitsch.

Plebani:

Amon, Lambertus — pbr. et mon. S. Lamb. 4. Nov. 1651.

Troestlinus, Henricus — pbr. et mon. S. Lamb. 12. Jul. XVI.

Franciscus pbr. et mon. S. Lamb. 8. Jul. XIV.

Hürtting, Johannes — 17. Nov. 1496.

Obdacher, Johannes — pbr. et mon. S. Lamb. 24. Febr. 1425.

Wurdocher, Otto — pbr. et mon. S. Lamb. 16. Mai. 1448.

Waidhofen.

Presbyter:

Andreas 25. Mart. XIV.

Weikendorf.

Vicarii:

Jaal, P. Jacobus — mon. Mellicen. 22. Apr. 1641.

Stampff, P. Pancratius — mon. Mellicen. 26. Mart. 1646.

Weisskirchen.

Oeconomus:

Pöckh, P. Leander — 18. Oct. 1657.

Plebani:

Adlbertus pbr. 4. Jul. XIII.

Knäller, Leonardus — prof. S. Lamb. 18. Jun. 1598.

Hermannus 15. Febr. XIII.

Hugo 21. Febr. XIV.

Wels.

Plebani:

Götschl, Ambrosius — 17. Mai 1584.

Schmidl, Sebastianus — 1. Nov. 1578.

III.

Weltgeistliche ohne Ortszuweisung.

Archipresbyteri:

Hademarus 8. Jun. XII.

Hermannus 29. Jan. XII.

Archidiaconi:

Hainricus 15. Mart. XII.

Walchunus 16. Jul. XIV.

Decanus:

Oudilpreht 2. Mai. XII.

Plebani:

Georius 22. Apr. XV.

Hylarius (22. Jun. XIII.)

Vicarius:

Johannes 17. Aug. XV.

Presbyteri saeculares vel laici et sacerdotes:

Adelbertus 13. Apr. XII.

Albertus 24. Apr. XIV.

Babo (24. Jul. XIII.)

Pabo (3. Oct. 16.)

Petrus 27. Apr. XVI.

Pertholdus 11. Oct. 16.

Bernhardus 20. Dec. 16.

Poto 2. Mai. XIII.

Cristoferus 16. Jun. XVI.

Chuonr. 3. Jan. XIII.

Chunradus Teczhaymer 19. Apr. XV.

Chunradus Vetter 19. Apr. XV.

Ditimarus 25. Apr. XII.

Dietmarus 17. Mai. XIII.

Ditm(arus) (6. Mai. XIV.)

Thomas Surawer 19. Apr. XV.

Engilbero 14. Mart. XII.

Erasmus 19. Apr. XV.

Gerwinus 26. Mai. XII.

Grifo 6. Jul. XII.

H. (3. Apr. XIV.)

Hartmannus 27. Sept. 16.
Hermannus (24. Jul. XIII.)
Jacobus Hinderskircher 19. Apr. XV.
Johannes
Johannes Koberl
Johannes Gotfridi   } 19. April. XV.
Johannes Gruenawer
Johannes 30. Sept. 16.
Nicolaus 27. Apr. XVI.
Richerus (7. Mart. XIII.)
Sigismundus 22. Mart. XVI.
Oudalricus 30. Apr. XII.
Vdalricus 5. Oct. 16.
Waimundus 20. Mai. XIII.
Werinherus 4. Apr. XII.
Wisint 14. Apr. XII.

Clerici:

Peringerus 13. Sept. 16.
Bruno 28. Jan. XII.
Pruno 10. Mai. XII.
Diethardus 5. Sept. XII.
Gotsalcus 2. Apr. XII.
Heinricus 9. Mart. XII.
Jeremias 22. Jan. XVI.
Livtoldus 27. Jan. XII.
Swikerus 15. Febr. XII.
Waltherus 9. Apr. XII.

Diaconi:

Andreas 14. Jul. XV.
Petrus 14. Jul. XV.
Permannus 4. Jul. XIV.
Chunradus de Savraw 8. Mart. XIV.
Engilscalchus 20. Mart. XII.
Erhardus Trabocher 19. Febr. XV.
Gebehardus 24. Mai. XII.
Johannes Lampl 6. Jul. XV.
Leonhardus Tentschacher 17. Apr. XIV.
Leutoldus 2. Apr. XII.
Martinus 18. Mart. XV.

Nycolaus 5. Jul. XIV.
Otto 20. Jul. XII.
Otto physicus 16. Jun. XIII.
Sigmarus 6. Mai. XII.

Subdiaconi:

Alricus 29. Mart. XII.
Casparus Trikhopf (S. Lamb.) 7. Sept. 1521.
Chunradus 8. Jan. XIII.
Eberhardus 23. Jun. XIII.
Gerwicus 7. Nov. 16.
Hainricus Pazawer 18. Jan. XIII.
Herimannus 30. Mai. XII.
Ludwicus 14. Febr. XV.
Mathias Mochinger 19. Febr. XV.
Richhardus 24. Novemb. 16.
Roudolfus cantor 16. Apr. XIII.
Siboto 5. Jun. XII.
Simon 23. Apr. XV.
Vlricus 16. Jun. XIII.
Wolfgangus 16. Jun. XVI.

Acolyti:

Arnis 27. Mai. XII.
Cristanus 16. Jul. XV.
Thomas 24. Jun. XV.
Erhardus 26 Oct. 16.
Georius 23. Apr XV.
Georius 16. Jul. XV.
Grigorius Pawngartner 3. Febr. XVI.
Gumpertus 28. Aug. XII.
Gumbertus 14. Jul. XIII.
Matheus 31. Aug. XIV.
Maximilianus 15. Aug. XIV.
Oswaldus 15. Aug. XIV.
Sigwoto 10. Oct. 16.
Stephanus 24. Aug. XV.
Werinhardus 10. Apr. XII.
Wilhelmus Laymiger 14. Febr. XV.
Wolframmus 29. Mai. XII.

IV.

Religiosen verschiedener Orden mit Ortszuweisung.

Admont.

O. S. B.

Cf. S. Blasien.

Abbates:

Perhtoldus 21. Apr. XIII.
Chunradus 14. Jul. XIII.
Erhardus 26. Nov. 16.
Fridericus 20. Aug. XIII.
Hainricus 24. Mai. 1297.
Hartnidus 15. Dec. 16.
Isingrimus 7. Jun. XII.
Isnricus 10. Aug. XII.
Leonhardus Stainacher 11. Jul. XVI.
Livtoldus 3. Sept. XII.
Matthias Preininger 8. Mart. 1628.
Michael Griessauer 28. Mai. XVI.
Rodstein 18. Sept. 16.
Rudigerus 19. Mai. XIII.
Rudolphus 25. Oct. 16.
Vrbanus 3. Jan. 1659.

Priores:

Hainricus 27. Apr. XIII.
Vlricus (de?) Vischa 10. Apr. XIII.

Seniores:

Tyboldus 30. Aug. XV.
Johannes 21. Oct. XV.
Wolfgangus 4. Mart. XV.

Presbyteri et monachi:

Paulus 9. Apr. XIV.
Paulus Strall 19. Nov. XVI.
Petrus 18. Jan. XV.
Perchtoldus 7. Mai. XIV.
Pernhardus 12. Aug. XIII.
Blasius 19. Nov. XVI.
Caspar 31. Aug. XV.
Caspar Mülhoffer 19. Nov. XVI.
Chunradus Weizenpek (?) 3. Jan. XIII.
Chunradus 14. Mart. XIII.

Chunradus 27. Apr. XIII.
Conradus 26. Sept. 16.
Deodatus 13. Nov. XVI.
Dietmarus 11. Febr. XIV.
Dietricus 28. Jul. XIII.
Duringus 14. Sept. 16.
Einwicus 5. Mart. XIII.
Ekkericus 22. Jan. XII.
Fridericus 13. Jun. XIII.
Fridericus 13. Mart. XIV.
Ffridricus Ekker 9. Aug. XV.
Fridericus Weydl 19. Nov. XVI.
Georgius 28. Aug. XV.
Georgius Gratzer 19. Nov. XVI.
Gotfridus 30. Jan. XIII.
Hainricus 18. Apr. XIII.
Hainricus 18. Jul. XIII.
Hainricus 29. Mart. XIV.
Henricus 27. Nov. 16.
Jacobus 6. Aug. XIV.
Johannes 7. Jun. XII.
Johannes 13. Apr. XV.
Johannes 10. Aug. XV.
Lambertus 4. Mart. XII.
Laurentius Bimiller 8. Jun. 1646.
Livpoldus 5. Jun. XIII.
Nicolaus 31. Mai. XIV.
Otto 17. Sept. 16.
Rabanus 3. Jan. XII.
Rudpertus 19. Nov. XVI.
Rugerus 25. Jul. XIV.
Sebastianus 11. Jul. XVI.
Sighardus Lanczenperger 6. Jul. XIV.
Sighardus 29. Jan. XV.
Simon Sturbm 19. Nov. XVI.
Steffanus Häsiber 19. Nov. XVI.
Vdalricus Weidacher 19. Nov. XVI.
Vlricus 8. Apr. XIV.
Walthasar 28. Febr. XIV.
Walthauser Lieprecht 19. Nov. XVI.

Valentinus Stürtzl 19. Nov. XVI.
Walchunus 13. Aug. XIV.
Vitus 19. Nov. XVI.
Wilhalmus 27. Jun. XIII.
Wilhelmus 11. Jul. XVI.
Volfgangus Schrantz 19. Nov. XVI.
Wolframmus 3. Mart. XII.
Wlfingus 5. Aug. XV.

Diaconi et monachi:
Placidus 19. Nov. XVI.
Chonradus 19. Nov. XVI.
Erhardus 26. Nov. 16.
Hainricus 31. Mai. XIV.
Joannes Stiglmüller 19. Nov. XVI.
Leutwinus 28. Sept. 16.

Subdiaconus et monachus:
Augustinus 28. Aug. XV.

Acolytus et monachus:
Johannes 27. Mai. XV.

Monachi:
Adelbertus 28. Mai. XII.
Pabo 26. Mai. XII.
Perhardus 23. Jun. XII.
Conradus 2. Nov. 16.
Engilbertus 31. Mai. XIII.
Gerboto 31. Jul. XII.
Gotfridus 2. Jul. XIII.
Hartwicus 19. Dec. 16.
Ortolfus 19. Mai. XII.
Roudolfus 4. Mai. XII.
Wilandus 19. Apr. XIII.

Novitius:
Leonhardus 31. Aug. XV.

Sanctimonialium magistra:
Margaretha 22. Mai. XV.

Moniales:
Anna 28. Nov. 16.
Anna 29. Jun. XVI.
Barbara 29. Jun. XVI.
Petrissa 25. Nov. 16.

Caecilia 4. Jun. XV.
Chunigund 18. Apr. XIII.
Chunigundis 2. Mai. XV.
Dorothea 29. Jun. XVI.
Elyzabet 5. Jun. XIV.
Elisabeth 25. Febr. XV.
Elisabeth 9. Jun. XV.
Elizabet 29. Jun. XVI.
Gerbirgis 24. Jun. XIII.
Gerdrudis 29. Jan. XV.
Gysila 8. Mai. XIV.
Gisila 8. Nov. 16.
Margareta 10. Mart. XV.
Margareta 31. Aug. XV.
Margareta 29. Jun. XVI.
Offemia 7. Nov. 16.
Rihza 5. Jun. XIV.
Sophia 18. Febr. XIV.
Susanna 29. Jun. XVI.

Conversi et conversae:
Adelbertus 12. Febr. XII.
Albero 20. Apr. XII.
Alheidis 29. Jun. XIII.
Perinhardus 30. Jul. XIII.
Philippus 9. Jun. XV.
Chunradus 30. Apr. XIII.
Elysabeth 28. Mai. XIII.
Hainricus 4. Febr. XV.
Hiltigart 11. Apr. XII.
Irngardis 5. Mart. XIII.
Jvdita 13. Jun. XIII.
Margareta 28. Mart. XIII.
Nicolaus 23. Jul. XIV.
Otto 4. Jul. XIII.
Rudgerus 25. Mart. XII.
Sifridus 20. Mart. XII.

Aetl.

O. S. B.

v. A, VI.

„Aldendorff“.

Capellanus:

Albertus 18. Aug. XV.

Altaich, Nieder-.

O. S. B.

Presbyteri et monachi:
Paulus 1. Mart. XV.
Johannes 30. Mart. XV.
Oswaldus 30. Mart. XV.
Vlricus 21. Jan. XV.

Monachus:
Johannes 18. Oct. 16.

Confrater:
Eberhardus pbr. saecul. 30. Mart. XV.

Altaich, Ober-.

O. S. B.
Abbas:
Petrus 29. Apr. XV.

Presbyter et monachus:
Ernestus 25. Nov. 16.

Monachi:
Georgius Treitwein 2. Mart. 1609.
Mauritius 25. Nov. 16.

Altenburg.

O. S. B.
Abbates:

Thomas Ziener
Georgius Federer
Jonas Anser
Zacharias Frey
} 12. Nov. 17.

Presbyteri et monachi:

Benedictus Guettman
Benedictus Strobl
Placidus Siuerdus
Carolus Gössler
Conradus Höptlin
Tobias Khun
Thomas Reisner
Georgius Hölridel
Jacobus Grieb
Joannes Vilperger
Lambertus Edlauer
} 12. Nov. 17.

Laurencius 9. Mai. XIV.
Laurentius Ibel 12. Nov. 17.
Nicolaus 2. Jan. XIV.
Sebastianus Meixner 12. Nov. 17.

Conversus:
Matthaeus Dexel 12. Nov. 17.

S. Andrä im Lavantthal.

O. S. A.
Praepositus:
Erhardus Perman 8. Jul. 1485.

Presbyter et canonicus:
Caspar 9. Jul. 1481.

Arnoldstein.

O. S. B.
Abbates:

Hainricus Sweuus 25. Mai. XV.
Johapnes Chrabat 25. Mai. XV.
Marchuvardus 4. Sept. XII.

Asbach.

O. S. B.
Abbates:
Albertus 19. Mai. XV.
Johannes 28. Jun. 1502.

Prior:
Chunradus 23. Mai XV.

Presbyteri et monachi:
Thomas Selbax 15. Mart. XV.
Gallus Trüffner 15. Mart. XV.
Johannes Kranbiter 17. Febr. XV.
Matheus 9. Mart. XV.

„Aspang“.

Abbas:
Wolfgangus 8. Nov. 16.

Baumgartenberg.

O. Cist.
Presbyter et monachus:
Johannes 4. Mart. XV.

„**Bechingen**".

Abbas:

Maurus 30. Jan. 1648.

Beligne.

Abbates:

Otto 4. Jul. XIII.
Ortwinus (?) 9. Jan. XII.

S. Benedicti, Vallis-.

Ord. Cist.
v. 4. Apr. XV.

Berchtesgaden.

O. S. A.

Praepositi:

Petrus Pyeczennawr 4. Mart. XV.
Grünaldus 21. Oct. 1376.
Walthasar 14. Jan. XV.

Decanus:

Rudolfus Gaws 19. Jan. XV.

Presbyteri et canonici:

Andreas 10. Jan. XV.
Erhardus 26. Jan. XV.
Hainricus 26. Jan. XV.
Hainricus 4. Jul. XV.
Johannes Eppelhauser 16. Febr. XV.
Johannes Sturgras (?) 10. Apr. XV.
Martinus 26. Jan. XV.
Otto Seyherstorffer 29. Jun. XV.

Canonici:

Albanus Hochholtinger 15. Aug. XVI.
Johannes Pechinger 20. Mai. XV.
Johannes Hueber 19. Jun. XV.
Willhelmus Haslanger 29. Jun. XV.

Clerici:

Caspar Haller ⎫
Johannes ⎬ 3. Jul. XVI.
Wolfgangus ⎭

Moniales:

Anna Prein 28. Jun. XV.

Chunigundis Parenpüchlerin 12. Juni XV.
Elisabet Aindorfferrin 4. Mai. XV.

„Blannaw".

Moniales:

Agna ⎫
Agnes ⎪
Alheidis ⎪
Anna ⎪
Katherina ⎬ 16. Aug. XV.
Cristina ⎪
Elizabet ⎪
Gerdrudis ⎪
Meth . . . ⎭

St. Blasien im Schwarzwalde.

O. S. B.
Cf. Admont.

Abbates:

Diethelmus (Rheinau) 9. Apr. XII.
Gyntherus 21. Jan. XII.
Werinherus 12. Aug. XII.

Presbyteri et monachi:

Dietricus 26. Mart. XII.
Gotfridus 25. Mai. XIII.
Gumpoldus 17. Jun. XIII.
Heinricus 6. Febr. XIII.
Hermannus 31. Mai. XII.
Joannes Vdalricus Leo 15. Mart. 1589.
Manegoldus 6. Jun. XII.
Rapoto 26. Jun. XIV.
Siboto 5. Jan. XIII.
Vlricus 15. Febr. XIV.

Diaconi et monachi:

Perchtoldus 25. Febr. XII.
Otto 22. Jan. XII.
Otto 17. Jun. XIII.

Monachi:

Amelrich 30. Mart. XII.
Arnoldus 3. Sept. XII.
Bertoldus 23. Mai. XII.
Chounradus 30. Jun. XII.
Dietricus 26. Mai. XII.

Troutwinus 26. Jan. XII.
Ekkericus 13. Apr. XII.
Ekkericus 13. Jun. XII.
Egilinus 28. Mart. XII.
Folmarus 30. Jun. XII.
Gerhardus 3. Apr. XII.
Gerunc 27. Febr. XII.
Gisilherus 6. Aug. XII.
Grimo 23. Jan. XII.
Guntherus 16. Jun. XII.
Hartwicus 27. Aug. XII.
Heinricus 6. Jul. XII.
Joannes Resch 22. Jul. 1591.
Livthardus 10. Jun. XII.
Manegoldus 7. Febr. XII.
Manegoldus 7. Jun. XII.
Manegoldus 8. Jul. XII.
Okerus 2. Febr. XII.
Richardus 16. Apr. XII.
Richerus 15. Apr. XII.
Roudbertus 19. Mart. XII.
Werinherus 23. Febr. XII.
Wichpertus 19. Febr. XII.

Moniales:

Adelheit 20. Febr. XII.
Adelheit 17. Aug. XII.
Adelheit 20. Aug. XII.
Alhaedis 12. Febr. XIII.
Alhaidis 22. Aug. XIII.
Chunegundis 17. Jun. XIII.
Diemut 10. Oct. 16.
Dimudis 16. Jan. XIII.
Getta 1. Oct. 16.
Gerbirch 8. Aug. XII.
Gewirgis 26. Mai. XIII.
Gisila 24. Oct. 16.
Guta 16. Sept. 16.
Gotterat 28. Mart. XII.
Heilwich 15. Jun. XII.
Irmgart 16. Mart. XII.
Irmgardis 19. Mai. XIII.
Judita 16. Mart. XII.
Methildis 15. Jul. XIII.
Wilbirgis 10. Mart. XIII.

Conversi et conversa:

Pillungus 8. Sept. XIII.
Ita 28. Apr. XIII.
Reinhardus 24. Apr. XIII.
Wolfoldus 8. Febr. XII.

„Bregantz“.

Frater:

Christianus Berlinger 9. Jun. 1621.

Brühl.

v. Prül.

„Burberch.“

O. S. A.

v. A, V.

„Bursa“.

Canonici et vicarii 14. Aug. XV.

Drauburg.

O. S. A.

Decanus:

Leonhardus 11. Jul. XV.

Eberndorf (Öberndorf).

O. S. A.

Praepositi:

Andreas 4. Aug. XV.
Georius 7. Jun. XV.
Hainricus 8. Jul. XII.
Valentinus 27. Jun. XV.

Decanus:

Erhardus 11. Jul. XV.

Presbyteri et canonici:

Ambrosius 16. Aug. XVI.
Cristoferus 16. Aug. XVI.
Thomas 11. Jul. XV.
Fridericus 16. Aug. XVI.
Johannes Mörl 9. Mart. XVI.
Johannes 16. Aug. XVI.
Leonhardus 11. Jul. XV.
Leonhardus 16. Aug. XVI.

Mathias 16. Apr. XV.
Martinus 11. Jul. XV.
Martinus 16. Aug. XVI.
Rudbertus 16. Aug. XVI.
Wartholomeus 11. Mai. XV.
Wolfgangus 16. Aug. XVI.

Diaconus et canonicus:

Steffanus 16. Aug. XVI.

Canonici:

Georgius 23. Mai. 1445.
Georius 4. Mai. XV.
Hainricus 4. Mai. XV.
Leonhardus Karinkch 5. Mart. XV.

Notarius:

Johannes Polierrer 4. Mai. XV.

Elsenbach.
O. S. B.

v. A, VI.

S. Emmeram in Regensburg.
O. S. B.

Abbas:

Erasmus 8. Mai. XVI.

Cf. A, VI.

Prior:

Laurentius Aicher 16. Dec. 16.

Presbyteri et monachi:

Benedictus 1. Oct. XVI.
Erhardus 2. Jan. XVI.
Fridricus 27. Mai. XV.
Johannes 22. Apr. XIV.
Martinus 24. Mai. XV.

Conversus:

Albertus 5. Jan. XV.

Ensdorf.
O. S. B.

Abbates:

Paulus 22. Mart. XV.
Ludwicus 21. Mart. XV.
Wilhelmus 20. Mart. XV.

Cf. A, VI.

Presbyteri et monachi:

Andreas 21. Mart. XV.
Petrus 22. Mart. XV.
Conradus 20. Mart. XV.
Johannes 22. Mart. XV.

Ettal.
O. S. B.

Presbyteri et monachi:

Petrus
Bernherus
Choaradus
Cristannus
Hainricus
Johannes } 13. Mart. XV.
Leonhardus
Ludwicus
Stephanus
Vlricus

Novitii:

Martinus } 13. Mart. XV.
Nicolaus

S. Florian.
O. S. A.

Praepositi:

Petrus 7. Apr. XV.
Isinbertus 7. Febr. XII.

Presbyter:

Johannes 13. Febr. XV.

Conversi:

Stephanus 19. Mart. XV.
Udalscalcus 20. Apr. XII.

Formbach.
O. S. B.

Abbates:

Johannes Poppenberger 3. Jan. XV.
Otto 18. Oct. 16.
Ortolfus 21. Jan. XIII.
Rodolphus 2. Nov. 16.

Presbyteri et monachi:

Andreas 14. Jul. XV.
Casparus Gropp 14. Mart. 1614.
Conradus 26. Jun. XV.
Johannes 6. Jun. XV.
Johannes 16. Decemb. 16.
Martinus 17. Decemb. 16.
Vlr(icus) 28. Apr. XV.

Frisach.

1. Praepositura.

Presbyter et canonicus:

Albertus 28. Apr. XIV.

2. Conv. ord. Cist. (?)

Monialis:

Anna Steyerbergrin 13. Febr. XV.

Fulda.

O. S. B.

Fratres:

Hans
Heinricus } 11. Aug. XV.

Sorores:

Katherina
Elizabet
Felic.
Gela } 11. Aug. XV.
Gessel
Lipsis
Otilia

Familiares:

Alheit
Bertholdus
Katherina
Conr.
Theodericus miles et
  ejus uxor Petronella } 11. Aug. XV.
Gela
Greta
Hans
Hans Huse
Wigant

S. Gallen.

O. S. B.

Monachus:

Hermannus contractus (Reichenau)
24. Sept. 16.

Garsten.

O. S. B.

Abbates:

Adalbertus 10. Jul. XV.
Antonius Spindler 11. Nov. 1648.
Arnhalmus 14. Aug. XIII.
Berbtoldus 27. Jul. XII.
Erhardus 11. Jun. XIV.
Georgius 19. Jun. XV.
Joannes Guilielmus 27. Dec. 1813.
Michahel 28. Jan. XIV.
Nycolaus 14. Jan. XV.
Vdalricus 7. Oct. XVI.

Cf. A, VI.

Priores:

Nicolaus Prudentius 27. Jun. 1622.
Sebaldus 28. Jun. 1507.
Wolffgangus Schetting 14. Aug. 1632.

Presbyteri et monachi:

Albertus 18. Jul. XV.
Albertus 7. Oct. XVI.
Ambrosius 16. Oct. 15.
Ambrosius 28. Jun. 1507.
Andreas 19. Jun. XV.
Augustinus 19. Jun. XV.
Augustinus 7. Oct. XVI.
Benedictus 19. Mart. XV.
Benedictus 7. Oct. XVI.
Bernhardus 7. Oct. XVI.
Placidus Enderis 9. Nov. 1641.
Carolus Neuhoffer 28. Oct. 1643.
Caspar 19. Jun. XV.
Casparus Mair 18. Jul. 1627.
Cyprianus Thomas 5. Jul. XVI.
Cristoferus 16. Oct. 15.

Christophorus 10. Jul. XV.
Cristofferus 28. Jun. 1507.
Chunradus 1. Sept. XIV.
Dietricus 16. Febr. XIV.
Dionisius 7. Oct. XVI.
Thomas 19. Jun. XV.
Thomas 10. Jul. XV.
Egidius 16. Mai. XIV.
Egidius 7. Oct. XVI.
Elias 1. Mai. XVII.
Erhardus 10. Jul. XV.
Florianus 19. Jun. XV.
Gallus 7. Oct. XVI.
Georgius 19. Jun. XV.
Georius 10. Jul. XV.
Georgius Dollinger 19. Decemb. 1622.
Gotthardus 7. Aug. 1644.
Henricus 7. Oct. 16.
Hertingus 19. Jun. XIV.
Hermannus 29. Mai. XIII.
Hilsungus 7. Jul. XII.
Jacobus 19. Jun. XV.
Johannes 8. Mai. XIV.
Joannes 19. Jun. XV.
Johannes 10. Jul. XV.
Johannes 18. Jul. XV.
Joannes 12. Mart. XVI.
Josephus Prener 13. Aug. 1646.
Laurencius 19. Mart. XV.
Laurentius Widman 24. Dec. 1606.
Leonhardus 19. Jun. XV.
Ludovicus 19. Jun. XV.
Matthaeus Cammerer 13. Aug. 1632.
Marcus 7. Oct. XVI.
Martinus 18. Jul. XV.
Marianus Jost 31. Jul. 1633.
Maurus 19. Jun. XV.
Nicolaus 10. Jul. XV.
Othmarus 19. Jun. XV.
Reinpertus 3. Febr. XIV.
Romanus 19. Jun. XV.
Rudolfus 10. Aug. XIII.
Sebaldus 16. Oct. 15.
Sebastianus Ertelius 13. Jul. 1618.
Sigismundus 19. Jun. XV.

Vdalricus 10. Jul. XV.
Vlr. 11. Jan. XIV.
Vlricus 18. Jul. XV.
Wenceslaus Myska 31. Jul. 1633.
Vitus 19. Jun. XV.
Wolfgangus 19. Jun. XV.
Wolfkerus 30. Nov. 16.

Diaconi et monachi:

Andreas 10. Jul. XV.
Augustinus 4. Febr. 1602.
Hilteprandus 20. Jun. XIII.
Marinus Seidl 20. Nov. 1646.

Subdiaconi et monachi:

Benedictus 16. Oct. 15.
Benedictus 28. Jun. 1507.
Chunradus 15. Jun. XIII.
Heinr(icus) 19. Apr. XIII.
Maurus Swaiger 3. Nov. XVII.

Monachi:

Altmannus 13. Febr. XII.
Philippus Jöchlinger 28. Jul. XVII.
Pilgrimus 24. Apr. XII.
Placidus Gotschmon 21. Jan. 1650.
Conradus Alopitius 15. Mart. 1614.
Dietmarus 13. Mart. XII.
Heinricus 13. Febr. XII.
Irinfridus 3. Aug. XIII.
Rudigerus 13. Mart. XII.

Novitii:

Andreas Frisch 5. Mai. XVII.
Paulus 16. Oct. 15.
Paulus 28. Jun. 1507.
Sebastianus 16. Oct. 15.
Sebastianus 28. Jun. 1507.
Sixtus 16. Oct. 15.
Syxtus 28. Jun. 1507.

Conversi:

Albero 1. Apr. XII.
Georius Weberperger 18. Jul. XVII.
Hieronimus Stainer 22. Dec. 1633.
Simon Mülbacher 16. Nov. 1640.

S. Georgen im Schwarzwalde.

Prior:
Joannes Vdalricus Leo 15. Mart. 1588.

Presbyter et monachus:
Marchwardus 20. Febr. XIII.

Diaconus et administrator:
Sylvester Ficus (?) 22. Aug. 1588.

Monachi:
Chadelhoch 2. Febr. XII.
Waltherus 2. Mart. XIII.

S. Georgen am Längsee.
O. S. B.
Abbatissae:

Pertha 28. Mart. XII.
Dimudis 14. Febr. XIII.
Elizabeth 8. Mai. XV.
Gerdrudis 13. Mart. XII.
Jauta 2. Jul. XIV.

Moniales:

Alhet 16. Mart. XIII.
Benedicta 18. Mart. XIII.
Chunigunt 24. Apr. XIII.
Chunigund 27. Apr. XIII.
Dorothea 28. Sept. XVII.
Truta 15. Jul. XIV.
Euffemia 18. Jul. XIII.
Gerdrudis 2. Mai. XIII.
Gerdrudis 1. Aug. XIII.
Gyena 9. Aug. XIV.
Gisila 27. Jul. XIII.
Gosteu 7. Jan. XIII.
Herradis 5. Febr. XIII.
Hiltigart 2. Mart. XII.
Irmgardis 4. Mart. XIII.
Leukardis 1. Jun. XIII.
Mahthilt 9. Mart. XII.
Mathild 23. Mart. XII.
Margareta 6. Febr. XV.
Margaretha 24. Oct. 16.

Mergart 1. Mai. XII.
Ribcardis 18. Aug. XIII.
Sophya 27. Mart. XIII.

Conversi:
Fridericus 12. Aug. XIII.
Gerungus 3. Jul. XIII.
Haeinricus 22. Mai. XIII.
Rudolfus 29. Mai. XIII.
Wlricus 11. Mart. XIII.

Georgenberg.
O. S. B.

Abbas:
Joannes Resch 22. Jul. 1591.

Administrator:
Georgius Bretter 30. Nov. 1588.

Prior:
Augustinus Khölbl 30. Nov. 1588.

Gleink.
O. S. B.

Abbates:

Fridericus 1. Jan. XV.
Heinr(icus) 22. Apr. XIV.
Nicolaus Seld 9. Jul. 1604.
Vdalricus 12. Jul. XV.

Presbyteri et monachi:
Petrus 1. Jan. XV.
Chur. 28. Jan. XIV.
Conradus 1. Jan. XV.
Fridricus 25. Mart. XIV.
Georius 1. Jan. XV.
Ymbricus 20. Apr. XIV.
Johannes 1. Jan. XIV.
Johannes 1. Jan. XV.
Leonhardus 21. Febr. XIV.
Leonhardus 1. Jan. XV.
Martinus 1. Jan. XV.
Nicolaus 6. Jan. XIV.
Stephanus 1. Jan. XV.

Wolfagus (sic) 1. Jan. XV.
Wolfgangus 1. Jan. XV.

Glokniz.

.O. S. B.

Praepositus:

Heinricus pbr. et mon. 4. Jul. XV.

Göss.

O. S. B.

Abbatissae:

Perchta Puxerin 21. Sept. 16.
Benigna de Grassla 12. Oct. 1474.
Herradis 3. Nov. 1322.

Decanissa:

Chunigundis 11. Febr. XIV.

Moniales:

Agnes 9. Jan. XIII.
Perchta 29. Nov. 16.
Katherina Saurerin 26. Apr. XIV.
Chunigundis 5. Apr. XIII.
Trautta 18. Jan. XIV.
Gerdrudis 11. Oct. 16.
Gisila 8. Jul. XIII.
Hylaria Vtscherin 19. Aug. XV.
Mahtbildis 21. Apr. XIV.
Metbildis 5. Mai. XIV.
Richza 4. Sept. XIII.

Götweig.

O. S. B.

Abbates:

Petrus 17. Oct. 16.
David Gregorius Cornerus 9. Jan. 1648.
Georgius Falbius 23. Mai. 1631.
Johannes 27. Jun. XV.
Lucas 30. Aug. XV.
Mathias 13. Jan. XVI.
Marchwardus 22. Jul. XIV.
Vlricus 19. Sept. 16.

Priores:

Diepoldus 1. Aug. XIV.
Joannes Plaw 16. Oct. 1602.

Martinus Senari (?) 12. Mart. 1629.
Ortolfus 3. Mart. XIV.
Simon 19. Oct. 16.
Wichardus 25. Oct. 16.

Senior:

Maurus 8. Jun. 1516.

Presbyteri et monachi:

Abraham Grueber 22. Mai. 165..
Alramus 24. Jul. XIV.
Ambrosius Hartman 27. Apr. 1632.
Andreas 30. Jan. XIV.
Andreas Mixel (?) 10. Nov. 16.
Paulus de Cznaym 25. Jun. XV.
Petrus 2. Jan. XIV.
Petrus 25. Febr. XIV.
Petrus 12. Oct. 16.
Petrus Megerle 28. Nov. 1642.
Benedictus Wachfelder 18. Mai. 1644.
Bernharius 2. Nov. 16.
Pero 15. Aug. XIII.
Placidus Hertnstainer 6. Jul. 1626.
Casparus Hermanucius 31. Aug. 1635.
Dietmarus 5. Jan. XIV.
Thomas 18. Jun. XIV.
Thomas 24. Jul. XIV.
Erhardus 2. Oct. 16.
Fridericus 19. Mai. XIV.
Hebruuinus 25. Juli. XII.
Helwicus 3. Jan. XIV.
Henr. 28. Jan. XIV.
Hieronymus Lindl 1643.
Jacobus 25. Jan. XIV.
Jacobus 26. Febr. XIV.
Johannes de Straubinga 21. Mart. XV.
Johannes de Perg 25. Jun. XV.
Johannes de Straubinga 25. Jun. XV.
Joseph Brandt 9. Nov. 1644.
Laurencius 12. Mart. XV.
Laurentius Horn 16. Nov. 1630.
Leonhardus 25. Jun. XV.
Leonhardus 21. Oct. 16.
Martinus 22. Jun. XV.
Martinus Pontusius 3. Oct. 1641.
Nicolaus 2. Jan. XIV.

Nicolaus 20. Jan. XIV.
Otto 16. Jan. XIII.
Romanus Heyla 30. Mai. 1645.
Rudigerus 1. Febr. XIII.
Rudolfus 13. Jan. XIV.
Seifridus 19. Dec. 16.
Symon 22. Mai. XIV.
Symon 2. Jun. XIV.
Symon 10. Jun. XIV.
Symon 4. Aug. XIV.
Vdalricus 2. Jul. XIV.
Vdalricus Creuzer 31. Mart. 1645.

Monachi:

Christophorus Doring 10. Nov. 1643.
Chunradus 22. Apr. XII.
Dietricus 21. Aug. XIV.
Hainricus 9. Mai. XIII.
Joannes Rabennest 4. Jun. 1516.
Maurus 30. Jan. 1648.

Novitius:

Johannes 25. Jun. XV.

Domicelli:

Petrus   }
Johannes   }   24. Jul. XIV.

Moniales:

Anna 25. Jun. XV.
Benedicta 4. Mart. 1516.
Perchta 11. Apr. XV.
Dorothea 25. Jun. XV.
Elizabet 25. Jan. XIV.
Erndrudis 27. Nov. 16.
Helena 27. Nov. 16.
Margaretha 25. Jun. 15.

Conversi:

Andreas 19. Jun. XV.
Andreas 25. Jun. XV.
Cunradus 25. Jun. XV.
Dionysius 9. Oct. 1647.
Johannes 19. Jun. XV.

Gurk.

O. S. A.

Praepositi:

Albertus 15. Dec. 16.
Pabo 30. Apr. XII.

Babo 14. Oct. 16.
Paulus 15. Aug. XV.
Pertholdus 23. Febr. XIV.
Christianus Spiritus 16. Oct. 1570.
Gebhardus 31. Jan. XIII.
Hartnidus 31. Jan. XII.
Heinricus Rotel 30. Aug. XIV.
Johannes Hinderkircher 13. Apr. XV.
Mathias 28. Aug. 1347.
Marchardus 17. Nov. 15.
Otto 11. Mai. XIII.
Rudolfus 14. Apr. XIII.
Wilhelmus 15. Febr. XVI.

Decani:

Dietricus 10. Dec. 1350.
Heinricus 3. Sept. XII.
Maingotus 31. Mart. XIII.

Commissarius:

Joannes Schertl 18. Febr. XVI.

Presbyteri et canonici:

Adlbertus 25. Jul. XIII.
Achacius Silberberger 6. Jul. XV.
Petrus 25. Febr. XIV.
Perhtoldus 22. Jun. XIII.
Poppo 26. Nov. 16.
Dietricus 28. Mai. XII.
Ditricus 2. Sept. XIII.
Conradus de Wald 15. Jun. 1530.
Cristoferus Saurer 22. Mart. 1529.
Fridericus 30. Jul. XIII.
Georgius Amblang 18. Febr. XVI.
Germannus 14. Mart. XIV.
Heinricus Rotel 30. Aug. XIV.
Hoholdus 7. Apr. XIII.
Martinus Pairhofer 26. Apr. XV.
Nicolaus Phuntan 7. Aug. XIV.
Nicolaus Sauraber 24. Sept. 16.
Otto 12. Jul. XII.
Otto 13. Jun. XIII.
Otto Chreiger 14. Apr. XIV.
Otto 15. Aug. XIV.
Raimboto 2. Mai. XIII.
Sigifridus 13. Jun. XIII.

Sigifridus 1. Sept. XIII.
Vdalricus 12. Aug. XIII.
Vdalricus 9. Nov. 16.
Waltherus 25. Apr. XIV.
Walchunus 23. Jul. XIII.
Wilhalmus 16. Apr. XV.

Diaconi et canonici:

Chunradus de Sauro 21. Mart. XIV.
Chunradus Saurawer 23. Mart. XIV.
Herimannus 13. Apr. XII.
Waltherus 18. Mai. XIII.

Subdiaconi et canonici:

Albertus Sailer 29. Apr. XIV.
Chunradus 15. Jun. XIII.
Fridericus 24. Jul. XIV.
Fridericus Tentsch. 25. Jul. XIV.

Canonici:

Albertus 15. Mai. XIV.
Andreas Lämpl 18. Febr. XVI.
Fridericus Juvenis 17. Apr. XIII.
Gregorius Staudacher 21. Jul. 1531.
Hartwicus Cholnizer 27. Febr. 1320.
Jacobus Wagner 18. Febr. XVI.
Johan. Puchler 18. Apr. XVI.
Otto 23. Jun. XIV.
Ortolfus (Artolffus) 15. Mart. XV.
Richardus de Moschpurg 14. Apr. 1531.
Savraw, ... de — 8. Mart. XIV.
Wolfgangus com. de Montfart 28. Febr. 1513.

Moniales:

Agnes 7. Aug. XIII.
Agnes 17. Sept. 16.
Anna 23. Mart. XIV.
Anna 23. Jul. XIV.
Katherina 29. Jun. XIV.
Clara 4. Jul. XV.
Christina 27. Jul. XV.
Dyemudis Holekerin 10. Mart. XIV.
Margareta Himelbergerin 7. Aug. XIV.
Richza 20. Dec. 16.
Sophya 18. Apr. XIII.
Walpurgis 8. Jun. XV.

Conversi et conversae:

Albero 1. Apr. XII.
Altfridus 6. Apr. XIII.
Benedicta 4. Sept. XIII.
Perhta 23. Jan. XII.
Pertha 18. Mai. XIII.
Perchtoldus 16. Oct. 16.
Engila 3. Sept. XII.
Engildei 31. Aug. XII.
Fridericus 4. Febr. XIII.
Gundaker 7. Apr. XII.
Hainricus 29. Jan. XIII.
Hainr(ic)us 14. Jun. XIII.
Hilta 19. Apr. XIII.
Jacobus 7. Mart. XIV.
Mahtildis 29. Jan. XII.
Margareta 31. Jul. XII.
Rvdolfus 1. Mart. XII.
Sigefridus 3. Mai. XII.

Heiligenkreuz.

O. Cist.

Abbas:

Johannes 27. Nov. 16.

Presbyteri et monachi:

Albero 26. Febr. XIII.
Paulus
Petrus
Bernhardus
Engelbertus
Georgius   } 27. Nov. 16.
Henricus
Martinus
Michael
Regenhardus 3. Nov. 16.
Seifridus
Stephanus } 27. Nov. 16.

Conversus:

Haymmo 23. Aug. XIV.

Heisterbach.

Monachi:

Henricus
Hermannus } 26. Mart.

248

Ludwicus
Matheus } 26. Mart. XV.

Herzogenburg.
O. S. A.

Praepositus:
Johannes 8. Jan. 1447.

Decanus:
Hainricus 8. Jan. 1447.

Presbyteri et canonici:
Benedictus 20. Jan. XV.
Hainricus 25. Febr. XV.

Canonici:
Petrus 7. Aug. XV.
Thomas 16. Sept. XV.
Haydenricus 15. Nov. XV.
Johannes 9. Jun. XV.
Bilibaldus 24. Apr. XV.
Volgangus 3. Mai. XV.

Confratres:
Johannes 25. Febr. XV.
Laurentius 25. Febr. XV.

„Hinefelt.“
Decanus:
Heinricus 16. Aug. XV.

Presbyteri:
Conradus 16. Aug. XV.

Canonicus:
Bertoldus 18. Aug. XV.

Hirschau.
O. S. B.

Abbas:
Willehelmus 5. Jul. XII.

„Hoest.“
Fratres et sorores 18. Aug. XV.

Holzkirchen.
O. S. B.

Praepositus:
Petrus 16. Aug. XV.

Johannisberg.
O. S. B.

Presbyteri et monachi:
Albertus
Johannes } 14. Aug. XV.
Mathias

Jun, v. Eberndorf.

Kiemsee.
O. S. A.

Presbyter et canonicus:
Philippus Tolhaymer 11. Febr. XVI.

Cf. A, V.

Klosterneuburg.
O. S. A.

Praepositi:
Andreas Masmüller 2. Dec. 1629.
Bernardus Weiz } 27. Oct. 17.
Rudolphus Miller

Decanus:
Michael Arlez 16. Mart. 1626.

Presbyteri et canonici:
Adolphus de Liechtenau } 27. Oct. 1.
Alexander Rickler
Andreas Mosshaimer 6. Febr. XVI.
Paulus Rumpler 27. Oct. 17.
Dominicus Perlinger 30. Mai. 1631.
Ferdinandus Wilffing
Georgius Marquardus
Georgius Schaffler
Hieronymus Tolz } 27. Oct. 17.
Joannes Schain
Lucas Schaubart
Ludovicus Weinstockh 6. Febr. XVI.
Ludovicus Keser 16. Jun. 1631.
Matthaeus Fuschman
Melchior Panner
Michael Kuen } 27. Oct. 17.
Nicolaus Hessel
Richardus Bruner
Sebastianus Lindhofer 6. Febr. XVI.

Acolytus et canonicus:
Englwertus 9. Mai. XIV.

Canonici:

Augustinus Seyfriedt 9. Apr. 1624.
Thomas 1. Jan. XV.
Hieronymus 1. Jan. . 6 . . .

Conversi et conversa:

Bartholomaeus Peter } 27. Oct. 17.
Paulus Dischler }
Paulus Fridel 28. Aug. 1622. (?)
Damianus Sartorius 27. Oct. 17.
Gerdrut 3. Aug. XIII.
Joannes Schiel } 27. Oct. 17.
Martinus Guettman }
Sigismundus 23. Jul. 1630.

Kremsmünster.

O. S. B.

Abbates:

Alexander a Lacu 19. Mai. 1613.
Antonius Wolfradt 1. Apr. 1639.
Benedictus 29. Jul. XV.
Chunradus 6. Jun. XIV.
Heinricus 14. Jun. XIV.
Joannes 1. Jun. 1600.
Martinus 11. Jul. XV.
Oudalricus 9. Jun. XII.

Prior:

Carolus Kholb 7. Mart. 1620.

Presbyteri et monachi:

Agapitus Kholberg 6. Apr. 1642.
Albertus 22. Sept. 16.
Alexander Sager 6. Jun. 1628.
Alexander Lindner 6. Oct. 1626.
Paulus Peer 24. Oct. 1639.
Petrus Khun 27. Jan. 1640.
Benno Schweikart 11. Oct. 1641.
Perchtoldus 23. Febr. XV.
Casparus Fersueru (?) 31. Mai. 1597.
Conradus 16. Febr. XVI.
Chunradus 4. Sept. XV.

Constantinus Waldvogel 17. Sept. 1632.
Cornelius Scherer 25. Jan. 1637.
Christophorus Held 4. Mart. 1602.
Theodericus Reich 1. Oct. 1642.
Erasmus 23. Aug. XV.
Ernestus 15. Oct. 16.
Ferdinandus Schröneckh 12. Jul. 1627.
Florianus 13. Febr. XVI.
Franciscus Greger 6. Mai. 1627.
Fridericus 24. Apr. XIV.
Fridricus 23. Febr. XV.
Georgius Reibl 22. Jul. 1619.
Gregorius 21. Nov. XVII.
Guilielmus Huscer 23. Jun. 1627.
Hainricus 29. Mart. XIV.
Hainricus Stadler 30. Mart. XIV.
Henricus 13. Mai. XV.
Hertwicus 7. Febr. XIV.
Hermannus 27. Mai. XV.
Jheronimus 20. Jan. XV.
Hieronymus . . . . . 27. Apr. XVII.
Johannes 17. Jul. XIV.
Johannes 26. Oct. 16.
Joannes Rökl 6. Sept. 1610.
Joannes Faber 14. Oct. 1631.
Leonhardus 30. Mai. XV.
Leonardus Wagner 29. Dec. 1630.
Martinus 23. Febr. XV.
Maximilianus Lechner 14. Nov. 1634.
Michael Schierer 18. Mart. 1619.
Michael Weiss 11. Oct. 1637.
Michael . . . . . 4. Aug. 1643.
Nicolaus Seld 9. Jul. 1604.
Sebastianus Praun 26. Jan. 1644.
Vlricus 18. Aug. XV.
Wenzelaus 31. Aug. XV.
Wolfgangus 22. Oct. 16.
Wolfgangus Christian 4. Dec. 1637.
Wolhardus 11. Jun. XV.

Diaconus:

Albertus 23. Aug. XV.

Professi:

Philippus Nagl 16. Mart. 1640.
Conradus Zumperg 7. Jun. 1642.

Conversi:

Georgius Herderich 3. Mart. 1627.
Guilielmus Kresperger 2. Dec. 1641.
Martinus Dillis 12. Jul. 1641.

Lambach.

O. S. B.

Abbates:

Philippus Nagel 16. Mart. 1640.
Conradus 17. Oct. 16.
Erasmus 17. Mai. XV.
Johannes 5. Jan. XIV.
Simon 23. Sept. 16.
Swarzmannus 29. Apr. XII.
Wigandus 11. Oct. 16.

Cf. A, VI.

Presbyteri et monachi:

Petrus 18. Aug. XIV.
Petrus 15. Oct. 16.
Jacobus 17. Jan. XIV.
Johannes 11. Aug. XIV.
Martinus 17. Mai. XV.
Nycolaus 17. Jan. XIV
Ortolphus 18. Dec. 16.

S. Lambrecht.

O. S. B.

Abbates:

Petrus (11. Mart., 22. Jun. XIV.) 13. Jul. 1376.
Benedictus Pyrin (3. Mai., 9. Aug. XVII.) 15. Febr. 1662.
Permannus (23. Oct., 2. Dec. 16.) 29. Apr. 1662.
Berngerus 12. Jan. XIII.
Burchardus (16. Jan., 16. Apr. XIII.) 12. Apr. 1285.
Dauit 27. Febr. 1387.
Thomas Wernher de Aflentz 16. Febr. 1549.
Thomas Eder 3. Mai. 1606.
Ernestus 31. Jul. . . ? . .
Fridericus (1. Apr., 18. Mai. XIII.)? 17. Jan. XIV.

Gotfridus 5. Nov. 16.
Gotschalcus 8. Aug. 1280.
Hartmannus 2. Jan. XII.
Hainricus 31. Mai. 1311.
Henricus Moyker (29. Jan. XV.) 17. Apr. 1455.
Jacobus 17. Jul. XII.
Johannes (11. Mart., 13. Mai. XIV.) 10. Jan. 1358.
Johannes Schachner (6. Jun. XV.) 22. Jun. 1478.
Joannes Sachs 11. Mai. 1518.
Joannes IV. Tratner (3. Mart., 13. Apr. 18. April., 11. Jun. XVI.) 3. Jun. 1591.
Johannes Henricus Stadfeld (25. Mai. XVII.) 11. Aug. 1638.
Magnus 23. Apr. XIII.
Martinus Alopitius 4. Mai. 1613.
Outkerus 17. Jul. XII.
Otto de La 3. Apr. 1329.
Ortolfus (23. Sept. 16.) 23. Jun. 1341.
Rapoto 21. Jul. XII.
Rudolphus Liechtenekker (20. Febr. 21. Mart., 15. Jul. XV.) 18. Mart. 1419.
Sigismundus Kogler (13. Apr. XVI.) 15. Apr. 1562.
Oudalricus (9. Apr. XII.) 23. Mai. XII.
Walltfridus 25. Febr. XIII.
Ualentinus Pierer ex Afflentz 7. Jun. 1541.
Werinherus 3. Aug. XII.
Wolfkerus 20. Mai. XIII.
Wolframmus 9. Aug. XII.

Priores:

Petrus de Phafsteten 8. Febr. 1369.
Caspar Schürff 12. Jan. 1443.
Clemens (Hewrrauss) senior de Vbelpach 3. Febr. 1470.
Christanus Stür 20. Dec. 1515.
Chunradus 25. Mai. XIII.
Chunr. (Vinder) 18. Jan. XIV.
Daniel Cornel 10. Jul. 1585.

Georgius Scriba 31. Aug. 1623.
Geroldus 23. Jan. XIII.
Henricus Früauff (8. Sept. XVII.) 12. Febr. 1625.
Hieronymus Marckstaller 24. Aug. 1638.
Johannes Reytsperger 19. Apr. 1551.
Joannes Maurer 4. Nov. 1621.
Joannes Purkstaller 27. Jun. 1652.
Josephus Poschkaj 27. Mart. XVII.
Laurentius Widman 24. Dec. 1606.
Leonbardus P...... 21. Febr. 1564.
Mathias Luprecht 6. Jul. 1531.
Michael Weiss 4. Sept. 1635.
Nicolaus 9. Oct. 15.
Nicolaus 17. Jul. XVI.
Rudolphus Pranck 25. Jun. 1570.
Rudolphus Wiser 30. Jul. 1667.
Sebastianus Grueber 31. Jan. 1572.
Sigismundus Rainer 12. Sept. 1599.
Vdalricus Schleifer 16. Febr. 1563.
Vincentius Eckher 19. Oct. 1595.
Wolframus 18. Jun. XIV.
Zacharias Paz 12. Dec. 1629.

Subprior:

Albertus 28. Febr. XIII.

Seniores:

Achatius Kral 20. Sept. 1461.
?Andreas Grassler (27. Mart. XV.)
Paulus Eder 4. Dec. 1657.
Bernhardus Hürbling 25. Jun, 1506.
Polycarpus Styrich 27. Febr. 1643.
Caspar 13. Febr. 1442.
Casparus Keller 4. Mai. 1639.
Chunradus de Lambach 25. Jun. XV.
Georgius Lakern 8. Febr. 1667.
Gotsalcus 24. Mart. XIII.
Hainricus 10. Febr. „
Hainricus 6. Mai. XIII.
Ilsungus 5. Jun. „
Johannes Newmaister 28. Mai. 1472.
Joannes Boierius 26. Sept. 1602.
Leonhardus Straub 4. Aug. 1617.
Matheus 6. Nov. 1524.

Otto 15. Jun. XIII.
Otto 26. Jan. „
Severinus Georgii 19. Jul. 1664.
Stephanus Jöchling 12. Febr. 1627.
Wolfgangus Törling 10. Jun. 1614.

Campanarius:

Chunradus 23. Aug. XII.

Cantores:

Casparus Mertl 29. Jan. 1597.
Georius 1. Febr. XIV.

Cellerarii:

Ch(un)radus 11. Aug. XIII.
Egidius mon. de Mellico 18. Jul. 1450.
Hermannus 13. Jan. XII.
Hermannus Saxo 22. Apr. XIV.

Custos:

Hartwicus 1. Jun. XIII.

Hospitalarii(?):

Mainhardus 13. Jun. XIII.
Udalricus 24. Jan. XIII.

Oeconomi:

Bartholomeus Reytrer 15. Jan. 1555.
Sigismundus Steger 4. Jan. 1550.

Organista:

Joannes Casselius 28. Aug. 1654.

Praepositus:

Tyemo 27. Jul. XIV.

Provisor:

Johannes Wolflin 21. Mart. 1426.

Presbyteri et monachi:

Adalbertus Förtig 2. Febr. 1659.
Adelbertus 16. Apr. XIII.
Athanasius Magnus 27. Mai. 1645.
Adolfus 22. Aug. XIV.
Aemilianus Pyrkhel prof. rhetor. 17. Jul. 1651.
Aemilianus Hilbeg 5. Dec. 1656.
Achacius Walsteiner 29. Mart. XIV.

Achacius Kräll 21. Jul. XVI.
Albertus 15. Febr. XIII.
Albertus Gurcensis 23. Jul. XIV.
Albertus Lericher 29. Sept. 15.
Albertus Reutter 8. Oct. 15.
Amandus Lehner 8. Dec. 1548.
Andreas 5. Sept. XIII.
Andreas Krel 23. Aug. XIV.
Andreas Grasslober 23. Jun. 1438.
Andreas Oxenhoffer 14. Febr. 1471.
Andreas Monitor 9. Mai. XV.
Andreas Vieregkh 1. Mai. 1517.
Andreas Stainprugker 27. Apr. XVI.
Andreas Elphas 16. Apr. 1612.
Andreas Scholl Prutenus 28. Febr. 1630.
Andreas a Khaltenhausen 4. Mai. 1664.
Paho 17. Febr. XIII.
Baldwinus 18. Apr. XII.
Pangratius Pürgkl 14. Jun. 1507.
Bartholomeus Püchler 28. Jul. 1427.
Bartholomeus Pühler 26. Sept. 16.
Bartholomeus Kienperger 23. Mai. 1585.
Barilus 29. Jan. XVI.
Paulus Tenczacher 5. Febr. 1419.
Paulus Wochner 30. Jun. 1505.
Paulus Heiss 7. Febr. 1610.
Paulus Ederus major 12. Mart. 1610.
Petrus 10. Jun. XII.
Petrus Pacz (?) 28. Jun. XIV.
Petrus Techer 5. Aug. „
Petrus 5. Sept. 1433.
Petrus Wagelspacher 21. Jul. 1446.
Petrus Pamst 7. Apr. 1454.
Petrus ppus. in Aflenz 12. Oct. XV.
Petrus Ekker 21. Jul. XV.
Petrus Klöl 22. Sept. 16.
Petrus Erman 14. Aug. 1517.
Petrus Weixler (23. Dec. XVII.)
Benedictus Holderer 22. Mai. 1622.
Pertoldus 16. Febr. XII.
Perhtoldus 25. Mart. XIV.
Berchtoldus 8. Oct. 16.
Bernhardus Streimel 25. Mai. 1511.
Bernardus Geisser 7. Oct. 1650.
Philippus Gressen (?) 9. Oct. 16.

Piligrimus 17. Febr. XII.
Pilgrimus 20. Nov. 15.
Bonifacius Schmidt 3. Nov. 1649.
Karolus 29. Jan. XIII.
Carolus ab Herberstein 11. Dec. 1658.
Casparus Ofner 2. Apr. 1606.
Clemens Muerawer 20. Apr. 1491.
Coelestinus Holzman 21. Dec. 1667.
Christoffus Hämerli 6. Apr. 1448.
Christofforus Herriser 1. Jan. 1456.
Christofforus 26. Mart. XV.
Christofforus Kostner 3. Apr. 1502.
Cristofforus 23. Jun. XVI.
Cristophorus (Altenhofer) 8. Aug. XVI.
Christophorus Eder 23. Mai. 1631.
Chunradus 2. Jul. XIII.
Chunradus Sauraber 6. Aug. 1392.
Chunr. Holtzman 23. Jan. XIV.
Chunradus Höhenberger 10. Mart. XIV.
Chunradus in Cella magister operis
   22. Mart. XIV.
Chunradus Grifner 23. Mart. XIV.
Chunradus de Leuben 1. April 1410.
Chunradus Chaynacher 9. Jun. 1448.
Chunradus de Admundia 19. Jun. XV.
Chunradus Praitenfurter 29. Nov. 16.
Daniel Faber 27. Jan. 1627.
Degenbardus 21. Apr. 1366.
Degenhardus 14. Apr. XIV.
Ditmarus 9. Jul. XII.
Ditmarus Anphora 3. Febr. XIII.
Ditmarus 21. Apr. XIII.
Ditmarus 9. Mai. „
Ditmarus Pheninch 20. Jul. XIII.
Dietmarus Kicler 17. Mai. XIV.
Ditmarus Nusstorfer 12. Jun. XIV.
Ditmarus 15. Jul. XIV.
Dyetmarus 30. Sept. 15.
Ditmarus 22. Sept. 16.
Dietmarus 16. Dec. 16.
Ditmarus 28. Jul. XVI.
Dittricus 12. Nov. 15.
Dietwinus 24. Jun. XII.
Timo 27. Mart. XII.
Dionysius Frey 25. Sept. 1651.

Thomas Härnberger 24. Jun. 1508.
Thomas Nascholt 10. Oct. 1607.
Drusliebus 12. Oct. 15.
Eberhardus 26. Febr. XIII.
Egidius Wäschll 18. Febr. 1591.
Egidius Schifer 5. Sept. 1599.
Emmeramus Ziegler 28. Apr. 1655.
Engelrammus 28. Febr. XIII.
Engilsalcus 15. Apr. XII.
Erchengerus 30. Nov. 16.
Ernestus de Afflenz 7. Febr. XIV.
Ezmanus 31. Aug. XII.
Ferdinandus Preyss 9. Oct. 1655.
Franciscus 8. Jul. XIV.
Fridericus 8. Mai. XIII.
Fridericus de Pruke 14. Jan. XIV.
Fridericus de La 9. Febr. XIV.
Fridricus Gressing 9. Febr. XIV.
Fridricus Lvgaster 16. Mart. XIV.
Fridricus de Traten 26. Apr. „
Fridricus Krell 22. Mai. XIV.
Fridricus Harnber . . . (?) 23. Aug.
   1411.
Fridericus Czenkel 30. Apr. XV.
Fridericus Greysing 14. Jan. XVI.
Gebhardus 12. Mai. XIV.
Georius 15. Febr. 1449.
Georius Vtscher 30. Aug. 1473.
Georgius Kherspawmer 15. Jul. 1490.
Jeorgius Schädel 21. Mai. 1491.
Georius Gressing 10. Oct. XV.
Georgius Kirchenkhenpf 22. Sept. 16.
Georius ppus. 18. Jul. XVI.
Georgius Kirch . . . h . do . ff 23. Jul.
   XVI.
Gerhardus 7. Jan. XII.
Gerhardus 14. Mart. XII.
Geroldus 20. Jul. XIII.
Gerungus 9. Apr. 1305.
Gezemannus 6. Jul. XII.
Gotpoldus 1. Mart. XIII.
Gotfridus 14. Oct. 15.
Gottfridus 19. Nov. 15.
Gottfridus 26. Nov. 15.
Gotfridus 6. Oct. 16.

Gotschalcus 28. Mart. XIII.
Gotschalcus 5. Mai. XIII.
Gotschalcus 17. Dec. 16.
Gregorius Nitsch (?) 9. Jul. 1620.
Gregorius Stadlmann 14. Oct. 1647.
Gumpoldus 1. Apr. XII.
Gvntherus 2. Mart. XIII.
Haimo 6. Febr. XII.
Hartlibus 19. Febr. XII.
Hartmannus 9. Nov. 16.
Hartwicus 5. Jun. XIII.
Heidenricus 20. Mart. XII.
Haidenricus 5. Apr. XIII.
Heinricus 11. Apr. XII.
Heinricus 20. Aug. XII.
Hainricus 20. Jan. XIII.
Hainricus de Silwich 4. Mart. XIII.
Hainricus 3. Apr. XIII.
Hainr(icus) Grezzinch 25. Apr. XIII.
Hainricus 26. Apr. XIII.
Hainricus de Prato 15. Mai. XIII.
Hainricus 28. Jun. XIII.
Hainricus Grecer 5. Jul. XIII.
Hainricus 2. Sept. XIII.
Hainricus Pfaffendorfer 12. Febr. 1385.
Henricus de Saurab 4. Jan. XIV.
Hainricus Dens 6. Jan. XIV.
Hainricus Chreiger 17. Jan. XIV.
Hainricus Vinch(ler) (?) 6. Mart. XIV.
Hainricus de Agmunda 20. Mart. XIV.
Heinricus de Zeirico (?) 11. Apr. XIV.
Hainricus Tröstel 14. Mai. XIV.
Hainricus de Kurka 24. Mai. XIV.
Hainricus Piswicus 29. Mai. XIV.
Henr(icus) 2. Oct. 15.
Henricus 7. Oct. 15.
Heinricus 16. Oct. 15.
Hainricus Lehner 21. Jul. 1491.
Hainricus Rumpff (Grumpf) 21. Jul.
   1497.
Henricus Mandarffer 18. Mart. XV.
Henricus 19. Oct. 16.
Heinricus 5. Jun. XVI.
Henricus Troestlinus 12. Jul. XVI.
Henricus de Burk 12. Jul. XVI.

Heinricus 31. Jul. XVI.
Henricus Winkler 14. Jul. 1662.
Hainricus 10. Jul. XVII.
Hermannus 18. Mai. XIII.
Hermannus de Cella 4. Jun. XIII.
Hermannus Schalauner 17. Febr. XIV.
Hermannus de S. Ypolito 9. Mai. XIV.
Hieronymus Odonizius 25. Apr. 1628.
Hylarius 24. Jan. XII.
Hiltegrimus 12. Mai. XIII.
Hirtzmannus 22. Oct. 16.
Hugo 20. Febr. XIV.
Hugo Crobata 12. Mart. 1656.
Jacobus 1. Jul. XIV.
Jacobus 29. Jan. XIV.
Jacobus 3. Febr. XIV.
Jacobus Rakespurger 19. Aug. XIV.
Jacobus 26. Sept. 16.
Jacobus 5. Febr. XVI.
Jacobus Reidhor 25. Mart. 1650.
Jacobus Hammerschmidt 15. Mai. 1662.
Ilsungus 27. Jul. XIII.
Ilsungus de Curia 29. Apr. XIV.
Ilsungus junior 19. Dec. 16.
Johannes 8. Jan. XII.
Johannes 3. Jun. XII.
Johannes de Judenburga 6. Jun. XIII.
Johannes Bohemus 13. Aug. XIII.
Johannes Hohenberger 26. Aug. 1392.
Johannes Pisweich 5. Jan. XIV.
Johannes de Aflencz 22. Jan. XIV.
Johannes Herczl 8. Jul. XIV.
Johannes de Austria 15. Jul. XIV.
Johannes Rechperger 23. Jul. XIV.
Johannes des. Breuis (?) de La 28. Jul.
  XIV.
Johannes 6. Aug. XIV.
Johannes 12. Aug. XIV.
Johannes de Afflencz 20. Aug. XIV.
Johannes 3. Oct. 15.
Johannes Sengel 4. Oct. 15.
Johannes 6. Oct. 15.
Johannes Schoenawer 12. Jan. 1424.
Johannes Schönawer 26. Mai. 1424.
Johannes Obdacher 16. Febr. 1425.

Johannes Obdacher 24. Febr. 1425.
Johannes Lochner (?) (Leehner)
  24. Febr. XV.
Johannes Chloel 30. Aug. 1433.
Johannes Payer 8. Mai. 1434.
Johannes Sweuus 1. Mart. 1468.
Johannes Klöckhl 16. Dec. 1489.
Johannes Hürting 17. Nov. 1496.
Johannes 7. Mai. XV.
Joannes 7. Nov. 16.
Johannes Neuwalder 8. Nov. 16.
Johannes 28. Nov. 16.
Johannes Lienfelder 20. Mart. 1505.
Johannes Merter 24. Jan. 1506.
Joannes Adam 30. Jul. 1517.
Johannes Klokher 5. Mart. 1541.
Johannes Rechperger 12. Jul. XVI.
Joannes Sengel 12. Jul. XVI.
Joannes Geiger von Dinkelspil 20. Jan.
  1617.
Joannes Maurer 4. Nov. 1621.
Joannes Geiser 30. Dec. 1621.
Joannes Adamus Spindler 19. Jun.
  1626.
Joannes Hueber (?) 22. Dec. 1650.
Joannes 11. Jul. XVII.
Johel Rieser 6. Febr. 1563.
Lambertus 14. Jul. XIV.
Lambertus Neumarckhter 8. Apr. 1534.
Lambertus Amon 4. Nov. 1651.
Lantfridus 4. Mart. XII.
Laurencius Krewtzer 23. Nov. 1472.
Leo 17. Jul. XIII.
Leonhardus Stoytzendarffer 29. Sept.
  1471.
Leonhardus Mitterperger 26. Jun. 1561.
Leonhardus Goldt 1. Dec. 1591.
Leonardus Knüller 18. Jun. 1598.
Leonardus Offner 21. Dec. 1639.
? Leonardus Maurer 17. Apr. 1660.
Liphardus Juvenis (?) 3. Febr. XIII.
Liebhardus 31. Jan. XIV.
Liebhardus de Grazlub 5. Febr. XIV.
Livtfridus 25. Febr. XII.
Matthaeus Hueber 20. Jun. 1603.

Matthaeus Alopitius 18. Mai. 1617.
Matthaeus Hochenperger 22. Apr. 1639.
Matthias Kremser 25. Febr. 1593.
Matthias Preininger 8. Mart. 1628.
Magnus Ziegler 3. Apr. 1628.
Mainhardus 25. Jan. XIII.
Martinus (Neupegkh) 31. Jan. 1524.
Martinus Schweinbeckh 31. Jan. 1524.
Marianus Ludwig 12. Aug. 1662.
Marcus Khogler 5. Mart. 1507.
Marcus Pranthueber 24. Apr. 1565.
Marchardus Rosenpusch 27. Sept. 1457.
Marcwardus 17. Dec. 16.
Maurus 25. Febr. 1523.
Maurus Aicholzer 28. Jun. 1664.
Mazelinus 4. Sept. XIII.
Michahel 5. Sept. XIV.
Michael 14. Febr. XV.
Michael Flenntscher 17. Mai. 1513.
Michael Mahlli 3. Mai. 1613.
Nendingus 4. Febr. XII.
Nicolaus Pawdel 13. Apr. 1395.
Nycolaus Lysereker 19. Jan. XIV.
Nicolaus 22. Jul. XIV.
Nicolaus 31. Jul. XIV.
Nicolaus Tentschacher 27. Aug. XIV.
Nicolaus Hohenwerger 29. Aug. XIV.
Nycolaus Brevis 3. Sept. XIV.
Nicolaus Fonstarffer 3. Sept. XIV.
Nicolaus Hohenwerger 20. Oct. 15.
Nicolaus 19. Jul. 1463.
Nicolaus Zoppot 13. Sept. 1464.
Nicolaus 15. Sept. 16.
Nicolaus Watz 18. Sept. 16.
Nicolaus Gaisteiger 4. Nov. 16.
Nicolaus 11. Nov. 16.
Nicolaus Hornberger 14. Jul. XVI.
Nicolaus 17. Jul. XVI.
Nicolaus de Puch 21. Jul. XVI.
Otto 14. Mart. XII.
Otto 11. Apr. XII.
Otto 14. Apr. „
Otto 21. Mai. „
Otto Zinko 1. Febr. XIII.
Otto Planch (?) 4. Febr. XIII.

Otto 14. Febr. XIII.
Otto Puztramer 18. Mart. XIII.
Otto 28. Mart. XIII.
Otto Schanar 15. Apr. XIII.
Otto 27. Apr. XIII.
Otto 32. Mai. XIII.
Otto Rakespurger 24. Aug. XIII.
Otto de Novoforo 8. Jan. XIV.
Otto Cheezer 11. Jan. XIV.
Otto (de Aflentz) 18. Jan. XIV.
Otto Scheyber 1. Apr. XIV.
Otto de Wienna 24. Aug. XIV.
Otto 19. Oct. 15.
Otto Würdocher 16. Mai. 1448.
Otto Schachner 16. Apr. XVI.
Ortolfus Hagenawer 19. Febr. XIV.
Ortolfus 4. Apr. XV.
Ortolphus 27. Sept. 16.
Raimarus 4. Febr. XIV.
Reinboldus 6. Aug. XII.
Reinhardus 26. Apr. XII.
Rainhardus 15. Aug. XIII.
Rycherus Albus 24. Jul. 1312.
Richerus Niger 7. Oct. 1345.
Robertus Peyrl 24. Jun. 1656.
Romanus Friderici 19. Mai. 1657.
Roudbertus 24. Jun. XII.
Rudbertus de Cella 4. Mart. XIV.
Rudbertus 3. Oct. 16.
Rudigerus 1. Oct. 16.
Roudolfus 4. Sept. XII.
Rudolfus 24. Jun. XIII.
Rudolfus 27. Jul. XV.
Sebastianus (Hainfelder?) 20. Febr.
  1519.
Sebastianus Mastolon 10. Febr. 1651.
Seifridus Brevis 8. Apr. XIV.
Seyfridus Welczer 23. Jul. XIV.
Syboto 1. Jan. XII.
Sigismundus Khoboltsperger 3. Jun.
  XVI.
Sylvester Styrch 6. Dec. 1661.
Simon 1. Oct. 15.
Simon Stromair 5. Apr. 1617.
Swithardus 30. Jan. XII.

256

Swikerus 4. Jul. XII.
Swicherus 13. Oct. 15.
Starchandus 29. Jun. XIV.
Stephanus Khummer 26. Sept. 16.
Stephanus Steyrer 22. Febr. 1556.
Oudalricus 9. Jun. XII.
Oudalricus 11. Jan. XIII.
Oudalricus 16. Apr. „
Udalricus 24. Jan. XIII.
Vdalricus Rattmonstorffer 6. Jun. 1490.
Vdalricus 15. Sept. 16.
Vdalwardus 24. Oct. 16.
Vlricus Reschel de Swent 2. Jun. XIII.
Vlricus 10. Jul. XIII.
Vlricus 7. Aug. „
Vlricus 21. Aug. „
Vlricus Gosser 23. Mart. 1318.
Ulricus (?) Scriptor de La 27. Mai. 1345.
Vlricus de Theodosia 29. Jun. 1350.
Vlricus de La 1. Febr. XIV.
Vlricus Holtzer 26. Mart. XIV.
Ulricus Chaczenstainer 21. Aug. XIV.
Vlricus Krabatstorffer 24. Jul. 1446.
Vlricus 30. Nov. 16.
Vlsalcus 10. Apr. XIII.
Vrbanus de Cellis 10. Aug. XIV.
Vrbanus 21. Mai. 1529.
Vrbanus (Plat) 22. Mai. 1529.
Vrbanus Stoll 24. Apr. 1596.
Vriel Stubich 31. Jul. 1530.
Uriell Stybich 5. Aug. XVI.
Walfridus 26. Febr. XVI.
Walchunus 11. Aug. XIII.
Weygandus 5. Oct. 15.
Werinherus 31. Mart. XII.
Wernherus 7. Mai. XIII.
Werinherus 28. Jul. „
Witigo 5. Mart. XII.
Witigo 12. Mart. „
Vitus Pernstöll 23. Jul. 1659.
Wigandus 17. Mai. XIII.
Willehalmus 18. Jan. XII.
Uvillehalmus 16. Apr. XIII.
Wilhelmus Negelsterffer 22. Sept. 1466.

Wilhelmus 31. Aug. XV.
Vincentius Lechner 6. Jan. 1616.
Wolfgangus 2. Aug. 1367.
Wolfgangus Schmidleitner 29. Sept. 1507.
Wolfgangus Crell 24. Jul. 1523.
Wolfgangus Krall 23. Sept. 1523.
Wolfgangus Kräl 7. Oct. 1523.
Wolfhardus 18. Jan. XIV.
Wolfhardus 24. Mart. XVI.
Wlfingus 25. Jan. XIII.
Wlfingus Welczer 22. Febr. XIV.
Wlfingus Lobmiger 2. Jul. XIV.
Wilfingus 3. Jul. XVI.

Diaconi et monachi:

Peregrinus Lindtpaumer 14. Mart. 1587.
Perinhardus 29. Mart. XII.
Pilgrimus 2. Mart. XII.
Chunradus Smech 10. Aug. XIII.
Dietricus 16. Febr. XII.
Engilsalcus 29. Aug. XII.
Engelschalcus 9. Aug. XIII.
Gotpoldus 6. Mart. XIII.
Johannes 26. Sept. 1425.
Joannes 27. Jul. 1530 (?)
Leupertus de Chaphenberch 2. Aug. XIV.
Leuprechtus 28. Sept. 16.
Liutoldus 12. Jul. XIII.
Michael Grienfeger 2. Oct. 16.
Nicolaus Nosicz 6. Nov. 16.
Otto 3. Nov. 16.
Otto 10. Nov. 16.
Rodolphus 30. Sept. 16.
Rudolphus 8. Jul. XVI.
Walchuenus Dommerstorfer 21. Jul. XIV.
Wido 14. Mai. XII.
Wlfingus Saflicer 23. Aug. XIV.

Subdiaconi et monachi:

Adalfridus 2. Jan. XII.
Peringerus 2. Febr. XIII.
Casparus Trikhopf 7. Sept. XVI.

Chunradus 30. Apr. XII.
Dietmarus 26. Febr. XIII.
Thomas Puecher 16. Mai. 1579.
Erhardus 17. Aug. XIV.
Geroldus 3. Mai. XII.
Gotsalcus 12. Jun. XIII.
Hainricus Winchler 1. Mart. XIV.
Hugo 14. Dec. 16.
Illdephonsus Khönigsperger 11. Jun. 1652.
Johannes de Muraw 15. Aug. XIV.
Johannes Schury 8. Jul. 1489.
Otto Zelschacher 29. Nov. 16.
Offo puer 25. Mart. XIV.
Oswaldus 7. Mai. XIV.
Richerus 9. Febr. XII.
Richerus 28. Mart. XIII.
Richerus 27. Nov. 16.
Rudbertus 15. Mart. XIII.
Odalricus 30. Mart. XII.
Wolphgangus Andreas Wäschl 8. Jan. 1606.

Acolyti et monachi:

Albertus puer 2. Aug. XIV.
Andreas puer 30. Jul. „
Ditmarus 2. Oct. 16.
Ditmarus 5. Oct. 16.
Ditricus 19. Febr. XIII.
Dionisius Schwingenpaum 13. Sept. 1590.
Ilsungus 19. Jul. XIII.
Joannes Sigismundus Funckh 30. Apr. 1612.
Matthias Schwarzenpacher 12. Febr. 1578.
Muringus 29. Nov. 16.
Otto puer 15. Aug. XII.
Otto de Chaphenber(g) 15. Mart. XIV.
Ortolfus puer 13. Mai. XIV.
Rudolphus de Motenz conv. 19. Jun. XIII.
Sigismundus Span 7. Oct. 15.

Monachi:

Adalbertus 15. Febr. XII.
Adalbertus 8. Mai. XII.

Adelbero 14. Mai. XIII.
Adalbero 17. Sept. 16.
Albero 14. Oct. 16.
Altoum 14. Aug. XII.
Andreas Zötler 23. Sept. 16.
Arnoldus 1. Apr. XII.
Az(i)mannus 10. Mai. XII.
Bartholomeus Reytrer 15. Jan. 1555.
Pertoldus 30. Jul. XII.
Peringerus 7. Febr. XII.
Christanus 13. Aug. XIV.
Chuonradus 16. Mart. XIII.
Dietmarus 9. Jun. XII.
Duringus 17. Jul. „
Durinch 16. Sept. 16.
Eberolfus 6. Aug. XIII.
Eppo 7. Mart. XII.
Engelscalchus 9. Mart. XII.
Engildei 28. Jan. XII.
Enzchint 5. Mai. „
Ezil 1. Febr. XII.
Volpertus 16. Mai. XII.
Fridericus 2. Febr. XII.
Fridericus 9. Mai. XII.
Frouwinus 1. Aug. XII.
Gerbertus 1. Mai. „
Gotfridus 30. Jan. XII.
Gotfridus 11. Jun. XIII.
Grifo 22. Jul. XIII.
Gundakerus 25. Febr. XIII.
Gunholt 29. Jul. XVI.
Hartwicus Frisacensis 6. Mai. XII.
Hartwicus 13. Aug. XII.
Hecilinus 11. Mart. XII.
Hecilinus 10. Jul. XII.
Heinricus 13. Apr. „
Hainricus 17. Jun. XIII.
Hermannus 13. Jan. XII.
Hermannus Waecherli (?) 25. Mai. XIII.
Herwort 17. Dec. 16.
Ilsungus 13. Oct. 16.
Johannes 15. Aug. XIV.
Johannes Inlinger 4. Nov. 16.
Joannes Ischia 8. Jul. XVI.
Leo 16. Jul. XII.

Livpoldus Guotherre 17. Jul. XIII.
Liupoldus 10. Aug. XIII.
Matthias Anzinger 19. Mart. 1666.
Magnus 5. Jan. XII.
Magnus 9. Jan.   „
Marquardus Möttnitzer 25. Dec. 1505.
Nicolaus Schödrer 9. Oct. 16.
Ottaker 25. Apr. XII.
Ottaker 15. Dec. 16.
Otto 18. Aug. XII.
Ortolfus 22. Jul. XII.
Rabanus 8. Jul. XII.
Rahawinus 8. Jun. XII.
Rantolfus 9. Aug. XIII.
Rudbertus 23. Mart. XIII.
Rudolfus 22. Apr. XII.
Rudolfus 22. Jul. XIII.
Rodolphus 20. Dec. 16.
Rudolphus 14. Jun. XVI.
Siboto 18. Oct. 16.
Sighardus 28. Jan. XII.
Sighardus 23. Aug.   „
Swikerus 28. Febr.   „
Uvodalricus 11. Apr. „
Oudalricus 13. Mart. XII.
Oudalricus 19. Aug. XII.
Oudalricus 9. Apr. XIII.
Vdalricus 3. Oct. 16.
Oudalscalchus 16. Jan. XII.
Waltfridus 25. Febr. XIII.
Waltherus 6. Nov. 16.
Wernherus 13. Jun. XIII.
Wilhelmus 30. Sept. 16.
Wolfkerus 10. Jun. XII.
Uvolfkerus 17. Mai. XIII.
Wolframmus 14. Febr. XII.

Professi:

Andreas Meggenhauser 8. Mart. 1647.
Petrus Holzer 29. Apr. 1551.
Bernardus Plej 13. Jan. 1655.
Christophorus Kätin pharmacopola
    12. Apr. 1663.
Christophorus Keller 15. Mai. 1666.
Edmundus Pichler 30. Jan. 1656.

Erasmus Hilleprandt 24. Mai. 1667.
Gallus Angerer 2. Jan. 1670.
Ludouicus Indobler 11. Jan. 1651.
Modestus 15. Mai. 1651.
Nicolaus Vitz 11. Oct. 1542.

Novitius:

Franciscus Höldt 30. Jun. 1659.

Conversi:

Adalbertus 16. Jan. XII.
Adalbertus 21. Jul. XII.
Adalbertus 18. Sept. 16.
Adelbertus 26. Sept. 16.
Adam 18. Aug. XII.
Adam 10. Apr. XIII.
Adelhoch 20. Mai. XII.
Adlholt 8. Aug. XII.
Albricus 26. Jun. XII.
Albericus 27. Jul. XII.
Altolphus 13. Oct. 16.
Anshalmus 18. Jan. XII.
Arbo 17. Mai. XIII.
Arbo 17. Aug.   „
Arnoldus 28. Apr. XIII.
Azelinus 19. Apr. XII.
Azzo 19. Jul. XII.
Petrus 24. Sept. 16.
Berhtoldus 11. Jan. XII.
Pertholdus 27. Jan. XII.
Pertoldus 9. Apr. XII.
Pertoldus 5. Jun.   „
Perhtoldus 10. Mart. XIII.
Peringerus 14. Mai. XII.
Peringerus 29. Jul. XIII.
Perinhardus 11. Jul.   „
Pero 1. Sept. XII.
Chadelhoch 28. Mart. XII.
Chuono 14. Jan. XII.
Chueno de Novoforo 24. Mai. XIV.
Chunradus 7. Febr. XII.
Chuonradus 11. Mart. XIII.
Chúnradus 14. Apr. XIII.
Chunradus graman. 27. Apr. XIII.
Chuonradus de Avlentz 12. Mai. XIII.

Chunradus 12. Jul. XIII.
Chuonradus 13. Jul. „
Chunradus 6. Mart. XV.
Conradus 21. Sept. 16.
Dietmarus 25. Jan. XII.
Dietmarus 17. Jul. „
Dietmarus 9. Jun. XIV.
Ditmarus Mandorffer 22. Oct. 16.
Dietricus 12. Febr. XII.
Ditricus 21. Febr. XII.
Dietricus 3. Nov. 16.
Tiemo 5. Apr. XII.
Doberko 13. Apr. XII.
Duringus 7. Jan. XII.
Ekkericus 15. Apr. XII.
Ekkihardus 12. Jul. XII.
Engelhardus 22. Jul. XII.
Engilscalcus 8. Apr. XII.
Engizo 1. Jan. XII.
Erbo 5. Aug. XIII.
Ermricus 7. Jun. XII.
Ernestus 22. Oct. 16.
Fridericus 2. Apr. XII.
Fridericus 18. Mart. XIII.
Fridericus 24. Oct. 16.
Gemmunt 9. Jan. XII.
Gerhardus 16. Mart. XII.
Gerhardus 23. Sept. 16.
Geroldus 27. Jun. XII.
Gotpoldus 10. Apr. XII.
Gotfridus 26. Febr. XII.
Goutfridus 13. Mai. XII.
Gotfridus 17. Aug. XIII.
Gotsalcus 7. Aug. XIII.
Gotschalcus de Kaltenhofen 16.Sept. 16.
Gundaker 14. Oct. 16.
Hadpurc 27. Aug. XII.
Harpreht 25. Jul. XII.
Hartmannus 8. Nov. 16.
Hartnidus 29. Sept. 16.
Hainricus 11. Jan. XII.
Heinricus 24. Febr. XII.
Hainricus 10. Febr. XIII.
Hainricus 10. Mart. XIV.
Heinricus 23. Mart. XIV.

Heinricus de Cellis 11. Apr. XIV.
Henricus Grätzpacher 24. Oct. 16.
Henricus 28. Nov. 16.
Herbertus 16. Jan. XII.
Hermannus 7. Jan. XII.
Hermannus 18. Febr. XII.
Hermannus 24. Apr. XII.
Hermannus de Camera 1. Febr. XIII.
Hermannus 1. Mart. XIII.
Hermannus 23. Mai. XIII.
Hiltebrandus 3. Aug. XIII.
Hirzmannus 31. Mai. XII.
Hirzmannus de hosp. 8. Mai. XIII.
Jacobus 26. Jul. XIV.
Jacobus 27. Sept. 16.
Ilbungus 6. Aug. XIII.
Johannes 2. Febr. XIII.
Johannes Sweinperger 6. Mart. XV.
Johannes 15. Dec. 16.
Lantoldus 21. Jul. XII.
Leo 17. Jul. XIII.
Leo 2. Aug. XIII.
Leo mag. coquinae 14. Oct. 16.
Leo 26. Oct. 16.
Lienhardus 21. Mart. XIII.
Linhardus de Monte 17. Jun. XIII.
Lienhardus tornator 5. Febr. XIV.
Lienhardus 6..Febr. XIV.
Liupoldus 24. Jan. XIII.
Livprehtus hortul. 25. Febr. XIII.
Livtfridus 12. Febr. XII.
Mainhardus 24. Mai. XIII.
Manno 23. Febr. XII.
Martinus 15. Mart. XIII.
Marewardus 22. Mart. XII.
Marchwardus 9. Jun. XII.
Medwet 9. Jun. XII.
Melchior Probst xenodochii pater
    2. Mai. 1655.
Nicolaus 19. Aug. XIII.
Nycolaus magist. operis 18. Mart. 1359.
Nicolaw 4. Febr. XV.
Otakerus 19. Mart. XIII.
Oddo Schirnig pharmacopola 23. Jun.
    1658.

Otto de Curia 25. Jan. XIII.
Otto 24. Jul. XIII.
Otto Toczel 7. Jan. XIV.
Otto Töczel 14. Jan. XIV.
Otto 9. Febr. XIV.
Otto barbatus der Frider (?) 9. Febr. XIV.
Ortwinus 20. Apr. XII.
Rapreht 23. Apr. XII.
Rainhardus 2. Mart. XIV.
Reginhalmus 10. Jan. XII.
Reginoldus 18. Oct. 16.
Reimbertus 13. Mai. XII.
Reinhalmus 25. Jan. XII.
Ricilinus 16. Jan. XII.
Richpoldus 5. Mart. XII.
Richolfus 16. Jul. XIII.
Rvdbertus 29. Apr. XIII.
Ruodbertus 3. Jul. XIII.
Ruodubertus 9. Jul. XIII.
Ruodbertus 1. Aug. XIII.
Rudbertus 25. Sept. 16.
Rudibertus 25. Oct. 16.
Ruduwertus 6. Nov. 16.
Rudolfus 19. Mart. XIII.
Rudolfus 21. Apr. XIII.
Rudolfus 14. Aug. XIII.
Sigifridus 19. Jan. XII.
Sifridus 18. Apr. XIII.
Syfridus 3. Sept. XIII.
Sinzo 13. Aug. XIII.
Swikerus 5. Jan. XII.
Swikerus 1. Mart. XII.
Swikerus 16. Sept. 16.
Stephanus 24. Jul. XII.
Oudalricus 29. Jan. XII.
Udalricus 11. Jan. XIII.
Oudalricus 29. Jun. XIII.
Vdalricus 21. Jun. XVI.
Vlricus Valchenst(einer) 4. Febr. XIV.
Vrbanus 4. Oct. 1616.
Waicil 18. Apr. XII.
Waltherus 2. Mai. XIII.
Waltherus 27. Nov. 16.
Waldmannus 5. Febr. XII.

Waldman 7. Aug. XIII.
Waltricus 3. Apr. XII.
Walchunus 27. Mai. XIII.
Uvalchuonus 9. Jul. XIII.
Uvasigrimus 1. Sept. XII.
Werinherus 4. Mart. XIII.
Wigandus 29. Jun. XIII.
Wigandus 28. Nov. 16.
Wicherus 8. Jun. XIII.
Wildvngus 10. Aug. XIII.
Willehalmus 11. Mart. XIII.
Willehalmus 29. Apr. XIII.
Wiliboldus 4. Nov. 16.
Wolftrigil 5. Mai. XII.
Wolfgangus 7. Jul. XII.
Wolfkerus 12. Febr. XII.
Wolfkerus 20. Mai. XII.
Wolfoldus 19. Mart. XII.
Uvolframmus 14. Mart. XII.
Wolframmus 7. Mai. XIII.
Wolframus 16. Mai. XIV.
Wolframus 23. Mai. XIV.
Zadrach 19. Oct. 16.
Zwanz 15. Mart. XII.
Zwenzelav 1. Febr. XII.
Zwigoy 16. Mart. XIV.

Confratres et consoror:

..... dominus de Potendorf 8. Oct. 16.
Arnoldus sacerd. de Tivfenbach 11. Jun. XIII.
Bartholomeus Kamer (?) 8. Oct. 16.
Hylarius de S. Georgio 8. Sept. XIII.
Jacobus pbr. 22. Apr. XIII.
Jvditha 24. Febr. XII.
Marchwardus miles de Puks 27. Aug. XIII.
Richerus pbr. de Goss 26. Febr. XIII.
Vdalricus plebanus in Frawenburg 18. Dec. 16.

Hospites:

P. Aemilianus Pyrkhel 17. Jul. 1651.
P. Andreas Pribius (Mölk) 11. Oct. 1610.
F. Christianus Berlinger (Bregantz) 9. Jun. 1621.

F. Gerardus Pappus (Ochsenhausen)
24. Mart. 1623.
P. Sebastianus Ertelius (Garsten)
13. Jul. 1618.

Abbates et prior ex S. Lamberto postulati:

Admont: Matthias Preininger abb.
8. Mart. 1628.
Beligne: Otto abb. 4. Jul. XIII.
Milstat: Otto abb. 14. Febr. „
Mölk: Watherus (sic) abb. 30. Apr.
XIII.
Mousniz: Gisilherus abb. 9. Jun. XII.
Oberburg: Leo abb. 11. Mart. XIII.
Ossiach: Joannes Geiser abb. 30. Dec.
1621.
S. Paul: Vincentius Lechner abb.
6. Jan. 1616.
— Hieronymus Marckstaller abbas
24. Aug. 1638.
—· Joannes Maurer prior 4. Nov. 1621.

Monachi, presbyteri et moniales congregationis S. Lambertinae:

Anna Maria Guettraterin mon. et priorissa 12. Jun. 1583.
Gerdrudis mon. 14. Jun. XII.
Johannes pbr. de Vonstorf 28. Sept. 16.
Joannes Kestmair pbr. 8. Sept. 1604.
Leonardus Krienzer pbr. et mon. 3. Nov.
1606.
Levtoldus sacerd. nostrae societatis
17. Aug. XII.
Oswaldus pbr. 3. Nov. 1605.

Lieding.
O. S. B.

Praepositus:
Johannes Ottingerus 13. Apr. 1576.

Lilienfeld.
O. Cist.

Abbas:
Georgius 23. Jan. 1587.

Presbyter et monachus:
Sthephfanus 19. Aug. XV.

Mainz.

Presbyter:
Jacobus 21. Mart. XIV.

Mariazell.
O. S. B.

Presbyter et monachus:
Rudigerus 13. Mai. XIII.

Marienberg.

Andreas
Barbara
Katharina   } 14. Aug. XV.
.... gund
.. gandus

Melk, v. Mölk.

Metten.
O. S. B.

v. A, VI.

Michelbeuern.
O. S. B.

Abbas:
Chunradus 9. Mart. XIV.

Cf. A, VI.

Prior:
Ambrosius Wurfpeil 28. Dec. 1582.

Presbyteri et monachi:
Drunto 3. Jul. XIV.
Fridricus 10. Mart. XIV.
Fridricus 19. Aug. XIV.
Gabriel Eupperger 2. Mai. 1647.
Heinricus 7. Mai. XIV.
Johannes 10. Mart. „
Joseph 9. Mart. XIV.
Vlricus 31. Jan. XIV.

Professus:
Balthasarus Kloiber (?) 21. Jul. 1642 (?)

Michelsberg.

Frater:

Stanthart 13. Aug. XV.

Milstat.

O. S. B.

Abbates:

Alkerus 26. Jul. XII.
Folchmarus 19. Apr. XIV.
Hainricus 28. Jan. XIV.
Otto 14. Febr. XIII.
Otto 22. Oct. 16.
Oudalricus 17. Mai. XIII.

Cf. A, VI.

Presbyteri et monachi:

Aschwinus 2. Apr. XII.
Erhardus 8. Jun. XV.
Fridricus 15. Jun. „
Johannes 1. Mart. XIV.
Johannes 2. Jul. XIV.
Matheus 10. Aug. „
Rainhardus 18. Aug. XIII.
Sifridus 7. Apr. XIII.
Wescalcus 3. Febr. XIII.

Subdiaconi et monachi:

Gotfridus 12. Jul. XIII.
Laurencius 2. Jul. XV.

Acolytus:

Nicolaus 2. Jul. XV.

Monachi:

Amelricus 15. Aug. XIII.
Arnoldus 23. Apr. XII.
. Pabo 9. Jun. XIII.
Nicolaus 6. Apr. 1300.

Moniales:

Elyzabet 26. Apr. XIII.
Gerdrudis 25. Sept. 16.
Hiltrudis 5. Nov. 16.
Ruinhild 25. Oct. 16.

Conversae:

Gerdrudis 16. Aug. XIII.
Mahthildis 28. Mart. „

Mölk (Melk).

O. S. B.

Abbates:

Fridericus 24. Febr. XIII.
Fridricus 10. Jun. XV.
Gundacherus 2. Jun. XIV.
Johannes 28. Apr. XIV.
Ludwicus 22. Aug. „
Sighardus 11. Oct. 15.
Vrbanus Perntaz 30. Jan. 1587.
Watherus (sic) 30. Apr. XIII.

Priores:

Jeronimus 27. Oct. XVI.
Joannes Cellensis 23. Aug. 1651.·

Presbyteri et monachi:

Achatius de Langenleus 22. Sept. XVI.
Alexander a Paar 18. Dec. 1645.
Andreas Pribius 11. Oct. 1610.
Pancratius Stampff 26. Mart. 1646.
Bartholomaeus Sedelmayr 20. Mart.
   1646.
Petrus Zilgens 8. Jun. 1648.
Benedictus 28. Nov. 16.
Bernhardus 18. Mai. XV.
Cholomannus 8. Apr. XIV.
Cholomannus 28. Jun. „
Chunradus 18. Mai. XV.
Dietricus 23. Aug. XIV.
Thobias de Ärding 4. Oct. XVI.
Thomas 27. Aug. XV.
Fridricus 3. Febr. XIV.
Fridericus 20. Mart. XIV.
Fridericus 15. Oct. 16.
Gotschalk 1. Aug. XIV.
Hainricus 25. Aug. XIII.
Hainricus 15. Apr. XIV.
Hainricus 6. Aug. XIV.
Heinricus 27. Aug. XV.
Jacobus Jual 22. Apr. 1641.

Johannes 1. Febr. XIV.
Johannes 22. Jul. XIV.
Johannes 27. Aug. XV.
Leo 24. Jun. XIV.
Leonardus Sparn (?) 19. Sept. 1645.
Michael 6. Oct. 16.
Nicolaus 24. Mai. XIV.
Ortolfus 13. Febr. XIV.
Romanus Nidermayr 26. Sept. 1644.
Rudolfus 16. Jul. XIII.
Seyfridus 5. Aug. XV.
Stephanus 24. Jun. XIV.
Stephanus 27. Jun. XIV.
Wernhardus 22. Apr. XIV.

Diaconus:

Egidius Hager 12. Mart. XV.

Subdiaconus et monachus:

Gundacherus 24. Febr. XIII.

Monachi:

Andreas de Ratispona 6. Mart. XVI.
Egidius 18. Jul. 1450.
Joannes Gromelius 29. Jan. 1645 (?).
Michael Lechnner 3. Mart. XVI.
Sigismundus de Admundt 6. Mart. XVI.

Clerici:

Jacobus de Tridentina 22. Sept. XVI.
Joannes de Flandria 11. Nov. XVI.

Novitius:

Vitus 5. Aug. XVI.

Conversi:

Ditmarus 17. Jun. XIII.
Jacobus 30. Sept. XVI.
Martinus Bihele 7. Mart. 1650.

„Mosniz“ (Mosach).
O. S. B.

Abbates:

Gisilherus 9. Jun. XII.
Oudalricus 5. Mai. XII.

Presbyter et monachus:

Eberhardus 22. Aug. XIII.

„Mülbrun“.

Presbyter et monachus:

Johannes 27. Mart. 1447.

Neresheim.
O. S. B.
Prior:

Franciscus Nusser 23. Febr. XVII.

Neuberg.
O. Cist.
Abbas:

Augustinus 9. Apr. XV.

Presbyteri et monachi:

Erhardus 31. Mart. XV.
Johannes 30. Mart. XV.

Neustift (Neuzell).
O. S. A.

Praepositi:

Adamus Lang de Waldsee 1. Mai. 1585.
Augustinus Schabl 20. Sept. 1587.
Gallus Gasteiger 30. Sept. 1576.
Uodalricus 28. Mart. XIII.

Coadjutor:

Candidus Pramer 16. Jun. 1568.

Presbyteri et canonici:

Ambrosius Götschl 17. Mai. 1584.
Bartholomeus de Laturis (?) 15. Jun. 1583.
Paulus Klocker 15. Mai. 1579.
Philipus Graupart 6. Apr. 1580.
Burkhardus Kripp 29. Oct. 1571.
Casparus Strobl 9. Jan. 1585.
Christanus Maurer 12. Jul. 1565.
Georgius Gotschler 1. Mai. 1585.
Joannes Waltenperger 25. Oct. 1578.
Michael Fronstainer 5. Oct. 1568.
Nicolaus Fletschner 2. Jul. 1577 (?)
Rupertus Geyler 5. Nov. 1561.
Sebastianus Schmidl 1. Nov. 1578.
Wolfgangus Sader 1. Jan. 1572.

Subdiaconus:

Petrus Bargeiser 21. Oct. 1568.

Nonnberg in Salzburg.

O. S. B.

Cf. A, VI.

Moniales:

Anna 10. Oct. 15.
Anna 23. Oct. 16.
Anna Maria Guettraterin 12. Jun. 1583.
Barbara Gartnerin 15. Apr. 1646.
Benigna 9. Sept. XVII.
Benigna Schwertlin 10. Sept. 1650.
Benigna Schwertlin 23. Mai. XVII.
Katherina 7. Mart. XV.
Chunigundis Paumerin 24. Mai. XV.
Kunigundis 9. Sept. XVII.
Margareta 3. Sept. XV.
Maria 9. Sept. XVII.
Maria Mairhofferin 10. Sept. 1650.
Maria Caecilia 29. Mai. 1648.
Maria Caecilia 10. Sept. 1650.
Maria Magdalena 9. Sept. XVII.
Regina Gelterin 30. Mart. 1648.
Sara 9. Sept. XVII.
Scholastica 9. Sept. XVII.
Susanna 9. Sept. XVII.

„M. novi montis S. Andreae.“

Fratres:

Andreas
Bertoldus
Johannes
Martinus
    14. Aug. XV.

Soror:

Elizabet 14. Aug. XV.

Eremita:

Hartmannus 14. Aug. XV.

Obernburg.

O. S. B.

Abbates:

Thobias 15. Jan. XV.
Georgius Bernburger 1. Mai. XV.

Leo 11. Mart. XIII.
Nicolaus 9. Oct. 15.
Nicolaus 23. Jul. XV.
Nicolaus 29. Sept. 16.
Stephanus 1. Jul. XIV.
Wulfingus 15. Febr. XV.

Prior:

Berchtoldus 2. Aug. XV.

Presbyteri et monachi:

Perchtoldus Lilier 12. Mart. 1367.
Cholo 15. Jul. XIV.
Christanus 11. Aug. XIV.
Hainricus 28. Jan. XIII.
Hermannus Saxo 2. Aug. XIV.
Johannes Pok 23. Apr. XIV.
Johannes 16. Jul. XV.
Martinus 25. Mart. XV.
Vdalricus 28. Jul. XIII.

Monachi:

Georius 13. Aug. XV.
Roudolfus 14. Febr. XII.

Öberndorf, v. Eberndorf?

Ochsenhausen.

O. S. B.

Professi:

Gerardus Pappus 24. Mart. 1623.
Martinus Teutsch 13. Febr. 1623.

Ossiach.

O. S. B.

Abbates:

Albero 12. Oct. 16.
Perhtoldus 4. Jun. XIII.
Eberhardus 29. Nov. 16.
Hainricus 26. Mai. XIV.
Hezelinus 6. Mai. XII.
Joannes Geiser 30. Dec. 1621.
Nycolaus 30. Mart. XIV.
Symon 6. Mai. XIV.
Ruodegerus 12. Jun. XIII.

Vdalricus 27. Jun. XV.
Wernherus 26. Mai. XIV.

Priores:
Anthonius 4. Mart. XV.
Augustinus 26. Mart. XVI.

Presbyteri et monachi:
Amandus Häckhl 29. Jun. 1647.
Benedictus Sybenhieiter 10. Mai. XV.
Chunradus 30. Jan. XIII.
Chunradus 10. Mai. XIII.
Chunradus 26. Aug. XIII.
Chunradus 28. Aug. XIII.
Dietmarus 8. Nov. 16.
Engelbertus 9. Mart. XIII.
Volchmarus 1. Mai. XIII.
Fridericus 3. Jan. XIII.
Gregorius 8. Nov. 16.
Gundacherus 17. Febr. XV.
Guntherus 28. Aug. XIII.
Hartmannus 23. Apr. XII.
Hermannus 10. Mai. XIII.
Jacobus 17. Jul. XIV.
Ludwicus 8. Mart. XIII.
Nicolaus 12. Jul. XIV.
Reicherus 19. Apr. XIV.
Ruodibertus 19. Apr. XII.
Vdalricus 2. Jul. XIII.
Vlricus 1. Mai. XIII.
Vlricus 26. Aug. XIII.
Vlricus 21. Oct. 16.
Uvaltherus 1. Jul. XIII.
Wernherus 17. Jan. XIII.

Diaconi et monachi:
Perhtoldus 10. Apr. XIII.
Cazelinus 6. Mart. XII.

Subdiaconus et monachus:
Wichardus 26. Apr. XIII.

Monachi:
Arnoldus 4. Mai. XIII.
Pilgrimus 10. Apr. XIII.
Eberwinus 1. Febr. XII.

Fratres professi:
Andreas 30. Apr. XV.
Thomas 30. Apr. XV.
Jacobus 30. Apr. XV.
Martinus 30. Apr. XV.

Conversa:
Offemia 2. Mart. XIII.

Paradeis in Judenburg.
O. Clar.

Abbatissa:
Chatharina Wäschlin 18. Aug. 1587.

S. Paul.
O. S. B.

Abbates:
Hainricus 18. Apr. XIV.
Hartwicus 17. Apr. XIII.
Herm. 31. Jan. XIII.
Hieronymus Marckstaller 24. Aug. 1638.
Livtoldus 2. Apr. XIII.
Oudalricus 8. Aug. XIII.
Vlricus 19. Febr. XV.
Werianus (?) 24. Jun. XIV.
Werinherus 19. Jul. XII.
Vincentius Lechner 6. Jan. 1616.

Cf. A, VI.

Prior:
Reinpertus 10. Mai. XIV.

Subprior:
Michael Mur 26. Jul. 1611.

Oeconomus:
Martinus Teutsch 13. Febr. 1623.

Presbyteri et monachi:
Adamus Curtius 18. Mai. 1621.
Alwardus 11. Febr. XIII.
Andreas Osterman 6. Jun. 1633.
Ansfridus 7. Jan. XII.
Bartholomeus Kierchamer 1. Sept. 1641.

Benedictus Molitor 23. Febr. XVII.
Pilgrimus 6. Aug. XIII.
Chuonradus 20. Apr. XIII.
Chunradus 16. Mart. XIV.
Thomas 7. Apr. XIII.
Engelbertus Storch 11. Mai. 1642.
Ernestus 23. Sept. 16.
Feringer, ... 3. Nov. 1621.
Gebehardus 5. Apr. XIII.
Georgius Viereckh 27. Nov. 16.
Georgius Pircher 21. Aug. 1614.
Gundakarus 13. Aug. XIV.
Hartlibus 12. Jan. XIII.
Hartwicus 12. Oct. 16.
Johannes 11. Mai. XIV.
Matthaeus Schober 2. Nov. 1612.
Matthias Kirchofer 3. Mai. 1621.
Martinus Rumpler 18. Apr. 1652.
Marchwardus 29. Jun. XIII.
Nicolaus 23. Mart. XIV.
Nicolaus 11. Mai. XIV.
Otto 2. Apr. XIII.
Otto 11. Apr. „
Otto 28. Apr. „
Otto 13. Mai. „
Ortolfus (Artolffus) 26. Aug. XV.
Rudbertus 7. Apr. XIII.
Vlricus 2. Jan. XV.
Wenceslaus 1. Febr. XV.
Wernhardus 13. Mart. XIII.
Wernherus 12. Mart. XIII.
Wllingus 25. Febr. XIV.

Diaconi et monachi:

Johannes 12. Mai. XIV.
Wluingus 1. Jan. XIII.

Monachi:

Christophorus Agricola 4. Oct. XVII.
Dietricus 15. Jul. XII.
Erhardus 24. Sept. XVI.
Heinricus 15. Jul. XII.
Isaac 11. Jan. 1615.

Conversi:

Balduinus 27. Mart. XIII.
Otaker 31. Mart. XII.

S. Paul in Regensburg.

Abbatissa:

Elizabet 26. Aug. XV.

Moniales:

Anna Newenstetterin
Katherina Raderstarf-
 ferin
Kunigundis Trawtten- } 26. Aug. XV.
 bergerin
Elena Paulstorfferin
Otilia Tuerlingerin

S. Peter in Salzburg.

O. S. B.

Abbates:

Albertus Keuslin 30. Jan. 1657.
Andreas Graser 14. Dec. 1609.
Pilgrimus 16. Aug. XII.
Chunradus 19. Jun. XIV.
Hainricus 27. Jua. XII.
Joachimus 21. Mart. 1626.
Leonhardus 4. Nov. 16.
Leonardus 11. Nov. 16.
Otto 3. Mart. XIV.
Otto 2. Jun. XIV.
Rikkerus 10. Mai. XIII.
Wichpoto 10. Oct. 16.

Cf. A, VI.

Priores:

Christophorus Klainmair 22. Apr. 1650.
Hilarius Engesser 11. Febr. 1631.
Rudolfus 3. Jan. XIV.

Presbyteri et monachi

Aemilianus Pyrkhel 17. Jul. 1651.
Andreas 6. Jan. XV.
Andreas 12. Jan. XV.
Anthonius 11. Dec. XV.
Paulus Früauf 10. Febr. 1649.
Petrus 22. Febr. XIV.
Petrus Traubius 29. Jun. 1639.

Placidus Curbelius 16. Mai. 1639.
Blasius Venediger 7. Jan. XVI.
Christannus 10. Oct. 16.
Chuonradus 6. Jan. XIII.
Ditmarus 10. Apr. XIV.
Thomas Trembelius 28. Febr. 1639.
Engilsalcus 30. Jun. XIII.
Hainricus 30. Apr. XIII.
Hartmandus 19. Sept. 16.
Johannes 10. Apr. XIV.
Johannes 20. Oct. 16.
Joannes Melnardus 16. Mart. 1631.
Magenso (?) Trawner 21. Aug. XV.
Maurus Molitor 1. Mai. 1650.
Otto 14. Jan. XIV.
Rupertus Stadler 12. Jul. 1648.
Stephanus 15. Febr. XIV..
Vdalricus 9. Febr. XV.
Vdalricus 10. Jul. XVII.
Vlricus 24. Apr. XIV.
Vlricus 23. Oct. 16.

Subdiaconus et monachus:
Heinricus 25. Jan. XIII.

Professi:
Placidus Gottsmon 10. Febr. XVII.
Franciscus Dietel 17. Jan. 1647.
Vdalricus 15. Apr. XV.

Conversi:
Gualbertus Fuchs 16. Jan. 1633.
Virgilius Bayr 24. Jul. 1636.

„M. S. Petri in castello S. Benedicti".

Abbas:
Georgius 17. Sept. 16.

Petersberg.

Presbyter et monachus:
Heinricus 12. Aug. XV.

Frater:
Nicolaus 12. Aug. XV.

Sorores:
Elizabet 12. Aug. XV.
Gela 12. Aug. XV.

Peuern, v. Michelbeuern.

Plankstetten.

O. S. B.

Abbas:
Hermannus 16. Oct. 16.

Pöllau.

O. S. A.

Praepositus:
Stephanus 2. Oct. 1585.

S. Pölten.

O. S. A.

Praepositus:
Thomas 9. Mart. XV.

„Prisin".

Monialis:
Gerdrudis 11. Febr. XII.

Präfening.

O. S. B.

Presbyteri et monachi:
Paulus 7. Apr. XVI.
Eberhardus 6. Jul. XV.

Cf. A, VI.

Prül.

O. S. B.

Priores:
Haertwicus 14. Jul. XIV.
Otto 14. Aug. XV.

Presbyteri et monachi:
Andreas 1. Apr. XV.
Christannus 16. Sept. 16.
Chunradus 1. Aug. XV.

Acolytus et monachus:
Engelhardus 29. Jul. XV.

Ranshofen.
O. S. A.

Presbyter et canonicus:
Henricus Hueber 23. Febr. 1515.
Cf. A, V.

„Rastorff“.

Praepositus:
Hermannus 18. Aug. XV.

Vicarius:
Conradus 18. Aug. XV.

Reichenau, v. St. Gallen.

Reichenbach.
O. S. B.
Abbas:
Engelhardus 2. Mart. XV.

Reichenhall.
O. S. A.
v. A, V.

Reichersperg.
O. S. B.

Canonici:
Herculanus Dietler 25. Jan. 1651.
Innocentius Reinbalt 24. Sept. 1651.
Simon Grim 14. Febr. 1652.
Zacharias Puecher 8. Febr. 1652.

Reynhersborn.
O. S. B.

Vid. 4. Apr. XV.

Reun.
O. Cist.
Abbates:
Barthol. 13. Mart. 1577.
Ludovicus 13. Oct. 16.

Presbyteri et monachi:
Ruedolfus 6. Mart. XIII.
Wlricus 1. Aug. XIII.

Diaconus et monachus:
Bertholdus 20. Mart. XIII.

Monachus:
Adelherus 1. Jan. XII.

Conversi:
Christianus 25. Febr.· XIII.
Chuonradus 22. Mart. XIII.
Engilbertus 25. Febr. XIII.
Livtoldus 25. Febr. XIII.
Wigandus 25. Febr. XIII.

Reutenhaslach.
Ord. Cist.

Abbas:
Leonhardus 4. Jan. XV.

Prior:
Johannes 2. Febr. XV.

Subprior:
Wolffgangus Hänckl 23. Apr. 1641.

Presbyteri et monachi:
Augustinus 4. Mart. XV.
Egidius 8. Apr. XV.

Rheinau, v. St. Blasien.

Rohr.
Moniales:

Katherina
Cecilia
Elizabet } 17. Aug. XV.
Margareta
Ricza

Rosaz.
O. S. B.
Abbas:
Geroldus 10. Aug. XIII.

Presbyteri et monachi:

Albericus 13. Mart. XIII.
Linhardus 17. Febr. XIII.
Martinus 22. Jan. XIII.
Meinhardus 11. Jul. XIII.
Nycolaus 28. Apr. XIII.
Vdalricus 14. Jan. XIII.
Werinherus 29. Aug. XIII.

Conversi:

Chuno 4. Mart. XIII.
Germundus 6. Jan. XII.

Salmünster.

O. S. A.

Canonicus:

Conradus 14. Aug. XV.

„M. S. Salvatoris“.

Abbas:

Oudalricus 9. Jun. XII.

Salzburg.

Presbyter et canonicus:
Gotfridus 4. Mai. XIII.

Cf. A, V.

Scheiren.

O. S. B.

v. A, VI.

Seitenstetten.

O. S. B.

Abbates:

Andreas 19. Oct. 16. (?)
Cristanus 15. Apr. 1465.
Christophorus Held 4. Mart. 1602.
Dietmarus 26. Aug. XIV.
Engelschalchus 13. Mai. XIV.
Erhardus 27. Sept. 16.
Rudolfus 24. Apr. XIV.

Presbyteri et monachi:

Benedictus 30. Jul. XV.
Burchardus 1. Febr. XIII.

Cristannus 19. Jul. XVI.
Chunradus 1. Febr. XIV.
Chuonradus 9. Jun. XIII.
Chunradus 10. Febr. XIV.
Thomas 19. Jul. XVI.
Eberhardus 15. Aug. XIII.
Fridericus 12. Jan. XIV.
Georgius 30. Jul. XV.
Gregorius 1. Apr. XVI.
Hainricus 31. Mart. XVI.
Hainricus 1. Apr. XVI.
Hertbicus 9. Jan. XIV.
Jacobus 30. Jan. XIV.
Jacobus 15. Dec. 16.
Joannes Schirmperger (?) 31. Mart. XVI.
Lampertus 27. Jul. XVI.
Michael Drächsel 1. Febr. XVII.
Otto 15. Aug. XIII.
Rappoto 1. Oct. 16.
Raffoldus 22. Jan. XIII.
Sigfridus 15. Aug. XIII.
Stephanus 13. Febr. XIV.
Steffanus 30. Jul. XV.
Vllricus 27. Jun. XV.
Vlricus 8. Oct. 16.

Diaconi et monachi:

Burchardus 8. Apr. XIII.
Sewastianus 19. Jul. XVI.
Wolfgangus 30. Jul. XV.

Subdiaconus et monachus:

Johannes 9. Jan. XIV.

Acolytus et monachus:

Jacobus 19. Jul. XVI.

Professi:

Georgius
Joannes } 30. Jul. XV.

Fratres:

Fridericus
Georgius } 5. Apr. XV.
Johannes

Leonhardus
Martinus   } 4. Mai XV.
Mauricius

Tegernsee.
O. S. B.

Prior:
Jacobus Bach 13. Apr. 1643.

Senior:
Gregorius 23. Apr. 1606.

Presbyteri et monachi:
Adalbertus Schiller 22. Nov. 1583.
Alexius 14. Mart. XV.
Paulus 14. Mart. XV.
Paulus Gschwanttner 12. Mai. 1585.
Castorius Stadler 24. Dec. 1583.
Kylianus 14. Mart. XV.
Conradus 14. Mart. „
Thomas Gibler 13. Jan. 1582.

Fridricus
Georius
Hainricus
Hildebrandus
Johannes
Lazarus
Leonhardus   } 14. Mart. XV.
Oswaldus
Sebastianus
Sigismundus
Stephanus
Vlricus
Wilhelmus

„Thulba.“
O. S. B.

Moniales:
Katherina   }
Elizabet   } 18. Aug. XV.

Capellanus:
Hartungus 18. Aug. XV.

„M. Vallis B. Benedicti.“
O. Cist.

Vid. 4. Apr. XV.

Viktring.
O. Cist.

Abbates:
Bardwinus 18. Oct. 16.
Eberhardus 6. Nov. 16.
Ludovicus 23. Oct. 16.

Custos:
Volricus 28. Febr. XIII.

Presbyteri et monachi:
Johannes 21. Mai. XIII.
Marchuvardus 13. Febr. XIII.
Ruodolphus mon. 23. Febr. XII.

Conversi:
Azmaonus 3. Jan. XII.
Chonradus 12. Mai. XII.
Chuonradus 22. Jun. XIII.

Vorau.
O. S. A.

Praepositi:
Andreas Pranpekch 28. Febr. XV.
Andreas Pranpekch 20. Apr. XV.
Chunradus 14. Jul. XV.
Gebeno 1. Oct. 16.
Nicolaus Czingk 9. Jun. XV.
Oswaldus 12. Jul. 1585.

Presbyteri et canonici:
Ambrosius 16. Mart. XV.
Augustinus 25. Jan. XV.
Christan 18. Apr. XVI.
Thomas 23. Apr. XV.
Erhardus 23. Jan. XV.
Erhardus 19. Mart. XVI.
Fridricus 18. Aug. XIV.
Gotfridus Berneblas 8. Apr. XV.
Johannes 17. Mart. XV.
Leonhardus 30. Nov. 16.
Leutoldus 12. Jan. XIV.
Nicolaus 7. Aug. XV.
Wolfg. 23. Jan. XV.

Confratres:

Agnes conthoralis Friderici etc. 2. Apr. XV.

Johannes Hoffer 3. Jul. XV.

Wettenhausen.

O. S. A.

Professus:

Dominicus Holl 17. Aug. 1649.

Wieting.

O. S. B.

Praepositi:

Fr. Joannes Melnardus 16. Mart. 1631.
Rupertus Stadler 12. Jul. 1648.

Zwetl.

O. Cist.

Abbas:

Michaell 17. Jun. XV.

Prior:

Petrus 14. Mai. XV.

Presbyteri et monachi:

Petrus 12. Jul. XV.
Jacobus 18. Jul. XV.

Monachus:

Erhardus 2. Febr. XV.

Novitius:

Michahel 10. Mai. XV.

Conversi:

Paulus 29. Mai. XV.
Vlricus 28. Mai. XV.

V.

Religiosen aus dem Augustiner-Orden ohne Ortszuweisung.

Praepositi:

Colomanus 1. Mart. XV.
Chouno (Kiemsee) 14. Mart. XII.
Chuonradus 1. Aug. XII.
Eberhardus 14. Apr. XII.
Gebeno (Salzburg) 1. Oct. 16.
Gebolfus (Burberch) 30. Apr. XII.
Heinricus 25. Mai. XII.
Henricus 19. Sept. 16.
Henricus 4. Oct. 16.
Hermannus 14. Febr. XIV.
Lanzo (Reichenhall) 16. Apr. XII.
Livtfridus (Ranshofen) 3. Mart. XII.
Nicolaus 4. Sept. XV.
Walchun 9. Nov. 16.

Presbyteri et canonici:

Alhalmus 6. Jun. XIII.
Amelungus Hinperger 20. Jun. XIV.
Bertholdus 9. Jun. XII.

Perinhardus 23. Apr. XII.
Bernhardinus Khirchperger 19. Apr. XVI.
Cristannus 29. Jul. XV.
Cunradus 12. Aug. XIII.
Dietmarus 23. Jun. XII.
Dietricus 30. Jun. XII.
Thomas Checzelstorffer 7. Jun. XV.
Thomas 11. Jun. XV.
Ernestus 3. Mart. XIII.
Fridricus Wolfsperger 29. Aug. XV.
Georgius 3. Jan. XV.
Georgius 4. Mart. XV.
Gerungus 23. Febr. XII.
Gotfridus 18. Dec. 16.
Gozwinus 3. Mai. XII.
Hartuicus 27. Jun. XIII.
Heimo 19. Apr. XII.
Hainricus 11. Jan. XII.

Heinricus 26. Febr. XII.
Heinricus 27. Apr.   „
Heinricus 24. Mai.   „
Heinricus 26. Mai.   „
Johannes 18. Jan. XV.
Johannes 27. Febr. „
Johannes Stainstperger 31. Aug. XV.
Leopoldus 3. Jan. XVI.
Marchardus 30. Jun. XIV.
Mauricius 20. Apr. XIV.
Melchior 3. Jun. XIV.
Nicolaus 8. Mai. XIII.
Ortlibus 8. Jul. XII.
Regilo 18. Mai. XII.
Reginherus 3. Mai. XII.
Rudbertus 10. Oct. 16.
Syboto 20. Apr. XIII.
Oudalricus 8. Jun. XII.
Vlricus 15. Febr. XIII.
Vlricus Friesing(er) 8. Mart. XV.
Vlricus 23. Apr. XV.
Uvaltherus 29. Jan. XII.
Wikerus 21. Mai. XIII.
Wintherus 20. Febr. XII.

Wolfgang 3. Jan. XV.
Wolframus 15. Sept. 16.

Diaconi et canonici:

Berinhardus 26. Aug. XII.
Burchardus 27. Jul. XII.
Chuonradus 1. Mai. XIII.
Chuonradus 18. Jun. XII.
Hiltibrandus 17. Jun. XII.
Livtwinus 2. Aug. XII.
Wergandus 19. Mai. XII.

Subdiaconi et canonici:

Cuonradus 16. Mai. XIII.
Heinricus 6. Aug. XII.
Rudolfus 23. Mai. XIII.

Canonici:

Christoffus 26. Jun. XV.
Hainricus 5. Apr. XIII.
Johannes Muetmanstorffer 16. Aug.
  1518.
Magnus 24. Aug. XII.
Vdalricus 2. Mai. 1518 (?).
Waltherus 7. Jun. XII.
Wezilinus 22. Mai. XII.

VI.

Religiosen aus dem Benedictinerorden ohne Orts-
zuweisung.

Abbates et abbatissae:
Adalbertus 10. Jan. XII.
Adalrammus 11. Mart. XII.
Albertus 23. Nov. 15.
Albero 12. Jul. XII.
Albero 29. Mart. XIII.
Alrammus (Lambach ?) 21. Apr. XII.
Aribo (Prüfening) 3. Jul. XII.
Arnus 14. Mai. XII.
Baldricus (St. Peter) 5. Jan. XII.
Paulus 16. Mart. XII.
Benedictus Hewseller 7. Jul. XIV.
Perhta (Nonnberg) 14. Jan. XII.

Perchta Puxerin (Göss) 21. Sept. 16.
Berhtoldus (Garsten) 13. Mai. XII.
Berhtoldus 4. Aug. XII.
Berhtoldus (St. Emmeram) 13. Aug. XII.
Perhchunt 12. Jul. XII.
Berinhardus (Aetl) 22. Febr. XII.
Bernhardus 25. Mart. XII.
Bernhardus (Lambach) 1. Oct. 15.
Pilgrimus 18. Mai. XV.
Placidus 22. Apr. 1518.
Poto 21. Mai. XII.
Pontius 2. Febr. XII.
Prvno (St. Paul) 10. Mai. XII.

Pruno (Scheiren) 16. Oct. 16.
Purchardus 20. Jan. XII.
Chadelhoch 27. Jan. XII.
Chadelhoch 22. Apr. XII.
Caspar Bursfel 29. Mai. XV.
Caspar Schmacz 15. Oct. 16.
Conradus 18. Jul. XV.
Chunigunt 14. Mai. XII.
Chunigunt 7. Aug. XII.
Chuonradus 16. Jan. XII.
Chunradus 26. Apr. XII.
Thomas 17. Oct. XV.
Tvta 3. Apr. XII.
Eberhardus 1. Jan. XIII.
Eppo 27. Jun. XII.
Ekko 12. Mai. XII.
Elizabet 8. Mai. XIV.
Elizabeth 31. Aug. XIV.
Engilscalchus 23. Mai. XII.
Erhardus 6. Apr. XV.
Erchenbertus 24. Jan. XII.
Erchinfridus 13. Jul. XII.
Felicitas 11. Oct. 15.
Fridricus 30. Sept. XV.
Gebeno 12. Mart. XII.
Gebhardus 6. Mai. XIII.
Georgius 19. Mart. XV.
Georius 18. Jul. XV.
Gerdrut 26. Jan. XII.
Guntherus 17. Apr. XII.
Gunibertus 13. Jun. XII.
Hadewich 5. Jan. XII.
Heinricus (Michelbeuern) 17. Jan. XII.
Heinricus (Milstat) 1. Febr. XII.
Heinricus 11. Apr. XII.
Hainricus (Elsenbach) 18. Mai. XII.
Heinricus 11. Jul. XII.
Heinricus 17. Jul. XIV.
Hainricus 9. Aug. XIV.
Helika 29. Jan. XII.
Helika 2. Febr. XII.
Helica 3. Febr. XII.
Helica 30. Jun. XII.
Helmbertus 6. Febr. XII.
Hemma 13. Aug. XII.

Hiltigart 7. Febr. XII.
Hiltwardus 29. Aug. XII.
Johannes 9. Jan. XII.
Johannes 18. Jul. XV.
Johannes 7. Nov. 16.
Irmgart 13. Apr. XII.
Irmgart 25. Jul. XII.
Laurencius Meyksdorffer (?) 31. Aug. XV.
Leonhardus 1. Jun. XII.
Leupoldus (Metten) 11. Apr. XII.
Lewpoldus 18. Jul. XV.
Livtoldus 28. Febr. XII.
Lotharius 2. Mai. XII.
Martinus 21. Mart. XII.
Nanzo 5. Febr. XII.
Nicolaus 3. Jun. XV.
Noradinus 26. Jul. XII.
Otilia 17. Jun. XIII.
Otto 18. Oct. 15.
Ortolfus 5. Febr. XII.
Rodbertus 15. Aug. XII.
Ruothardus 4. Apr. XII.
Sigiboldus 20. Mart. XII.
Sigmundus 8. Mart. XV.
Simon (St. Peter) 17. Oct. 15.
Oudalricus 10. Mai. XII.
Oudalricus 27. Jul. XII.
Vlr(icus) 28. Apr. XIV.
Vlricus 3. Jun. XV.
Walchuon (Ensdorf) 28. Jun. XII.
Walchuon 11. Aug. XII.
Wasgrimus 22. Apr. XII.
Werinherus 4. Jun. XII.
Werinherus (St. Peter) 2. Sept. XII.
Wernhardus 26. Jan. XVI.
Wezilinus 19. Febr. XII.
Widmarus 19. Oct. 16.
Willibirch 13. Febr. XII.
Willibirch 12. Mart. XII.
Willibirch 16. Jul. XII.
Willibirch 12. Aug. XII.
Wirat (Nonnberg) 16. Apr. XII.
Wirinto 10. Mart. XII.
Wirnto 27. Jan. XII.

Presbyteri et monachi:
Adalbertus 5. Mart. XII.
Adalbertus 12. Mai. XII.
Adalbertus 30. Jun. XII.
Adalbero 8. Apr. XII.
Adalrammus 18. Apr. XII.
Adam 16. Jul. XII.
Adam 8. Febr. XIII.
Adelbertus 17. Febr. XII.
Adelgoz 15. Mai. XII.
Adelgoz 2. Jun. XII.
Agapitus 18. Jan. XVI.
Achacius 23. Jul. XV.
Albertus 8. Febr. XV.
Adalbertus 14. Jul. XV.
Albertus 1. Aug. XV.
Albericus 20. Apr. XII.
Albero 22. Apr. XII.
Albero 4. Apr. XIII.
Altmannus 3. Jan. XII.
Altmannus 16. Jul. XII.
Alexander 12. Apr. XII.
Alwardus 30. Jan. XII.
Andreas 18. Febr. XII.
Andreas 12. Mai. XIV.
Andreas 14. Mai. XIV.
Andreas 11. Mart. XV.
Andreas 22. Jun. XV.
Andreas 19. Jul. XV.
Andreas 20. Oct. 16.
Andreas Widmer 11. Aug. XVI.
Aribo 4. Mart. XII.
Aswinus 10. Mart. XII.
Augustinus 11. Jun. XV.
Augustinus 26. Jul. XVI.
Azelinus 5. Apr. XII.
Azelinus 16. Apr. XII.
Azilinus 18. Sept. 16.
Azzo 3. Sept. XII.
Balthasar 28. Aug. XIV.
Paulus 13. Mai. XV.
Petrus 13. Jan. XII.
Petrus 24. Mart. XIII.
Petrus 15. Aug. XIV.
Petrus 27. Jan. XV.

Petrus 18. Mart. XV.
Petrus 17. Apr. XV.
Petrus de Stain 19. Mai. XV.
Petrus 23. Jul. XV.
Petrus 4. Aug. XV.
Petrus 19. Aug. XV.
Petrus 2. Sept. XV.
Benedictus 6. Aug. XII.
Benedictus 4. Febr. XVI.
Pertholdus 5. Nov. 16.
Perhardus 25. Jan. XII.
Berhtoldus 27. Aug. XII.
Perchtoldus 11. Febr. XIII.
Perhtoldus 8. Mart. XIII.
Perinhardus 8. Jan. XII.
Perinhardus 5. Mart. XIII.
Perinherus 3. Mai. XIII.
Pernhardus 4. Mai. XIII.
Bernherus 30. Aug. XV.
Pernoldus 25. Jan. XIII.
Pero 19. Mart. XII.
Philippus 17. Nov. 15.
Pilgrimus 23. Febr. XV.
Poppo 1. Febr. XII.
Poppo 7. Mai. XV.
Bonus 31. Jan. XII.
Purchardus 17. Mai. XIV.
Chadelhoch 16. Aug. XII.
Cancianus 6. Jan. XV.
Cholomannus 25. Aug. XIV.
Conradus 3. Nov. 1055.
Conradus 26. Febr. XV.
Conradus Kirchenueint 27. Mai. XV.
Constantinus 20. Febr. XIII.
Christannus 10. Apr. XIV.
Cristannus 30. Mai. XV.
Cristannus 19. Jul. XV.
Christanus 29. Aug. XV.
Christofforus 2. Mai. XV.
Christophorus (Altenhofer, S. Lamb.)
   8. Aug. XVI.
Chuono 9. Mai. XII.
Chuono 7. Jul. XII.
Chuono 23. Aug. XII.
Chuonradus 15. Jan. XII.

Chuonradus 23. Mai. XII.
Chuonradus 25. Mai. XII.
Chunradus 29. Mart. XIII.
Chunr. 23. Jan. XIV.
Chunradus 19. Febr. XV.
Chunradus Sulczpech 18. Jun. XV.
Chunradus 13. Jul. XV.
Chunradus 2. Sept. XV.
Chunradus 18. Oct. 15.
Kunradus Lokhamer 8. Aug. XVI.
Tengenhardus Lewthenbekch 22. Jun. XV.
Theodoricus 28. Jan. XV.
Theodorus Neubauer 5. Jun. 1625.
Diepoldus 15. Jun. XII.
Diethalmus 11. Mart. XII.
Dietmarus 10. Aug. XII.
Ditmarus 28. Aug. XII.
Ditmarus 12. Jun. XIII.
Dietmarus 11. Jul. XIII.
Diettmarus 16. Nov. 15.
Dietricus 24. Jul. XII.
Ditricus 27. Jul. XII.
Dietricus 2. Jan. XIII.
Dietricus 12. Mai. XIII.
Dietricus 16. Febr. XIV.
Dietricus 4. Mart. XIV.
Dietricus 17. Jul. XV.
Eberhardus 10. Jan. XII.
Eberhardus 14. Aug. XII.
Ebo 25. Febr. XII.
Ekkehardus 28. Aug. XII.
Ekkericus 17. Apr. XII.
Etich 1. Jul. XII.
Egidius 7. Oct. 16.
Egidius 13. Mart. XVI.
Engilbertus 15. Nov. 15.
Engilscalchus 7. Aug. XII.
Erhardus 13. Mai. XIV.
Erhardus 4. Mai. XV.
Erhardus 23. Jul. XV.
Erchengerus 11. Jun. XII.
Erchinbertus 27. Jun. XII.
Ernestus 3. Aug. XV.
Ernsto 15. Apr. XII.

Volchmandus 9. Apr. XII.
Franco 4. Jan. XII.
Fridricus 15. Aug. XIV.
Ffridericus 25. Jan. XV.
Fridricus Czenkell 22. Febr. XV.
Fridricus 17. Mai. XV.
Fridricus Achdorflaer 6. Jun. XV.
Fridricus 3. Jul. XV.
Fridricus 23. Jul. XV.
Fridricus 29. Jul. XV.
Fridricus 1. Aug. XV.
Fridricus 19. Nov. XV.
Fridericus 25. Sept. 16.
Gabriel 13. Mart. XV.
Gabriel 25. Nov. XV.
Georius 22. Jul. XIV.
Georius 12. Aug. XIV.
Georius 19. Aug. XIV.
Georius 26. Jan. XV.
Georius 26. Febr. XV.
Georius 30. Jun. XV.
Georius 17. Oct. XV.
Georgius 17. Jan. XVI.
Georgius Fischpacher 22. Mart. XVI.
Georgius 28. Mai. XVI.
Georgius Miareth 28. Nov. 1619.
Gerhardus 15. Mart. XII.
Gerhardus 2. Apr. XII.
Gerhardus 1. Jun. XII.
Gerochus 28. Jan. XII.
Geroldus 9. Mart. XII.
Gerunc 17. Aug. XII.
Gotfridus 13. Jun. XIII.
Gotfridus 23. Jul. XV.
Gothardus 7. Apr. XV.
Gotsalcus 25. Mart. XIII.
Gotscalchus 10. Aug. XII.
Guotscalchus 5. Sept. XII.
Gundacherus 25. Mai. XIV.
Guntherus 21. Sept. 16.
Hartmannus 10. Mai. XII.
Hartnidus 29. Jan. XIII.
Hartnidus 11. Febr. XIII.
Hartunc 4. Apr. XII.
Hartungus 25. Jan. XV.

Hartwicus 31. Aug. XII.
Hartuuicus 15. Jul. XIII.
Hartwicus 25. Sept. 16.
Hawardus 19. Mart. XII.
Heimo 26. Apr. XII.
Heimo (?) 28. Jul. XII.
Hainricus 12. Jan. XII.
Heinricus 23. Jan. XII.
Heinricus 7. Febr. XII.
Heinricus 17. Febr. XII.
Heinricus 1. Mart. XII.
Heinricus 27. Mart. XII.
Heinricus 4. Apr. XII.
Heinricus 5. Apr. XII.
Heinricus 13. Mai. XII.
Heinricus 12. Jun. XII.
Heinricus 5. Jul. XII.
Heinricus 11. Aug. XII.
Heinricus 29. Aug. XII.
Hainricus 22. Mart. XIII.
Hainricus 13. Mai. XIII.
Hainricus 27. Jun. XIII.
Hainricus 2. Aug. XIII.
Heinricus 12. Aug. XII.
Hainricus 18. Aug. XIII.
Heinricus 2. Febr. XIV.
Heinricus 14. Febr. XIV.
Heynricus 27. Mart. XIV.
Henricus Waltenstafer 15. Jan. XV.
Hainricus 25. Jan. XV.
Hainricus 5. Febr. XV.
Heinricus 27. Febr. XV.
Hainricus Goczhawser 21. Jun. XV.
Heinricus 23. Jul. XV.
Heinricus 21. Nov. 15.
Henricus 15. Sept. 16.
Helmhardus 6. Apr. XIV.
Hermamus (sic) 4. Jan. XII.
Hermannus 1. Mart. XII.
Herimannus 6. Apr. XII.
Hermannus 2. Sept. XII.
Hermannus 21. Apr. XV.
Hiltibrandus 28. Aug. XII.
Hucbertus 14. Jun. XII.
Hugo 24. Mai. XII.

Jacobus Vorstorffer 5. Oct. 16.
Immo 3. Apr. XII.
Johannes 16. Jan. XII.
Johannes 3. Febr. XIV.
Johannes Wenger 6. Apr. XIV.
Johannes 8. Apr. XIV.
Johannes Swevus 21. Jun. XIV.
Johannes 23. Aug. XIV.
Johannes 22. Jan. XV.
Johannes 28. Jan. XV.
Johannes 29. Jan. XV.
Johannes 30. Jan. XV.
Johannes 31. Jan. XV.
Johannes 8. Febr. XV.
Johannes 19. Febr. XV.
Johannes Czuber 3. Mart. XV.
Joannes 7. Mart. XV.
Johannes 29. Mart. XV.
Johannes 24. Apr. XV.
Johannes 10. Mai. XV.
Johannes 20. Jun. XV.
Johannes 3. Aug. XV.
Johannes Vaizzt 1. Sept. XV.
Johannés 2. Sept. XV.
Johannes 25. Nov. XV.
Johannes 19. Sept. 16.
Johannes 22. Sept. 16.
Johannes 5. Nov. 16.
Joannes 15. Febr. XVI.
Johannes 14. Jul. XVI.
Johannes Straus 11. Aug. XVI.
Lambertus 19. Mai. XII.
Lanzo 25. Apr. XII.
Laurencius 23. Jul. XV.
Laurencius 27. Aug. XV.
Leonhardus 31. Jan. XV.
Leonhardus 1. Mai. XV.
Leonhardus 21. Jul. XV.
Leupoldus 10. Aug. XV.
Liephardus 28. Apr. XIV.
Linhardus 22. Apr. XIII.
Livpoldus 16. Febr. XII.
Luipoldus 7. Apr. XII.
Livtoldus 12. Febr. XII.
Livtoldus 23. Aug. XII.

Lucas 10. Mart. XV.
Lucas 17. Oct. XV.
Lvduuicus 1. Aug. XII.
Manegoldus 25. Mart. XII.
Marcus 19. Mai. XV.
Martinus 22. Jul. XIV.
Martinus 17. Aug. XIV.
Martinus 25. Nov. 15.
Martinus 4. Apr. XV.
Martinus 29. Jun. XV.
Martinus 23. Jul. XV.
Martinus 25. Jul. XV.
Martinus 7. Aug. XV.
Martinus 17. Oct. 16.
Marchwardus 1. Mai. XII.
Marquardus 11. Oct. 16.
Mauricius de Dietrichstain 30. Aug. XVI.
Maurus 26. Jan. XVI.
Maximilianus 30. Aug. XVI.
Meinhardus 5. Aug. XII.
Meinhardus 17. Jul. XV.
Michahel 22. Apr. XIV.
Michael 14. Febr. XV.
Michahel 8. Apr. XV.
Michael 17. Apr. XV.
Michael Angermulner 8. Aug. XVI.
Nicolaus 8. Aug. XIV.
Nicolaus 17. Aug. XIV.
Nicolaus 29. Aug. XIV.
Nicolaus 23. Nov. 15.
Nicolaus 24. Nov. 15.
Nycolaus 21. Febr. XV.
Nicolaus 26. Febr. XV.
Nicolaus Polonus prior 12. Apr. XV.
Nicolaus 27. Mai. XV.
Nicolaus 16. Jul. XV.
Nicolaus 22. Jul. XV.
Nordianus 22. Mai. XIII.
Ottakerus 11. Febr. XIV.
Otakerus 31. Jul. XIV.
Otpertus 18. Mai. XII.
Otherus 13. Apr. XII.
Otto 11. Febr. XII.
Otto 16. Apr. XII.
Otto 28. Mai. XII.

Otto 22. Jun. XII.
Otto 27. Jul. XIV.
Otto 4. Sept. XIV.
Otto 21. Oct. 15.
Otto 21. Jul. XV.
Otto 20. Aug. XV.
Otwinus 7. Jun. XII.
Ortolfus 6. Apr. XII.
Ortolfus 6. Jul. XII.
Ortolfus 6. Mai. XIII.
Ortuuinus 30. Mart. XII.
Oswaldus 15. Mai. XIV.
Ozi 6. Jul. XII.
Rainoldus 6. Febr. XIII.
Regenoldus 12. Aug. XII.
Reginhardus 9. Mart. XII.
Reginwardus 19. Febr. XII.
Reymbotus 29. Aug. XV.
Reinbertus 17. Mart. XII.
Rubertus 9. Apr. XII.
Rudbertus 26. Apr. XII.
Ruodbertus 7. Aug. XII.
Rupertus 17. Jan. XV.
Rudpertus 7. Febr. XV.
Rudwertus 22. Jul. XV.
Rudvertus Paugartner 7. Aug. XVI.
Rudvertus Pawr 8. Aug. XVI.
Ruodgerus 26. Mart. XII.
Rudigerus 9. Apr. XII.
Rudigerus 1. Mai. XII.
Ruodgerus 5. Mai. XII.
Ruodgerus 2. Sept. XII.
Rudigerus 23. Oct. 16.
Ruothalmus 28. Jun. XII.
Ruodolfus 8. Mart. XII.
Ruodolfus 11. Jun. XII.
Ruodolfus 18. Jun. XII.
Rvodolfus 7. Aug. XII.
Rudolfus 17. Aug. XIV.
Salmannus 20. Dec. 16.
Seyfridus 20. Jun. XIV.
Seifridus 20. Febr. XV.
Siboto 1. Febr. XII.
Siboto 7. Apr. XII.
Siboto 18. Jun. XIII.

Situlo 12. Mart. XII.
Sigherus 10. Febr. XII.
Sigiboto 5. Mai. XII.
Sigifridus 11. Mai. XII.
Sigismundus 8. Aug. XV.
Sigismundus 4. Mai. XVI.
Sigismundus 6. Juli. XVI.
Sigloch 4. Apr. XII.
Symon Köberl 7. Aug. XVI.
Stephanus 25. Jan. XII.
Stephanus 18. Mart. XII.
Stephanus 4. Mart. XIV.
Stephanus 19. Jan. XV.
Stephanus 28. Jan. XV.
Stephanus 20. Aug. XVI.
Oudalricus 13. Jan. XII.
Vdalricus 16. Febr. XII.
Oudalricus 1. Mart. XII.
Oudalricus 13. Mai. XII.
Oudalricus 20. Mai. XII.
Oudalricus 24. Mai. XII.
Oudalricus 12. Jul. XII.
Oudalricus 3. Aug. XII.
Vodalricus 16. Jan. XIII.
Vdalricus 18. Apr. XIII.
Udalricus 10. Oct. 15.
Vdalricus 20. Sept. 16.
Vlricus 11. Aug. XIV.
Vlricus Graus 20. Aug. XIV.
Vlricus 18. Nov. 15.
Vlricus 23. Febr. XV.
Vlricus 21. Jul. XV.
Vlricus 22. Jul. XV.
Vlricus 14. Sept. 16.
Vlricus 17. Sept. 16.
Walbrunus 3. Mart. XII.
Walthasar 13. Mart. XVI.
Waltherus 26. Febr. XII.
Waltherus 6. Mai. XIII.
Walfridus 24. Nov. 16.
Walchuon 6. Febr. XII.
Walchuon 26. Mai. XII.
Uvalchunus 21. Apr. XIII.
Walchunus 7. Febr. XV.
Walrab 4. Jun. XII.

Varmannus 23. Jul. XII.
Wenczolus 20. Jul. XV.
Wezelinus 14. Febr. XII.
Uvecelinus 4. Apr. XII.
Wikerus 25. Jul. XII.
Wicilinus 24. Mart. XII.
Wihnant 20. Jan. XII.
Wichardus 18. Febr. XII.
Willehelmus 24. Febr. XII.
Wilhelmus 20. Dec. 16.
Wisento 22. Aug. XV.
Wolkerus 21. Aug. XIII.
Wolfherus 23. Apr. XII.
Wolfkerus 25. Mart. XII.
Wolferinus 1. Mai. XII.
Wolftrigil 5. Mai. XII.
Wolfgangus 22. Jan. XV.
Wolfgangus 9. Juni XV.
Wolfgangus 22. Aug. XV.
Woluoldus 20. Febr. XII.
Wulfingus 16. Jul. XV.

Diaconi et monachi:

Amelune 11. Jun. XII.
Arnoldus 22. Jun. XIV.
Petrus 2. Sept. XV.
Pernhardus 28. Jan. XIII.
Conradus 28. Dec. 16.
Georius 24. Mart. XII.
Gerhardus 3. Aug. XII.
Gotfridus 13. Mart. XII.
Gotfridus 29. Mart. XII.
Heinricus 5. Sept. XII.
Hainricus 28. Jul. XIII.
Heroldus 2. Aug. XII.
Jodocus Herodius 4. Dec. 1586.
Johannes 9. Febr. XV.
Otto 16. Jul. XII.
Otto 20. Mai. XIII.
Rudolfus 1. Apr. XII.
Oudalricus 28. Jul. XII.
Vlricus 13. Jun. XV.
Werinhardus 5. Mart. XII.
Wolfkerus 29. Mart. XII.

Subdiaconi et monachi:

Petrus 26. Jun. XV.

Chunradus 12. Jan. XII.
Cuonradus 6. Jul. XIII.
Chunr(adus) 21. Apr. XIV.
Georius 15. Mart. XV.
Hainricus 8. Aug. XII.
Hainricus 27. Apr. XIII.
Hartnidus 15. Mart. XII.
Marcharius 18. Jul. XII.
Nycolaus 19. Jun. XII.
Sighardus 26. Mart. XII.
Uvalchuon 20. Mai. XIII.
Weriandus 11. Febr. XIII.

Acolyti et monachi:

Chunradus 22. Jul. XV.
Thomas 5. Mai. XVI.

Monachi et moniales:

Acilinus 27. Aug. XII.
Adalbertus 11. Jan. XII.
Adalbertus 12. Jan. XII.
Adalbertus 4. Febr. XII.
Adalbertus 10. Mart. XII.
Adalbertus 19. Apr. XII.
Adalbertus 20. Apr. XII.
Adalbertus 27. Apr. XII.
Adalbertus 20. Aug. XII.
Adalbertus 7. Nov. 16.
Adalbero 22. Mart. XII.
Adelbero 24. Mart. XII.
Adalbero 29. Jun. XII.
Adalbero 10. Aug. XII.
Adalpoldus 1. Sept. XII.
Adalhalmus 13. Jan. XII.
Adalhardus 14. Jan. XII.
Adalhardus 1. Febr. XII.
Adalhardus 22. Febr. XII.
Adamus 3. Jul. XII.
Adelbertus 15. Mart. XII.
Adelbertus 3. Mai. XII.
Adelbertus 26. Apr. XIII.
Adelgotus 16. Oct. 16.
Adelheit 3. Jan. XII.
Adelheit 1. Apr. XII.
Adelheit 2. Apr. XII.
Adelheit 28. Apr. XII.

Adelheit 15. Mai. XII.
Adelheit 10. Jul. XII.
Adelhaid 26. Oct. 16.
Adelhait 5. Nov. 16.
Adelherus 24. Mart. XII.
Adelherus 7. Mai. XII.
Adelint 29. Apr. XII.
Adelmuot 9. Mai. XII.
Adelolt 20. Mai. XII.
Adilmuot 7. Apr. XII.
Affra 17. Oct. XV.
Agatha 13. Apr. XII.
Agnes 1. Mai. XII.
Agnes 19. Mai. XIII.
Agnes 29. Jul. XIV.
Agnes 17. Oct. 15.
Agnes 25. Nov. 15.
Agnes 7. Jul. XV.
Albegunt 21. Mart. XII.
Albegund 28. Aug. XII.
Albwinus 12. Apr. XII.
Alheit 11. Mart. XII.
Alheit 9. Apr. XIII.
Alheidis 10. Mai. XIII.
Alhait 5. Oct. 16.
Alrun 14. Mai. XII.
Amelbertus 13. Mai. XII.
Amelunc 24. Aug. XII.
Anna 29. Jul. XIV.
Anna 1. Jan. XV.
Anna 6. Jan. XV.
Anna ab dem Stain 22. Apr. XV.
Anna 28. Jun. XV.
Anna 30. Aug. XV.
Anna 14. Sept. 16.
Angnes 10. Jul. XIV.
Anshelmus 26. Jun. XII.
Aribo 8. Apr. XII.
Arinwicus 26. Jul. XII.
Arnoldus 15. Mai. XII.
Arnoldus 15. Aug. XII.
Arnoldus 5. Sept. XII.
Aua 18. Jan. XII.
Ava 10. Aug. XII.
Azilinus 17. Mai. XII.

Pabo 27. Mai. XII.
Pabo 15. Aug. XII.
Palduinus 25. Jan. XIII.
Pangratius 15. Mai. XV.
Barbara 5. Aug. XV.
Beatrix 1. Jan. XII.
Beatrix 31. Mart. XIII.
Bebo 1. Jan. XII.
Petrissa 14. Mart. XII.
Petrissa 7. Jul. XII.
Petrus 25. Mai. XII.
Petrus Leidenstain 9. Nov. 16.
Benedictus 8. Jan. XII.
Berchta 3. Jan. XII.
Perhta 20. Mart. XII.
Berhta 16. Jun. XII.
Berhta 13. Jul. XII.
Perhta 14. Jul. XII.
Berhta 22. Jul. XII.
Perhta 24. Mart. XIII.
Perchta 6. Apr. XIV.
Perhtoldus 17. Jan. XII.
Pertholdus 28. Febr. XII.
Pertholdus 15. Mart. XII.
Berhtoldus 1. Apr. XII.
Perhtoldus 26. Apr. XII.
Berhtoldus 29. Apr. XII.
Perhtoldus 29. Jul. XII.
Perchtoldus 15. Mai. XV.
Peringerus 6. Mart. XII.
Peringerus 9. Jul. XII.
Perinhardus 8. Jan. XII.
Perinhardus 24. Jan. XII.
Perinhardus 9. Mart. XII.
Perinhardus 13. Mart. XII.
Perinhardus 21. Mart. XII.
Perinhardus 9. Apr. XII.
Perinhardus 10. Aug. XII.
Permannus 25. Sept. 16.
Pernoldus 6. Jan. XII.
Pero 3. Jan. XII.
Pero 16. Mart. XII.
Pero 27. Apr. XII.
Pero 2. Jul. XII.
Pilgrimus 4. Mart. XII.

Pilgrimus 2. Apr. XII.
Pilgrimus 29. Apr. XII.
Pilgrimus 11. Jun. XII.
Pillunc 29. Mai. XII.
Brigida 27. Apr. XVI.
Bruno 11. Febr. XII.
Bruno 11. Mai. XII.
Purchardus 1. Jan. XII.
Purchardus 5. Jan. XII.
Burchardus 22. Mart. XII.
Purchardus 12. Mai. XII.
Kadalhoch 1. Jul. XII.
Katerina 25. Apr. XIV.
Katherina 1. Oct. 15.
Katherina 17. Oct. XV.
Katerina 27. Apr. XVI.
Karolus 28. Febr. XII.
Chazelinus 8. Febr. XII.
Cecilia 24. Mart. XIII.
Clara Phaufendorferin 13. Jun. XV.
Colnicer . . . . . 22. Febr. XV.
Chonradus 4. Aug. XII.
Conradus 13. Sept. 16.
Conradus 22. Apr. XVI.
Cristannus 27. Jun. XVI.
Christina 27. Apr. XII.
Christina Cellaerin 21. Mai. XV.
Christina 27. Sept. 16.
Chuniburch 9. Febr. XII.
Chonigunt 3. Jan. XII.
Chuonigunt 21. Jan. XII.
Chuoni . . . . 26. Mai. XII.
Chuonigunt 3. Jul. XII.
Chunigunt 5. Aug. XII.
Chunigundis 10. Apr. XIII.
Chvniguont 16. Apr. XIII.
Chunigundis 6. Mart. XIV.
Chunigundis 7. Mart. XIV.
Chunegundis 2. Mai. XV.
Chunigundis 2. Nov. 16.
Chuono 27. Jan. XII.
Chuono 2. Mai. XII.
Chuono 22. Mai. XII.
Chuono 22. Jul. XII.
Chuonradus 22. Jan. XII.

Chuonradus 7. Mart. XII.
Chuonradus 16. Mart. XII.
Chunradus 31. Mart. XII.
Chunradus 3. Apr. XII.
Chuonradus 26. Apr. XII.
Chuonradus 1. Mai. XII.
Chuonradus 2. Jun. XII.
Chuoradus 15. Jun. XII.
Chuonradus 12. Aug. XII.
Chunradus 3. Jun. XIII.
Tancwardus 10. Apr. XII.
Daniel Krachenberger 13. Mai. XVI.
Diepoldus 2. Mart. XII.
Diepoldus marchio 8. Apr. XII.
Diepoldus 27. Aug. XII.
Diethardus 7. Mart. XII.
Dietho 30. Jan. XII.
Dietmarus 29. Jan. XII.
Dietmarus 5. Apr. XII.
Dietmarus 2. Aug. XII.
Dietmarus 29. Aug. XII.
Dietricus 10. Febr. XII.
Dietricus 15. Mart. XII.
Dietricus 26. Mart. XII.
Dietricus 25. Mai. XII.
Dietricus 21. Aug. XII.
Tiemo 21. Febr. XII.
Diemuot 3. Jan. XII.
Diemuot 24. Jan. XII.
Dimuot 24. Apr. XII.
Diemuot 29. Apr. XII.
Diemuot 27. Mai. XII.
Diemuot 13. Jul. XII.
Diemuot 26. Jul. XII.
Dimvdis 4. Febr. XIII.
Diemut 28. Apr. XIII.
Dyemudis 15. Febr. XV.
Diemut 20. Sept. 16.
Diemut 27. Sept. 16.
Tirolfus 7. Mai. XII.
Totilinus 8. Jul. XII.
Dominicus 20. Aug. XII.
Dorothea 25. Apr. XIV.
Dorothea 31. Mart. XV.
Dorothea 18. Dec. 16.

Trauta 24. Mai. XIII.
Trouta 14. Febr. XII.
Truta 21. Jun. XIII.
Truta 13. Sept. 16.
Drutuvinus 14. Apr. XII.
Tuota 10. Jan. XII.
Tuota 25. Jan. XII.
Tueta XII. Apr. XIV.
Durinc 16. Jun. XII.
Eberhardus 20. Jan. XII.
Eberhardus 28. Jan. XII.
Eberhardus 22. Febr. XII.
Eberhardus 11. Mart. XII.
Eberhardus 14. Jul. XII.
Eberlint 12. Febr. XII.
Eberlint 16. Mai. XII.
Eberlint 14. Jun. XII.
Ebo 28. Apr. XII.
Eppo 7. Jun. XII.
Ebo 29. Jun. XII.
Ekkibertus 31. Mart. XII.
Ekkebertus 24. Nov. 16.
Elisabeht 28. Febr. XII.
Elisabeht 5. Aug. XII.
Elisabet 20. Aug. XIII.
Elizabet 19. Mai. XIV.
Elizabet 20. Mart. XV.
Elizabet 25. Mart. XV.
Elizabeth 29. Sept. 16.
Engela 1. Jan. XII.
Engila 17. Nov. 15.
Engelbertus 21. Jul. XII.
Engilbertus dux 12. Apr. XII.
Engildei 27. Mart. XII.
Engilfridus 15. Febr. XII.
Engilherus 3. Jan. XII.
Engiherus 6. Apr. XII.
Engilingus 9. Jul. XII.
Erhardus 15. Jun. XV.
Erchinboldus 18. Mart. XII.
Erchingerus 10. Mai. XII.
Ermlint 12. Febr. XII.
Erndrudis 3. Sept. XV.
Ernst 14. Apr. XII.
Eufemia 24. Apr. XII.

Evfemia 18. Oct. 15.
Ezemannus 30. Apr. XII.
Falco 15. Mai. XII.
Folmarus 9. Mart. XII.
Fridbertus 9. Jan. XII.
Fridbureh 19. Sept. 16.
Fridericus 6. Jan. XII.
Fridericus 11. Febr. XII.
Fridericus 19. Febr. XII.
Fridericus 30. Mart. XII.
Fridericus 4. Sept. XII.
Friderun 19. Mai. XII.
Friderun 4. Sept. XII.
Friderun 22. Sept. 16.
Frowinus 22. Jun. XII.
Gabriel 1. Jun. XII.
Gepa 28. Jan. XII.
Gerbirc 19. Febr. XII.
Gerdrudis 2. Jan. XII.
Gerdrudis 6. Jan. XII.
Gerdrut 3. Mart. XII.
Gerdrut 1. Apr. XII.
Gerdrut 12. Jun. XII.
Gerdrudis 11. Mart. XIII.
Gerdrudis de Loiben 19. Sept. 16.
Gerdrud 21. Oct. 16.
Gerhardus 3. Jan. XII.
Gerhardus 18. Mart. XII.
Gerhardus 4. Mai. XII.
Gerhilt 2. Jul. XII.
Gerlaus 1. Jun. XII.
Geroldus 14. Mai. XII.
Geroldus 30. Mai. XII.
Gerungus 29. Apr. XII.
Gerungus 13. Mai. XIII.
Gerwicus 21. Mai. XII.
Gerwirch 7. Nov. 16.
Gisila 1. Jan. XII.
Gisila 1. Mart. XII.
Gisila 24. Mart. XII.
Gisila 29. Mart. XII.
Gisila 3. Sept. XII.
Gisila 10. Mart. XIII.
Gisilrad 19. Dec. 16.
Gisla 27. Mart. XII.

Gisla 18. Jun. XII.
Gisla 17. Aug. XII.
Gisla 5. Sept. XII.
Göta 13. Oct. 16.
Goutfridus 16. Mai. XII.
Goutfridus 23. Mai. XII.
Goutfridus 19. Jun. XII.
Goutfridus 20. Jun. XII.
Goutfridus 25. Aug. XII.
Gozwinus 2. Aug. XII.
Grifo 3. Jun. XII.
Hadewic 20. Aug. XII.
Hadmuot 6. Mai. XII.
Hadwich 7. Apr. XIII.
Hagno 5. Febr. XII.
Haeilwich 1. Jan. XII.
Haimo 29. Jul. XII.
Hartfridus 12. Jan. XII.
Hartlip 6. Oct. 16.
Hartmannus 12. Mart. XII.
Hartmuot 15. Jun. XII.
Hartnidus 3. Mai. XII.
Hartwicus 18. Apr. XII.
Hartwicus 12. Mai. XII.
Hartwicus 2. Jun. XII.
Hartwicus 4. Jun. XII.
Hecilinus 18. Jan. XII.
Hecilinus 28. Mart. XII.
Hecilinus 2. Jun. XII.
Hecilinus 18. Aug. XII.
Heinricus 4. Jan. XII.
Heinricus 5. Febr. XII.
Heinricus 9. Febr. XII.
Heinricus 14. Febr. XII.
Heinricus 21. Febr. XII.
Heinricus 8. Mart. XII.
Heinricus 9. Mart. XII.
Heinricus 12. Mart. XII.
Heinricus 26. Mart. XII.
Heinricus 2. Apr. XII.
Heinricus 15. Apr. XII.
Heinricus 1. Mai. XII.
Heinricus 26. Mai. XII.
Heinricus 31. Mai. XII.
Hainricus 12. Jun. XII.

Heinricus 13. Jun. XII.
Hainricus 13. Febr. XIII.
Heinricus 15. Jul. XIII.
Hainricus Ziegler 16. Mai. XV.
Heliwich 25. Mai. XII.
Hemma 23. Febr. XII.
Hemma 31. Aug. XII.
Hemma 1. Jul. XIII.
Herrat 5. Mart. XII.
Herrandus 17. Mart. XIII.
Herbordus 25. Mart. XII.
Herbordus 27. Jun. XII.
Herbordus 28. Aug. XII.
Herburgis 5. Sept. XIII.
Hermannus 2. Jan. XII.
Hermannus 9. Jan. XII.
Herimannus 30. Mart. XII.
Herimannus 1. Apr. XII.
Herimannus 19. Apr. XII.
Hermannus 24. Apr. XII.
Herimannus 12. Mai. XII.
Herimanus 13. Mai. XIII.
Hermannus 14. Mai. XIII.
Hezelinus 10. Jan. XII.
Hezilinus 30. Jun. XII.
Hilpurgis 9. Jun. XIV.
Hilta 28. Jun. XII.
Hilta 23. Aug. XII.
Hiltebrandus 15. Jan. XII.
Hil(te)brandus 3. Jul. XIII.
Hiltiboldus 24. Mart. XII.
Hiltipurgis 11. Jan. XII.
Himburch 25. Jun. XII.
Hugo 31. Mai. XII.
Ilsunc 1. Mai. XII.
Imma 8. Jan. XII.
Johannes 3. Apr. XII.
Johannes 21. Jun. XII.
Johannes 22. Apr. XIII.
Johannes 7. Apr. XV.
Johannes 28. Jul. XV.
Irmbertus 6. Jan. XII.
Irmgart 1. Mart. XII.
Irmgart 15. Apr. XII.
Irmgart 6. Jun. XII.

Irngart 19. Jun. XIII.
Irmgard 8. Oct. 16.
Judita 19. Jan. XII.
Jvdita 7. Mart. XII.
Judita 30. Mart. XII.
Judita 30. Apr. XII.
Judita 19. Mai. XII.
Judita 3. Jul. XII.
Judita 26. Jun. XIII.
Judita 22. Aug. XIII.
Juditha 25. Sept. 16.
Juditha 30. Sept. 16.
Lambertus 28. Mai. XII.
Lambertus 6. Aug. XII.
Leo 20. Febr. XII.
Leutoldus 15. Apr. XII.
Leutoldus 24. Apr. XII.
Lieba 2. Mart. XIII.
Livpoldus 24. Jan. XII.
Livpoldus 5. Mai. XII.
Livkart 2. Jan. XII.
Livkardis 14. Jan. XII.
Livtkart 11. Mart. XII.
Livkart 9. Jul. XII.
Liucart 7. Apr. XIII.
Liukart 10. Apr. XIII.
Livtpoldus 26. Febr. XII.
Livtoldus 22. Jan. XII.
Livtoldus 9. Mai. XII.
Livtwinus 6. Jan. XII.
Luduuicus 21. Apr. XII.
Mathias 7. Aug. XVI.
Magdalena 13. Oct. 15.
Magdalena 2. Jun. XV.
Magdalena Pretschlayfferin 6. Aug.
    XV.
Magnus 27. Jan. XII.
Magnus 3. Jul. XII.
Mahthilt 15. Jan. XII.
Mahthilt 6. Mart. XII.
Mathildis 5. Jun. XII.
Mahcthilt 1. Jul. XII.
Mahthilt 9. Jul. XII.
Mahthilt 19. Mart. XIII.
Mathildis 21. Mart. XIII.

Mahthilt 28. Apr. XIII.
Machilt 15. Nov. 15.
Machilt 19. Nov. 15.
Machtild 26. Sept. 16.
Machtild 24. Nov. 16.
Mahtolfus 6. Jan. XII.
Manegoldus 5. Jun. XII.
Manegoldus 19. Aug. XII.
Manswetus 29. Jun. XII.
Martha 2. Jun. XV.
Martinus 15. Jul. XV.
Margaretha 23. Jun. XIV.
Margaretha 12. Oct. 15.
Margareta 5. Aug. XV.
Margaretha Voytin 18. Sept. 16.
Marchwardus 27. Jan. XII.
Marchwardus 2. Mart. XII.
Marckwardus 30. Jun. XII.
Meginhardus 30. Apr. XII.
Meginwardus 13. Jan. XII.
Meinfridus 10. Mart. XII.
Meinradus 2. Jan. XII.
Meinradus 17. Mart. XII.
Merboto 15. Apr. XII.
Merboto 14. Jul. XII.
Merboto 21. Sept. 16.
Michahel 19. Jan. XII.
Nicolaus 17. Nov. XVI.
Notkerus 23. Febr. XII.
Otkerus 22. Jun. XII.
Odo 8. Aug. XII.
Otto 4. Jan. XII.
Otto 29. Mai. XII.
Otto 11. Jun. XII.
Otto 22. Jul. XII.
Otto 9. Aug. XII.
Otto 19. Aug. XII.
Otto 22. Apr. XIII.
  twinus 14. Jul. XII.
Offo 2. Jun. XII.
Ortolfus 3. Jun. XIII.
Rapoto 28. Jun. XII.
Rapoto 30. Jul. XII.
Rahwinus 29. Mai. XII.
Regilind 6. Aug. XII.

Reginbertus 27. Jan. XII.
Reginhardus 6. Jul. XII.
Reginhardus 31. Aug. XII.
Reginherus 4. Jun. XII.
Reginherus 14. Dec. 16.
Reginoldus 16. Apr. XII.
Reinhardus 15. Mart. XII.
Reinoldus 22. Apr. XIII.
Richardus 10. Jan. XII.
Richarth 16. Nov. 15.
Richkart 21. Jan. XII.
Richerus 20. Apr. XII.
Richilt 28. Jan. XII.
Richilt 18. Apr. XII.
Richilt 4. Mai. XII.
Richildis 29. Jan. XIII.
Richiza 18. Fehr. XII.
Richza 30. Mart. XII.
Richza 21. Apr. XII.
Richiza 10. Aug. XII.
Rihwinus 29. Mart. XII.
Rilint 3. Nov. 16.
Ruodbertus 7. Jan. XII.
Ruodbertus 21. Jan. XII.
Ruodbertus 9. Febr. XII.
Ruodbertus 3. Aug. XII.
Ruodbertus 4. Sept. XII.
Rutgerus 24. Oct. 16.
Ruodmarus 6. Apr. XII.
Ruodmarus 21. Apr. XII.
Ruodolfus 10. Jan. XII.
Ruodolfus 19. Jan. XII.
Ruodolfus 21. Jan. XII.
Ruodolfus 14. Mart. XII.
Ruodolfus 23. Mart. XII.
Rudolfus 12. Jul. XII.
Ruodolfus 16. Jul. XII.
Ruodolfus 25. Jul. XII.
Scolastica Gstaettnerin 6. Apr. 1586.
Sefrit 8. Febr. XII.
Sigbertus 30. Mai. XII.
Sigiboto 31. Jan. XII.
Sigiboto 12. Aug. XII.
Sigfridus 22. Aug. XII.
Sigifridus 30. Aug. XII.

Sigibardus 6. Mai. XII.
Symon 29. Jun. XII.
Syzo 6. Mart. XII.
Sophia 13. Mai. XII.
Sophia 11. Mai. XIII.
Sophia 19. Oct. 15.
Susanna Kallpergerin 15. Sept. XVI.
Swanehilt 30. Jan. XII.
Stephanus 26. Jan. XVI.
Vta 8. Mart. XII.
Oudalricus 30. Jan. XII.
Oudalricus 25. Mart. XII.
Uvodalricus 28. Mart. XII.
Uvodalricus 1. Apr. XII.
Oudalricus 30. Mai. XII.
Oudalricus 18. Aug. XII.
Vto 24. Mai. XII.
Vrsola 16. Mart. XV.
Waltfridus 27. Febr. XII.
Waltherus 27. Febr. XII.
Waltherus 6. Mart. XII.
Waltherus 26. Mart. XII.
Uvaltherus 21. Apr. XII.
Waltherus 2. Jul. XII.
Waltherus 5. Febr. XIII.
Waltherus 14. Dec. 16.
Waldmannus 31. Mart. XII.
Wasgrimus 26. Jun. XII.
Wecelinus 7. Aug. XII.
Wecil 10. Jan. XII.
Wentila 17. Oct. XV.
Wentilburch 22. Apr. XII.
Wentilburch 28. Jul. XIII.
Wendelburg 23. Sept. 16.
Werenbardus 27. Jun. XII.
Werinhardus 28. Aug. XII.

Werinherus 2. Jan. XII.
Werinherus 23. Jan. XII.
Werinherus 3. Febr. XII.
Werinherus 26. Jul. XII.
Wernhardus 11. Mai. XII.
Uvernberus 22. Mai. XIII.
Veronica 23. Aug. XVI.
Witilo 2. Jan. XII.
Withmarus 12. Aug. XII.
Wido 14. Jun. XII.
Wichardus 20. Jan. XII.
Uvichimannus 16. Apr. XII.
Willehelmus 8. Mart. XII.
Willehalmus 21. Apr. XII.
Willehelmus 3. Jul. XII.
Willehelmus 29. Aug. XII.
Willibirch 2. Febr. XII.
Willibirch 4. Febr. XII.
Wilbirch 29. Mart. XII.
Uvilbirch 30. Mart. XII.
Uvilbirch 3. Apr. XII.
Wilbirch 18. Jul. XIII.
Willipirch 22. Oct. 16.
Willinus 10. Aug. XIII.
Wilmud 15. Oct. 16.
Wirat 3. Aug. XII.
Wirint 6. Jan. XII.
Wolfkerus 4. Febr. XII.
Wolftrigil 4. Apr. XII.
Wolftrigil 14. Sept. 16.
Volfgangus 5. Apr. XVI.
Wolframmus 7. Jan. XII.
Wolframmus 23. Febr. XII.
Wolframmus (sic) 9. Mai. XII.
Wolframmus 3. Jul. XII.
Uvolframmus 15. Mai. XIII.

VII.

Religiosen aus nicht zu bestimmenden Orden.

Procurator provinciae Anglicanae:
P. Bernardus 25. Dec. 1665.

Prior:
Vlricus 2. Apr. XV.

Subprior:
Berhtoldus 7 Jul. XIII.

Senior:
Egidius Klingennagl 28. Febr. 1530.

Magister hospitum:
Dietricus 6. Oct. 16.

Presbyteri:
Adalbertus 8. Jan. XII.
Adam 21. Mai. XII.
Albertus 25. Apr. XIV.
Albertus Wulper 26. Febr. XV.
Anthonius 16. Jun. XVI.
Andreas Robel 31. Mai. XV.
Arnoldus 22. Mai. XII.
Arnoldus 28. Jun. XII.
Arnoldus 10. Febr. XIII.
Augustinus Tingler 25. Aug. XVI.
Pabo 20. Jan. XII.
Pabo 4. Oct. XV·
Paulus de Cznaym 19. Apr. XV.
Paulus 11. Jun. XV.
Petrus 16. Jul. XV.
Petrus 22. Jul. XV.
Benedictus Hergerstorffer 6. Dec. 1587.
Penno 22. Aug. XII.
Pero 21. Jul. XII.
Philippus 8. Aug. XVI.

Poppo 11. Febr. XII.
Caspar Heirraus 21. Sept. 16.
Cheno 6. Oct. 16.
Constantinus 2. Febr. XII.
Cristannus 1. Febr. XV.
Cristofforus 11. Jun. XV.
Cunradus 19. Apr. XV.
Chunradus 23. Apr. XV.
Chunradus 20. Aug. XIV.
Danchmarus 23. Oct. 16.
Dietpertus 10. Jan. XII.
Dietrammus 3. Mart. XII.
Thomas 18. Mart. XV.
Thomas 25. Apr. XVI.
Thomas Reinprecht 17. Jun. XVI.
Ebergerus 26. Mai. XII.
Eppo 10. Apr. XII.
Egidius 18. Mart. XV.
Eigil 14. Febr. XII.
Erhardus 20. Mart. XIV.
Franciscus 25. Mai. XVI.
Gebehardus 13. Mart. XII.
Gemmuont 16. Mart. XII.
Georgius Gayspacher 9. Jan. XVI.
Georgius Amblang 18. Febr. XVI.
Georgius 19. Apr. XVI.
Georgius Ipsner (?) 29. Jul. 1629.
Georius Leinfelder (?) 15. Jun. XV.
Gerungus 14. Jul. XV.
Gisilbertus 30. Apr. XII.
Götfridus (8. Febr. XIII.)
Gotsalcus 7. Jan. XII.
Gregorius 24. Mart. XV.
Haydenricus Krell 27. Febr. XV.
Heinricus 30. Jan. XII.
Heinricus 19. Jun. XII.

Heinricus 20. Aug. XIV.
Henricus 14. Jul. XV.
Hernwicus 20. Nov. 15.
Hoholdus 7. Oct. 16.
Jacobus 14. Sept. 16.
Johannes 24. Apr. XII.
Johannes 23. Mai. XII.
Johannes 30. Jun. XII.
Johannes 20. Febr. XV.
Johannes 26. Jun. XV.
Johannes 4. Aug. XV.
Johannes 19. Dec. 16.
Joannes Schirmperger (?) 31. Mart.
   XVI.
Johannes Engelbrecht 14. Aug. XVI.
Joannes Cattner (?) 17. Aug. XVI.
Lambertus 6. Apr. XII.
Lampertus 16. Jun. XVI.
Lampreht 18. Jan. XII.
Laurencius Leb 30. Jun. XVI.
Leopoldus Hämel 8. Nov. 16.
Livdwicus 1. Jan. XII.
Mathias Triester 29. Apr. XV.
Magnus 9. Mai. XII.
Michael 28. Mai. XVI.
Nendinc 4. Mart. XII.
Nicolaus Grassler 25. Jul. 1367.
Nicolaus Krossl 17. Jun. XVI.
Oswaldus 12. Apr. XIV.
Otto 5. Febr. XIII.
Rafoldus 18. Mart. XII.
Rainboto 30. Mai. XII.
Razo 1. Sept. XII.
Reginbertus 29. Aug. XII.
Richkerus 7. Febr. XII.
Rimunt 4. Jun. XII.
Ruodbertus 13. Jan. XII.
Ruodbertus 30. Aug. XII.
Rudbertus Wolfart 17. Jun. XVI.
Ruodolfus 3. Febr. XII.
Ruodolfus 27. Jun. XII.
Ruodolfus 1. Jul. XII.
Sebastianus Pfaffenhofer 19. Febr. XV.
Sighardus 14. Febr. XII.
Sigifridus 27. Febr. XII.

Symon 9. Apr. XV.
Symon 14. Jul. XV.
Stephanus 20. Febr. XV.
Oudalricus 9. Mai. XII.
Oudalricus 6. Aug. XIII.
Vlricus 18. Mart. XV.
Vrbanus Khärgl 24. Jan. XVI.
Waltherus 9. Jan. XII.
Waltherus 20. Apr. XIII.
Werinhardus 22. Jan. XII.
Wernhardus 27. Mart. XIII.
Wezil 28. Jan. XII.
Wolfgangus Stekch 16. Jul. XV
Woluoldus 29. Apr. XII.
Wolframmus 19. Jan. XII.

Novitii:

Oswaldus 7. Sept. 1604.
Philippus 1. Jul. XV.

Conversi et conversae:

Acilinus 14. Jun. XII.
Adalbertus 7. Jan. XII.
Adalbertus 12. Jan. XII.
Adalbertus 27. Jan. XII.
Adalbertus 28. Febr. XII.
Adalbertus 13. Jun. XII.
Adalbero 7. Jan. XII.
Adalbero 12. Mart. XII.
Adalheit 19. Febr. XII.
Adalrammus 26. Apr. XII.
Adelbarch 12. Apr. XII.
Adelbertus 26. Mai. XII.
Adelbertus 27. Mai. XIII.
Adelhaidis 30. Nov. 16.
Adelheit 2. Mart. XII.
Adelheit 11. Apr. XII.
Adelheit 11. Mai. XII.
Adelheit 1. Aug. XII.
Adelherus (?) 9. Mai. XIII.
Adlbertus 8. Jan. XII.
Achila 14. Jun. XIII.
Albricus 10. Aug. XII.
Alhedis 2. Aug. XIII.
Alheit 5. Jan. XII.

Alheit 10. Febr. XII.
Alrat 17. Febr. XII.
Arnoldus 19. Jan. XII.
Arnoldus 11. Febr. XII.
Arnoldus 29. Mart. XII.
Arnoldus 3. Jun. XII.
Azila 14. Jun. XIII.
Pabo 19. Mart. XII.
Paldricus 3. Jun. XIII.
Beatrix 19. Oct. 16.
Petrissa 23. Sept. 16.
Benedicta 25. Aug. XII.
Benedicta 7. Jan. XIII.
Pertholdus 12. Jul. XII.
Pertholdus 4. Mai. XIII.
Perhta 8. Mart. XII.
Berhta 6. Apr. XII.
Perhtoldus 12. Jun. XII.
Perhtoldus 3. Jul. XII.
Pero 23. Mart. XII.
Bruno 31. Jul. XII.
Bruno 4. Aug. XII.
Prvno (?) 9. Mai. XIII.
Pvrchardvs 9. Aug. XII.
Chennat 17. Mai. XII.
Conradus 25. Nov. 16.
Conradus 14. Dec. 16.
Christina 26. Febr. XII.
Chunegund 29. Mart. XII.
Chunegunt 10. Aug. XII.
Chunigunt 21. Mart. XII.
Chvnigunt comitissa 20. Jul. XII.
Chunigund 8. Nov. 16.
Chvono 27. Apr. XII.
Chuono 22. Mai. XII.
Chunr(adus) 3. Jan. XII.
Chunradus 29. Mart. XII.
Chuonradus 1. Jul. XII.
Chunradus 10. Apr. XIII.
Cbunza 11. Jul. XIII.
Dipoldus 20. Mart. XII.
Diepertus 25. Apr. XII.
Dietrammus 16. Jul. XIII.
Dietricus 25. Mai. XII.
Dietricus 25. Jul. XII.

Diemut 15. Oct. 16.
Dorothea 3. Apr. XV.
Eberhardus 1. Mart. XII.
Eberhardus 22. Apr. XII.
Eberlindis 23. Apr. XII.
Eccehardus 4. Jun. XIII.
Eccehardus 17. Jun. XIII.
Egilo 31. Mart. XII.
Egino 8. Aug. XII.
Eglolfus 8. Febr. XII.
Einhilt 2. Mart. XII.
Engilingus 9. Jan. XII.
Engilschalcus 11. Aug. XII.
Erhardus 30. Jun. XV.
Erchenbertus 22. Aug. XII.
Erchinbertus 28. Apr. XII.
Erchingerus 26. Jun. XII.
Erinbertus 19. Jan. XII.
Ernist 5. Sept. XII.
Euphemia 20. Oct. 16.
Fridolfus 14. Jun. XIII.
Fridricus 25. Febr. XV.
Gepa 15. Apr. XII.
Gepa 8. Aug. XIII.
Gebhardus 21. Apr. XIV.
Gerboldus 25. Mai. XII.
Gerdrudis 24. Jan. XIII.
Gerhardus 25. Jan. XII.
Gerhardus 10. Apr. XIII.
Gerlind 7. Apr. XII.
Gerlindis 9. Mart. XII.
Geroldus 2. Jan. XII.
Geroldus 8. Febr. XII.
Gerungus 15. Jan. XIII.
Gerungus 24. Febr. XII.
Gisila 23. Jan. XII.
Gothscalchus 8. Jan. XII.
Guotscalchus 27. Mai. XII.
Gundacher 19. Jul. XII.
Guntherus 27. Jan. XII.
Hadmut 3. Febr. XII.
Hailwich 13. Sept. 16.
Hartlihus 26. Jan. XII.
Hartmannus 12. Jul. XII.
Hartnidus 10. Febr. XII.

Hartvnc 2. Aug. XII.
Hartwicus 4. Jan. XII.
Hartwicus 4. Febr. XII.
Hartwicus 1. Aug. XII/
Hazacha 8. Mart. XII.
Hazga 21. Apr. XIII.
Hazicha 5. Jan. XII.
Hecilo 28. Jul. XII.
Heinricus 2. Jan. XII.
Heinricus 16. Apr. XII.
Heinricus 17. Apr. XII.
Heinricus 17. Jun. XII.
Heinricus 27. Mart. XIII.
Hemma 22. Apr. XII.
Hemma 12. Jun. XIII.
Herradis 27. Jan. XIII.
Herlint 13. Jun. XII.
Herloch 7. Apr. XII.
Hermannus 26. Jan. XII.
Hermannus 24. Jan. XV.
Hilca 12. Jan. XII.
Hilta 2. Aug. XII.
Hilteburch 6. Oct. 16.
Hiltepurch 14. Dec. 16.
Hiltepurch 15. Dec. 16.
Hiltigart 22. Oct. 16.
Hiltigut 1. Apr. XII.
Hiltigunt 17. Mai. XII.
Hirmil 17. Dec. 16.
Humburch 16. Jan. XII.
Ita 10. Oct. 16.
Imma 2. Mai. XII.
Imma 17. Jul. XII.
Imma 19. Dec. 16.
Johannes 22. Jan. XV.
Iringardis 28. Febr. XIII.
Irmgart 15. Febr. XII.
Irmgart 28. Apr. XII.
Juditha 16. Apr. XII.
Juditha 20. Oct. 15.
Judita 17. Dec. 16.
Judita 20. Dec. 16.
Justina 17. Jan. XII.
Lambertus 21. Aug. XII.
Lantoldus 2. Jun. XII.

Leo 19. Febr. XII.
Leupoldus 23. Mai. XIII.
Livpoldus 8. Mart. XII.
Livkart 11. Mai. XII.
Livtgoz 10. Apr. XIII.
Livtoldus 2. Jul. XII.
Livtoldus 29. Aug. XII.
Liutoldus 3. Sept. XII.
Ludewicus 21. Jul. XII.
Luodolfus 9. Jan. XII.
Lvdwicus 20. Jul. XII.
Macelinus 8. Mart. XII.
Magnus 14. Jun. XII.
Mainhardus 12. Apr. XII.
Mainhardus 20. Apr. XII.
Mainhardus 10. Apr. XIII.
Margareta 4. Jul. XII.
Margareta 22. Apr. XIII.
Margareta 23. Apr. XIII.
Meinh. 1. Mart. XII.
Mergardis 12. Jul. XIII.
Mildrud 4. Oct. 16.
Nendinc 1. Aug. XII.
Otto 1. Jun. XII.
Otto 19. Jul. XII.
Otto 6. Aug. XIII.
Offemia 2. Mai. XIII.
Ortolfus 2. Aug. XIII.
Ortuuinus 22. Apr. XII.
Ortwinus 27. Apr. XII.
Rahwinus 1. Febr. XII.
Rahwinus 14. Mart. XII.
Richpoldus 20. Apr. XII.
Richkart 17. Sept. 16.
Richerus 24. Febr. XIII.
Richerus 14. Jun. XIII.
Richiza 2. Sept. XII.
Rilint 22. Jun. XII.
Ruodbertus 10. Mart. XII.
Ruodbertus 2. Jan. XIII.
Ruodgerus 15. Jan. XII.
Ruodolfus 9. Jan. XII.
Ruodolfus 10. Jan. XII.
Rudolfus 2. Mart. XII.
Rudolfus 29. Apr. XII.

Ruodolfus 2. Mai. XII.
Ruodolfus 26. Jun. XII.
Sigifridus 21. Apr. XII.
Sigmarus 15. Aug. XII.
Sophia 12. Oct. 16.
Oudalgerus 8. Jan. XII.
Oudalricus 9. Jan. XII.
Oudalricus 10. Jan. XII.
Oudalricus 27. Jan. XII.
Oudalricus 17. Mart. XII.
Uuodalricus 29. Mart. XII.
Uuodalricus 8. Apr. XII.
Oudalricus 28. Apr. XII.
Oudalricus 7. Mai. XII.
Oudalricus 4. Jul. XII.
Oudalricus 17. Jul. XII.
Oudalscalchus 11. Mai. XII.
Oudalscalchus 2. Sept. XII.
Vto 20. Jun. XII.

Vlricus 24. Mart. XIII.
Vlricus 1. Jan. XV.
Vlricus 20. Sept. 16.
Waltherus 21. Apr. XIII.
Wascrimus 18. Aug. XIII.
Wecela 2. Oct. 16.
Uveriandus 28. Mart. XII.
Werinherus 23. Febr. XII.
Vitus 2. Mai. XVI.
Wicherus 11. Apr. XII.
Uolpertus 25. Apr. XII.
Woluoldus 25. Febr. XII.
Wlfingus 31. Aug. XIII.

Inclusae:

Diemuot 11. Jun. XII.
Hilta 29. Mart. XIII.
Mathilt 13. Apr. XII.

B.

Weltliche Personen.

I.

Kaiser, Könige, Erzherzoge, Herzoge, Markgrafen, Grafen und Gemalinnen von solchen.

Imperatores et imperatrices, reges et regina:

Adelheit regina 25. Jul. XII.

Adolfus rex 4. Jul. XIII.

Albertus rex 1. Mai. XIV.

Anna Maria conj. Ferd. III. imp. 13. Mai. 1646.

Ferdinandus I. imp. (15. Apr., 7. Jul., 13. Oct. XVI.) 25. Jul. 1564.

Ferdinandus II. imp. 15. Febr. 1637.

Ferdinandus III. imp. (13. Mai., 6. Aug. XVII.) 2. Apr. 1657.

Fridericus imperator 10. Jun. XII.

Fridericus imperator (23. Apr. XV.)

Heinricus imperator 19. Mai. XII.

Maria Leopoldina conj. Ferd. III. imp. 6. Aug. 1649.

Maximilianus imperator 10. Jan. 1519.

Maximilianus II. imp. (13. Oct. XVI.) 12. Oct. 1577.

Philippus rex 22. Jun. XIII.

Rudolphus rex 16. Oct. 16.

Archiduces et archiducissae:

Carolus archidux (7. Febr., 19. Apr., 13. Oct. XVI.) 7. Jul. 1590.

Carolus archid. fr. Ferdinandi (18. Apr. XVI.)

Ernestus archidux Austriae 10. Jun. 1424.

Ferdinandus archid. fr. Caroli (18. Apr. XVI.)

Maria archiduc. mat. Ferd. II. imper. 29. Apr. 1608.

Maria Anna conj. Ferdinandi archid. 8. Mart. 1616.

Maximilianus Ernestus archid. 18. Febr. 1616.

Duces et ducissae:

Agnes ducissa 25. Mart. XIII.

Albertus dux Austriae 30. Aug. XIV.

Albertus dux Bavariae (18. Apr. XVI.) 24. Oct. 1579.

Beatrix fundatrix S. Lamb. 24. Febr. XII.

Beatrix 6. Aug. XII.

Engilbertus dux (Carinthiae) mon. 12. Apr. XII.

Fridericus dux Austriae et Stiriae 15. Jun. XIII.

Frowiza ducissa 16. Sept. 16.

Heinricus dux Austriae 13. Jan. XII.

Heinricus dux 20. Oct. 15.

Henricus dux Carinthiae fundator S. Lamb. 4. Dec. 1122.

Henricus dux Carinthiae 12. Oct. 16.
Liupirgis duc. Carinthiae mat. funda-
    toris 13. Nov. 15.
Livpoldus dux Austriae 28. Jul. XIII.
Liutpoldus dux junior 18. Oct. 16.
Livtoldus dux 12. Mai. XII.
Livkart ducissa 21. Jul. XII.
? Marchwardus institutor S. Lamb.
    16. Jun. XII.
Otacher dux Stirensis 8. Mai. XII.
Rudolfus dux Austriae 27. Jul. 1308.
Oudalricus dux Carinthiae 10. Aug.
    XIII.

Marchiones et marchionissae:

Agnes marchionissa 24. Sept. 16.
Chunigund marchion. Stirensis 20. Nov.
    15.
Diepoldus marchio et mon. 8. Apr. XII.
Guntherus marchio 3. Apr. XII.
Haeinricus marchio 17. Jul. XII.
Hainricus marchravius de Monte 6. Jan.
    XIII.
Liupoldus marchio 24. Oct. 16.
Ottacher marchio 28. Nov. 16.
Rudolfus marchio 15. Mart. XIII.
Willehelmus marchio 20. Mart. XIII.

Comites et comitissae:
Perhtoldus comes 7. Mart. XII.
Perhtoldus comes 21. Mart. XII.
Poppo comes 1. Jun. XII.
Chvnigunt comitiss. et conv. 20. Jul. XII.
Ekkebertus comes 3. Aug. XII.
Ekkebertus comes et mon. 24. Nov. 16.
Engelbertus comes de Aquileg(ia)
    16. Jan. XII.
Engilbertus comes 1. Apr. XII.
Elizabet comitissa de Pösing 24. Mart.
    XVI.
Fridericus comes 22. Jan. XII.
Gerdrud comitissa 20. Dec. 16.
Hadmut comitissa 17. Oct. 16.
Hartowicus com. de Ortenburg et Spon-
    heim aeps. Salisburg. 5. Dec. 1022.
Nicolaus comes Zrinius 21. Nov. 1664.
Otaker comes 1. Mai. XII.
Outwinus comes 7. Jan. XII.
Volricus comes 12. Jul. XII.
Waltherus comes 10. Jan. XII.
Willibirch comitissa 25. Jan. XII.
Willibirch comitissa 19. Febr. XII.
Willibirc comitissa 27. Aug. XII.
Wolfgangus com. de Montfort can.
    Gurc. 28. Febr. 1513.

II.

Weltliche Personen mit Familiennamen oder Orts-
zuweisung.

A.

Apperle, Franciscus — 1. Dec. 1567.
Apfaltern, Hutmanicus Kiell de —
    7. Oct. 16. cf. Affolter.
Adam, Joannes — pbr. et mon.
    S. Lamb. 30. Jul. 1517.
Adirniz, Oudalricus — 4. Aug. XII.

Adlerin, Appolonia — in Grääts
    18. Mai. 1524.
Admont, Christianus I. de — 25. Febr.
    XIV.
  Chunigundis de — 2. Mai. XIII.
  Chunradus de — pbr. et mon.
    S. Lamb. 19. Jun. XV.

Gotfridus de — l. 2. Nov. 16.

Guetlindis de — l. 24. Aug. XIII.

Hainricus de — pbr. et mon. S. Lamb. 20. Mart. XIV.

Johannes ex — acol. et mon. 27. Mai. XV.

Rvdolfus l. de — 17. Febr. XIII.

Sigismundus de — mon. Mölk 7. Mart. XVI.

Aflenz, Chvonradus de — conv. S. Lamb. 12. Mai. XIII.

Eberhardus miles de — 1. Mart. XIII.

Ernestus de — pbr. et mon. S. Lamb. 7. Febr. XIV.

Ernestus de — 24. Aug. XIV.

Fridericus l. frat. Ottonis de — 26. Apr. XIII.

Hadewich de — 1. Sept. XIII.

Henricus de — 30. Aug. XII.

Johannes de — pbr. et mon. S. Lamb. 22. Jan. XIV.

Johannes de — pbr. et mon. S. Lamb. 20. Aug. XIV.

Juditha l. de — 11. Jan. XII.

Otto de — pbr. et mon. S. Lamb. 18. Jan. XIV.

Raimarus de — l. 10. Mart. XIII.

Vlmannus de — scriptor 21. Jun. XIV.

Werinherus miles de — 24. Jan. XIII.

Praefecti:

Hauswiert, Joannes — (8. Nov. XVI.)

Herman, Joannes — 8. Nov. 1578.

Praefectissa:

Hermanin, Anna — 20. Jul. 1584.

Officiales:

Dens, Ernestus — 6. Jun. XIV.

Maingotus 18. Sept. 16.

Affolter, Frider(icus) l. de — 25. Apr. XIV. cf. Apfaltern.

Agricola, Christophorus — prof. S. Pauli 4. Oct. XVII.

Georgius — eps. Sekau 16. Mai. 1584.

Achdorffaer, Fridricus des. — pbr. et mon. 6. Jun. XV.

Aicher, Laurentius — prior S. Emmeram 16. Dec. 16.

Aichmayr, Osualdus — 18. Nov. 1626.

Aicholzer, P. Maurus — prof. S. Lamb. 28. Jun. 1664.

Aindorfferrin, Elisabet — mon. Berchtesgaden 4. Mai. XV.

Albus, Rycherus des. — pbr. et mon. S. Lamb. 24. Jul. 1312.

(Altenhofer), Cristophorus — pbr. et mon. (S. Lamb.) 8. Aug. XVI.

Altenstorf, Perchta de — 2. Mart. XIV.

Altenwurger, Wolfgangus des. — l. 8. Jun. 1432.

Alopitius, Conradus — prof. Garsten 15. Mart. 1614.

P. Matthaeus — prof. S. Lamb. 18. Mai. 1617.

Martinus — abbas S. Lamb. 4. Mai. 1613.

Amblang, Georgius pbr. — 18. Febr. XVI.

Amon, Hanss — secret. et jud. S. Lamb. 9. Jun. 1619.

Lambertus — pbr. et mon. S. Lamb. 4. Nov. 1651.

Ann, Ludovicus — secret. S. Lamb. 28. Mart. 1554.

Anph., Liphardus — servus camerarii 14. Mart. XIII.

Anphora, Ditmarus — pbr. et mon. S. Lamb. 3. Febr. XIII.

Anfora, Gotfridus — 14. Mart. XIV.

Angerer, Gallus — prof. S. Lamb. 2. Jan. 1670.

Angermulner, Michael — pbr. et mon. 8. Aug. XVI.

Angrär, Andreas — pbr. Sekau
21. Jan. XV.

Angulo, de — v. Winkel.

Anser, Jonas — abb. Altenburg
12. Nov. 17.

Anzinger, Matthias — mon. S. Lamb.
19. Mart. 1666.

Ärding, Thobias de — pbr. Mölk
4. Oct. XVI.

Arlez, Michael — dec. Klosterneuburg 16. Mart. 1626.

Aspach, Barbara
·· Katherina ⎫ de — 15. Mart.
Heinricus ⎬ XV.
Ludwicus ⎭

Austria, Johannes de — pbr. et mon.
S. Lamb. 15. Jul. XIV.

B, P.

Pappus, Gerardus — prof. Ochsenhausen 24. Mart. 1623.

Pace, de — v. Frid.

Bach, Jacobus — prior Tegernsee
13. Apr. 1643.

Payer, Johannes des. — pbr. et mon.
S. Lamb. 8. Mai. 1434.

Painnerin, v. Paumerin.

Bayr, Virgilius — conv. S. Petri S.
24. Jul. 1636.

Pairdorf (?), Perhtoldus vill. de —
27. Febr. XIII.

Pairhofer, Martinus — pbr. et can.
Gurk 26. Apr. XV.

Palten, Otto de — miles jud. S. Lamb.
7. Jan. XIV.
Elizabeth, filia Ottonis de — 4. Jun.
XIV.

Balten, Elizabeth uxor Ottonis de —
28. Nov. 16.

Pamst, Petrus — pbr. et mon.
S. Lamb. 7. Apr. 1454.

Pantrer (?), Christophorus — cust.
MZ. 13. Aug. 1521.

Panner, Melchior — pbr. Klosterneuburg 27. Oct. 17.

Paar, P. Alexander a — mon. Mölk
18. Dec. 1645.

Paradyso, Wernhardus l. de —
17. Apr. XIII.

Barbatus, Otto, der Frider — conv.
S. Lamb. 9. Febr. XIV.

Parthans, Joannes — J. U. D. etc.
S. Lamb. 4. Mart. XVII.

Bardonizius, Joannes Christophorus — secretarius S. Lamb.
(10. Jun. XVII.)

Parenpüchlerin, Chunigundis —
mon. Berchtesgaden 12. Jun. XV.

Bargeiser, Petrus — subdiac. Neustift 21. Oct. 1568.

Paris, Herbort — l. 21. Apr. XII.

Baschenpeutel, Fridericus — l.
4. Mart. XIV.

Pawdel, Nicolaus — pbr. et mon.
S. Lamb. 13. Apr. 1395.

Pawer, Petrus — l. 15. Dec. 16.

Bauer, cf. Agricola.

Paugartner, Rudvertus — pbr. et
mon. 7. Aug. XVI.

Pauhlin, Elitzabet — 31. Mai. XVI.

Paulitschin, Martha — 24. Apr.
1632.

Pauliz (Paulitsz), Joannes — parochus Murau (24. Apr. XVII.)
20. Jun. 1640.

Paulstorfferin, Elena — mon.
26. Aug. XV.

Paumerin, Chunigundis — mon. Salzburg 24. Mart. XV.

Paumkireher, Andreas — 23. Apr.
1471.

Pawngartner, Gregorius — acol.
3. Febr. XVI.

Baur, Conradus — 16. Mai. XVI.

Pawr, Rudvertus — pbr. et mon.
8. Aug. XVI.

Pacz (?), Petrus des. — pbr. et mon.
S. Lamb. 28. Jun. XIV.

Paz, Zacharias — prior S. Lamb.
12. Dec. 1629.

Pazawar, Hainricus — subdiac.
18. Jan. XIII.
Peter, Bartholomaeus — conv. Klo-
sterneuburg 27. Oct. 17.
Becherlinus (4. Oct. XV.)
Pechinger, Johannes — can.
Berchtesgaden 20. Mai. XV.
Peyrl, P. Robertus — prof. S. Lamb.
24. Jun. 1658.
Pechhin, Katherina — 14. Mart.
XVI.
Peer, Paulus — pbr. et mon. Krems-
münster 24. Oct. 1639.
Belasy, Kuen de — v. Kuen.
Pelhamer, P. Leonardus — prof.
Suben 6. Nov. 1644.
Pelse, Albericus de — 21. Apr. XIII.
Peltzer, Wulfingus l. dcs. — 18. Dec.
16.
Peren (?), Leol. villicus de — 8. Febr.
XIII.
Perg (de Monte), Anna filia Rudolfi
de — 16. Jul. XIV.
   Chunegundis filia Ruedlini de —
   5. Aug. XIV.
   Chvnigundis judicissa de — 12. Jan.
   XIII.
   Dietprandus de — 20. Aug. XIII.
   Dietmarus judex de — 14. Sept. 16.
   Gepa l. de — 20. Apr. XII.
   Gerdrudis uxor Ottonis de —
   15. Mart. XIII.
   Gotfridus de — 29. Jun. XIII.
   Gotfridus de — 26. Jun. XIV.
   Henricus de — 13. Mai. XV.
   Herbirch l. de — 2. Mai. XIII.
   Johannes de — 7. Aug. XIV.
   Johannes de — 15. Apr. XV.
   Johannes de — pbr. Götweig 25. Jun.
   XV.
   Libmanus de — l. 16. Sept. 16.
   Linhardus de — conv. S. Lamb.
   17. Jun. XIII.
   Margareta uxor Hainrici de —
   24. Mai. XIV.

Perg, Vlric. de — judex (13. Mai. XV.)
   Woluingus de — 21. Aug. XIII.
Perehdolt, Gregorius — arcularius
9. Jan. XVII.
Berlinger, Fr. Christianus — ex
mon. Bregantz 9. Jun. 1621.
Perlinger, Dominicus — pbr. can.
Klosterneuburg 30. Mai. 1631.
Perman, Erhardus — ppus. Lavant
8. Jul. 1485.
Pernnauerinn, Doroth. — 30. Mart.
XVI.
Bernburger, Georius — abb. Ober-
burg 1. Mai. XV.
Perntaz, Vrbanus — abb. Mölk
30. Jan. 1587.
Berndorf, Weigandus de — l.
20. Oct. 16.
Berneblas, Gotfridus — pbr. Vorau
8. Apr. XV.
Pernek, Vlr(icus) et Dimuedis uxor
sua de — 12. Mai. XIV.
   Wilhalmus de — 24. Mai. XIII.
Pernstöll, P. Vitus — prof. S. Lamb.
23. Jul. 1659.
Pfaffendorfer, Hainricus, de Juden-
burga — pbr. et mon. S. Lamb.
12. Febr. 1385.
Pfaffenhofer, Sebastianus — pbr.
19. Febr. XV.
Pfafsteten, Petrus de — prior
S. Lamb. 8. Febr. 1369.
Phaufendorferin, Clara — mon.
13. Jun. XV.
Pheninch, Ditmarus — pbr. et mon.
S. Lamb. 20. Jul. XIII.
Phuntan, Gundakerus — miles 1. Feb.
XIV.
   Nicolaus dcs. — pbr. et can. 7. Aug.
   XIV.
   Vlricus — l. 14. Dec. 16.
Piberstainer, Ditmarus — l. 9. Jan.
XIII.
Pierer, Valentinus, ex Aflenz — abb.
S. Lamb. 7. Jun. 1541.

Pieringer, Georgius — pleb. Mariahof 31. Dec. 1530.

Pyeczennawer, Petrus — ppas. Berchtesgaden 4. Mart. XV.

Bihele, Martinus — conv. Mölk 7. Mart. 1650.

Pichler, Edmundus — prof. S. Lamb. 30. Jan. 1656.

Bimiller, P. Laurentius — prof. Admont 8. Jun. 1646.

Pircher, P. Georgius — prof. S. Pauli 21. Aug. 1614.

Pirin (Pyrin), Albinus — 3. Mai. 1651.

Benedictus — abb. S. L. 15. Febr. 1662.

Daniel — 9. Aug. 1644.

Pyrkhel, P. Aemilianus — prof. S. Petri S. 17. Jul. 1651.

Pircker, Christophorus — 14. Dec. 1579.

Piswicus (Pisweich, Piswich), Dietmarus — l. 10. Febr. XIV.

Gerdrudis uxor Ottonis — 13. Jun. XIV.

Hainricus — pbr. et mon. S. Lamb. 29. Mai. XIV.

Johannes des. — pbr. et mon. S. Lamb. 5. Jan. XIV.

Margareta filia Ottonis — 15. Apr. XIV.

Otto miles des. — senior 8. Febr. XIII.

Otto l. — 26. Apr. XIII.

Otto miles des. — junior 18. Febr. 1317.

Pistrix, Alhaidis des. — 30. Jun. XV.

Plat, Vrbanus — pbr. et mon. S. L. 22. Mai. 1529.

Platea, Ditmarus de — l. 9. Aug. XIII.

Imma de — 3. Febr. XIII.

Margareta de — 27. Jul. XIII.

Oudalscalchus de — l. 18. Aug. XIII.

Platner, Matheus — pleb. Mariahof 8. Oct. 1596.

Playcherin, Khaterina — 25. Apr. XVI.

Planch (?). Otto — pbr. et mon. S. Lamb. 4. Febr. XIII.

Planchenbarterin, Elisabet — p. m. 28. Jan. XIV.

S. Blasium, Fridericus l. ad — 23. Jun. XIV.

Gvntherus l. ad — 23. Jun. XIV.

Vlr(icus) S. Blasii 24. Apr. XIII.

Plaw, Joannes — prior Götweig 16. Oct. 1630.

Plegerin, Katherina — 30. Mart. XVI.

Plej, Bernardus — prof. S. Lamb. 13. Jan. 1655.

Popenberger, Dietherus des. — 12. Jul. XV.

Poppenperger, Johannes des. — abb. Formbach 3. Jan. XV.

Poppenpergerin, Chunigundis — 5. Jul. XV.

Potendorf, dominus de — 8. Oct. 16.

Poezz, Welczlinus des. — civis Murau 6. Jan. 1349 (?).

Pognerin. Magdalena — 31. Mart. XVI.

Bohemus, Johannes — pbr. et mon. 13. Aug. XIII.

Boierius, Joannes — senior S. Lamb. 26. Sept. 1602.

Pok, Johannes des. — pbr. et mon. Oberburg 23. Apr. XIV.

Bok, v. Caper.

Pöckh, P. Leander — oecon. Weisskirchen 18. Oct. 1657.

S. Pölten, v. S. Ypolito, de —.

Polierer, Johannes — not. Eberndorf 4. Mai. XV.

Polonia, Johannes de — scholast. S. Lamb. 21. Oct. 1358.

Polonus, Nicolaus — prior 12. Apr. XV.

Pöls, v. Pelse.

Pontusius, P. Martinus — prof.
Götweig 3. Oct. 1641.

Poschkaj, Josephus — prior S. L.
27. Mart. XVII.

Pratum, v. Traten.

Praitenwrt, Diemuodis de —
23. Mart. XIII.

Praittenfurt, Rudigerus de — l.
24. Nov. 16.

Praitenfurter, Chunradus des. —
pbr. et mon. S. Lamb. 29. Nov.
16.

Pramer, Candidus — coadjutor Neustift 16. Jun. 1568.

Pranpekch, Andreas — ppus. Vorau 28. Febr., 20. Apr. XV.

Brandt, P. Joseph — prof. Götweig
9. Nov. 1644.

Pranthueber, Marcus — pbr. et
mon. S. Lamb. 24. Apr. 1565.

Prändtl. Sebastianus — prof. Seon
16. Apr. XVII.

Prank, Chunegund. de — 7. Apr. XIV.

Pranck, Rudolphus — prior S. Lamb.
25. Jun. 1570.

Praun, Sebastianus — pbr. et mon.
Kremsmünster 26. Jan. 1644.

Bretter, Georgius — administrator
etc. 30. Nov. 1588.

Predol(?), Maehtildis de — 9. Febr.
XIII.

Pretschlayfferin, Magdalena dca.
— mon. 6. Aug. XV.

Preitenbeider, Fridericus — de
Grätz 18. Apr. XVI.

Prein, Anna — mon. Berchtesgaden
28. Jun. XV.

Preininger, Matthias — abb. Admont 8. Mart. 1628.

Preyss, P. Ferdinandus — prof.
S. Lamb. 9. Oct. 1655.

Preiss, Fridericus — judex S. Lamb.
30. Nov. 16.

Prenner, Fridericus — SS. Theol.
Dr. 22. Mart. 1612.

Prener, P. Josephus — Garsten
13. Aug. 1646.

Prenner, Vdalricus — 28. Mai. XVI.

Breuis, Johannes des., de La — pbr.
et mon. S. Lamb. 28. Aug. XIV.
  Nycolaus des. — pbr. et mon.
  S. Lamb. 3. Sept. XIV.
  Seifridus des. — pbr. et mon.
  S. Lamb. 8. Apr. XIV.

Prewndlin, Elisabeth — 10. Mart.
XVI.

Prewssin, Margaretha — 25. Apr.
XIV.

Pribius, P. Andreas — prof. Mölk
11. Oct. 1610.

Prileb, Macz l. in — 28. Aug. XIV.

Prisin, Gerdrudis — ? mon. 11. Febr.
XII.

Probst, Melchior — conv. S. Lamb.
2. Mai. 1655.

Prudentius, Dr. Nicolaus — prior
Garsten 27. Jun. 1622.

Bruk (Prvkke), Adam de — 1. Jun.
XIII.
  Chunradus de — 12. Mai. XII.
  Fridericus de — pbr. et mon.
  S. Lamb. 14. Jan. XIV.
  Otilia l. de — 12. Febr. XIII.

Prucker, Georgius — pleb. Lassniz
17. Jan. 1607.

Bruner, Richardus — phr. Klosterneuburg 27. Oct. 17.

Puechasyn, Margaretha — 25. Apr.
XVI.

Puecher, Thomas — subd. et mon.
S. Lamb. 16. Mai. 1579.
  P. Zacharias — Reichersperg 8. Febr.
  1652.

Pühler, Bartholomeus — pbr. et mon.
S. Lamb. 26. Sept. 16.

Puhlern, Wilbirgis de — 6. Jul. XIII.

Puch, Nicolaus de — pbr. et mon.
S. Lamb. 21. Jul. XVI.

Püchler, Bartholomeus — pbr. et
mon. S. Lamb. 28. Jul. 1427.

Puehler, Johann. — can. Gurk 18. Apr. XVI.

Pwlo(?), Johannes — 6. Mai. XIV.

Burk, Henricus de — pbr. et mon. S. Lamb. 12. Jul. XVI.

Pürgkl, Pangratius — pbr. et mon. S. Lamb. 14. Jun. 1507.

Purchlin, Margareta — 13. Jul. 1467.

Pürckhlin, Margaretha — 5. Oct. 1465.

Purkstaller, Joannes — prior S. Lamb. 27. Jun. 1652.

Bursfel, Caspar — abbas 29. Mai.XV.

Pustramer, Otto — p. S. Lamb. 18. Mart. XIII.

Pustramer, Vlr(icus) — 15. Jul. XIV.

Pux, Pabo de — 10. Jan. XIII.

  Poppo de — 30. Mart. XIII.

  Christancia de — 13. Mart. XIII.

  Diemuot de — 14. Mart. XIII.

  Dimvdis l. de — 4. Febr. XIII.

  Dietricus de — 1. Febr. XII.

  Ditricus de — 27. Juli XIII.

  Durinchardus de — l. 10. Aug. XIII.

  Gerdrudis de — 27. Mart. XIII.

  Gotsteu l. de — 15. Apr. XII.

  Irmgard de — 13. Oct. 16.

  Margareta soror Gotfr. de — 1. Mart. XIII.

  Marchwardus miles de — 27. Aug. XIII.

  Otto de — l. 16. Jan. XII.

  Otto de — 3. Aug. XIII.

  Offimige de — 14. Febr. XIII.

  Ortolfus de — miles 21. Mart. XIV.

  Wilbirg l. uxor Fr. de — 23. Aug. XIII.

Puxerin, Perchta dca. — abbatissa 21. Sept. 16.

C, Ch, K.

Caper(?), Chunradus — 12. Jul. XIII.

Kapfenberg, Perchta de — 8. Jun. XIV.

Leupertus de — diac. et mon. S. L. 2. Aug. XIV.

Otto de — acol. S. Lamb. 15. Mart. XIV.

Kätin, Christophorus — prof. et pharmacopola S. Lamb. 12. Apr. 1663.

Cattner(?). Johannes — pbr. 17. Aug. XVI.

Katsch (Ketse), Dimudis de — 3. Mart. XIII.

  Lívkard de — 26. Mart. XII.

  Richgard l. de — 19. Mart. XII.

  Richkart de — 26. Jul. XIII.

Kaina, Hainricus de — l. 4. Mai. XIII.

Chaynacher, Chunradus — pbr. et mon. S. Lamb. 9. Jun. 1448.

Chainacher, Heinricus — 9. Mai. XV.

Kallpergerin, Susanna — mon. 15. Sept. 16.

Calce, Willibirch de — 1. Apr. XIII.

Khalcianer, Jeorgius — 17. Apr.XV.

Kaltenhof, Alhaidis filia Gotscalci de — 4. Jun. XIV.

  Herimannus lapicida de — 27. Mai. XIII.

  Nicolaus filius coscalcii de — 10. Jan. XIV.

Kaltenhofen, Achacius vill. in — 4. Aug. XV.

  Gotschalcus de — conv. S. Lamb. 16. Sept. 16.

Khaltenhausen, P. Andreas a — prof. S. Lamb. 4. Mai. 1664.

Chaltin, Diepoldus l. de — 21. Apr. XII.

Kalch, v. Calce, de —.

Kalchamer, Georgius — civis Graz 13. Febr. XVII.

Kalczkoch, Leonhardus — pbr. et can. Sekau 19. Mart. XV.

Kamer(?), Bartholomeus — 8. Oct. 16.

Camera, Hermannus de — conv. S. Lamb. 1. Febr. XIII.

Cammerer, P. Matthaeus — prof. Garsten 13. Aug. 1632.

Charphain, Dietmarus . de — 12. Mart. XIV. ʿ
Otilia de La uxor ejus — 12. Mart. XIV.
Khärgl, Vrbanus — pbr. 24. Jan. XVI.
Karih, Ruodbertus de — 5. Jun. XIII.
Karinthiana, Diemudis dca. — 19. Apr. XIV.
Karinkch (Karnikch?), Leonhardus — de Oberndorf 5. Mart. XV.
Chaernaer, Chunradus de Hirzekke l. — 29. Mai. XIII.
Casselius, Joannes — organista S. Lamb. 28. Aug. 1654.
Khastner, v. Kostner.
Caula, Herbordus villicus de — 10. Mart. XIII.
Wendelburgis l. de — 9. Mart. XIII.
Chaczenstainer, Dietricus — 28. Apr. XIV.
Ulricus — pbr. et mon. S. Lamb. 21. Aug. XIV.
Ceherl, Petrus des. — 22. Jun. XIV.
Chechau, v. Thechau.
Cheirpach, Perchlinus de — 21. Jul. XIV.
Cella, v. Mariazell.
Cellensis, P. Joannes — prior Mölk 23. Aug. 1651.
Keller, Casparus — senior S. Lamb. 4. Mai. 1639.
P. Christophorus — prof. S. Lamb. 15. Mai. 1666.
Chellerberger, Adalbertus — l. 11. Febr. XV.
Pilgrimus, Georius dicti — 16. Mart. XV.
Kellerberger, Petrus — l. 28. Febr. XV.
Jacobus — 28. Febr. XV.
Chellerbergerin, Dorothea — 16. Mart. XV.
Cellaerin, Christina — mon. 24. Mai. XV.

Chelczyna, Kunigundis — mon. Sekau 26. Jul. 1444.
Centenarii, Permannus diac. fil. — 4. Jul. XIV.
Centner, Vlricus — l. 1. Jan. XIV.
Czenkel, Anna mater Fridrici — 22. Febr. 1389.
Czenkell, Fridricus — pbr. et mon. 22. Febr. XV.
Czenkel, Fridricus — pbr. et mon. S. Lamb. 30. Apr. XV.
Czenkl, Vlricus pater Fridrici — 1. Sept. XIV. cf. Zenkel.
Cherl, cf. Chrel.
Kerschbaum, Anna de — 30. Jul. XIV.
Pertholdus l. de — 5. Jun. XIII.
Mehthildis mater Vllini de. — 16. Mart. XIV.
Kherspawmer, Georgius — pbr. et mon. S. Lamb. 15. Jul. 1490.
Keser, Ludovicus — pbr. can. Klosterneuburg 16. Jun. 1631.
Kestmair, Joannes — pbr. 8. Sept. 1604.
Checzelstorffer, Thomas — pbr. et can. 7. Jun. XV.
Checzer, Otto des. — pbr. et mon. S. Lamb. 11. Jan. XIV.
Kicler, Dietmarus — pbr. et mon. S. Lamb. 17. Mai. XIV.
Kiell, Hutmannicus — de Apfholtern l. 7. Oct. 16.
Kienperger, Bartholomeus — pbr. et mon. S. Lamb. 23. Mai. 1585.
Kierchamer, P. Bartholomeus — prof. S. Pauli 1. Sept. 1641.
Cychstainnine, Margareta l. — 5. Jun. XIII.
Kikler (?), Wlricus miles — 3. Jul. XIII.
Czimperger, Johannes — servitor etc. 31. Jul XVI.
Kynberger, Fridricus l. — 11. Febr. XV.

Kirchbach, Anna uxor Rudolfi im —
1. Aug. 1404.

Chuonigundis uxor Virici judicis de
— 8. Jan. XIV.

Khirchperger, Bernhardinus —
pbr. et mon. 19. Apr. XVI.

Kirchenueint, Conradus pbr. et
mon. dcs. — 27. Mai. XV.

Kirch ... h . do . ff, Georgius —
pbr. et mon. S. Lamb. 23. Jul.
XVI.

Kirchenkhenpf (?), Georgius —
pbr. et mon. S. Lamb. 22. Sept.
16.

Kirchofer, P. Matthias — prof.
S. Pauli 3. Mai. 1621.

Kisner (?), v. Ipsner.

Klaismair, Christophorus — prior
S. Petri S. 22. Apr. 1650.

Klett, Wolfgangus — 28. Mai. XVI.

Kleeh, Jacobus de — 1. 23. Jul.
1464.

Chlel, (Chlelinus), Nicolaus —
16. Aug. XIV.

Klingennagl, Egidius — senior
28. Febr. 1530.

Kloiber (?), Balthasarus — prof.
Michelbeuren 21. Jul. 1642 (?).

Klocker, Paulus — in mon. Novacella 15. Mai. 1570.

Klokher, Johannes — pbr. et mon.
S. Lamb. 5. März 1541.

Klöckhl, Johannes — pbr. et mon.
S. Lamb. 16. Dec. 1489.

Klöl (Chloel Chloel), Petrus — pbr.
et mon. S. Lamb. 22. Sept. 16.

Fridricus — civis S. Lamb. 18. Aug.
XIV.

Johannes — pbr. et mon. S. Lamb.
30. Aug. 1433.

Chloelin, Katerina — 4. Aug. 1378.

Chloelini, Elizabet filia — 17. Aug.
XIV.

Chluchli, Wolframmus — 28. Aug.
XIII.

Knäller, P. Leonardus — prof.
S. Lamb. 18. Jun. 1508.

Knittelfeld.

Judex:

Jegermaister, Cristophor. — 13. Jun.
XVI.

Secretarius:

Wolfgangus et ejus uxor Sybila
13. Jun. XVI.

Koberl, Johannes — pbr. secul.
19. Apr. XV.

Köberl, Symon — pbr. et mon.
7. Aug. XVI.

Khoboltsperger, Sigismundus —
pbr. et mon. S. Lamb. 3. Jan. XVI.

Chogel, Chunradus I. de — 25. Mai.
XIII.

Kogler, Joannes — nobilis 1. Jun.
1645.

Sigismundus — abb. S. Lamb.
15. Apr. 1562.

Khogler, Marcus — pbr. et mon.
S. Lamb. 5. Mart. 1507.

Chol, Georius, ad Lint — puer 15. Jul.
XIV.

Kholb, Carolus — prior Kremsmünster 7. Mart. 1620.

Khelberg, P. Fr. Agapitus — prof.
Kremsm. 6. Apr. 1642.

Khölbl, Augustinus — prior etc.
30. Nov. 1588.

Chelbo, Dietmarus dictus — ppus.
Sekau 25. Apr. 1346.

Kolenperger, Georius — 27. Aug.
XV.

Kholerin, Katherina — 29. Mart.
1442.

Cholerin, Gerdrudis dca. — vel
Lelin 25. Febr. 1404.

Colnicer, — mon. 22. Febr. XV.

Cholwiser, Haertwicus dcs. — can.
Gurk 27. Febr. 1320.

Collaser, Viricus dcs. — ppus.
Sekau 14. Apr. 1436.

Khönigsperger, Illdephonsus — prof. et subdiac. S. Lamb. 11. Jun. 1652.

Cornel, Daniel — prior S. Lamb. 10. Jul. 1585.

Cornerus, David Gregorius — abb. Götweig 9. Jan. 1648.

Kostner, Christofferus — pbr. et mon. S. Lamb. 3. Apr. 1502.

Chrabat, Johannes — abb. Arnold-stein 25. Mai. XV.

Chrabatstorffer (Krabersdorfer), Henricus — 4. Mai. XV.

Krabastorffer, Seifridus — l. 5. Sept. 1446.

Krabatstorffer, Viricus — pbr. et mon. S. Lamb. 24. Jul. 1446.

Krachenberger, Daniel — mon. 13. Mai. XVI.

Krål (Kral, Kräll, Krel, Chrel, Crell), Achatius — senior S. Lamb. 20. Sept. 1461.

Achaeius — senior S. Lamb. 21. Jul. XVI.

Andreas pbr. et mon. S. Lamb. des. — 23. Aug. XIV.

Eberhardus des. — 1. Sept. XIV.

Fridricus — pbr. et mon. S. Lamb. 22. Mai. XIV.

Fridricus — filius Mainhardi (24. Jul. XIV.).

Fridricus des. — 31. Aug. XIV.

Haydenricus l. des. — 22. Aug. XIV.

Haydenricus — pbr. 27. Febr. XV.

Heinricus l. des. — 27. Aug. XIV.

Johannes l. des. — 24. Aug. XIV.

Johannes l. des. — 28. Aug. XIV.

Meinhardus des. —, Katherina dicta Manschilerin ejus filia 24. Jul. XIV.

Wilhelmus l. — 11. Mai. XV.

Wolfgangus — pbr. et mon. S. Lamb. 24. Jul., 23. Sept., 7. Oct. 1523.

Krampach, Petrus de — Katrina ejus uxor 9. Apr. XV.

Kranbiter, Johannes, de Aspach — pbr. mon. 17. Febr. XV.

Kraus, Joannes — custos Mariazell 9. Mart. 1596.

Chreich, Otto l. de — 8. Apr. XIII.

Chreic, Wilhalmus de — 8. Jun. 1303.

Chreiger, Hainricus — pbr. et mon. S. Lamb. 17. Jan. XIV.

Otto des. — pbr. et can. Gurk 14. Apr. XIV.

Krel, v. Kräl.

Cremse, Otto de — 23. Febr. XIII.

Kremser, Matthias — pbr. et mon. S. Lamb. 25. Febr. 1593.

Kremsmünster, Ruffus de — v. Ruffus.

Kresperger, Guililmus — conv. Kremsm. 2. Dec. 1641.

Kreuz, v. Cruce, de —.

Chrevzer, Fridericus — 15. Aug. XIII.

Krewtzer, Laurencius — pleb. Mariahof 23. Nov. 1472.

Creuzer, P. Vdalricus — prof. Götweig 31. Mart. 1645.

Kripp, Burkhardus — in Neustift 29. Oct. 1571.

Kriechpaumb, Leonhardus — pbr. secul. 11. Apr. 1571.

Krienzer, Leonardus — pbr. et mon. S. Lamb. etc. 3. Nov. 1606.

Christian, Wolfgangus — pbr. et mon. Kremsmünster 4. Dec. 1637.

Crobata, P. Hugo — prof. S. Lamb. 12. Mart. 1650.

Chroph, Chunradus l. — 28. Apr. XIII.

Chrottendarfer, Seydlinus — 11. Jul. XIV.

Croecheer, Rudolfus — 24. Jul. XV.

Krossl, Nicolaus — pbr. 17. Jun. XVI.

Cruce, Richiza de — vill. 9. Jan. XII.

Crucibus, Chunradus vill. de — 29. Jun. XIII.

Krueg, Anthonius — 19. Apr. XVI.
Georgius — conv. Sekau 16. Mai. XV.
Gotfridus — 8. Jan. XV.
Chrueg, Vlricus des. — 11. Mart. XV.
Krug, cf. Anphora.
Czuber, Johannes dictus — pbr, et
mon. 3. Mart. XV.
Kueffinger, Simon — l. 4. Oct. 16.
cf. Chuoffinger.
Kuen, Michael — pbr. Klosterneu-
burg 27. Oct. 17.
Kuen, Joannes Jacobus, de Belasiis —
aeps. Salzburg 4. Mai. 1586.
Chuerinna, Fromuedis — 25. Apr.
XIII.
Chuoffinger, Fridricus — pleb.
M. H. 6. Mai. 1382. cf. Kueffinger.
Kuglerin, Katherina — 14. Mart.
XVI.
Khükh, Thomas — 25. Apr. XVI.
Chumbro, Otto — 16. Jan. 1316.
Chumer, Gotfridus — l. 24. Aug.
XIII.
Otto l. des. — 30. Aug. XIV.
Khummer, Stephanus — pbr. et mon.
S. Lamb. 26. Sept. 16.
Khun, Petrus — pbr. et mon. Krems-
münster 27. Jan. 1640.
Tobias — pbr. Altenburg 12. Nov. 17.
Chuniswart, Johan. de — 21. Mart.
XIV.
Curbelius, P. Placidus — mon.
S. Petri S. 16. Mai. 1639.
Curtius, P. Adamus — prof. S. Pauli
18. Mai. 1621.
Curia, v. Mariahof.
Kurz, v. Brevis.
Kürtzpekh, Michael — 25. Apr. XVI.
Khutzenberger, Chunradus —
12. Jun. XVI.

D, T.

Thaja, v. Theodosia.
Tamsweg, Herburgis mater Hainr.
de — 22. Jan. XIII.

Daxsperger, Vlricus — pbr. Seoa
25. Febr. 1612.
Degeinborger (?), Jacobus miles
— Margareta uxor 25. Mart. XV.
Techawe, Alhaeidis de — soror Vl-
salci 6. Jul. XIII.
Techav, Gerdrut (de) — 6. Mart. XIII.
Techowe, Gisila de — 2. Mart. XIII.
Techov, Maethildis uxor Permanni
de — 31. Mai. XIII.
Thechau, Vlric. de — l. 10. Mart. XIII.
Techowe, Walkerus l. de — 21. Febr.
XIII.
Techer, Petrus — pbr. et mon.
S. Lamb. 5. Aug. XIV.
Tentsch, Fridericus des. — subdiac.
et can. Gurk 25. Jul. XIV.
Tenczacher, Paulus — pbr. et mon,
5. Febr. 1419.
Tentschacher, Leonhardus — diac.
17. Apr. XIV.
Tenschacher, Nicolaus des. — pbr.
et mon. S. Lamb. 27. Aug. XIV.
Tentschacher, Ortolfus l. des. —
14. Febr. XIV.
Ortolfus — et ejus soror Matza
5. Febr. XIV.
Tengler, Hainricus des. — 13. Apr.
XIV.
Tenicharii, Heinricus, Andreas, sco-
lares et fratres Georii — 30. Aug.
XIV.
Tenicharius, Martinus — l. 31. Aug.
XIV.
Tenicharii, Vlricus pater Geori —
28. Aug. XIV.
Dens, Ernestus — officialis Aflenz
6. Jun. XIV.
Hainricus — pbr. et mon. S. Lamb.
6. Jan. XIV.
Lienhardus — 14. Febr. XIII.
Stephanus — officialis in Marchia
19. Mai. XIII.
Theodosia (Thaja), Christanus l.
de — 23. Jul. XIV.

Gerdrudys l. filia Christani de —
1. Febr. XIV.

Vlricus de — pbr. et mon. S. Lamb.
29. Jun. 1350.

Teutsch, P. Martinus — oeconom.
S. Pauli 13. Febr. 1623.

Teuffel, Albertus des. — 24. Sept.
16.

Teuffelin, Margaretha — 24. Sept.
16.

Teufenbach, Alhaidis de — mater
Offonis 19. Febr. XIII.

Alheit de — l. 17. Jan. XII.

Bertha l. de — 24. Mart. XII.

Fridericus de — 10. Febr. XVII.

Hainricus des. — 18. Mart. XIV.

Hartwicus miles de — 26. Sept. 16.

Mahtilt l. de — 8. Apr. XII.

Maehtildis l. de — 10. Apr. XIII.

Otto de — 21. Jan. XII.

Offo de — 28. Apr. XIII.

Offo miles de — 13. Oct. 16.

Offo de — (10. Febr. XVII.)

Riehza de — 2. Sept. XIII. cf. Tiumphenbach.

Dexel, Matthaeus — conv. Altenburg 12. Nov. 17.

Teczhaymer, Chunradus — pbr.
secul. 19. Apr. XV.

Dyabolus, Johannes — 17. Apr.
XIV.

Dietel, Franciscus — prof. S. Petri
S. 17. Jan. 1647.

Dietrichstain, Mauricius — pbr.
et mon. 30. Aug. XVI.

Tichtel, Johannes l. des. — 1. Jun.
XV.

Dillis, Martinus — conv. Kremsm.
12. Jul. 1641.

Tingler, Augustinus — pbr. 25. Aug.
XVI.

Dinch (?), Reizza — 26. Jul. XIV.

Tirk, Andreas — 29. Mart. 1417.

Dirnstein, Arbo de — 16. Jan. XII.

Rudigerus de — 20. Mart. XIII.

Dischler, Paulus — conv. Klosterneuburg 27. Oct. 17.

Tiumphenbach, Otto de — 21. Jan.
XIII. cf. Teufenbach.

Topl (?), Cristofforus de —, Margareta ejus uxor 28. Mai. XVI.

Tolhaymer, Philippus — pbr. et
can. Kimsee 11. Febr. XVI.

Dollinger, Georgius — pbr. et
mon. Garsten 19. Dec. 1622.

Tolrer, Johannes — civis in Linz
19. Mart. XV.

Tolz, Hieronymus — pbr. Klosterneuburg 27. Oct. 17.

Dommerstorfer, Walchuenus des.
— diac. et mon. S. Lamb. 21. Jul.
XIV. ·

Dounsberc, Hiltigart — 14. Apr. XII.

Dorfel, Petrus — 6. Jul. XV.

Dorin, Chunigund — l. 13. Jun. XVI.

Doring. Dr. Christophorus — mon.
Götweig 10. Nov. 1643.

Törling, Wolfgangus — pbr. et mon.
S. Lamb. 10. Jun. 1614.

Thosch, Conradus — pleb. Aflenz
11. Apr. XVII.

Toczel, Otto des. — conv. S. Lamb.
7. Jan. XIV.

Töczel, Otto des. — conv. S. Lamb.
14. Jan. XIV.

Draplin, Regina — 25. Apr. XVI.

Trabocher, Erhardus — diac.
19. Febr. XV.

Traten (de Prato), Permannus l. de
— 5. Jun. XIII.

Fridricus de — pbr. et mon. S. Lamb.
26. Apr. XIV.

Gerdrudis de — 9. Mart. XIV.

Hainricus l. juvenis de — 11. Febr.
XIII.

Hainricus judex de — 26. Apr. XIII.

Hainricus de — pbr. et mon. S. Lamb.
15. Mai. XIII.

Heinr(icus) de — 22. Apr. XIV.

Hermannus caupo de — 23. Mai. XIII.

Traten, Jacobus de — 26. Jan. XIII.
Johannes de — 15. Jun. XIV.
Margareta uxor Hainrici de — 2. Jun. XIII.
Otto judex antiquus de — 29. Apr. XIV.

Trattendarfferin, Offey — 5. Mai. XV.

Tratner, Joannes — abbas S. Lamb. 3. Jun. 1591.
Valentinus — civis S. Lamb. 3. Mart. 1570.

Trattnerin, Vrsula — mater etc. 11. Jun. 1588.

Dråchsel, Michael — pbr. et mon. Seitenstetten 1. Febr. XVII.

Trauhius, P. Petrus — S. Petri S. 29. Jun. 1639.

Trawttenbergerin, Kunigundis — mon. 26. Aug. XV.

Trautmansdorf, Anastasia de — 19. Apr. XVI.

Trauttmansdarfferin, cf. Trattendarfferin.

Traun, v. Truna.

Trawner, Magenso (?) des. — pbr. et mon. S. Petri S. 21. Aug. XV.

Treitwein, Georgius — prof. Ober-Alteich 2. Mart. 1609.

Trembelius, Thomas — pbr. et mon. S. Petri S. 28. Febr. 1639.

Tridentina, Jacobus de — clericus Mölk 22. Sept. XVI.

Triester, Anna uxor Johannis — 15. Jun. XV.

Tryester, Johannes — l. 6. Mai. XV.

Triester, Mathias — pbr. 29. Apr. XV.

Trikhopf, Casparus — subdiac. (St. L.) 7. Sept. 1521.

Drikopf, Wolfgangus — 5. Jun. XVI.

Trixen, v. Truchsen.

Troestel, Hainricus des. — pbr. et mon. S. Lamb. 14. Mai. XIV.

Troestlinus, Henricus — pbr. et mon. S. Lamb. 12. Jul. XVI.

(Truílehing), Willbirch (l. de —) 21. Mart. XIII.

Trüffner, Gallus — pbr. et mon. Aspach 15. Mart. XV.

Truchsen, Permannus de — abb. S. Lamb. (2. Dec. 16.)
Eberhardus de — aeps. Salzburg 2. Dec. 16.

Truller, Haynricus — de Judenburg 6. Apr. XIV.

Trvllerinna, Chunegundis l. — 8. Febr. XIV.

Truna, Hainricus miles de — 6. Jun. XIII.

Tueschenpech, Rudolfus l. des — de Enstal 27. Mai. XIV. cf. Tuerschenpech.

Durrenpergerin, Dorothea — 16. Mai. XV.

Türlingerin, Otilia — mon. 26. Aug. XV.

Turn, Febi vom — 5. Jun. XVI.

Dürnperger, Philipp — 19. Apr. XVI.

Dürnpergerin, Barbara — 31. Mart. XVI.

Türschenpech, Christianus l. des. — de valle Anesi 25. Febr. XIV. cf. Tueschenpech.

Tzimperger, Gregorius — servitor etc. 20. Mai. 1517.

E.

Eppelhauser, Johannes — pbr. et can. Berchtesgaden 16. Febr. XV.

Ecclesia, Pernold. de — 15. Febr. XIII.

Ettenharter, Ferdinandus — scriba S. Lamb. 17. Jan. 1631.

Ettenstaynerin, Anna — 31. Aug. XIV.

Eder, P. Paulus — senior S. Lamb. 4. Dec. 1657.
Christophorus — pbr. et mon. S. Lamb. 23. Mai. 1631.

Eder, Thomas — abb. S. Lamb. 3. Mai. 1606.

Ederus, Paulus — prof. et pbr. S. L. 12. Mart. 1610.

Edlauer, Lambertus — pbr. Altenburg 12. Nov. 17.

Egglhueber, Georgius Adamus — novit. Suben 27. Mai. 1649.

Eisenmayr, Remigius — organista 12. Apr. 1646.

Eytzinger, Martin.— l.6.Febr. XVI.

Ekker, Petrus dcs. — pbr. et mon. S. Lamb. 21. Jul. XV.

Ffridricus dcs. — pbr. et mon. Admont 9. Aug. XV.

Eckher, Vincentius — prior S. Lamb. 19. Oct. 1595.

Eckherin, Barbara — mon. Sekau 18. Sept. 16.

Elphas, Andreas — pbr. et mon. S. Lamb. 16. Apr. 1612.

Enderis, P. Placidus — prof. Garsten 9. Nov. 1641.

Engelprecht, Joannes — 12. Jun. XVI.

Engelbrecht, Johannes — pbr. 14. Aug. XVI.

Engesser, Hilarius — prior S. Petri S. 11. Febr. 1631.

Engllieb, Michael — secret. S. Lamb. (10. Jun.) 30. Apr. 1627.

Englliebin, Maria Anna — filia Michaelis 29. Mai. 1627.

Maria Rosina — uxor etc. 10. Jun. 1649.

Enstal, Hademarus l. de — 24. Jun. XIII.

Enstaler, Andreas — ppus. Secov. 20. Aug. 1480.

Enstaler, Hainricus l.— 16. Mai. XIII.

Enstaller, Henricus puer — 6. Oct. 16.

Heinricus puer — 14. Jul. XVI.

Enstalerin, Agnes — magistra mon. Sekau 11. Aug. XV.

Enschtalerin, Anna — 20. Oct. 16.

Enser, Georgius — 29. Mai. XVI.

Ertelius, P. Sebastianus — mon. Garsten 13. Jul. 1618.

Erenhaus, Herwordus miles dcs. de — 3. Febr. XIV.

Ermann, Petrus — pbr. et mon. S. Lamb. 14. Aug. 1517.

Ernstin, Elisabeth — 3. Mart. XVI.

Eupperger, P. Gabriel — prof. Michelbeuren 2. Mai. 1647.

F, V.

Faber, Clemens — prof. Seon 6. Febr. 1621.

Cristannus — 11. Jun. 1498.

Daniel — pbr. et mon. S. Lamb. 27. Jan. 1627.

Joannes — pbr. et mon. Kremsmünster 14. Oct. 1631.

Vatestorph, Heinricus de— 1. Mart. XII.

Vaizzt (?), Johannes dcs. — pbr. et mon. 1. Sept. XV.

Falbius, Georgius — abbas Götweig 23. Mai. 1631.

Valchenst(einer), Vlricus — conv. S. Lamb. 4. Febr. XIV.

Fassendorf, Conradus de — l. 2. Oct. 16.

Faschang, Laurentius — 25. Apr. XVI.

Faschangin, Otilia — 25. Apr. XVI.

Faust, Bartholomeus — l. 24. Mart. XV.

Vetter, Chunradus — pbr. secul. 19. Apr. XV.

Federer, Georgius — abb. Altenburg 12. Nov. 17.

Vedirstan, Englbret — l. 1. Jan. XIV.

Feger, Vlricus — pistor S. Lamb. 9. Oct. 16.

308

Veitsch, Herrandus de — l. 12. Jan. XIII.

Venediger, Blasius — pbr. et mon. S. Petri S. 7. Jan. XVI.

Verber, Petrus — puer S. Lamb. 10. Oct. XV.

Petrus — puer S. Lamb. 17. Jul. XVI.

Ferenwerger, Joannes — 19. Apr. 1584.

Ferher, Christanus l. des. —25. Aug. XV.

Vlricus des. —, Anna ejus filia 23. Aug. XIV.

Ferherin, Elizabet l. — 9. Aug. XIV.

Feringer, P. — prof. S. Pauli 3. Nov. 1621.

Fersueru (?), Casparus — pbr. et mon. Kremsmünster 31. Mai. 1597.

Fessnach, Ditmarus de — 28. Jun. XIII.

Leo de — l. 7. Oct. 16.

Otto miles de — 9. Febr. XIII.

Rielindis l. de — 12. Mart. XII.

Ruodegerus de — 21. Jul. XII.

Sophia de — 7. Jun. XIII. cf. Vez.

Veuchten, Stephanus de — 28. Mai. XIV.

Ffewstriczerin, — 19. Aug. XV.

Vez, Agatha l. matertera G. — 29. Mai. XII.

Perinhardus l. pater Gotfridi .. — 3. Mai. XIII.

Gerdrudis mater Gotfridi — (4. Jan. XII.)

Heinricus l. frater G. — 6. Mai. XIII.

Ortuuinus l. avus Gotfridi — 25. Jul. XIII.

Sophia, Gerdrudis, Juditha sorores Gotfridi — 9. Apr. XII. Cf. Fessnach.

Ficus (?), Sylvester — diac. et administrator S. Georgii 22. Aug. 1588.

Vielaer, Vlricus — 1. Sept. XIII. cf. Fyler, Föler.

Vieregkh, Amndreas — pbr. et mon. S. Lamb. 1. Mai. 1517.

Viereckh, Georgius — pbr. et mon. S. Pauli 27. Nov. 16.

Villach, Vlricus scolasticus in — 29. Jul. XV.

Vilperger, Joannes — pbr. Altenburg 12. Nov. 17.

Fyler, Fridericus — judex S. Lamb. 28. Nov. 1438. cf. Vielaer, Füler.

Vindarius, Leo l. — 10. Jan. XIII.

Vinder, Chunr. des. — prior S. Lamb. 18. Jan. XIV.

Vinderinna, Margareta — 27. Aug. XIII.

Finger(?), Choloman. —23. Jun. XV.

Vinch(ler) (?), Hainricus des. — pbr. et mon. S. Lamb. 6. Mart. XIV.

Virdung, Vlricus — 27. Mai. XIV.

Vischa, Vlricus (de —) prior Admont 10. Apr. XIII.

Fischpacher, Georgius — pbr. et mon. 22. Mart. XVI.

Vischerin, Margaretha — 14. Jul. XVI.

Vitz, Nicolaus — 11. Oct. 1542.

Flandria, Joannes de — clericus Mölk 11. Nov. XVI.

Fläntzscher, v. Flenntscher.

Fletschner, Nicolaus — pleb. in Asling 2. Jul. 1577(?).

Fleming, Johannes — 28. Jun. XV.

Flenntscher, Michael — pbr. et mon. S. Lamb. 17. Mai. 1513.

Voytin, Margaretha — mon. 18. Sept. 16.

Vokenber(g), Gotscalcus l. de — 23. Mart. XIII.

Vokhenberg, Gotschalcus miles de — 14. Dec. 16.

Vochenperge (?), Wolfilt de — 25. Jun. XIII.

Fonstarffer, Nicolaus des. — pbr.
et mon. S. Lamb. 3. Sept. XIV.
Förtig, Adalbertus — pbr. et mon.
S. Lamb. 2. Febr. 1659.
Fortis, Hainricus de Silber des. —
16. Jul. XIV.
Foro, Perhta de — 6. Jan. XIII.
Chunigund de — 5. Sept. XIII.
Chunradus de — 12. Jun. XIII.
Ditmarus l. de — 29. Apr. XIII.
Hemma l. de — 25. Mart. XIII.
Hertlinus de — 24. Jul. XIV.
Judita de — l. 25. Jan. XIV.
Otto l. de — 1. Jul. XIII.
Sygbardus l. sartor de — 4. Jun.
XIV.
Wluingus l. de — 29. Aug. XIII.
Vorstlin, Margaretha — 20. Oct. 16.
Vorstorffer, Jacobus — pbr. et mon.
5. Oct. 16.
Votz, Benedictus cognomento —
10. Aug. 1533.
Frauenburg. Perhta de — 7. Mart.
XIII.
Frawndel, Margaretha — 11. Aug.
XV.
Frey, Dionysius — pbr. et mon.
S. Lamb. 25. Sept. 1651.
Zacharias — abb. Altenburg 12. Nov.
17.
Vreiberch, Gerwirch de — 4. Mai.
XIV.
Freiberg, Gerwirgis de — 12. Aug.
1348.
Freitl, Jacobus — musicus S. Lamb.
9. Apr. XVII.
Fremel, v. Trembelius.
Frenchel, Heinricus des. — 24. Mart.
XV.
Frid (de Pace), Albertus de — l.
17. Oct. 16.
Elyzabet de — 30. Mart. XIV.
Vlricus l. de — 15. Apr. XIII.
Fridel, Paulus — conv. Klosterneu-
burg 28. Aug. 1622 (?).

Frider, Barbatus der — 9. Febr.
XIV.
Otto conv. S. Lamb. barbatus der —
9. Febr. XIV.
Otto des. — l. 26. Febr. XIV.
Friderici, P. Romanus — prof.
S. Lamb. 19. Mai. 1657.
Friesing(er), Vlricus des. — pbr.
et can. 8. Mart. XV.
Frisacensis, Hartwicus — mon.
S. Lamb. 6. Mai. XII.
Frisach, Thimo de — l.1. Jan. XIII.
Hainricus l. de — 19. Mart. XII.
Hermannus l. de — 22. Apr. XIII.
Margareta de — 23. Jul. XIII.
Nicolaus de — pbr. sec. S. Lamb.
28. Jun. XIV.
Ruodtherus l. de — 20. Jun. XIII.
Frisch, Andreas — novit. Garsten
5. Mai. XVII.
Fröauff, Henricus — prior S. Lamb.
8. Sept. XVII.
Jodocus — 8. Sept. 1621.
Fronstainer, Michael — ex mon.
Neustift 5. Oct. 1568.
Früauf, P. Paulus — ex mon. S. Petri
S. 10. Febr. 1649.
Früauff, Henricus — prof. S. Lamb.
12. Febr. 1625.
Fuetermer (?), Sophia — l. 13. Jul.
XIV.
Fuchs, Gualbertus — conv. S. Petri
S. 16. Jan. 1633.
Fueler, Gerdrudis uxor Fridrici —
18. Mai. 1413.
Fuler, Nicolaus des. — miles jud.
S. Lamb. 20. Aug. 1384.
Sigismundus — 14. Jun. 1467.
Füller, Wilhelmus — l. 10. Aug.
1480. cf. Vielaer, Fyler.
Fuelgraben (?), Nicolaus des. (?)
— l. 10. Aug. 1432.
Funckh, Joannes Sigismundus —
acol. prof. S. Lamb. 30. Apr.
1612.

Furtmair, Dr Wolfg. — 18. Apr. 1576.

Fuschmann, Matthaeus — pbr. Klosterneuburg 27. Oct. 17.

G.

Gademe, Haymo de — 1. Mai. XIII.

Gader, v. Goder.

Gayspacher, Georgius — pbr. 9. Jan. XVI.

Gaisteiger, Nicolaus dcs. — pbr. et mon. S. Lamb. 4. Nov. 16.

Gans, v. Anser.

Gartnerin, Barbara — mon. Salzburg 15. Apr. 1646.

Garsti, Waltherus — 4. Apr. XII.

Gasteiger, Gallus — ppus. Neustift 30. Sept. 1576.

Gastmeister, Otto l. dcs. — 4. Jun. XIV.

Gaws, Rudolfus — dec. Berchtesgaden 19. Jan. XV.

Geberstorfferin, Apolonia — 11. Jul. XVII.

Geesti (?), v. Gresti.

Geiger, Joannes — pbr. S. Lamb. 20. Jan. 1617.

Geyler, Andreas — 12. Jun. XVI. Rupertus — ex mon. Neustift 5. Nov. 1561.

Geisser, P. Bernardus — ad S. Lamb. 7. Oct. 1650.

Geiser, Joannes — abb. Ossiach 30. Dec. 1621.

Gelterin, Regina — mon. Salzburg 30. Mart. 1648.

Gemanisguet, Nicolaus — 16. Jan. XIV.

Gensteig, Nicolaus — 24. Nov. 15.

S. Georgen, Petrissa de — 22. Apr. XIV. Hermannus l. — 2. Mart. XIII. Rvdolfus l. — 21. Mart. XIII.

Georgii, P. Seuerinus — senior S. Lamb. 19. Jul. 1664.

Gerberstorfferin, Apolonia — mon. (?) Sekau 3. Oct. 16.

Gerl, Jacobus — l. 12. Febr. XVI.

Geschir, Hainrich — 16. Mart. XVI.

Gibler, Thomas — pbr. et mon. Tegernsee 13. Jan. 1582.

Glanek, Waltherus de — 26. Apr. XII.

Glaeczel, Johannes — l. servitor conv. S. Lamb. 13. Jan. 14 . .

Gloyacherin, Katherina — 24. Febr. XIV.

Goder (?), Stephanus — l. 8. Jan. XIII.

Gotfridi, Johannes — pbr. sec. 19. Apr. XV.

Götschl, Ambrosius — pleb. in Wels 17. Mai. 1584.

Gotschler, Georgius — ex mon. Novacella 1. Mai. 1585.

Gottsmon, Placidus — prof. S. Petri S. 10. Febr. XVII.

Gotschmon, Placidus — prof. Garsten 21. Jan. 1650.

Gögell, Jacobus — 12. Jun. XVI.

Goldt, Leonhardus — pbr. S. Lamb. 1. Dec. 1591.

Gonsangel, Vlricus — l. 22. Sept. 16.

Gösz, Georius — armiger 16. Oct. 15.

Göss, Trosthildis l. de — ava Vlrici 24. Febr. XIII. Gerdrudis l. de — 15. Febr. XIII. Hermannus de — 1. Jan. XIII.

Gosser, Vlricus dcs. — pbr. et mon. 23. Febr. 1318.

Gössler, Carolus — pbr. Altenburg 12. Nov. 17.

Goczhawser, Hainricus — pbr. et relig. 21. Jun. XV.

Gräben, Joannes an — in Läsniz 22. Mai. 1657.

Gradwein, cf. Charphain.

Gränsl, Vlricus — l. 15. Dec. 16.

Graser, Andreas — abb. S. Petri S. 14. Dec. 1609.

Grasslab, Benigna de — abba. Göss 12. Oct. 1474.

Christina de — 1. Mart. XIII.

Chunr(adus) miles de — 11. Jul. XIV.

Dietmarus de — 12. Mai. XIV.

Ditricus I. de — 9. Mart. XIII.

Dietricus de — 24. Apr. XIII.

Dyemut de —, Hermannus ir man, Georius ir sun 23. Jun. XV.

Tunda de — 23. Jan. XIV.

Engilschalcus de — J. 13. Mart. XIII.

Engilsalcus I. de — 18. Aug. XIV.

Gerdrudis de — 14. Mart. XIII.

Gysila de — 23. Aug. XIII.

Hadwigis mater Rich. de — 26. Jul. XIII.

Hermannus de — I. 13. Jun. XV.

Johannes I. de — 13. Jun. XV.

Liphardus de — 13. Apr. XIII.

Liebhardus de — pbr. et mon. 5. Febr. XIV.

Otto de — 5. Mai. 1294.

Grasslaber (Grasslober, Grazlober etc.), Andreas dcs. — pbr. et mon. S. Lamb. 23. Jun. 1438.

Fridreich — ? 18. Jul. XV.

Georius — 18. Jul. XV.

Hermannus — I. 24. Oct. 16.

Yesse — 18. Jul. XV.

Johannes puer — 2. Jan. XV.

Grassler (Graszler = Grasslaber) Anna filia Nicolay — 20. Aug. 1453.

Christophorus — I. 25. Oct. 1442.

Hermannus — pater Andreae sen. 27. Mart. XV.

Nicolaus — pbr. 25. Jul. 1367.

Nicolaus — I. 24. Sept. 16.

Graslerin (= Grasslaberin), Barbara — Yesse ir sun 18. Jul. XV. cf. St. Marein.

Gräswein, Wilhalmus —, Vrsula ejus uxor 20. Febr. XVI.

Graupart, Philippus — pleb. Pfaltzen 6. Apr. 1580.

Graus, Vlricus dcs. — pbr. et mon. 20. Aug. XIV.

Graz, Agnes contb. Friderici sart. in — 2. Apr. XV.

Agnetis filia in — 18. Apr. XVI.

Augustinus sellatorii (?) de — 20. Mart. XV.

Petrus de — 4. Sept. XV.

Cuonradus I. — 27. Jun. XIII.

Elizabeth civis de — 18. Oct. 16.

Fridricus sartor de — 9. Apr. XV.

Georgius Kalchamer civ. in — 13. Febr. XVII.

Hayrcus (sic) rasor de — 9. Apr. XV.

Hedwigis de — 19. Oct. 16.

Margreta de — matert. Petri abb. 11. Mart. XIV.

Grätzpacher, Henricus — conv. S. Lamb. 24. Oct. 16.

Gratzer, Georgius — pbr. et mon. Admont 19. Nov. XVI.

Gre., Nicolaus miles — 2. Jun. XIV.

Grecer, Hainricus — pbr. et mon. S. Lamb. 5. Jul. XIII.

Grecus (?), Nicolaus dcs. — 4. Jan. XIV.

Greger, Franciscus — pbr. et mon. Kremsm. 6. Mai. 1627.

Greissenegker, Andreas — 23. Apr. 1471.

Greysing, Fridericus — pbr. et mon. S. Lamb. 14. Jan. XVI.

Gressen (?), Philippus — pbr. et mon. S. Lamb. 9. Oct. 16.

Gressing (Grezzinch), Diemudis — 13. Jan. XIV.

Ferdinandus — senat. in Murau 27. Jan. 1660.

Fridricus — pleb. S. Lamb. 9. Febr. XIV.

Georius dcs. — pbr. et mon. S. Lamb. 10. Oct. XV.

Hainr(icus) — pbr. et mon. S. Lamb.
25. Apr. XIII.

Gresti (?), Anna — uxor Nicolai
1. Jun. XIV.

Grewnawerin, Barbara — 18. Oct.
16.

Grieb, Jacobus — pbr. Altenburg
12. Nov. 17.

Grienfeger, Michael — diac.
S. Lamb. 2. Oct. 16.

Griessauer, Michael — abb. Admont
28. Mai. XVI. •

Grifner, Chunradus — pbr. et mon.
S. Lamb. 23. Mart. XIV.

Grim, Simon — Reichersperg
14. Febr. 1652.

Griezpech, Steph. — 14. Aug. XIV.

Gropp, Casparus — prof. Formbach
14. Mart. 1614.

Gromelius, Joannes — mon. Mölk
29. Jan. 1645 (?).

Gross, v. Magnus.

Grueber, P. Abraham — prof. Götweig 22. Mai. 165 ..

Sebastianus — prior S. Lamb.
31. Jan. 1572.

Gruenawer, Johannes — pbr. secul.
19. Apr. XV.

Grumpf, v. Rumpff.

Gschwanttner, Paulus — pbr.
Tegernsee 12. Mai. 1585.

Gstaettnerin, Scolastica — mon.
6. Apr. 1586.

Gvbertel, Hertnidus . . — pictor
24. Jun. XIII.

Gvotherre, Livpoldus — mon.
S. Lamb. 17. Jul. XIII.

Guettman, Benedictus — pbr. Altenburg 12. Nov. 17.

Martinus — pbr. Klosterneuburg
27. Oct. 17.

Guetrat, Johannes — nobilis (26. Aug.
XVI.).

Guettraterin, Anna Maria — mon.
etc. 12. Jun. 1583.

Guglerus, Georgius — ppus. Suben
4. Aug. 1649.

Gurcensis, Albertus — pbr. et mon.
23. Jul. XIV.

Gurk, Engelsch. miles de — 16. Jan.
XIII.

Gebhardus de — pater Alberti
27. Mai. XIV.

Hainricus de — pbr. et mon. S. Lamb.
24. Mai. XIV.

Gurnz, Heinric. de — l. 10. Febr. XIII.

H.

Habendorfferin, Elizabeth —
22. Sept. 16.

Hagenawer, Ortolfus — pbr. et
mon. S. Lamb. 19. Febr. XIV.

Hager, Egidius — diac. Mölk 12. Mart.
XV.

Haehenperger, Fridricus des. —
pbr. et mon. S. Lamb. 23. Aug.
XV.

Hahenberger, Ortolfus — pbr. et
mon. S. Lamb. 19. Febr. XIV. cf.
Hohenberger.

Hayder, Rainperchtus — 29. Apr.
XIV.

Haychman, Chunradus l. des. —
17. Mart. XV.

Hainfelder, Sebastianus — mon. et
pbr. S. Lamb. 20. Febr. 1519.

Häckhl, P. Amandus — sacd. et mon.
Osiach 29. Jun. 1647.

Haller, Caspar — cler. Berchtesgaden 3. Jul. XVI.

Hämel, Leopoldus — pbr. 8. Nov.
16.

Hämerli, Christoffus — pbr. et mon.
S. Lamb. 6. Apr. 1448.

Hamerschmidt, P. Jacobus — prof.
S. Lamb. 15. Mai. 1662.

Hanynn, Margareta — 29. Mart. XVI.

Hänckl, Wolffgangus — subprior
Raitenhaslach 23. Apr. 1641.

Harrazz, Otto de —, Chunigundis
ejus uxor 6. Apr. XIV.

Harder, Vlricus — 25. Mart. XV.

Harderin, Anna — 25. Mart. XV.

Hartman, P. Ambrosius — prof. Götweig 27. Apr. 1632.

Härriser, v. Herriser.

Harnber... (?), Fridricus des. — pbr. et mon. S. Lamb. 23. Aug. 1411.

Hasalar, Dietmarus de — 19. Mai. XIII.

Häsiber, Steffanus — pbr. et mon. Admont 19. Nov. XVI.

Haslanger, Willhelmus — can. Berchtesgaden 29. Jun. XV.

Haslar, Hadeburch mat. Golfridi l. — 21. Jan. XII.

Hassler, Ottacher — l. 2. Oct. 16.

Haslch (?), Hainricus l. — 9. Aug. XIII.

Hawbenperstel, Ruedolfus des. — 7. Jun. XIV.

Hawnspergarii, Elyzabeth filia Christani —? 6. Febr. XIV.

Hawsrawmer, Johannes — l. 20. Mart. 1495.

Hauswiert, Joannes — praef. Aflenz (8. Nov. XVI.).

Hechel, Chunradus — 7. Mai. XIII.

Heiffel, P. Laurentius — prof. Suben 17. Aug. 1649.

Heyla, P. Romanus — prof. Götweig 30. Mai. 1645.

Heiligenstadt, Hainricus de — pater Johannis abb. 13. Mai. XIV. Henricus de — 15. Mart. XVI.

Heirrauss, Caspar — pbr. 21. Sept. 16. cf. Hewrraus.

Heiss, Paulus — pbr. et mon. 7. Febr. 1610.

Held, Christophorus — abb. Seitenstetten 4. Mart. 1602.

Helleggerin, Agnes — vidua 26. Aug. 1576.

Helm, Willibirch l. — 8. Mart. XIII.

Herberstein, Carolus ab — pbr. et mon. S. Lamb. 11. Dec. 1658.

Herderich, Georgius — conv. Kremsm. 3. Mart. 1627.

Hertnstainer, Placidus — pbr. et mon. Götweig 6. Jul. 1626.

Hertwig, Joannes — secret. S. Lamb. 14. Mart. 1595.

Hergerstorffer, Benedictus — pbr. 6. Dec. 1587.

Herriser, Cristofforus - pbr. et mon. S. Lamb. 1. Jan. 1456. Martinus —, Christina ejus uxor 22. Mart. XV.

Herman, Joannes — praef. Aflenz 8. Oct. 1578.

Hermanin, Anna — 20. Jul. 1584.

Hermanucius, Casparus — pbr. Götweig 31. Aug. 1635.

Herodius, Jodocus — diac. 4. Dec. 1586.

Hersauer, Johannes — 30. Aug. XIV.

Herczl, Johannes — pbr. et mon. S. Lamb. 8. Jul. XIV.

Hessel, Nicolaus — pbr. Klosterneuburg 27. Oct. 17.

Hewin, Christina uxor Erhardi — 17. Dec. 1447.

Hewrrauss, v. Übelbach. Cf. Heirrauss.

Hewseller, Benedictus — abb. 7. Jul. XIV.

S. Hippolytus, v. S. Pölten.

Hietwol, P. Balthasarus — par. Marein 11. Jul. 1667.

Hilbeg, P. Aemilianus — prof. S. Lamb. 5. Dec. 1656.

Hilleprandt, Erasmus — prof. Suben 24. Mai. 1667.

Hillebrand, Jacobus — 5. Oct. 1651.

Himelbergerin, Margareta — mon. Gurk 7. Aug. XIV.

Hymelbergerin, Anna — l. 3. Mart. XV.

Hinperger, Amelungus — pbr. et can. 20. Jun. XIV.

Hinderkircher, Johannes — ppus. Gurk 13. Apr. XV.

Hinderskircher, Jacobus — pbr. sec. 19. Apr. XV.

Hirzekke, Chunradus de — l. chaernaer 29. Apr. XIII.

Hyrzeke, Gotfridus de — 28. Mart. XIV.

Höptlin. Conradus — pbr. Altenburg 12. Nov. 17.

Hof, v. Mariahof.

Hoffer, Johannes — conv. Vorau 3. Jul. XV.

Hofmanni, Katherina filia — mon. Gurk 29. Jun. XIV.

Hofmarerr, Hainricus — l. 20. Jan. XIII.

Hoehenberger, Chunradus — pbr. et mon. S. Lamb. 10. Mart. XIV.

Hoehenwerger, Dietricus des. — de Monte 21. Jan. XIV.

Hohenberger, Johannes des. — pbr. et mon. S. Lamb. 26. Aug. 1392.

Hochenperger, Matthaeus — pbr. S. Lamb. 22. Apr. 1639.

Hohenwerger, Nicolaus des. — pbr. et mon. S. Lamb. 29. Aug. XIV.

Hohenberger, Nicolaus des. — pbr. et mon. S. Lamb. 20. Oct. 15.

Hoehenberger, Otto des. — 4. Jun. 1349.

Hohenberger, Rampertus — l. 29. Sept. 16. cf. Hahenberger.

Hohenburch, Rudolfus l. de — 4. Febr. XIII.

Hohinstain, Ruodolfus l. de — 19. Mai. XIII.

Hochenbergerin, Katherina — de foro 23. Jan. XIV.

Hochbergerin, Katharina — 9. Nov. 16.

Hochholtinger, Albanus — can. Berchtesgaden 15. Aug. XVI.

Hochstetter, Anna uxor Leonhardi — 28. Mai. XVI.

Holl, P. Dominicus — prof. Wettenhausen 17. Aug. 1649.

Höldt, Franciscus — novit. S. Lamb. 30. Jun. 1659.

Holderer, Benedictus — pbr. et mon. S. Lamb. 22. Mai. 1622.

Holekerin, Dyemudis — mon. Gurk 10. Mart. XIV.

Holmair. Joannes — 10. Febr. XVI.

Hölridel, Georgius — pbr. Altenburg 12. Nov. 17.

Holzer, Petrus — fr. S. Lamb. 29. Apr. 1551.

Holtzer, Vlricus des. — pbr. et mon. S. Lamb. 26. Mart. XIV.

Holzman, Caelestinus — pbr. et mon. S. Lamb. 21. Dec. 1667.

Holtzman, Chunr. des. — pbr. et mon. S. Lamb. 23. Jan. XIV.

Horn, Laurentius — pbr. et mon. Götweig 16. Nov. 1630.

Hörnberger, Thomas — pbr. et mon. S. Lamb. 24. Jun. 1508.

Hornberger, Nicolaus — pbr. et mon. S. Lamb. 14. Jul. XVI.

Hospitali, Perhtoldus caecus l. de — 15. Febr. XIII.

Perinhardus de — 4. Febr. XIII.

Pilgrimus de — 9. Jan. XII.

Chvonradus de — conv. S. Lamb. 13. Jul. XIII.

Fridericus de — conv. S. Lamb. 18. Mart. XIII.

Gebehardus de — 1. Jan. XIII.

Gotfridus de — 19. Mart. XIII.

Hartnidus l. de — 4. Febr. XIII.

Herrandus de — 25. Mart. XIII.

Hirzmannus de — conv. S. Lamb. 8. Mai. XIII.

Leonhardus celler. de — 7. Mart. XIII.

Vlricus de — 23. Jun. XIII.

Waltherus de — 18. Febr. XIII.

Hospitali, Wolfkerus de — 9. Jan. XII.

Hüttenberg, Chunegundis l. de — 9. Jul. XIII.

Hueber, Andreas — pbr. et can. Sekau 8. Mart. XVI.

  Henricus — pbr. et can. Ranshofen 23. Febr. 1515.

  Johannes — can. Berchtesgaden 19. Jun. XV.

  P. Joannes — ? prof. S. Lamb. 22. Dec. 1650.

  Matthaeus — pbr. et mon. S. Lamb. 20. Jun. 1603.

Huenerwolff, Georgius — 12. Jun. XVI.

Hueninch, Alhaldis uxor — 21. Mart. XIV.

Hürbling, Bernhardus — pbr. et mon. S. Lamb. 25. Jun. 1506.

Hürtting, Johannes — pleb. Veitsch 17. Nov. 1496.

Huscer, Guilielmus — pbr. et can. Kremsm. 23. Jun. 1627.

Hvsmentl (?), Hainricus — 26. Mart. XIII.

J, Y.

Jaal, P. Jacobus — mon. Mölk 22. Apr. 1641.

Jägermeister, Wilhalbm — 5. Jun. XVI.

Ibel, Laurentius — pbr. Altenburg 12. Nov. 17.

S. Ypolito, Hermannus dcs. de — pbr. et mon. S. Lamb. 9. Mai. XIV.

Ipsner (?), P. Georgius — 29. Jul. 1629.

Jegermaister, Christophorus — jud. Knittelfeld 13. Jun. XVI.

Ilsung, Hainricus l. cognomine — 20. Jul. XIV.

Indobler, Ludovicus — prof. S. L. 11. Jan. 1651.

Inlinger, Johannes — mon. S. Lamb. 4. Nov. 16.

Insitor, Otto — civis de Murau 24. Febr. XV.

Invisibilis, Petrus dcs. — scriptor et org. 7. Nov. 16.

Jöchling, Stephanus — senior S. Lamb. 12. Febr. 1627.

Jöchlinger, Philippus — prof. Garsten 28. Jul. XVII.

Jost, P. Marianus — mon. Garsten 31. Jul. 1633.

Ischia, Joannes — mon. S. Lamb. 8. Jul. XVI.

Judenburg, Hermannus jud. in — 9. Febr. XIV.

  Agnes de — 15. Jul. XIII.

  Paulus de — can. Sekau 29. Jul. XIV.

  Perhta de — 3. Mai. XIII.

  Perchtoldus de — 9. Mai. XIV.

  Katerina de — 6. Jun. XIV.

  Gedruodis uxor Wilfingi de — 7. Mart. XIV.

  Herradis de — 15. Jan. XIII.

  Johannes de — pbr. et mon. S. L. 6. Jun. XIII.

  Johannes fr. Pauli de — 10. Aug. XIV.

  Margareta de — 19. Febr. XIII.

  Wilbirgis l. de — 23. Febr. XIII.

Judin, Alheydis — 31. Aug. XIV.

Juvenis, Fridericus dcs. — can. Gurk 17. Apr. XIII.

Juvenis (?), Liphardus — pbr. et mon. S. Lamb. 3. Febr. XIII.

L.

La, Fridericus de — pbr. et mon. S. Lamb. 9. Febr. XIV.

  Johannes l. de — 16. Apr. XIV.

  Johannes de — 24. Apr. XIV.

  Johannes dcs. Brevis de — pbr. et mon. S. Lamb. 28. Aug. XIV.

  Otilia de — uxor Dietmari de Charphain 12. Mart. XIV.

Otto de — abb. S. Lamb. 3. Apr. 1329.

Otto de — decanus Sekau 8. Aug. XV.

Vlricus de — pbr. et mon. S. Lamb. 1. Febr. XIV.

Vlricus de —. Hyliana ejus uxor 24. Jan. XIV.

Lacu, Alexander a — abb. Kremsmünster 19. Mai. 1613. ·

Laturis, Bartholomeus de — in Neustift 15. Jun. 1583.

Laymiger, Wilhelmus — acolytus 14. Febr. XV.

Layser, Fridricus — l., Anna ejus mulier 12. Febr. XV.

Lakern, Georgius — senior S. Lamb. 8. Febr. 1667.

Lambach, Chunradus de — pbr. et mon. S. Lamb. 25. Jun. XV.

Lampel, Johannes — diac. 6. Jul. XV.

Lämpl, Andreas — prof. Gurk 18. Febr. XVI.

S. Lambrecht:

Secretarii et aulae judices:

Amon, Hanns — 9. Jun. 1619.

Ann, Ludovicus — 28. Mart. 1554.

Parthans, J. U. D. Joannes — 4. Mart. XVII.

Bardonzius, Joannes Cristophorus — (10. Jun. XVII.)

Engllieb, Michael — 30. Apr. 1627.

Hertwig, Joannes — 14. Mart. 1595.

Landshueter, Guilelmus — 29. Sept. 1532.

Jurista:

Lob..st..., Hainricus — 15. Febr. 14 . .

Judices:

Preiss, Fridericus — 30. Nov. 16.

Elizabet antiqua judicissa — 14. Febr. XIV.

Ernst 15. Jun. XIII.

Fuler, Nicolaus miles des. — 20. Aug. 1384.

Fyler, Fridericus — 28. Nov. 1438.

Otto (7. Aug. XIII.).

Scribae:

Ettenharter, Ferdinandus — 17. Jan. 1631.

Rosula, Frdccus — 5. Oct. 1347.

Scolastici:

Ekardus 21. Febr. 1345.

Johannes de Polonia 21. Oct. 1358.

Officialis:

Lambertus 23. Oct. 16.

Magister coquinae:

Leo conv. 14. Oct. 16.

Camerarius abbatis:

Schrot, Christophorus — 13. Sept. 1435.

Xenodochii pater:

Probst, Melchior — 2. Mai. 1655.

Servitores ecclesiae:

Tzimperger, Gregorius — 20. Mai. 1517.

Czimperger, Johannes — 31. Jul. XVI.

Servitores conventus:

Aichmayr, Osvaldus — 18. Nov. 1626.

Glaeczel, Johannes — l. 13. Jan. 14 ...

Ecclesiasticus:

Elizabet filia ecclesiastici 1. Aug. XIV.

Claviger dominorum:

Newburch, Nicolaus de — 26. Febr. XIV.

Coci:

Strumphenhaus, Reycherus l. de — 14. Apr. XIV.

Rötn, Christophorus dé — 6. Jul. 1591.

Hortulanus:

Livprehtus conv. 25. Febr. XIII.

Lapicida:

Magister Vlricus 14. Jul. 1405.

Musicus:

Freitl, Jacobus — 9. Apr. XVII.

Pictor:
VIricus 18. Jan. XIV.
Pistores:
Alhaidis dicta Pistrix 30. Jun. XV.
Kilianus 29. Jun. XV.
Kilianus 1. Aug. XV.
Feger, VIricus — 9. Oct. 16.
Sutor:
Goetfridus 30. Jan. XIV.
Ternator:
Lienhardus conv. 5. Febr. XIV.
Pueri:
Petrus Verber 10. Oct. XV.
Petrus (?) Verber 17. Jul. XVI.
Pingerus (sic) 13. Sept. 16.
Dietmarus 11. Mart. XII.
Engilbertus 30. Jun. XIII.
Heinricus 29. Aug. XII.
Henricus 23. Sept. 16.
Johannes 8. Aug. XIV.
Leo 22. Jun. XIII.
Otto Puztramer 18. Mart. XIII.
Rudigerus 8. Oct. 16.
Oudalricus 10. Aug. XII.
Vdalricus 17. Jan. XIII.
Udalricus 9. Mai. XIII.
VIricus 17. Mart. XIII.
VIricus 12. Apr. XIII.
VIricus 21. Aug. XIII.
VIricus 24. Jul. XV.
S. Lambrecht, cf. Perg, Kaltenhof,
Kirchbach, Theodosia, Traten,
Forum, Hospitale, Ochsenhof,
Schwarzenbach, Strumphenhaus,
Winkel.
Lanarius, Wolfgangus — pbr. et
mon. Seon 25. Mart. 1608.
Landshueter, Guilelmus — se-
cret. S. Lamb. 29. Sept. 1532.
Lang, Adamus — de Waldsee ppus.
Neustift 1. Mai. 1585.
Langenleus, Achatius de — pbr.
Mölk 22. Sept. XVI.
Laniz (Lassniz), Willibirch de —
24. Jan. XIII.

Lanczenperger, Sixhardus des. —
pbr. et mon. Admont 6. Jul. XIV.
Lassniz, v. Laniz.
Laz. (?), Gerdrut de — 31. Jan. XII.
Laznic, Engilbertus I. de — 18. Apr.
XII.
Leb, Laurencius — pbr. 30. Jun. XVI.
Lebin, Wendel — am Nyderaygen
23. Mart. XVI.
Lehaer, Amandus — pbr. et mon.
S. Lamb. 8. Dec. 1548.
Hainricus — pbr. et mon. S. Lamb.
21. Jul. 1491.
Johannes — 21. Sept. 1491.
Lechner, cf. Lochaer.
Lechner, Petrus — de T(o)rl in
Aflenz 28. Febr. 1461.
Maximilianus — pbr. et mon. Kremsm.
14. Nov. 1634.
Lechner, Michael — mon. Mölk
3. Mart. XVI.
Lechnner, Nicolaus — 2. Mart. XVII.
Vincentius — abb. S. Pauli 6. Jan.
1616.
Leidenstain, Petrus — mon. 9. Nov.
16.
Leinfelder, Georius des. — pbr.
15. Jun. XV.
Leysser, Caspar — 5. Jun. XVI.
Lelin, v. Cholerin.
Leo, Joannes Vdalricus — prior
S. Georgii 15. Mart. 1589.
Leoben, Chunradus de — pbr. et
mon. S. Lamb. 1. Apr. 1410.
Gerdrudis de — mon. 19. Sept. 16.
Lerboum, Marchuvardus de — 1. Apr.
XII.
Lercher, Albertus des. — Anna
ejus uxor (9. Mai. XIV.)
Georius des. 26. Aug. XIV.
Leo miles —, Nicolaus ejus filius.
26. Aug. XIV.
Lercherin, Anna — 9. Mai. XIV.
Lericher, Albertus — pbr. et mon.
S. Lamb. 29. Sept. 15.

Lesach, Permannus de — pater H. sacerdotis 3. Apr. XIV.

Lessah, Duringus l. de — 27. Jun. XIII.

Leubgast, v. Ligist.

Lewthenbekch, Tengenhardus — pbr. et mon. 22. Jun. XV.

Lip, Joannes — officialis Seon 6. Febr. 1621.

Litschawer, Joh. — 29. Mart. XVI.

Lieprecht, Walthauser — pbr. et mon. Admont 19. Nov. XVI.

Liechtenau, Adolphus de — pbr. Klosterneuburg 27. Oct. 17.

Liectenekker, Rudolfus —, Anna ejus uxor 8. Aug. XIV.

Liechtenekker, Petrus — pat. Rudolfi abb. 15. Jul. 1406.
Rudolfus — abb. S. Lamb. 18. Mart. 1419.

Liectnekkerin, Chunegundis — 10. Jul. XV.

Lienfelder, Johannes — pbr. et mon. S. Lamb. 20. Mart. 1505.

Ligist, Fridricus de — fr. Ottonis de Saurau (27. Jan. XIV.) cf. Luebgaster, Lvgaster.

Lichtenstein, Alheidis uxor Ottonis (?) de — 29. Aug. XIII.
Ditmarus l. de — 23. Mai. XIII.
Dietmarus de — l. 20. Oct. 16.
Otto de — 19. Mai. 1340.
Vlricus l. de — senior 28. Jan. XIII. cf. Murau.

Lilier, Perchtoldus des. — pbr. et mon. Oberburg 12. Mart. 1367.

Lind, Agilbertus l. de — 2. Febr. XII.
Chunradus de — 1. Mai. XIII.
Gotsalcus vill. de — 25. Jul. XIII.
Vodalricus pbr. de — 30. Mai. XII.

Lindtpaumer, Peregrinus — diac. S. Lamb. 14. Mart. 1587.

Lindhofer, Sebastianus — pbr. Neuburg 6. Febr. XVI.

Lindl, P. Hieronymus — prof. Götweig 18. Jul. 1643.

Lindner, P. Alexander — mon. Kremsm. 6. Oct. 1626.

Liscutin, Antonius — civis S. Lamb. 24. Mai. 1628.

Lysereker, Nycolaus des. — pbr. et mon. S. Lamb. 19. Jan. XIV.

Lob..st...., Hainricus des. — jurista S. Lamb. 15. Febr. 14..

Lobingerin, Anna — 11. Aug. XV.

Lobmiger, Wlfingus — pbr. et mon. S. Lamb. 2. Jul. XIV.

Lobming, Elisabet de — 1. Aug. XV.
Ernestus miles de — l. 24. Mart. XIV.
Herbort l. de — 4. Mai. XIV.
Leo de — 5. Aug. XIV.
Levgardis de — uxor Ernesti 3. Jul. XIV.

Locus sanctus, v. Heiligenstadt.

Lodmich, Leo de — 5. Aug. XIV.

Lochner (?), Johannes — pbr. et mon. S. Lamb. 24. Febr. XV.

Lochnerinn, Dorothea — 12. Jul. XVI.
Margaretha — ? 12. Jul. XVI.

Lokhamer, Kunradus — pbr. et mon. 8. Aug. XVI.

Longus, Conradus — l. 27. Sept. 16.

Lonker, Hainricus — 5. Sept. XIV.

Luebgaster, Hermannus —, Margareta ejus uxor, Fridricus ejus filius 21. Jul. XV. cf. Ligist, Lvgaster.

Luprecht, Mathias — prior S. Lamb. 6. Jul. 1531.

Ludwig, Marianus — pbr. et mon. S. Lamb. 12. Aug. 1662.

Lvgaster, Fridricus des. — pbr. et mon. 16. Mart. XIV. cf. Luebgaster, Ligist.

M.

Mägerl, Michael — can. Sekau 29. Jun. XVI.

Magnus, P. Athanasius — prof. S. Lamb. 27. Mai. 1645.

Mahlli, Michael — pbr. et mon. S. Lamb. 3. Mai. 1613.

Mayr, P. Blasius — prof. Suben 31. Oct. 1646.

Mairr, Caspar de — 9. Apr. XV.

Mair, P. Casparus — mon. Garsten 18. Jul. 1627.

Mairhofferin, Maria — mon. S. Petri S. 10. Sept. 1650.

Maise, Gerdrudis — 7. Jun. XIII.

Malarin, Wilbirch — 29. Mart. XII.

Mand..(?), Rudbertus — 15. Aug. XIII.

Mandarfarii, Gerdrudis uxor Ditm(ari) — 20. Jul. XIV.

Mandarffer, Henricus dcs. — pbr. et mon. S. Lamb. 18. Mart. **XV.**

Mandorf, Judita uxor (?) Chunrarii (sic) de — 20. Mai. XIV.

Mandorffer, Ditmarus — conv. S. Lamb. 22. Oct. 16.

Manschilerin, Katherina dca. — 24. Jul. XIV.

Marci (?), Johannes — dec. etc. 15. Apr. **XV.**

Märter, v. Marter.

8. **Marein,** Hellenwicus miles de — 22. Jun. XIII.

Helmwicus miles de — 29. Mai. XIII. cf. Grasslab.

Marchia, Stephanus Dens off. in — 19. Mai. XIII.

Perhta de — 28. Febr. XIII.

Leonhardus l. de — 26. Mart. XIII.

S. Maria, v. S. Marein.

Mariahof, Perhtoldus de — 28. Febr. XIII.

Perhtoldus de — 6. Apr. XIII.

Dietmarus l. de — 21. Apr. XII.

Gerdrudis de — l. 28. Apr. XIII.

Hainricus l. de — 3. Mai. XIII.

Ilsvngus de — pbr. et mon. S. Lamb. 29. Apr. XIV.

Margareta l. de — 22. Mai. XIV.

Otto de — conv. 25. Jan. XIII.

Rudigerus l. miles de — 18. Aug. XIII.

Mariazell, Petrus fil. Johannis de — 22. Jul. XIV.

Petrus de — 25. Jul. XIV.

Perchtoldus civis de — 3. Aug. XIV.

Thomannus (?) in — (31. Jul. XIV.)

Heinricus de — conv. S. Lamb. 11. Apr. XIV.

Hermannus de — pbr. et mon. S. Lamb. 4. Jun. XIII.

Johannes l. de — 12. Mai. XIV.

Johannes Triester magister et padyr (15. Jun.) 6. Mai. **XV.**

Margareta fil. Johannis de — 15. Aug. XIV.

Rudbertus de — pbr. et mon. 4. Mart. XIV.

Vrbanus de — pbr. et mon. S. Lamb. 10. Aug. XIV.

Wilhalmus de — 23. Aug. XIV.

Mariczin, Margaretha —? 12. Jul. **XV.**

Anna —? 12. Jul. **XV.**

Marckstaller, Hieronymus — abb. S. Pauli 24. Aug. 1638.

Marquardus, Georgius — pbr. Klosterneuburg 27. Oct. 17.

Marsalkch, Nicolaus — miles 28. Jan. **XV.**

Masmüller, Andreas — ppus. Klosterneuburg 2. Dec. 1629.

Mastolon, Sebastianus — prof. Suben 10. Febr. 1651.

Mauerschwanger, Joannes — pleb. Kainach 13. Jun. XVI.

Maurer, Christanus — in mon. Neustift 12. Jul. 1565.

Joannes — prior S. Pauli 4. Nov. 1621.

P. Leonardus — 17. Apr. 1660.

Mazel., Chunigunt mat. — (6. Jan. XII.)

Meggenhauser, Andreas — prof. S. Lamb. 8. Mart. 1647.

Megerle, P. Petrus — prof. Götweig 28. Nov. 1642.

Meyksdorffer (?), Laurencius — abb. 31. Aug. XV.

Meixner, Sebastianus — pbr. Altenburg 12. Nov. 17.

Melnardus, P. Fr. Joannes — prof. S. Petri S. 16. Mart. 1631.

Merter, Johannes — pbr. et mon. 24. Jan. 1506.

Mertinger, Nicolaus — fr. Wilh. 23. Jul. 1379.
Vlrieus, Otto milites dicti — 3. Aug. XIV.
Vlricus des. — miles 30. Aug. XIII.

Mertl, Casparus — cantor S. Lamb. 29. Jan. 1597.

Mertlin, Katherina — istius loci 24. Jul. XV.

Merher, Johannes —, Agnes ejus uxor 12. Aug. XV.

Merwitzer (?), Mauritius — l. 21. Oct. 16.

Meczen, Hainricus l. de — 28. Apr. XIII.

Miareth, Georgius — pbr. et mon. 28. Nov. 1619.

Mitterperger, Leonhardus — pbr. et mon. S. Lamb. 26. Jun. 1561.

Mitterdorf, Albertus l. de — 27. Jul. XIII.
Albertus de — l. 5. Oct. 16.

Milerdorf, Michabel de — 1. Apr. XIV.
Ortolfus de — 27. Jan. XIII.

Miller, Rudolphus — ppus. Klosterneuburg 27. Oct. 17.

Myska, P. Wenceslaus — Garsten 31. Jul. 1633.

Mixel (?), P. Andreas — Götweig 10. Nov. 16.

Modlerin, Eva — l. 5. Aug. 1584.

Moetniz, Durinchardus l. de — 25. Apr. XIII.

Motniz, Rudolfus de — 2. Jan. XIII.

Motenz, Rudolfus de — acol. S. Lamb. 19. Jun. XIII.

Moettnitzer, Johan. — l. 19. Febr. 1489.
Marquardus — mon. S. Lamb. 25. Dec. 1505.

Mochinger, Mathias — subdiac. 19. Febr. XV.

Moykerr, Ambrosius — 29. Jan. 1432.

Moyker, Henricus — abb. S. Lamb. 17. Apr. 1455.

Molitor, Benedictus — prof. et sacerd. S. Pauli 23. Febr. XVII.
P. Maurus — prof. S. Petri S. 1. Mai. 1650.

Monitor, Andreas — ? pbr. et mon. S. Lamb. 9. Mai. XV.

Mons (de Monte), v. Perg.

Mörl, Johannes — pbr. et mon. Eberndorf 9. Mart. XVI.

Mos (?), Hainr. miles de — 8. Febr. XIII.

Mosburga, Dietricus l. de — 24. Jun. XIV.

Mosshaimer, Andreas — pbr. Neuburg 6. Febr. XVI.

Moschauer, Christopherus — civis S. Lamb. 13. Sept. 1590.

Moschpurg, Richardus de — can. Gurk 14. Apr. 1531.

Mutsradus, Vlricus l. des. — 17. Sept. 16.

Muetmanstorffer, Johannes — can. 16. Aug. 1518.

Muerawer, Clemens — pbr. et mon. S. Lamb. 20. Apr. 1491.

Mülbacher, Simon — conv. Garsten 16. Nov. 1640.

Mülhofer, Caspar — pbr. et mon. Admont 19. Nov. XVI.

Mur, Michael — subprior S. Pauli 26. Jul. 1611.

Mura, Alrun .... de — 17. Apr. XIII.
Engilrammus l. decimator de — 16. Apr. XIII.

Mura, Hainricus miles de — 6. Jun.
XIII.

Murau, Alheidis de — 12. Apr. XIII.
Chunegund de — 12. Jul. XIV.
Diemudis uxor Ottonis de — 1. Aug.
XIII. cf. Lichtenstein.
Johannes de — subdiac. S. Lamb.
15. Aug. XIV.

M(u)rberch, Pertholdus I. de —
4. Sept. XII.

Murek, Regimbertus de — 18. Jan.
XIII.

Murro, Vlricus — puer S. Lamb.
21. Aug. XIII.

Mürztal, Chunegundis de — 21. Mart.
XIII.

Muercztal, Elisabet I. auss —
22. Febr. XIV.

N.

Nagel, Caspar —, Rheythayin ejus
uxor 16. Jun. XVI.

Nageli, Chunradus — 10. Aug. XIII.

Nagl, Philippus — abb. Lambach
16. Mart. 1640.

Nascholt, Thomas — pbr. et mon.
S. Lamb. 10. Oct. 1607.

Negelsterffer, Wilhelmus des. —
pbr. et mon. S. Lamb. 22. Sept.
1466.

Neidek, Christina relicta Pabonis
de — 19. Jul. XIII.
Goetfridus de — Chunegund ejus
uxor 25. Aug. XIII. cf. Niedekke.

Neubauer, Theodorus — pbr. et
mon. 5. Jun. 1625.

Neupegkh, Martinus — pbr. et mon.
S. Lamb. 31. Jan. XVI.

Newpekh, Augustin. — 25. Apr. XVI.

Neupechk, Rupertus — 19. Mai.
1494.

Neuburg, Nicolaus de — claviger
S. Lamb. 26. Febr. XIV.

Newenstetterin, Anna — mon.
26. Aug. XV.

Neuhoffer, P. Carolus — Garsten
28. Oct. 1643.

Newmair, Leonhardus — 25. Mart.
XVI.

Newmaister, Johannes des. — senior S. Lamb. 28. Mai. 1472.

Neumarkt, Chueno de — conv.
S. Lamb. 24. Mai. XIV.
Dimudis de — 19. Mai. XIII.
Otto de — pbr. et mon. S. Lamb.
8. Jan. XIV. cf. Foro, de —.

Neumarckhter, Lambertus — pbr.
et mon. 8. Apr. 1534.

Neuwalder, Johannes — pbr. et
mon. S. Lamb. 8. Nov. 16.

Nidermayr, P. Romanus — mon.
Mölk 26. Sept. 1644.

Nitsch (?), P. Gregorius — prof.
S. Lamb. 9. Jul. 1620.

Niedekke, Pabo de — 25. Febr.
XIII. cf. Neidek.

Niger, Richerus — pbr. et mon.
S. Lamb. 7. Oct. 1345.

Nosicz, Nicolaus des. — diac. S. L.
6. Nov. 16.

Novum Forum, v. Neumarkt.

Nussdorf, Livpertus I. de — 10. Mart.
XIII.
Vlricus I. de — 6. Mai. XIV.

Nusstorfer, Ditmarus des. — pbr.
et mon. S. Lamb. 12. Jun. XIV.

Nusser, Franciscus — prior Neres-
heim 23. Febr. XVII.

O.

Obdach, Ortolfus I. de — 24. Apr.
XIII.

Obdacher, Johannes — pbr. et mon.
16. Febr. 1425.
Johannes — pbr. et mon. S. Lamb.
24. Febr. 1425.
Vlricus I. des. — Chuonegundis ejus
uxor, Margareta ejus filia 20. Aug.
XIV.

Obernperiger, Thomas — civ. in Linz 19. Mart. XV.

Ödenhofer, Paulus Georgius — 23. Mart. XVI.

Otterniz, v. Adirniz.

Ottingerus, Dr. Johannes — ppus. Lydingen 13. Apr. 1576.

Odonizius, Hieronymus — pbr. et mon. S. Lamb. 25. Apr. 1628.

Offpergh (Offenburg), Ruodolfus de — 8. Mart. XIII.

Offenpekch, Andreas filius Michaelis —
Egidius — l.
Erasmus — l.
·Michahel — l.
Nicolaus — l.
} 11. Jun. XV.

Nikel — l. 13. Jun. XV.

Offenpech, Reinprecht — l. 11. Jun. XV.

Offenpekchin, Dorothea — l. 11. Jun. XV.
Walpurga — l. 11. Jun. XV.

Offenpechcus, Gregor. — 12. Jun. 1477.

Offenburg, v. Offpergch.

Ofner, Casparus — pbr. et mon. S. Lamb. 2. Apr. 1606.

Offner, Leonardus — pbr. et mon. S. Lamb. 21. Dec. 1639.

Ochsenhof, Katherina villica de — 27. Febr. 1455.
Gerdrudis de — 4. Jun. XIV.
Gerdrudis uxor Jacobi in Angulo dci. de — 29. Jun. XV.
Jacobus de — 24. Apr. XIV.
Mehthildis consutrix de — 8. Jul. XIII.

Olm, ·Eberhardus — 13. Mai. XIV.

Oelmin, Katherina — 12. Mart. XIV.

Ossiach, Iremburga l. in — 2. Apr. XII.

Osterman, Andreas — pbr. et mon. S. Pauli 6. Jun. 1633.

Östreich, v. Austria.

Oxenhoffer, Andreas — pbr. et mon. S. Lamb. 14. Febr. 1471.

Q.

Quassen, Udalricus — 10. Febr. XIII.

R.

Rabennest, Joannes — confr. Götweig 4. Jun. 1516.

Rattaler, Thomas — l. 24. Mart. XV.

Rättensdorfer, Gebhardus l. miles des. — 19. Mart. XV.

Ratenstarffer, Gebhardus — miles 5. Jul. XV.
Johannes — l. 5. Jul. XV.
Margareta — 5. Jul. XV.
Marcus — l. 5. Jul. XV.
Walchan — 5. Jul. XV.

Raderstarfferin, Katherina — mon. 26. Aug. XV.

Ratisbona, v. Regensburg.

Ratmanstarffer, Johannes — dec. Sekau 9. Oct. 1476.

Ratmonstorffer, Vdalricus — pleb. Piber 6. Jun. 1490.

Rainer, Sigismundus — prior S. L. 12. Sept. 1599.

Racaspurgensis, Fridericus l. — 21. Mart. XIV.

Rakespurger, Jacobus — pbr. et mon. S. Lamb. 19. Aug. XIV.
Otto — pbr. et mon. S. Lamb. 24. Aug. XIII.

Rampelshofferin, Catharina — 24. Jun. 1649.

Rambser, Franciscus — dec. Suben 20. Aug. 1649.

Ramlarius, Chunradus l. — miles 23. Mart. XIII.

Ramler, Chvnradus — l. 10. Jun. XIV.
Richerus miles — 5. Aug. XIII.

Rasa, Hiltrud de — 22. Mai. XII.

Rase, Rvodolfus miles de — 25. Mai. XIII.

Rauscher, Wolfgangus — 5. Jun. XVI.

Rhedingius, P. Guilielmus — oeconomus Piber 8. Mai. 1649.

Regensburg, Andreas de — mon. Mölk 6. Mart. XVI.

Rechperger, Johannes dcs. — pbr. et mon. S. Lamb. 23. Jul. XIV.

Johannes — pbr. et mon. S. Lamb. 12. Jul. XVI.

Reibl, P. Georgius — prof. Kremsmünster 22. Jul. 1619.

Reit, Otto de — aussm Enstal 24. Nov. 16.

Rheythayin uxor Caspari Nagel 16. Jun. XVI.

Reidhor, P. Jacobus — prof. S. L. 25. Mart. 1650.

Reytrer, Bartholomaeus — mon. S. Lamb. 15. Jan. 1555.

Reytsperger, Johannes — prior S. Lamb. 19. Apr. 1551.

Rheyer, Thomas — notista etc. 7. Febr. 1579.

Reifenstain, Otto de — 21. Jul. XIV.

Reich, P. Theodoricus — prof. Kremsmünster 1. Oct. 1642.

Reinbalt, Innocentius — ex mon. Reichersperg 24. Sept. 1651.

Reinprecht, Thomas — pbr. 17. Jun. XVI.

Reysacher, Hainricus — can. Sekau 28. Febr. 1444.

Reisner, Thomas — pbr. Altenburg 12. Nov. 17.

Renner, Sigismundus — l. 4. Mart. XV.

Resch, Joannes — mon. S. Blasii 22. Jul. 1501.

Reschel, Vlricus — de Swent pbr. mon. S. Lamb. 2. Jun. XIII.

Reutter, Albertus — pbr. et mon. S. Lamb. 8. Oct. 15.

Reuter, Chuenradus dcs. — pbr. (?) et can. Sekau 3. Mart. XIV.

Reuslin (?), Albertus — abb. S. Petri S. 30. Jan. 1657.

Rieser, Georgius — l. 11. Oct. 16.

Johel — pbr. et mon. S. Lamb. 6. Febr. 1563.

Rickler, Alexander — pbr. Klosterneuburg 27. Oct. 17.

Ringshäntl, Egidius — l. 14. Jul. XVI.

Robel, Andr. dcs. — pbr. 31. Mai. XV.

Roetel, Heinricus dcs. — pbr. et can. Gurk 30. Aug. XIV.

Rötn, Christopherus de — cocus S. Lamb. 6. Jul. 1591.

Rogendorfferin, Catharina — 17. Oct. 16.

Rökl, P. Joannes — prof. Kremsm. 6. Sept. 1610.

Ror, Henricus miles de — 24. Sept. 16.

Rosaz, Alravn l. St. Petri in — 23. Aug. XIII.

Dominicus l. S. Petri in — 22. Aug. XIII.

Engilrat l. S. Petri in — 10. Jun. XIII.

Hainricus l. S. Petri in — 3. Jul. XIII.

Linhardus l. (?) S. Petri in — 17. Febr. XIII.

Linhardus l. S. Petri in — 1. Sept. XIII.

Rosenpusch, Marchardus — ppus. Aflenz 27. Sept. 1457.

Rosula, Frddccus (sic) dcs. — 5. Oct. 1347.

Rovsch, Leo l. — 6. Mai. XIII.

Rufus, Adelbertus l. — 26. Aug. XII.

Ruffus, Fridericus dcs. — 5. Mai. XIV.

Rufus, Leo —, Gerdrudis ejus fil. 27. Febr. XIII.

Waltherus l. — 4. Mart. XIII.

Rumpaui, Georius — 6. Jul. XV.

Rumpff (Grumpf), Hainricus — pbr. et mon. S. Lamb. 21. Jul. 1497.

Rumpler, Paulus — pbr. Klosterneuburg 27. Oct. 17.

P. Martinus — prof. S. Pauli 18. Apr. 1652.

S.

Sa —, cf. Scha —.

Sader, Wolfgangus — in Neustift 1. Jan. 1572.

Saflicer, Wlfingus — diac. et mon. S. Lamb. 23. Aug. XIV.

Sager, Alexander — pbr. et mon. Kremsm. 6. Jun. 1628.

Sachner, Wilhalmus — L 3. Jun. XIV.

Sachs, Joannes — abb. S. Lamb. 11. Mai. 1518.

Sailer, Albertus — subdiac. Gurk 29. Apr. XIV.

Salchdorf, Gerdruot de — 13. Febr. XIII.

Saloun, Pabo l. de — 7. Apr. XIII.

Sammogel (?), Erhardus — 19. Mai. XV.

Sanctus Locus, v. Heiligenstadt.

Sartorius, Damianus — conv. Klosterneuburg 27. Oct. XVII.

Saurau, ... de — can. Gurk 8. Mart. XIV.

Anna uxor Petri de — 28. Mai. XIV.

Chunradus diac. de — 8. Mart. XIV.

Chunradus de — diac. Gurk 21. Mart. XIV.

Tipoldus l. de — 12. Febr. XV.

Elizabeth uxor Fridrici de — 6. Mart. XIV.

Ernestus de — 9. Mart. XIII.

Fridericus de — 12. Jan. XIII.

Fridericus miles de — 1. Mai. XIV.

Gisila de — 24. Febr. XII.

Oetacher miles de — 7. Febr. XIV.

Otto de — ? 7. Jan. XIV.

Otto de — fr. Friderici de Leubgast 27. Jan. XIV.

Offo miles de — 1. Jul. XIII.

Offo pulcher de — 26. Febr. XIII.

Ortolfus l. de — 21. Apr. XIV.

Rihza — 14. Febr. XII.

Reichza fil. Chunradi de — 8. Jun. XIII.

Saurau, Wilhalmus des. de — 8. Mart. XIV.

Sauraber, Nicolaus — pbr. et can. Gurk 24. Sept. 16.

Sawraber, Ortolfus — l. 31. Aug. XV.

Sauraer, Pilgrimus l. der — 8. Mart. XIV.

Saurauer, Chunradus des. — pbr. et mon. S. Lamb. 6. Aug. 1392.

Saurawer, Chunradus — diac. et can. Gurk 23. Mart. XIV. cf. Surawer.

Sawrer, Chraffto — jud. provinciae 14. Mai. 1358.

Saurer, Cristoferus — ven. vir Gurk 22. Mart. 1529.

Saurerin, Katherina dea. — mon. Göss 26. Apr. XIV.

Sax, Joannes — civis Cellen. 10. Dec. 1644.

Saxo, Hermannus — pbr. et mon. S. Lamb. 22. Apr. XIV.

Hermannus — pbr. et mon. Oberburg 2. Aug. XIV.

Spät, Matheus — l. 21. Febr. XVI.

Span, Sigismundus des. — acol. S. Lamb. 7. Oct. 15.

Sparn (?), P. Leonardus — mon. Mölk 19. Sept. 1645.

Speiser, Johannes — pbr. et can. Sekau 7. Jan. 1481.

Spindler, Antonius — abb. Scot. Wien 11. Nov. 1648.

P. Joannes Adamus — prof. S. Lamb. 19. Jun. 1626.

Spiritus, Christianus — ppus. Gurk 16. Oct. 1570.

Joannes — custos Mariazell 21. Dec. 1594.

Spuell, Christanus — 12. Jun. XVI.

Scriba, Georgius — prior S. Lamb. 31. Aug. 1623.

Scriptor, Ulricus (?) des. — de La pbr. et mon. S. Lamb. 27. Mai. XIV.

Se —, cf. Sche —.

Sedelmayr, P. Bartholomaeus —
mon. Mölk 20. Mart. 1646.

Seyberstorffer, Otto des. — pbr.
et can: Berchtesgaden 29. Jun.
XV.

Seidl, Marinus — diac. Garsten
20. Nov. 1646.

Seyfriedt, Augustinus — diac.
Klosterneuburg 9. Apr. 1624.

Sekau, Apolonia l. 1. Jan. XVI.
Barbara l. 1. Jan. XVI.
Ka(thari)na l. 1. Jan. XVI.
Cristannus l. 1. Jan. XVI.
Dorothea l. 1. Jan. XVI.
Joannes l. 1. Jan. XVI.
Margaretha uxor coci 16. Mai. XV.
Wolfgangus l. 1. Jan. XVI.

Selbax, Thomas — pbr. et mon.
Aspach 15. Mart. XV.

Seld, Nicolaus — prof. Kremsmünster
9. Aug. 1604.

Senari (?), Martinus — prior Götweig 12. Mart. 1629.

Seng, Wolfgangus — pleb. Mariazell
30. Nov. 16.

Sengel, Johannes des. — pbr. et
mon. S. Lamb. 4. Oct. 15.

Sengl, Joannes — pbr. et mon.
S. Lamb. 12. Jul. XVI.

Sermiczer, Anna — 29. Mai. XV.

Sybenhierter, Benedictus — prof.
Ossiach 10. Mai. XV.

Sibenhorn, Casparus — custos
Mariazell (9. Mart. XVI).

Siuerdus, Placidus — pbr. Altenburg
12. Nov. 17.

Silber, Hainricus de — des. Fortis
16. Jul. XIV.

Silberberger, Achacius des. —
pbr. et can. Gurk 6. Jul. XV.

Silvam, Berchta uxor Ruplini ante—
22. Jun. XV.

Silwich (Silweg), Albertus l. de —
10. Jan. XIII.

Silwich, Hainricus de — pbr. et
mon. S. Lamb. 4. Mart. XIII.

Sintzendorfferin, Barbara —
12. Jun. XV.

Sl —, cf. Schl —.

Slaffer, Paulus — can. Sekau
16. Mai. XV.

Sm —, cf. Schm —.

Smech, Chunradus — diac. et mon.
S. Lamb. 10. Aug. XIII.
Drusliebus fil. Walch. — 2. Aug. XIII.
Jacob. l. — 23. Jan. XIII.
Willibirch l. fil. Walch. — 10. Mart.
XIII.

Smechonis, Leukardis — mat.
26. Aug. XIII.

Smeltzel, Hainricus l. de Gossa
des. — 26. Mai. XIII.

Smützel, Symon — 11. Aug. XV.

Sr —, cf. Schr —.

Sroetlinus, Hiltegrimus — 3. Mai.
XIII.

Sulczpech, Chunradus des. — pbr.
et mon. 18. Jun. XV.

Surawer, Thomas — pbr. sec.
19. Apr. XV. cf. Saurauer.

Sutor, Chunradus — cantor rusticorum 18. Mart. 1442.

Sw —, cf. Schw —.

Swab, v. Sweaus.

Swaiger, Maurus — subdiac. Garsten
3. Nov. XVII.

Swaerczel, Leonhardus — 19. Mai.
XIV.

Swarzel, Rudolfus — de Sebisen
28. Jan. XIV.

Sweinperger, Johannes des. —
conv. S. Lamb. 6. Mart. XV.

Swent, Chunradus l. de — 10. Jan.
XIII.
Fromuot de — 8. Febr. XII.
Mathildis de — 14. Apr. XIII.
Otto de — 14. Jan. XII.
Rudolfus de — murator 20. Mai.
XIII.

Swent, Stephanus l. de — 1. Aug. XIII.

Virieus faber de — 6. Mart. XIII.

Sweuus (Sueuus), Heinricus — abb. Arnoldstein 25. Mai. XV.

Johannes — pbr. et mon. 21. Jun. XIV.

Johannes — pbr. et mon. S. Lamb. 1. Mart. 1468.

Joannes — l. 24. Mart. XV.

Rvdolfus l. — 28. Febr. XIII.

Scha —, cf. Sa —.

Schabl, Augustinus — ppus. Neustift 20. Sept. 1587.

Schädel, Jeorgius — de Neustadt pbr. et mon. S. Lamb. 21. Mai. 1491.

Schaflas, Otakcherus miles de — 6. Apr. XIV.

Schaflaser, Ottacherus miles de — 14. Apr. XIV. cf. Saflicer.

Schaffler, Georgius — conv. Klosterneuburg 27. Oct. 17.

Schachen, Conradus de — l. 16. Oct. 16.

Schachner, Paulus — Chunigundis ejus uxor 10. Jul. XV.

Johannes — abb. S. Lamb. 22. Jun. 1478.

Margaretha mat. Joan. abb. 7. Mart. 16.

Otto — pbr. et mon. S. Lamb. 16. Apr. XVI.

Schain, Joannes — pbr. Klosterneuburg 27. Oct. 17.

Schalauner, Hermannus des. — pbr. et mon. S. Lamb., Agnes ejus soror, Offemya ejus cognata 17. Febr. XIV.

Schaltdorf, Heinricus de — 20. Mart. XV.

Schanar (?), Otto — pbr. et mon. S. Lamb. 15. Apr. XIII.

Scharringer, Gregorius — ppus. Seksu 12. Jun. XVI.

Scharn, Johan. des. — 27. Mai. XIII.

Schaubart, Lucas — pbr. Klosterneuburg 27. Oct. 17.

Schäwchenstain, Vlricus — 22. Jun. XV.

Sche —, cf. Se —.

Schetting, Wolffgangus — prior Garsten 14. Aug. 1632.

Schevulig., Chunradus l. — 21. Mart. XIII.

Scheuuligarius, Vlricus — de Judenburg 25. Jan. XIII.

Scheiben, Alhaidis de — mat. Permanni 5. Aug. XIII.

Chunradus de — fr. Ottonis 16. Jan. XIII.

Conradus vill. de — 29. Nov. 16.

Walchunus l. villicus de — 1. Mai. XIII.

Scheyber, Otto des. — pbr. et mon. S. Lamb. 1. Apr. XIV.

Scheyt, Mathias — eps. Sekau 10. Mart. 1512.

Scheit, Petrus — 22. Dec. 1589.

Scheiterl, Heinr. des. — 11. Mai. XIV.

Schendel, v. Schädel.

Schertl, Joannes — comm. Gurk 18. Febr. XVI.

Scherer, Cornelius — pbr. et mon. Kremsmünster 25. Jan. 1637.

Schernstain, Johannes — pbr. et can. Sekau 21. Jun. XV.

Scheufling, Rvdolfus miles de — 16. Jul. XIII.

Wilbirch de — 5. Mart. XIII.

Scheuflinger, cf. Schevulig. Scheuuligarius Scibivfligarius Schivfliger.

Scheuhendienst, Hainr. des. — 6. Jan. XIV.

Schiben, v. Scheiben.

Schiel, Joannes — conv. Klosterneuburg 27. Oct. 17.

Schierer, P. Michael — prof. Kremsm. 18. Mart. 1619.

Schifer, Egidius — pbr. et mon. S. Lamb. 5. Sept. 1599.

Schiller, Adalbertus — phr. et mon. Tegernsee 22. Nov. 1583.

Schirmperger (?), Erasmus — 31. Mart. XVI.
Joannes — pbr. 31. Mart. XVI.

Schirnig, Otto — conv. S. Lamb. 23. Jun. 1658.

Schivfligarius, Hainricus — 13. Mart. XIII.

Schivfliger, Perhtoldus l. — 28. Febr. XIII.

Schl —, cf. Sl —.

Schlaffer, Christanus — 12. Jun. XVI.

Schleifer, Vdalricus — prior S. Lamb. 16. Febr. 1563.

Schm —, cf. Sm —.

Schmaez, Caspar des. — abb. 15. Oct. 16.

Schmidt, P. Bonifaeius — prof. S. Lamb. 3. Nov. 1649.

Schmidl, Sebastianus — pleb. Wels 1. Nov. 1578.

Schmidleitner, Wolfgangus — pbr. et mon. S. Lamb. 29. Sept. 1507.

Schober, Matthaeus — pbr. S. Pauli 2. Nov. 1612.

Schödrer, Nicolaus — mon. S. Lamb. 9. Oct. 16.

Schöer, Cornelius — oecon. Piber 20. Aug. 1651.

Scholl, Andreas — pbr. et mon. 28. Febr. 1630.

Schönawer, Johannes — pbr. et mon. S. Lamb. 26. Mai. 1424.

Schoenawer, Johannes — pbr. et mon. S. Lamb. 12. Jan. 1424.

Schönberg, Duringus miles de — 2. Mart. XIII.

Schr —, cf. Sr —.

Schrantz, Volfgangus — pbr. et mon. Admont 19. Nov. XVI.

Schreiber, v. Scriba Scriptor.

Schrelezer, Christoffus — l. 28. Apr. XV.
Wilhalmus — l. 5. Mai. XV.

Schropp, Bartholomaeus — dec. Suben 17. Apr. 1648.

Schrot, Albertus — 13. Sept. 16.
Christophorus — cam. abbatis 13. Sept. 1435.
Oswaldus — 13. Sept. 16.
Seifridus — 13. Sept. 16.
Sigismundus — 13. Sept. 16.

Schröneckh, P. Ferdinandus — prof. Kremsm. 12. Jul. 1627.

Schulterplat, Ditricus — l. 14. Oct. 16.

Schürff, Caspar — prior S. Lamb. 12. Jan. 1443.

Schury, Johannes — subdiac. S. Lamb. 8. Jul. 1489.

Schurrinn, Chunegund. — 17. Mart. XIV.

Schw —, cf. Sw —.

Schwaighof, Margareta de —, Anna fil. Nicolai 15. Aug. XIV.

Schwaighofer, Christanus —, Elizabeth fil. 10. Jul. XV.

Schwarzenbach, Hainricus cocus in — 31. Jan. 1433.

Schwarzenpacher, Matthias — acol. et prof. 12. Febr. 1578.

Schweikart, Benno — pbr. et mon. Kremsmünster 11. Oct. 1641.

Schweinbeckh, Martinus — pbr. et mon. S. Lamb. 31. Jan. 1524.

Schwertlin, Benigna — mon. S. Petri S. 10. Sept. 1650.
Benigna — mon. Salzburg 23. Mai. XVII.

Schwingenpaum, Dionisius — acol. 13. Sept. 1590.

Stäber, Bartholomaeus — 27. Apr. XVI.

Stadech, Rvdolfus l. — 24. Mart. XIII.

Stadel, Otto miles de — 13. Apr.
XIII.

Sighardus l. de — 4. Jun. XIII.

Stadfeld, Johannes Henricus — abb.
S. Lamb. 11. Aug. 1638.

Stadtfeldt, Leonardus — pater etc.
25. Mai. 1619.

Stadler, Castorius — pbr. et mon.
Tegernsee 24. Dec. 1583.

Fridericus — pbr. et can. Sekau
20. Mart. 1385.

Hainricus des. — pbr. et mon.
Kremsmünster 30. Mart. XIV.

P. Rupertus — prof. S. Petri S.
12. Jul. 1648.

Stadlman, Gregorius — pbr. et mon.
S. Lamb. 14. Oct. 1647.

Stain, Anna ab dem — mon. 22. Apr.
XV.

Petrus de — pbr. et mon. 19. Mai. XV.

Stainacher, Leonhardus — abb.
Admont 11. Jul. XVI.

Stainacherinn (?), Veronica —
5. Jun. XVI.

Stainprugker, Andreas — pbr. et
mon. S. Lamb. 27. Apr. XVI.

Stainprughberin, Barbara —
3. Sept. XV.

Stainer, Dyeczel — rusticus de
Angulo 21. Aug. XIV.

Hieronimus — conv. Garsten 22. Dec.
1633.

Stainstperger, Johannes — pbr.
et can. 31. Aug. XV.

Stainz, Pabo l. de — 7. Febr. XIII.

Stall, v. Cawla.

Stampff, P. Pancratius — mon.
Mölk 26. Mart. 1646.

Staudacher, Joannes — 12. Jun.
XVI.

Gregorius — 21. Jul. 1831.

Stei —, cf. Stai —.

Steyberg, Laurencius — l. 2. Jul.
XV.

Steier, Duringus l. de — 25. Mai. XIII

Steierberger, Wilhalmus des. —
26. Jan. XIV.

Steyerbergrin, Anna — mon. Frisach 13. Febr. XV.

Steiermark, Hillebrand, Jacobus —
quaest. prov. 5. Oct. 1651.

Stein, Chonradus l. de — 17. Aug.
XIII. cf. Stain.

Steirer, Thomas — l. 22. Aug. 1521.

Steyrer, Stephanus — pbr. et mon.
S. Lamb. 22. Febr. 1556.

Stekch, Wolfgangus — pbr. 16. Jul.
XV.

Stevncz, v. Stainz.

Stybich, Uriell — pbr. et mon.
S. Lamb. 5. Aug. XVI.

Stiglmüller, Joannes — diac. Admont 19. Nov. XVI.

Styrch, P. Syluester — prof. S. L.
6. Dec. 1661.

Stiria, v. Steier.

Styrich, Polycarpus — senior S. L.
27. Febr. 1643.

Stoiczendarffer, Primus (?) —
27. Jun. XV.

Stoyczendorffer, Georius — l.
2. Aug. XV.

Stoytzendarffer, Leonhardus —
pbr. et mon. S. Lamb. 29. Sept.
1471.

Stoll, Vrbanus — pbr. S. Lamb.
24. Apr. 1596.

Storch, Engelbertus — pbr. et mon.
S. Pauli 11. Mai. 1642.

Stoerin, Anna — 31. Aug. XIV.

Störin, Gerdrudis — 4. Oct. 16.

Strall, Paulus — pbr. et mon. Admont 19. Nov. XVI.

Strassburg, Albertus puer de —
15. Jan. XIV.

Strasser, Vincentius — custos M. Z.
(21. Dec. XVI.) 6. Sept. 1594.

Strasserin, Elisabeth — l. 8. Nov. 16.

Straub, P. Leonhardus — senior S. L.
4. Aug. 1617.

Straubing, Johannes de — pbr. et
mon. Götweig 21. Mart. XV.

Johannes de — pbr. Götweig 25. Jun.
XV.

Straus, Johannes — pbr. et mon.
11. Aug. XVI.

Stretwig, Ortolfus de — 29. Jan.
XIII.

Ortolfus 1. de — miles 2. Febr.
XIII.

Streimel, Bernhardus — pbr. et
mon. S. Lamb. 25. Mai. 1511.

Strobl, Benedictus — pbr. Altenburg
12. Nov. 17.

Casparus — ex mon. Neustift 9. Jan.
1585.

Stromair, P. Simon — prof. S. L.
5. Apr. 1617.

Strumphenhaus, Margaretha uxor
Petri aus dem — 24. Aug. XIV.

Reyeherus coquinarius de — 14. Apr.
XIV.

Stubenberg, Anna de — 9. Apr.
XV.

Stübich, Melchior — l. 20. Febr.
XVI.

Vriel — pleb. Mariahof (31. Dec.
XVI.) 31. Jul. 1530. cf. Stybich.

Stür, Christanus — prior S. Lamb.
20. Dec. 1515.

Sturbm, Simon — pbr. et mon.
Admont 19 .Nov. XVI.

Sturgras (?), Johannes des. — pbr.
et can. Berchtesgaden 10. Apr.
XV.

Stürtzl, Valentinus — pbr. et mon.
Admont 19. Nov. XVI.

U. V.

Übelbaeh, Clemens (Hewrrauss) senior de — prior S. Lamb. 3. Febr.
1470.

Vtscher, Georius des. — pbr. et
mon. S. Lamb. 30. Aug. 1473.
Andreas 1. — 6. Nov. 16.

Vtscherin, Hylaria dca. — mon.
Göss 19. Aug. XV.

Vlmensis, Conradus Thosch —
11. Apr. XVII.

Wrsus, Vlricus — l. 28. Febr. XIII.

W. V.

Waecherli (?), Hermannus — mon.
S. Lamb. 25. Mai. XIII.

Wagelspacher, Petrus — pbr. et
mon. S. Lamb. 21. Jul. 1446.

Wagenspacher, Henricus — l.
23. Sept. 16.

Wagner, Jacobus — prof Gurk
18. Febr. XVI.

Leonardus — pbr. et mon. Kremsmünster 19. Dec. 1630.

Waegspacherin, Ottilia — 18. Jul.
XV.

Wachfelder, P. Benedictus — Götweig 18. Mai. 1644.

Waidhofen, Andreas de — pbr.
25. Mart. XIV.

Waidhofer, Otto — 22. Febr. XIV.

Waisendorf, Adalbertus de —
9. Oct. 16.

Waissendorff, Gotfridus 1. de —
7. Mai. XIII.

Wald, vor dem —, v. Silvam, ante —.
Conradus de — 15. Jun. 1530.

Waltenperger, Joannes — in mon.
Neustift 25. Oct. 1578.

Waltenstorf, Judita de — l. 6. Febr.
XIV.

Nicolaus 1. de — 24. Apr. XIV.

Waltenstafer, Henricus — pbr. et
mon. 15. Jan. XV.

Waldvogl, Constantinus — pbr. et
mon. Kremsmünster 17. Sept.
1632.

Waldsee, Adamus Lang de —, v.
Lang.

Waltsee, Eberhardus de — 13. Jul.
XIV.

Vallis Anesi, v. Enstal.

Walstainer, Achacius des. — pbr.
et mon. S. Lamb. 29. Mart. XIV.

Wardocher, v. Würdocher.

Waschenpeutel, v. Baschenpeutel.

Wäschll, Egidius — pbr. et men.
S. Lamb. 18. Febr. 1591.

Wäschl, Jacobus — ppus. Sekau
13. Apr. 1566.
Wolphgangus Andreas — subd.
S. Lamb. 8. Jan. 1606.

Wäschlin, Chatharina — abba. Judenburg 18. Aug. 1587.

Watz, Nicolaus — pbr. et mon. S. L.
18. Sept. 16.

Weberperger, Georius — conv.
Garsten 18. Jul. XVII.

Wecherly l. — 3. Oct. XV.

Weidacher, Vdalricus — pbr. et
mon. Admont 19. Nov. XVI.

Weydl, Fridericus — pbr. et mon.
Admont 19. Nov. XVI.

Weinstockh, Ludovicus — pbr.
Neuburg 6. Febr. XVI.

Weinzörl, Guntherus l. — 16. Febr.
XII.
Johannes de — 28. Febr. XIII.

Weiss, cf. Albus.
Michael — prior S. Lamb. 4. Sept.
1635.

Weiss, Michael — pbr. et mon.
Kremsm. 11. Oct. 1637.

Weizenpek (?), Chunradus — pbr.
et mon. Admont 3. Jan. XIII.

Weyssenprunnerin, Barbara —
31. Mart. XVI.

Weysseneker, Erhardus — 9. Apr.
XV.

Weizzenwurger, Johannes des. —
7. Jun. XV.

Weizznekerinn, Anna des.—mon.
Sekau 17. Mart. XIV.

Weixler, Petrus — pbr. et mon.
S. Lamb. (23. Dec. XVII.)
Georgius —, Margaretha ejus uxor
23. Dec. 1642.

Weiz, Bernardus — ppus. Klosterneuburg 27. Oct. 17.

Wel, Pero villicus de — 13. Aug. XIII.
Chunradus l. vill. de — 11. Apr. XIII.
Juditha villica de — 29. Sept. 16.
Leo l. villicus de — 28. Jan. XIII.

Welser, Wolfgangus — 9. Febr. XVI.

Welz, ... —, Conradus de — l.
29. Jul. XIV.
Elyzabeth de — 4. Jul. XIV.
Hiltigunt — 19. Aug. XIII.

Welzer, cf. Peltzer.

Welczer, Chunradus l. — 16. Jul.
XV.
Ernestus des. — 10. Jan. XIV.

Weltzer, Henricus — l. 28. Sept. 16.

Wellezer, Rupertus — l. 16. Jul.
XV.

Welezer, Seyfridus des. — pbr. et
mon. S. Lamb. 23. Jul. XIV.

Welzer, Wlfingus miles — 7. Febr.
XIV.

Welczer, Wlfingus — pbr. et mon.
S. Lamb. 22. Febr. XIV.

Weltzerin, Juliana — 11. Aug. XV.

Wenger, Johannes des. — pbr. et
mon. 6. Apr. XIV.

Werfen, Chuono miles de — 17. Jan.
XII.

Wernher, Thomas — abb. S. Lamb.
16. Febr. 1549.

Wersus, Vlricus l. — 28. Febr.
XIII.

Widman, Laurentius — prior
S. Lamb. 24. Dec. 1606.

Widmer, Andreas — pbr. et mon.
11. Aug. XVI.

Wielantin, Perchta — soror B......
7. Mai. XIV.

Wien, Gisila de — 19. Jul. XIV.
Mathilth de — 28. Febr. XIII.
Otto de — pbr. et mon. S. Lamb.
24. Aug. XIV.

Viennensis, Jacobus — 12. Apr.
1605.

Will., Perhta mater — (6. Jan. XII).

Villacum, v. Villach.

Wildon, Agnes de — 19. Jul. XIII.
　　Livtoldus de — fund. Stivnze
　　13. Apr. XIII.

Wilffing, Ferdinandus — pbr.
　　Klosterneuburg 27. Oct. 17.

Winkel (de Angulo), Albertus
　　officialis de — 1. Mai. XIII.
　　Alhaidis in — uxor Hueninch
　　21. Mart. XIV.
　　Pilgrimus de — 30. Mart. XIII.
　　Chunegundis de — 6. Apr. XIII.
　　Dyeczel Stainer rusticus de —
　　21. Aug. XIV.
　　Erinswint de — 22. Febr. XII.
　　Gerbertus l. de — 22. Aug. XII.
　　Gerdrudis uxor Jacobi in — 29. Jun.
　　XV.
　　Herbordus l. de — 15. Apr. XIII.
　　Jacobus l. de — 20. Apr. XIV.
　　Johannes l. fil. Ottlini de — 1. Sept.
　　XIV.
　　Leukardis officialissa de — 18. Jul.
　　XIII.
　　Oudalricus de — 2. Mai. XIII.
　　Wolframmus de — 9. Jan. XIII.
　　Wlfingus l. de — 26. Jun. XIII.

Winchlarii, Perchta de Chaphen-
　　berch filia — 8. Jun. XIV.

Winchler, Hainricus des. — sub-
　　diac. S. Lamb. 1. Mart. XIV.

Winkler, Henricus — pbr. et mon.
　　S. Lamb. 14. Jul. 1662.

Winzurl, v. Weinzürl.

Wisen, v. Traten.

Wiser, Rudolphus — prior S. Lamb.
　　30. Jul. 1667.
　　Conradus — 17. Febr. XVI.

Wochner, Paulus — pbr. et mon.
　　S. Lamb. 30. Jun. 1505.

Wöl, v. Wel.

Wolfart, Rudb. — pbr. 17. Jun. XVI.

Woelflin, Johannes — pbr. S. Lamb.
　　21. Mart. 1426.

Wolfradt, Antonius — abb. Kremsm.
　　1. Apr. 1639.

Wolfsberger, Fridricus des. — pbr.
　　et can. 29. Aug. XV.

Wolherinn, Margareta filia —
　　31. Aug. XIV.

Wölz, v. Welz.

Wulper, Albertus — pbr. et . . .
　　26. Febr. XV.

Würdocher, Otto — pbr. et mon.
　　S. Lamb. 16. Mai. 1448.

Wurfpeil, Ambrosius — prior
　　Michelbeuren 28. Dec. 1582.

Z.

Cf. C, Cz, Tz.

Zaäch, Anastasia uxor Andreae —
　　19. Apr. XVI.

Zahn, v. Dens.

Zänkel, v. Zenkel, Czenkel etc.

Zecherlini, Gerdruodis uxor —
　　5. Apr. XIV.

Zeiring, Chunegundis de monte —
　　9. Jun. XIII.
　　Heinricus des. de — ? pbr. et mon.
　　S. Lamb. 11. Apr. XIV.

Zelschacher, Otto — subd. S. Lamb.
　　29. Nov. 16.

Zenghofer, Cristophorus — 12. Jun.
　　XVI.

Zenkellini, Herwurt consob. Frid-
　　rici — 4. Aug. XIV.

Ziegler, P. Emmeramus — 28. Apr.
　　1655.
　　Hainricus — mon. 16. Mai. XV.
　　Johannes — 9. Febr. XVI.
　　Magnus — pbr. et mon S. Lamb.
　　3. Apr. 1628.

Ziener, Thomas — abb. Altenburg
　　12. Nov. 17.

Zilgens, P. Petrus — mon. Mölk
　　8. Jun. 1648.

Zinko, Otto — pbr. et mon. S. Lamb.
　　1. Febr. XIII.

Zizerin, Dimuodis — l. 21. Febr. XIII.

Znaim, Paulus de — pbr. 19. Apr. XV.
  Paulus de — pbr. Götweig 25. Jun. XV.
Zoppot, Nicolaus — phr. et mon.
  S. Lamb. 13. Sept. 1464.
Zötler, Andreas — mon. S. Lamb.
  23. Sept. 16.

Zorn, Leonardus — 30. Aug. XVI.
Zumperg, Conradus — prof. Kremsm.
  7. Jun. 1642.
Zwitar, Martinus — 11. Mai. XV.
Zwigkl, Wolfgangus — 5. Jun. XVI.

III.

Künstler, Handwerker u. s. w.

Advocatus: Guotfridus l. 11. Mart.
  XII.
Arcularius: Perchdolt, Gregorius —
  9. Jan. XVII.
Calcifices: Herrandus l. 8. Mart. XIII.
  Hirzmannus 30. Mart. XII.
Camerarii: Otto 2. Sept. XIV.
  Otto 14. Oct. XV.
  Otto 29. Jul. XVI.
Campanarius: Dietmarus 28. Mai. XII.
Cantores: Dietmarus pbr. et mon.
  S. Lamb. 16. Dec. 16.
  Sutor, Chunradus — cantor rusti-
    corum 18. Mart. 1442.
Carnifices: Goetfridus 16. Mai. XIV.
  Anna uxor carnificis 24. Jun. 1438.
  Elizabet uxor ⎫ carnificis 25. Apr.
  Margareta filia ⎭   XV.
Carpentarius: Chunradus 19. Jun.
  XIII.
Caupo: Hermanus — de Prato 23. Mai.
  XIII.
Chaernaer: Chunradus de Hirzekke
  29. Apr. XIII.
Claviger: Waltherus, Perchta ejus
  uxor, Katheri., Wendel ejus filiae
  10. Aug. XVI.
Coci: Adelbertus l. 13. Jun. XIII.
  Perhtoldus 14. Apr. XIII.
  Diepo 11. Apr. XII.

Coci: Gundacherus 1. Apr. XIII.
  Hainricus — in Swarczenbach
    31. Jan. 1433.
  Hirzmannus l. 1. Mart. XIII.
  Linhardus 24. Apr. XIII.
  Leo filius coci 2. Nov. 16.
Comediasta: Pyrkhel, P. Aemilianus
  — prof. S. Petri S. 17. Jul. 1651.
Consutrix: Mehthildis — de Ochsen-
  hof 8. Jul. XIII.
Coquinarii: Reycherus de Strumphen-
  haus 14. Apr. XIV.
  Gerdrudis uxor Reycheri 28. Jan.
    XIV.
  Vrbanus fil. coquinarii 26. Aug. XIV.
Coriarius: Johannes 13. Mart. XIII.
Coscalcius: Nicolaus fil. coscalcii de
  Chaltenhoft 10. Jan. XIV.
Decimatores: Engilrammus de Mura
  16. Apr. XIII.
  Vlricus 6. Mai. XIII.
Ecclesiasticus: Perinhardus 5. Mart.
  XII.
  Anna filia ecclesiastici 9. Oct. 16.
Fabri: Percholdus 27. Jan. XII.
  Ekkehardus l. 3. Mart. XIII.
  Hartwicus l. 16. Jan. XII.
  Helembertus l. 7. Jun. XIII.
  Meduuein (?) 12. Febr. XIII.
  Rap ehtus 31. Jul. XIII.

Fabri: Rudbertus 20. Febr. XIII.
    Vlricus — de Swent 6. Mart. XIII.
Graman.: Chunradus conv. S. Lamb.
    27. Apr. XIII.
Hortulanus: Adalfridus 11. Apr. XII.
Judices: Cunradus l. 3. Oct. 16.
    Ernst l. 15. Jun. XIII.
    Fridericus fil. judicis 14. Dec. 16.
Justitrix: Wendelburg 6. Febr. XIII.
Juvenis: Offo 30. Mai. XIII.
Lapicidae: Christannus, Anna ejus
    uxor 24. Jun. XV.
    Herimannus — de Chaltinhof 27. Mai.
    XIII.
    Vlricus — S. Lamb. 14. Jul. 1405.
    Elizabet uxor Vlrici 17. Mart. 1404.
Lirator: Ditmarus 15. Jun. XIII.
Lucifiguli: Vlricus 30. Jan. XIV.
    Wolfleinus 2. Mai. XIV.
Magistri: Pertholdus 25. Mai. XVI.
    Elyzabet uxor Ekh. m. 31. Mai. XIV.
    Gerungus 9. Mart. 1390.
Magister curiae: Martinus 9. Aug. XVI.
Magistri operis: Chunradus in Cella
    22. Mart XIV.
    Nycolaus conv. S. Lamb. 18. Mart.
    1359.
Magister zecbae: Herman. 1. Apr.
    XVI.
Mandat.: Swikerus 16. Apr. XII.
Medici: Hainricus 23. Febr. XIII.
    Ludovicus 10. Oct. 16.
    Stäber, Dr. Bartholomaeus 27. Apr.
    XVI.
Milites: Andreas l. 26. Jun. XV.
    Philippus l. 20. Jan. XIII.
    Conradus 22. Oct. 16.
    Ditm. l. 24. Jan. XIII.
    Dietmarus 4. Jul. XIII.
    Duringus 18. Jan. XII.
    Engilsalcus l. 5. Mart. XIII.
    Engelsalcus 14. Sept. 16.
    Ernestus 21. Jun. XIII.
    Gotfridus 21. Jun. XIII.
    Gotfridus 29. Nov. 16.

Milites: Hainr. l. 24. Jan. XIII.
    Hainricus 7. Mart. XIII.
    Hiltegrimus l. 26. Febr. XII.
    Leo 2. Mai. XIV.
    Leo 10. Mai. XIV.
    Leo 16. Dec. 16.
    Liutoldus 30. Nov. 16.
    Megenwardus l. 27. Jan. XIII.
    Nicolaus l. 16. Sept. 16.
    Ottakerus 16. Jun. XIV.
    Otto l. 25. Apr. XIII.
    Otto pat. Vlri . . . . . 3. Mai.
    XIII.
    Otto 28. Jul. XIII.
    Otto 29. Aug. XIV.
    Otto 16. Oct. XV.
    Ortolfus 18. Nov. 15.
    Roduwitus 18. Sept. 16.
    Syboto l. 28. Febr. XIII.
    Sigismundus 28. Sept. 16.
    Udalricus 29. Apr. XII.
    Wichardus 27. Apr. XII.
    Adelbertus 9. Jul. XIII.
Murarius: Johannes 30. Apr. XIII.
Muratores: Leo 3. Mai. XIV.
    Otto l. 6. Jan. XIII.
    Rudolfus de Swent 20. Mai. XIII.
    Syghardus mag. 3. Aug. 1381.
Musici: Ertelius, P. Sebastianus —
    mon. Garsten. 13. Jul. 1618.
    Rosula, Fridccus (sic) — 5. Oct.
    1347.
Nobilis: Johannes 18. Sept. 1375.
Officiales: Permannus, Margareta
    uxor ejus, Gerdrudis ejus filia
    14. Mai. XIII.
    Fridericus l. 9. Mai. XIII.
    Gotfridus, Otto et Wolframmus ejus
    filii 14. Jul. XIII.
    Benedicta soror offic. 5. Apr. XIII.
Organistae: Casselius, Joannes —
    28. Aug. 1654.
    Eisenmayr, Remigius — 12. Apr.
    1646.
Inuisibilis, Petrus — 7. Nov. 16.

Pellifices: Adlbertus l. 4. Jul. XIII.
Otakerus 23. Mai. XIII.
Uvolfkerus l. 24. Jul. XII.
Pergammarius: Swikerus l. 6. Apr.
XIII.
Pharmacopolae: Kätin, Christopho-
rus — 12. Apr. 1663.
Schirnig, Oddo — 23. Jun. 1658.
Physicus: Otto diac. 16. Jun. XIII.
Pietores: Gerochus 22. Mart. XIII.
Hertnidus 24. Jun. XIII.
Leupoldus mag. 31. Aug. XIII.
Liupoldus pbr. et mon. S. Lamb.
10. Aug. XIII.
Piscator: Georgius 5. Jun. XVI.
Pistores: Alhaidis pistrix 30. Jun. XV.
Perhtoldus 5. Aug. XII.
Kilianus 1. Aug. XV.
Kilianus 29. Jun. XV.
Fridericus l. 18. Febr. XIII.
Hermannus 14. Jul. XIII.
Hirzmannus 4. Jan. XII.
Otto 9. Jun. XIV.
Rainherus 14. Jul. XIII.
Sifridus 8. Jan. XII.
Sigfridus l. 27. Jul. XIII.
Vlricus Feger 9. Oct. 16.
Praecones: Benedicta praeconissa
15. Dec. 16.
Pero 28. Jul. XIII.
Dietmarus 20. Febr. XII.
Hartmuodus l. 12. Mart. XIII.
Ruodolfus (29. Aug. XII.) 3. Sept.
XII.
Hirzpurch fil. Ruodolfi p. 29. Aug.
XII.
Wezela 12. Mart. XII.
Procuratores: Margareta uxor Johan-
nis p. 12. Jul. XV.
Ruedlinus filius proc. 25. Apr. XIV.
Pueri: Paulus 21. Mart. XIV.
Petrus 12. Jul. XIII.
Perhtoldus 20. Mart. XII.
Pilgrimus 17. Mart. XIII.
Katerina puella 18. Apr. XIV.

Pueri: Ditmarus 25. Jul. XIII.
Dietricus 7. Mai. XII.
Druslibus l. 19. Febr. XIII.
Erasmus 3. Apr. XIV.
Fridericus l. 21. Jan. XIII.
Gotfridus 2. Mart. XIII.
Heinricus 8. Mart. XIII.
Hainricus 15. Mai. XIII.
Heinricus 31. Mai. XIV.
Hertlinus 5. Aug. XIII.
Hermannus 28. Apr. XIII.
Jacobus 11. Apr. XIII.
Jacobus 18. Aug. XIII.
Johannes l. 30. Mart. XIII.
Johannes 3. Febr. XIV.
Liupoldus 12. Febr. XIII.
Marchwardus 30. Mart. XII.
Otto 28. Aug. XII.
Offo subd. S. Lamb. 25. Mart. XIV.
Ortolfus 12. Apr. XIII.
Artolfus l. 21. Aug. XV.
Rvodigerus 1. Jun. XIII.
Vdalricus 11. Jan. XIII.
Vlricus fil. Ortonis 26. Jul. XIII.
Vlricus 27. Aug. XIII.
Vlr(icus) fr. Otlini (?) 23. Apr. XIV.
Warmundus 10. Febr. XII.
Wolfradus 27. Aug. XII.
Sartores: B . . . . . . (7. Mai.
XIV.)
Hainricus l. 2. Jun. XIII.
Syghardus l. de foro 4. Jun. XIV.
Scolares: Petrus 26. Mart. XIII.
Mathias 1. Jan. XV.
Nycolaus 7. Aug. XIV.
Scriptores: Afflentz, Vlmannus de —
21. Jun. XIV.
Inuisibilis, Petrus — 7. Nov. 16.
Sculptores: Hartwicus l. 28. Mart. XIII.
Matheus senior S. Lamb. 6. Nov.
1524.
Sellator: Augustinus de Grecs
20. Mart. XV.
Servi: Chunradus l. 7. Jun. XII.
Heinricus 21. Febr. XII.

Servi: Liphardus anph. s. camerarii
  14. Mart. XIII.
  Linhardus s. custodis 18. Apr. XIII.
  Wolframmus s. coquinae 17. Apr.
  XIII.
Sutor: Chunradus cantor rusticorum
  18. Mart. 1442.
Tornatores: Adelgoz 15. Apr. XII.
  Chunradus 6. Mart. XIV.
Vigil.: Leo 29. Jul. XIII.

Villici: Gerdrudis l. 15. Febr. XIII.
  Heinricus 28. Jan. XII.
  Herradis l. 22. Mai. XIII.
  Herbordus de caula 10. Mart. XIII.
  Leo 27. Aug. XIII.
  Rvdolfus 4. Jan. XIII.
  Walchunus 12. Febr. XII.
  Walchunus l. 7. Oct. 16.
Vindarius: Leo l. 10. Jan. XIII.
Vitra.: Eberhardus 17. Jun. XII.

IV.

Güterschenker bei dem Stift St. Lambrecht.

(Qui dederunt praedia.)

Anna uxor carnificis 24. Jun. 1438.
Pabo pbr. 4. Oct. XV.
Paldricus 3. Aug. XII.
Perchtoldus l. 18. Febr. XII.
Pertholdus et Methildis ejus uxor
  3. Oct. 16.
Poppo comes 1. Jun. XII.
Preiss, Fridericus — judex S. Lamb.
  30. Nov. 16.
Pvrchardus conv. 9. Aug. XII.
Pux, Ditricus de — 27. Jul. XIII.
Ceizolf 11. Jan. XII.
Chloel, Fridricus — 18. Aug. XIV.
Chloelyn, Katerina — 4. Aug. 1378.
Kholerin, Katherina — 29. Mart. 1442.
Chrueg, Vlricus — 11. Mart. XV.
Chumer, Otto des. — 30. Aug. XIV.
Chunegut 10. Aug. XIII.
Thechau, Vlricus de — 10. Mart.
  XIII.
Teufenbach, Maehthildis de — l.
  10. Apr. XIII.
Teufenbach, Offo de — 28. Apr. XIII.
Teufenbach, Richza de — 2. Sept.
  XIII.

Dietprandus l. 15. Jun. XII.
Dietricus 17. Jan. XII.
Ekkebertus comes 3. Aug. XII.
Fridericus pbr. 15. Dec. 16.
Gepa 8. Jan. XII.
Gensteig, Nicolaus — 24. Nov. 15.
Georius pbr. et mon. S. Lamb. 18. Jul.
  XVI.
Gressing, Georius — pbr. et mon.
  S. Lamb. 10. Oct. XV.
Guntherus marchio 3. Apr. XII.
Hadiwich 21. Mart. XII.
Hernwicus pbr. 20. Nov. 15.
Irinfridus 1. Apr. XII.
Margareta uxor Marchwardi 12. Mart.
  XIV.
Otto camerarius 2. Sept. XIV.
Otto camerarius 14. Oct. XV.
Otto camerarius 29. Jul. XVI.
Offo l. 26. Febr. XII.
Rabo l. 4. Oct. XV.
Sigifridus 4. Sept. XII.
Stirensis, Otacher dux — 8. Mai. XII.
Waltsee, Eberhardus de — 13. Jul. XIV.
Wluingus 8. Jan. XII.

V.

Blutsverwandte, meist von Mitgliedern des Stiftes St. Lambrecht.

Adalberti, Adalbertus pat. — 14. Mai. XII.

Adalf., Gotpold. frat. — 16. Febr. XII.

Alberti, Livtoldus pat. (?) — l. 21. Febr. XIII.
  Gebhardus de Gurka pat. — 27. Mai. XIV.
  Mehtildis l. mat. — 30. Apr. XIII.

Andreae, mag. Gerungus pat. — 9. Mart. 1390.

Anfre (?), Wilbirgis uxor — l. 8. Jan. XIII.

Arnoldi, Dietmarus l. frat. — 18. Febr. XII.

Pabonis, Pertholdus pat. —, Methildis mat. — sacerd. 3. Oct. 16.

Pauli, Margareta mat. — 1. Jan. XIV.
  Margareta mat. — 17. Mart. XIV.
  Andreas frat. — 1. Jan. XIV.

Petri, Chunegundis soror — abb. 22. Jun. XIV.

Perchtoldi, Gerdrudis uxor — 6. Febr. XIV.

Permanni, Wolframus l. pat. — abb. 23. Oct. 16.
  Adelheit mat. — 30. Mai. XII.
  Alheidis de Scheiben mat. — 5. Aug. XIII.
  Perhta mat. — 15. Febr. XIV.
  Wolframmus l. frat. — 16. Febr. XIII.
  Chunradus pbr. et mon. Admont frat. — 27. Apr. XIII.
  Margareta uxor — 4. Mai. XIII.

Perngeri (Peringeri), Ernestus pat. — 1. Sept. XIII.
  Levkardis mat. — 16. Mai. XIII.
  Otakerus l. frat. — 3. Jun. XIII.
  Leúkardis soror — 3. Mart. XIII.

Pilgrimi, Judith uxor — 2. Apr. XIII.

Popponis, Adalrammus frat. — 10. Febr. XII.

Burchardi, Ruodolfus l. pat. — 19. Mart. XIII.
  Fridericus frat. — abb. 16. Apr. XIII.
  Heinricus germanus — abb. 16. Jan. XIII.

Chunigunt(is), Engilsalems fil. — (3. Jan. XII.)

Chunradi, Richkart mat. — 15. Jun. XIII.
  Haimo l. frat. — 25. Mai. XIII.
  Margareta uxor — 22. Jan. XIII.

T., Berchta mat. — 15. Mai. XII.

David, Chunegundis mat. — 30. Jan. XIV.

Deetwi, Francho pat. — 6. Mart. XII.

Tie., Wilbirch mat. — 23. Mai. XIII.

Dieponis, Wolfkerus frat. — 24. Jan. XII.

Diet., Herradis mat. — 19. Febr. XIII.
  Sigifridus frat. — 25. Mai. XII.

Dietmari, Chunradus de foro pat. — pbri. 12. Jun. XIII.
  Maechthildis mat. — 27. Aug. XIII.
  Vlricus l. frat. — sacerdotis 6. Mai. XIV.
  Gotfridus fil. — (8. Jan. XII.)
  Alhaedis fil. — 7. Mai. XIII.

Tymonis, Wilbirch mat. — 30. Mai. XIII.

Thomae, Hainricus l. pat. — 2. Apr. XIII.

Eberhardi, Eberhardus subd. avus — 23. Jun. XIII.

Engilsalci, Hartmannus pat. —
    17. Jan. XII.
  Guntherus pat. — 9. Aug. XIII.
  Chunigunt mat. — 3. Jan. XII.
  Wendela soror — 3. Aug. XIV.
Ernesti, Ovdalricus l. filius — 15. Apr.
  XII.
F (riderici), Judita mater abbatis —
    1. Apr. XIII.
  Christannus l. frater — abb. (?)
    18. Mai. XIII.
Fridricii, Gerdrudis mater dom. —
    2. Mart. XV.
  Gerdrudis l. soror plebani 19. Febr.
    XIII.
  Gerdrudis mater plebani 7. Apr.
    XIII.
  G. Vez., Heinricus l. frater — 6. Mai.
    XIII.
  Agatha l. matertera — 29. Mai. XII.
Ge., Eberlint l. soror — 3. Jul. XIII.
Gebhardi, Christina l. mat. —
    12. Mart. XIII.
Georii, Rosa mat. —, Margareta filia
    ejus 25. Aug. XIV.
  Hermannus frat. — 29. Aug. XIV.
Ger., Gerdruot soror — 10. Aug. XII.
Gerh., Richkart mat. — 14. Apr.
    XII.
Gerhardi, Chunigunt l. mat. —
    4. Aug. XIII.
Geroldi, Uverinherus pat. m. —
    17. Jan. XII.
  Uvalchunus frat. — 23. Apr. XII.
  Diepoldus pat. — 28. Mai. XIII.
  Gerungi, Maethildis l. mat. — 31. Mai.
    XIII.
Gotpol., Elysabeth uxor — 10. Jul.
    XIII.
Gotfridi, Dietmarus pater — 8. Jan.
    XII.
  Diemuot mat. 26. Mart. XII.
Gotfridi, Ditmarus l. et Vlricus l.
    fratres — presb. (?) 8. Febr.
    XIII.

Gotfridi Vez., Ortuuinus l. avus —
    25. Jul. XIII.
  Perinhardus l. pat. — 3. Mai. XIII.
  Gerdrudis mat. — 4. Jan. XII.
Gotschalci, Dietimarus pat. —
    13. Jan. XII.
  Sigiboto pat. — 23. Mart. XII.
  Gotsalcus pat. — 21. Jun. XIII.
  Alhedis mat. — abbatis 24. Jan.
    XIII.
  Willebirch mat. — 17. Mart. XII.
  Chuonradus frat. — 27. Jun. XIII.
  Ditmarus frat. — 26. Mart. XIII.
  Gottelindis l. soror — 9. Febr.
    XIII.
  Margareta soror — 25. Aug. XIII.
H. Gisila mat. — 29. Mart. XIII.
  Chvonegundis l. m. — 16. Mai. XIII.
  Albertus et Hartnidus fratres —
    15. Apr. XIII.
Ha., Uvilbirgis uxor — 24. Febr. XII.
Hartlibi Perchta l. mat. — 2. Mai.
    XIII.
Hartwici, Pabo pat. — conv. 19. Mart.
    XII.
Hed., Hilteburhc soror — 10. Mai.
    XIII.
Heid., Uvlvingus l. pat. — 10. Jan.
    XII.
Heiden., Pilgrimus mon. pat. —
    2. Apr. XII.
Heinrici, Adalhardus pat. —
    21. Mart. XII.
  Wintherus l. pat. — 25. Febr. XIII.
  Pabo mon. in Milstat pat. — 9. Jun.
    XIII.
  Rainboto l. pat. — 22. Jun. XIII.
  Elisabeth mat. — fri. 11. Apr. XII.
  Alheidis mat. — 26. Mart. XIII.
  Mahthildis l. mat. — 29. Jun. XIII.
  Wuluingus frater — 25. Apr. XII.
  Gotfridus frat. — l. 14. Febr. XIII.
  Wulfingus frat. — 15. Apr. XIII.
  Wilbirch uxor — 19. Jun. XIII.
  Margareta amita — 3. Febr. XIII.

Hermanni, Herborduspat. — 23. Jun. XIII.
Beatrix mat. — et Babonis sacerdotum 24. Jul. XIII.
Perhta mat. — 22. Jul. XIV.
Hainricus l. fr. — 1. Mai. XIII.
Hylarii, Beatrix mat. — plebani 22. Jun. XIII.
Hilt., Rudolfus frat. — 30. Mart. XII.
Hiltegrimi, Judital. mat. — 15. Aug. XIII.
Hirzm., Liephardus frat. — 22. Jan. XIII.
Hug(onis), Poppo pat. — 12. Mart. XII.
Hvi. (?), Rapreht avus — 1. Jul. XII.
Jacobi, Hainricus l. pater — 25. Mart. XIV.
Hemma mat. — 27. Mart. XIII.
Chunradus l. Schevulig. frat. — 21. Mart. XIII.
Ilsungi, Ortolfus pat. — l. 13. Jan. XII.
Chunegundis mat. — 29. Mart. XIII.
Christina mat. — 13. Jul. XIII.
Ottaker frat. — 10. Febr. XIII.
Margareta soror — 19. Jan. XIII.
Gisila l. soror — 15. Apr. XIII.
Johannis, Agnes mat. dom. — 21. Jan. XIV.
Margareta filia — 4. Sept. XIII.
Lamberti, Reycherus l. pat. — 14. Apr. XIV.
Leonis, Perhta mat. — l. 26. Febr. XII.
Mahthilt l. mat. — 1. Mai. XIII.
Hainricus l. frat. — (?) 8. Mart. XIII.
Uvalchunus l. frat. — 19. Jun. XIII.
Lade l. filius — 25. Mart. XIII.
Libmanni, Gerdrudis uxor — 25. Jan. XIII.
Livpoldi, Hiltegundis mat. — 4. Febr. XII.
Oudalricus sacerd. frat. — 30. Apr. XII.

Macel., Macelinus pater — 13. Jan. XIII.
Margaretae, Paulus filius — (1. Jan. XIV.)
Maz., Aigil frat. — 3. Apr. XII.
Mazel., Chunigunt mat. — 6. Jan. XII.
Ottonis, Wolfradus l. pat. — 5. Sept. XII.
Uvluingus pat. — 4. Jul. XII.
Otreinhart pat. — pleb. de Pyber et Gerdrudis ejus uxor 25. Jul. XIV.
Juditha mater — 22. Jan. XII.
Perhta l. mat. — 25. Aug. XIII.
Vlricus frat. — 1. Jun. XIII.
Ditmarus l. frat. — s. 7. Mai. XIII.
Ortolfi, Elyzabet de Pace soror — 20. Mart. XIV.
R., Wuolfherus pat. — 5. Aug. XII.
Rahw., Reinboto l. frat. — 13. Jun. XIII.
Raw., Eberhardus pat. — 24. Febr. XII.
Reginh., Erchingerus pat. — 18. Jun. XII.
Reinberti, Otto l. frat. — 21. Mart. XIII.
Richeri, (Si)boto frat. — sacerd. 7. Mart. XIII.
Rudberti, Frisinch l. pat. — 16. Mai. XII.
Rudgeri, Chunigunt l. soror — 5. Aug. XII.
Rudolfi, Adelheit mat. — 8. Mai. XII.
Livkart mat. — 26. Apr. XIII.
Heinricus frat. — 9. Jul. XIII.
Vlricus frat. — 25. Aug. XIII.
Eufemia soror — 17. Mart. XIII.
Sophya l. soror — 5. Sept. XIII.
Hiltigardis soror dom. — 16. Jul. XIV.
Leo filius fratris — 2. Mai. XIII.
Sibotonis, Fridruon l. mat. — 12. Febr. XII.

Smechonis, Leukardis mat. —
26. Aug. XIII.
  Walchunus l. frat. — 18. Mai. XIII.
  Agnes l. soror — 26. Febr. XIII.
  Gerdrudis uxor — 27. Mart. XIII.
Vdalrici, Adelheit mat. dom. Ou.
abb. 9. Apr. XII.
  Uvaltherus l. avus — 13. Mart. XIII.
  Gisila l. ava — 11. Apr. XII.
  Gerungus l. pat. — 18. Febr. XII.
  Benedicta mater — 13. Jan. XII.
  Gerdrudis l. mat. — 19. Mai. XIII.
  Adalbertus frat. — 8. Aug. XII.
  Engilsalcus frat. — l. 15. Mai. XIII.
  Gisila soror — 6. Apr. XII.
  Chvonigundis soror — l. 27. Febr.
XIII.
  Wendilburch l. soror — 9. Aug.
XIII.
  Herswint l. matertera — 9. Apr.
XII.
Virici, Oudalricus de Angulo pat. —
2. Mai. XIII.
  Otto miles pat. — 3. Mai. XIII.
  Chunradus pat. — l. 6. Mai. XIII.
  Livkart l. mat. — 22. Jan. XII.
  Geuta uxor — 26. Febr. XIV.
Visalci, Alhaeidis de Techawe soror
— 6. Jul. XIII.
  Pertha l. soror — 27. Jan. XIII.
W., Pruno l. pat. — 24. Jun. XIII.
  Outa l. mat. — 20. Mai. XII.

Wal., Chunradus l. frat. — confr.
4. Apr. XIII.
Walth., Judita l. filia — 3. Jul. XIII.
Walch., Hemma conv. mat. — Milste.
(?) 12. Jun. XIII.
  Richsa l. uxor — 31. Jan. XIII.
Walchuoni, Wichpurch l. soror —
20. Aug. XII.
Walkeri, Azla l. soror — 21. Apr.
XIII.
Wer., Oudalricus pat. — 31. Jan. XII.
Wernh., Hartvnc frat. — 23. Jul.
XII.
Vuitigonis, Heinricus pat. —
9. Mart. XII.
Wigandi, Mainboldus avus — 7. Mart.
XII.
  Walchun pat. — 11. Jan. XII.
  Uvilbirch l. mat. — 19. Jan. XII.
  Helwicus l. frat. — 8. Febr. XII.
  Chvonigunt soror — l. 19. Jan. XII.
Will., Perhta mat. — 6. Jan. XII.
Wol., Irimgardis uxor — 6. Jul. XIII.
Wolf., Pilgrimus pat. — 10. Jun.
XIII.
Wolfl., Erhardus fil. — subd. et mon.
S. Lamb. 17. Aug. XIV.
Wolflini, Katherina mat. — l.
7. Febr. XIV.
Wolframmi, Leukart filia — 24. Aug.
XIII.
Uvlvingus a. o. 6. Febr. XII.

VI.

Personen, die auf gewaltsame Weise um das Leben gekommen.

Adlbertus l. 8. Jul. XII.
Pertholdus l. de Cherspaum 5. Jun.
XIII.
Bernhardus l. 1. Oct. 16.

Pilgrimus 29. Apr. XII.
Chunradus Praitenfurter pbr. et mon.
S. Lamb. fraudulenter occ. 29. Nov.
16.

Duringus l. 12. Aug. XII.
Ekkebertus comes 3. Aug. XII.
Engelbertus l. 30. Aug. XIII.
Engelschalcus l. 22. Oct. 16.
Ernst l. 19. Jul. XIII.
Gotfridus l. 1. Mart. XIII.
Guntherus submersus 25. Mai. XIII.
Hainricus submersus 25. Mai. XIII.
Hainricus Lonker submersus 5. Sept. XIV.
Hermannus pistor 14. Jul. XIII.
Hermannus 8. Apr. XIV.
Hermannus l. 28. Nov. 16.
Jacobus l. de Angulo 20. Apr. XIV.
Linhardus de Monte occ. a campana 17. Jun. XIII.

Liutoldus sacerd. de Hornberch 2. Jul. XIII.
Mathild l. 20. Apr. XII.
Nicolaus l. de Waltenstorf 24. Apr. XIV.
Otto 7. Apr. XII.
Ortolfus l. de Obdach 24. Apr. XIII.
Rahwinus 16. Aug. XII.
Rainherus pistor 14. Jul. XIII.
Rupertus Stadler praepositus Wiettingae submersus 12. Jul. 1648.
Rvodbertus de Karih 5. Jun. XIII.
Sigifridus d. p. 4. Sept. XII.
Vlricus l. 25. Aug. XIII.
Walbruon 27. Aug. XII.
Walchunus l. 17. Sept. 16.
Wolframmus l. 4. Febr. XII.

VII.

Personen mit einfachen Namen, meist des 12. Jhdts.

Acila 7. Mart. XII.
Adala 12. Jun. XII.
Adalspurch 20. Jan. XII.
Adalheit 7. Jan. XII.
Adalheit 9. Febr. XII.
Adam 26. Jan. XII.
Adelpurch 24. Febr. XII.
Adelbardis l. 12. Mart. XV.
Adelhardus 2. Mai. XII.
Adelheit 4. Jan. XII.
Adelheit 20. Jan. XII.
Adelheit . . . . . 25. Mai. XII.
Adilgarth l. 29. Jun. XIII.
Admuot l. 2. Jul. XIII.
Aelleis l. 1. Jan. XIII.
Agata 25. Mart. XII.
Agnes l. 15. Jan. XII.
Agnes l. 11. Mart. 1320.
Achacius fr. 17. Apr. XV.
Aldelheit l. 12. Febr. XII.
Alheit 14. Jan. XII.

Alheidis l. 12. Jan. XIII.
Ava 24. Febr. XII.
Azala 8. Jan. XII.
Azelinus l. 27. Mart. XII.
Azila 26. Jan. XII.
Beatrix 6. Aug. XII.
Petrissa virg. 18. Mart. XV.
Benedicta 19. Jan. XII.
Benedicta l. 25. Jan. XII.
Perhta et Gerdrvot sorores 21. Jun. XIII.
Perhta 7. Jan. XII.
Perhta 10. Jan. XII.
Perhta l. 27. Jan. XII.
Perhtoldus 6. Jan. XII.
Perhtoldus 18. Jan. XII.
Perchtoldus l. 16. Febr. XIII.
Berinhardus 3. Jan. XII.
Perinhardus 7. Jan. XII.
Pero l. 16. Jan. XII.
Pezimannus l. 18. Jun. XIII.

Birinna l. 17. Jul. XII.
Brigida 11. Jul. XII.
Burchardus 3. Jan. XII.
Chadelhuoch l. 12. Febr. XIII.
Katherina l. 1. Jan. XIV.
Cecilia virg. 18. Mart. XV.
Christanus l. 28. Apr. 1422.
Christina 1. Febr. XII.
Chunegundis 13. Jan. XII.
Chunigunt l. 20. Jan. XII.
Chuonigundis l. 12. Jan. XIII.
Chunigundis l. F. S. 1. Apr. XIII.
Chuonza 11. Jan. XII.
Chunza 21. Apr. XII.
Dietleip l. 5. Jan. XII.
Dietmarus 9. Jan. XII.
Dietricus l. 14. Jan. XII.
Dietricus l. 21. Jan. XII.
Dietricus 25. Jan. XII.
Dietricus l. 2. Febr. XII.
Diemuot 17. Febr. XII.
Dobren 4. Jan. XII.
Dorothea virg. 18. Mart. XV.
Trebwit 26. Mart. XII.
Truota 30. Jan. XII.
Tuota 10. Jan. XII.
Tuota 13. Jan. XII.
Tuota 16. Jun. XII.
Durinc 4. Jan. XII.
Eberhardus l. 3. Jan. XII.
Eppo 3. Jun. XII.
Etich 18. Jul. XII.
Egelolfus 10. Jan. XII.
Eglolfus l. 28. Mai. XII.
Eigil 10. Jan. XII.
Ellis 12. Jan. XII.
Ellis 9. Jun. XII.
Elisabeth l. 16. Jan. XII.
Elysabeth l. 20. Jan. XII.
Elisabet l. 21. Jan. XII.
Engelwich 30. Apr. XII.
Engilbertus 26. Jan. XII.
Engilbertus 8. Febr. XII.
Engilrammus 12. Mart. XII.
Ermlint 3. Jan. XII.

Ermlint 9. Jan. XII.
Vendel, Angnes virgo l. ejus soror
    21. Aug. XV.
Friderun 12. Jan. XII.
Friderun 27. Jan. XII.
Friderun 10. Mart. XII.
Fromuot 4. Sept. XII.
Fruomuot l. 6. Mai. XII.
Fruomuot 20. Mai. XII.
Gepa 13. Jan. XII.
Gerdrvt l. 3. Jan. XIII.
Gerdrvot et Perhta sorores 21. Jun. XIII.
Gerdrudis l. 15. Jan. XII.
Gerdrudis l. 17. Jan. XII.
Gerdrvdis l. 15. Febr. XII.
Gerhohus 19. Jan. XII.
Gerlint l. 22. Jul. XII.
Gisila l. 14. Jan. XII.
Gisila l. 20. Jan. XII.
Gisila l. 11. Jan. XIII.
Gisila l. p. al. 5. Apr. XIII.
Gisila l. E iudice (?) 23. Febr. XII.
Gnaenewip l. 4. Febr. XII.
Gnanewip 27. Apr. XII.
Gotpertus 5. Jan. XII.
Gotpoldus l. 18. Mart. XII.
Goetfridus l. 5. Jan. XIII.
Golpurch 21. Jun. XII.
Gozpertus 20. Mai. XII.
Guota 29. Jul. XII.
Guotscalchus l. Jan. XII.
Gumpoldus 4. Aug. XII.
Gundaker l. 14. Jan. XII.
Guntherus l. de . . . . . 2. Jun. XIII.
Gundli l. 3. Febr. XII.
Hademvot l. 4. Jan. XII.
Hadewic 29. Jun. XII.
Hadwic 12. Jan. XII.
Hagano 23. Jan. XII.
Hainricus l. 20. Jan. XII.
Hamedey l. 15. Jun. XII.
Hartliep 1. Jan. XII.
Haertnidus l. 10. Jan. XIII.
Hartruoht 21. Jun. XII.
Hartwicus l. 5. Jan. XII.

Hartwicus l. 24. Febr. XIII.
Hazicha 10. Febr. XII.
Hazicha 29. Aug. XII.
Heinricus 13. Jan. XII.
Helica 10. Jan. XII.
Helica 5. Febr. XII.
Helica 4. Mart. XII.
Helka l. 7. Mart. XIII.
Hemma 9. Jan. XII.
Hemma l. 13. Febr. XII.
Hemma 25. Mart. XII.
Herrat 13. Jan. XII.
Herrat 23. Jan. XII.
Herrat l. 5. Febr. XII.
Herburch 5. Jan. XII.
Herlint l. 20. Jan. XII.
Hermannus 1. Jan. XII.
Hermannus 4. Jan. XII.
Hilpurch 25. Jan. XII.
Hilta 6. Jun. XII.
Hiltegrimus 4. Jan. XIII.
Hiltibrant 8. Jan. XII.
Hiltiburch 1. Febr. XII.
Hiltigart 27. Febr. XII.
Hiltigart 26. Jun. XII.
Hiltruot 3. Mart. XIII.
Hiltrudis 9. Jan. XII.
Hilsungus l. 3. Mart. XII.
Hirza 24. Aug. XII.
Hirzpurch 2. Mart. XII.
Hirzmannus l. 6. Jul. XII.
Hizicha 8. Mai. XII.
Jaztram l. 31. Mart. XIII.
Ita l. 21. Jan. XII.
Jelen l. 10. Apr. XII.
Jeorius l. 11. Jun. 1465.
Ildoldus 31. Jan. XII.
Johannes l., Anna uxor ejus 3. Jun.
  1489.
Iremgart 7. Febr. XII.
Irimgardis 22. Jan. XII.
Irinpoldus 2. Jul. XII.
Irmpurch 6. Mart. XII.
Irmgart 5. Jan. XII.
Irmgart 17. Jan. XII.

Isingrimus l. 6. Jan. XII.
Judita 4. Jan. XII.
Judita 8. Jan. XII.
Jvditha l. 31. Jul. XIII.
Juditha p. 12. Febr. XIV.
Judinta 3. Mai. XII.
Leo 2. Jan. XII.
Livpoldus 1. Aug. XII.
Livtkart 9. Febr. XII.
Livtkart 10. Febr. XII.
Livtoldus 2. Jan. XII.
Liutoldus l. 19. Jan. XII.
Livkart 12. Mai. XII.
Maginza 4. Mart. XII.
Maginza 2. Apr. XII.
Magnus 1. Jan. XII.
Mahthildis 24. Jan. XII.
Mainhardus l. 4. Jan. XIII.
Manno l. 11. Jan. XII.
Martinus 8. Jan. XII.
Margareta l. 20. Jan. XII.
Maria 16. Febr. XII.
Marwardus 5. Jan. XII.
Meduwet l. (?) 13. Jul. XII.
Medwed 20. Febr. XII.
Meginhardus 6. Jan. XII.
Mergart l. 26. Mai. XII.
Merswint l. 25. Febr. XII.
Muotrich l. 26. Mart. XII.
Otakar l. 19. Jan. XII.
Otto 9. Jan. XII.
Otto l. 19. Jan. XII.
Otto l. 22. Febr. XII.
Otto l. w. 22. Jan. XII.
Ortwinus 4. Jan. XII.
Osanna 12. Mart. XII.
Rapurch l. 24. Mart. XII.
Razo 9. Jan. XII.
Razo 16. Mai. XII.
Razo 3. Jun. XII.
Regialis 11. Mart. XII.
Reginbertus 28. Febr. XII.
Reichza l. 17. Jan. XII.
Reilind l. 12. Aug. XII.
Reinbertus l. 13. Jan. XIII.

Reinhardus 21. Febr. XII.
Reinherius 4. Jan. XII.
Richardis l. 29. Jan. XII.
Richerus 3. Jan. XII.
Richerus l. 3. Jan. XIII.
Richilt 4. Jan. XII.
Richilt 22. Mai. XII.
Richkart 25. Febr. XII.
Richkart 4. Mai. XII.
Richolfus l. 18. Jan. XII.
Rihcza 10. Jan. XII.
Richza l. 18. Jan. XII.
Richza 27. Febr. XII.
Ricza l. 11. Febr. XII.
Ruodolfus 10. Jan. XII.
Rudolfus l. 20. Jan. XII.
Salomee l. 1. Jan. XV.
Sanna l. 25. Mart. XIV.
Sprinza 14. Apr. XII.
Sprinza 15. Mai. XII.
Scemitech 24. Aug. XII.
Sigiboto 13. Jan. XII.
Snelmuot 17. Jun. XII.
Sophia l. 5. Jan. XII.
Sophia l. 29. Jan. XII.
Suno 22. Jun. XIII.
Swaneburc 5. Aug. XII.
Swanehilt 23. Aug. XII.
Swikerus 2. Jan. XII.
Swikerus l. 10. Jan. XIII.
Outa 4. Jan. XII.
Oudalricus l. 3. Jan. XII.

Udalricus l. 11. Febr. XII.
Uvodalricus l. 4. Mart. XII.
Vto 16. Jul. XII.
Waltfridus 6. Jan. XII.
Waltherus l. 19. Jan. XII.
Waltkerus l. 27. Mart. XII.
Walchuon 9. Jan. XII.
Walrab l. 7. Mart. XII.
Warmundus 26. Febr. XII.
Wasigrimus 25. Jun. XII.
Uvecela l. 30. Jan. XII.
Wendelmuot 3. Apr. XII.
Uventilburch l. 24. Mart. XII.
Wezilinus 10. Jan. XII.
Uvitmarus 11. Mart. XII.
Wigandus 8. Jan. XII.
Wilbirgis l. 5. Jan. XIII.
Uvilbirch l. 20. Febr. XII.
Willibirch de . . . . . 16. Jan. XII.
Willibirch l. 15. Febr. XII.
Wirat 7. Jan. XII.
Wirat 18. Mai. XII.
Wolvoldus 2. Jan. XII.
Wolfgangus l. 22. Mart. 1495.
Wolfkerus l. 5. Jan. XII.
Wolfkervs l. 19. Jan. XII.
Uvolfradus l. 20. Jan. XII.
Uvolframmus 3. Jan. XII.
Wolframus l. 6. Mart. XIII.
Wlfilt l. 23. Febr. XII.
Zemtech 1. Mai. XII.

C.

Orte und Sachen.

Admont 13. Jan. XVII.

Aflenz 13. Jan., 1. Febr. XVII., 16. Febr. XVI., 28. Febr. XV., 2. Mart., 12. Mart. XVII., 7. Jun. XVI., 24. Jun., 9. Jul., 28. Aug. XVII.

Avignon 31. Mai. XIV.

Berg 21. Jan. XIV.

Bologna 10. Dec. XVII.

Dinkelsbühel 20. Jan. XVII.

Enstal 25. Febr., 27. Mai. XIV., 24. Nov. 16.

Veitsch 15. Mai. XVII.

Freising, 24. Dec. XVI.

Göss 26. Mai. XIII.

S. Gothart 2. Jan., 15. Febr., 4. Dec. XVII.

Graz 7. Febr. XVI., 18. Febr., 8. Mart., 19. Mart., 12. Apr. XVII., 18. Apr. XVI., 23. Apr. XV., 29. Apr. XVII., 18. Mai. XVI., 11. Jun. XVII., 14. Jul., 12. Aug., 12. Dec., 25. Dec. XVII.

Herzogenburg 23. Jan. XV.

Ingolstal 23. Dec. XVII.

Judenburg 25. Jan. XIII., 12. Febr., 6. Apr. XIV., 9. Apr. XVII., 13. Jul. XIV.

Kaltenhof 4. Jun. XIV.

Katsch 5. Oct. XVII.

Klagenfurt 5. Oct. XVII.

Köflach 12. Aug. XVII.

Krems 28. Mai. XVI.

Kremsmünster 12. Jun. XV.

La 27. Mai. XIV.

S. Lambrecht 9. Mai. XV., 24. Mai. XVII., 24. Jun., 24. Jul. XV., 13. Sept. XVI., 9. Oct. XVII.

Lassniz 22. Mai. XVII.

Lind 15. Jul. XIV.

Linz 13. Mai. XVII.

Mariahof 2. Febr., 7. Febr., 27. Febr., 17. Apr., 19. Mai., 23. Mai., 25. Sept., 11. Dec. XVII.

Mariazell 14. Mart. XVII., 22. Mart. XIV., 31. Mart., 12. Apr., 4. Mai., 1. Jun., 27. Jun., 28. Jun., 10. Dec. XVII.

Mauerkirchen 22. Nov. XVI.

Murau 27. Jan., 24. Apr., 20. Jun. XVII.

Neumarkt 6. Apr. XV.

Neustadt 15. Mart. XVII., 21. Mai. XV.

Nideraigen 23. Mart. XVI.

S. Paul 3. Mai. XVII.

Piber 9. Jan., 16. Apr., 23. Jun., 11. Aug. XVII.

Regensburg 12. Oct. XVI.

Riet 9. Mai. XV.

Rosspeunt 23. Oct. 16.

Sekau 19. Mai. XV.

Sewisen 28. Jun. XIV.

Schlaming 23. Apr. XV.

Schwarzenbacb 31. Jan. XV.

Stainz 13. Apr. XIII.

Stein (Schloss) 15. Mai., 3. Nov. XVII.

Swent 2. Jun. XIII.

Thörl 28. Febr. XV.

Trier 12. Febr. XVII.

Weisskirchen 27. Mart., 15. Mai., 14. Jul., 9. Oct. XVII.

Wels 10. Jan. XVI.

Wien 12. Febr. XVII., 13. Oct. XVI.

———

berna 4. Mart. XIV.

cathedra abbatis 6. Nov. 16.

daemones 28. Jun. XVII.

domus cellarii 2. Aug. XIV.

libri musicales 5. Oct. 16.

magister hospitum 31. Mai. XIV.

pestilentia 30. Aug. XV., 2. Dec. 16.

processio ad S. Paulum 23. Mai. . XII.

salve regina 24. Sept. 16.

Suedica infestatio 24. Mart. XVII.

Turcae 21. Nov. XVII.

venenum 3. Nov. XVII.